LUCHUN XIAN JIAOYU ZHI

绿 春 县 教 育 志

绿春县教育体育局　编

中国海洋大学出版社

·青岛·

图书在版编目（CIP）数据

绿春县教育志 / 绿春县教育体育局编 . —青岛：中国海
洋大学出版社，2021.12
　　ISBN 978-7-5670-3075-6

　　Ⅰ.①绿… Ⅱ.①绿… Ⅲ.①地方教育—教育史—绿
春县—1818-2005 Ⅳ.① G527.744

中国版本图书馆 CIP 数据核字（2021）第 276204 号

出版发行	中国海洋大学出版社	
社　　址	青岛市香港东路 23 号	邮政编码　266071
网　　址	http://pub.ouc.edu.cn	
出 版 人	杨立敏	
责任编辑	由元春	
电　　话	15092283771	
电子信箱	502169838@qq.com	
印　　制	青岛海蓝印刷有限责任公司	
版　　次	2022 年 4 月第 1 版	
印　　次	2022 年 4 月第 1 次印刷	
成品尺寸	210 mm × 285 mm	
印　　张	27.75	
字　　数	700 千	
印　　数	1—1000	
定　　价	198.00 元	
订购电话	0532-82032573（传真）	

《绿春县教育志》编纂委员会

顾　　问　　李吉芳

主　　编　　任志超

副 主 编　　廖新安　卢龙优　马剑锋　张轶朋

李宝红　白拥新　陈立福　杨贵明

执行主编　　白友红

图片编辑　　白波忠　邵德刚

《绿春县教育志》（第一稿）编写小组成员名单

执 行 主 编：魏维喜

执行副主编：柏明选

编 写 人 员：龙云和　普文斌　韦成立　郭为祖

《绿春县教育志》（第二稿）编写小组成员名单

执 行 主 编：江普黑

执行副主编：杨善鸿

《绿春县教育志》（第三稿）编纂小组资料员名单

绿春一中	杨正发	绿春二中	徐伟
牛孔中学	薛刚	大水沟中学	李勇辉
大黑山中学	李蓉芬	戈奎中学	普功民
三猛中学	李如松	骑马坝中学	李九山　谭荣长
平河中学	何永华	半坡中学	李文强
教师进修学校	白波忠	民族职业高级中学	张莲芳

大兴小学	龙阿三	大兴镇完小	杨永辰
牛孔完小	方学平　杨海用	大水沟完小	杨学则
大黑山完小	田文华	戈奎完小	施春林
三猛完小	李斗咀　李咀普	骑马坝完小	白战生
平河完小	朱卫东　李羊山	半坡完小	李文祥
机关幼儿园	杨琼华		

《绿春县教育志》初稿审查人员名单

卢龙优（绿春县教育体育局党组成员、副局长），重点进行全书的整体把握。

杨　杰（中共绿春县委员会教育工作委员会委员、绿春县教育体育局党政办主任），重点审查以下八个方面的内容：①《绿春县教育志》编纂委员会名单；②《绿春县教育志》编纂小组资料员名单；③《绿春县教育志》第一稿及第二稿编写小组名单；④ 图片（共 17 页）；⑤ 序；⑥《绿春县教育志》凡例；⑦《绿春县教育志》初稿审查人员名单；⑧ 附录。

李岱长（绿春县教育体育局党政办副主任），重点审查以下五个方面的内容：① 概述；② 大事记；③ 第一章；④ 第二章；⑤ 第三章。

邵德刚（绿春县人民政府教育督导室办公室主任），重点审查以下四个方面的内容：① 第四章；② 第五章；③ 第六章；④ 第七章。

杨绍强（绿春县教育体育局人事股长），重点审查以下三个方面的内容：① 第八章；② 第九章；③ 第十章。

李劲峰（绿春县教育科学研究室主任），重点审查以下两个方面的内容：① 第十一章；② 第十三章。

白元昌（绿春县教育体育局基建股长），重点审查第十二章。

龙官武（绿春县教育体育局计财股长），重点审查第十四章。

李国华（绿春县教育体育局政策法规与安全管理股长），重点审查以下三个方面的内容：① 第十五章；② 第十六章；③ 第十七章。

《绿春县教育志》终稿审查人员名单

李忠文（绿春县史志办副主任），除了进行全书的整体把握外，重点审查以下八个方面的内容：① 第十一章；② 第十二章；③ 第十三章；④ 第十四章；⑤ 第十五章；⑥ 第十六章；⑦ 第十七章；⑧ 附录。

李应斗（绿春县史志办四级调研员），除了进行全书的整体把握外，重点审查以下五个方面的内容：① 图片；② 序；③ 凡例；④ 概述；⑤ 大事记。

许永生（绿春县史志办一级主任科员）、张普角（保留副科级待遇干部），重点审查以下六个方面的内容：① 第一章；② 第二章；③ 第三章；④ 第四章；⑤ 第五章；⑥ 第六章。

白阿元（绿春县史志办二级主任科员），除了进行全书的整体把握外，重点审查以下四个方面的内容：① 第七章；② 第八章；③ 第九章；④ 第十章。

🔺 时任教育部副部长陈小娅（前排中）到绿春二中视察　🔺 时任云南省副省长梁公卿（前排中）到绿春一中视察工作

🔺 时任红河州长白成亮在绿春一中建校 46 周年庆典大会上　🔺 时任国家发展银行云南分行副行长胡丽琼（左一）
讲话　　　　　　　　　　　　　　　　　　　　　　　　　参加绿春一中建校 40 周年庆典活动

🔺 时任红河州政协主席段登陆（左一）、副州长李扬（左二）　🔺 时任红河州副州长李成武（右二）到平河国门小学调研
在绿春县委书记孙广益（右一）陪同下到绿春一中调研

▲ 时任红河州委副书记于志伟（中）到绿春一中视察

▲ 时任红河州委宣传部部长李涛（右四）到绿春职中调研

▲ 时任红河州教育局局长潘光伟（右二）到绿春职中调研

▲ 时任红河州教育局副局长李树林（前一）在大寨民族小学调研

▲ 时任红河学院党委副书记范元昌（左二）到绿春一中视察

▲ 诺贝尔奖获得者杨振宁（左六）、北京31中校长刘书泽（右六）与当时在北京31中就读的绿春一中学生亲切交谈

🔺 时任红河州教育局计财科长李威（左二）就义务教育
经费保障问题到绿春二中调研

🔺 时任绿春县委书记梁自喜（后排右四）、副县长李秀芬
（后排右五）视察大兴小学时与师生留影

🔺 时任绿春县委书记吕兵（左一）调研城区教育资源整
合工作

🔺 绿春县委书记李国民（中）等领导到绿春高中工程
点调研

🔺 时任绿春县县长李先猷（左一）与绿春一中校
领导亲切交谈

🔺 时任绿春县县长马志轶（左一）、县委副书记余先路（中）
到绿春一中视察工作

🔺 时任绿春县县长朱布红（中）到大兴小学调研

🔺 20 世纪 80 年代初期教育局领导班子成员合影（左起：江启明局长，魏希周副局长，何开文副局长）

🔺 20 世纪 80 年代末期教育局领导班子成员合影（左起：陈米杰副局长，魏希周局长，何开文副局长）

🔺 绿春县县级政府教育督导评估及"两基"复查工作培训会

🔺 绿春县切实减轻中小学生负担全面提高教育质量工作会议

🔺 20 世纪 80 年代绿春县教育局班子研究工作

🔺 2004 年，北京 31 中许承庸校长（左四）到绿春一中传授先进教学经验

🔺 1984 年教育工作会议与会同志合影

🔺 1984 年绿春县获"园丁纪念章"教师合影

⬆ 21世纪初党务工作会会场　　　　　⬆ 21世纪初绿春县学校及周边治安综合治理工作会议

⬆ 20世纪70年代破敝的校舍　　　　　⬆ 20世纪80年代绿春第一所高小校园一角（二号桥小学）

⬆ 20世纪80年代的绿春县教育局办公楼　　　　　⬆ 骑马坝私塾——武圣宫牌匾

▲ 20 世纪 70 年代绿春县最长的教学楼——大黑山中学教学楼

▲ 20 世纪 60 年代的大兴小学学堂大门（大兴寨）

▲ 20 世纪 70 年代的牛孔小学校门

▲ 20 世纪 80 年代的绿春一中理化生实验楼

▲ 20 世纪 70 年代末期的大黑山分校吊桥

▲ 20 世纪 70 年代末期的牛孔竹桥

▲ 绿春一中教学楼（明理楼）

▲ 绿春二中校园一角

▲ 新建的大兴小学教学楼

▲ 新建的大水沟中心小学教学楼

▲ 大兴镇阿迪青春希望小学校园

▲ 新建的平河国门小学教学楼

▲ 20 世纪 70 年代民办小学教师辅导学生练习

▲ 20 世纪 70 年代县幼儿园音乐课堂

▲ 20 世纪 70 年代大寨民族小学教师研讨教学

▲ 20 世纪 70 年代大兴小学语文教研组活动

▲ 20 世纪 70 年代大兴镇大寨民族小学学生做课堂练习

▲ 20 世纪 80 年代绿春一中数学教研组活动

△ 20 世纪 80 年代进修学校校长方春云给学员上课

△ 20 世纪 80 年代绿春县首届函大毕业学员合影

△ 21 世纪初绿春一中学生清洗实验器材

△ 21 世纪初绿春一中民族班学生做实验

△ 探秘微观世界

△ 共同学习

⬭ 探讨实验

⬭ 双语教学

⬭ 穿着民族服装的瑶族小学生

⬭ 哈尼族学生在采茶

⬭ 绿春县民族职业高级中学学生在菜园里除草

⬭ 骑马坝中学课间活动

△ 爱心助学　　　　　　　　　　　　　　　　　△ 戈奎中学落实"两免一补"政策现场

△ 21世纪初教师进村入户做学生复学工作　　　　　　△ 经费公示栏

△ 小学生接受口腔卫生检查　　　　　　　　　　△ 小学生接受疫苗接种

消防知识讲座　　　　　　　　　　　　紧急疏散演练

平河完小消防安全演练　　　　　　　　养成卫生习惯

哈尼族学生打扫校园　　　　　　　　　学生军训

⏏ 首届教职工运动会入场式

⏏ 教职工运动会开幕式

⏏ 哈尼族小学生做课间操

⏏ 跳绳

⏏ 爬竿

⏏ 大兴小学体育课

是年秋　开始试行"绿春县小学教职工岗位责任制考核奖励办法"，有奖有惩，打破教育工作中"吃大锅饭"，干多干少、干好干坏、干与不干一个样的局面，促进小学教育事业的健康发展。该办法从出勤、入学率、巩固率、合格率、改善办学条件五个方面进行考核奖惩。

是年　全县教师进行第二次工资改革。

1984年

3月　全县中小学建立升国旗、唱国歌制度。

3月　为加强党对教育工作的领导，各学区、中学单独成立党支部或党小组，积极开展符合条件的师生员工入党入团。

3月　根据省教育厅《关于改进加强中学历史和地理课教学的通知》精神，从1984年起（含1983—1984学年在校的初二年级和高一年级），初中的历史、中国地理、世界地理科目和高中的世界历史、高中地理科目参加全省统一结业考试。

5月　全县各区"文教办公室"改称学区，配备正副校长、教导主任、会计、扫盲专干等工作人员。

同月　全县教育工作会议的主题报告《明确重点，狠抓措施，加快我县普及初等教育步伐》中，明确指出1988年前基本实现普及初等教育的目标。

7月　绿春县初中升高中、中专升学考试加试生物。

秋季　全县开办35所半寄宿制高小。每校100名寄宿学生给予生活补助，补助金额为每生每月7元（2002年提高到每生每月15元）。

从1983年至1984年　绿春县招聘中学教师4名，录用科技人员5人。

10月　中央农业广播电视学校绿春分校成立，副县长马炳华兼任校长。校址设在绿春县农业中学内，首批学员66人，其中正式学员56人，旁听生10人，按照校本部的教学计划要求组织教学，至1987年肄业期满，经过考试，有37名获得中央农业广播电视学校中等专业毕业证书，有9名获得中央农业广播电视学校初等专业毕业证书。分校为绿春县培养的农业专业技术人才，超过了中华人民共和国成立30多年来上级分配给绿春县的同类专业技术人才总数。

是年　绿春县机构改革撤销绿春县文教局，成立绿春县文化局和绿春县教育局。

是年　在县内80所小学推行汉、哈尼双语文教学。

是年　经红河州检查验收，绿春县第一中学达到国家教委和卫计委颁发的《学校体育卫生工作暂行条例》规定标准，发给合格证书。

同年　在县内35所小学举办半寄宿制高小班，并将35所小学列为三级骨干学校。

同年　县委、县政府决定到外地招聘中学教师8人，充实中学教师队伍。

同年　根据上级要求，县教育局组织中小学教师进行教材教法过关考试，连续两年，1985年底结束。对全县20多名教材教法考试不过关的教师做了改行处理。

1985年

是年　县以下行政单位改为区镇和乡，教育系统相应改为区镇学区、区中心完小、区镇中学、乡中心完小等称呼。

3月8日　"绿春县教育局"印章正式启用。

4月　对绿春县教育管理体制进行改革，实行分级办学、分级管理的办法。"改革学校管理体制，对学校实行分级管理，并从当年起，县属学校由县负责管理，区中心完小以区管理为主；乡完小实行民办公助；村小以民办为主，群众集资办学。"

7月　开始执行教龄津贴，教龄满5年的教师，从第6年起每月享受3元津贴；教龄满10年的教师，从第11年起每月享受5元津贴；教龄满15年的教师，从第16年起每月享受7元津贴；教龄满20年的教师，从第21年起每月享受10元津贴。10元封顶。

同月　劳动人事部门对国家机关、企事业单位工作人员进行工资改革，由原来的等级工资制改为基本工资、职务工资和奖金结合的结构工资制，到1986年完成。

8月　由教育局和农牧局联办绿春县农业中学，农牧局派副局长邓文跃兼任农中副校长。各中学开设专业班或专业课：其中，大黑山中学开办橡胶专业班，由教育局、城乡社队企业局、林业局联办；各中学开设专业课：一中建筑专业；二中茶叶专业；牛孔中学大豆、花生专业；大水沟、半坡中学紫胶专业；戈奎中学杉木专业；骑马坝中学香蕉专业；三猛中学蔬菜专业；平河中学草果专业，专业课教师由农牧、林业、城建等部门解决。

同月　绿春县第一批函授大学（云南师范大学函授大学）学员何里甲、杨善鸿、卢保和等13人学习期满，考试合格，获得大学中文专业本科毕业证书。

同月　绿春县第一中学教师谢永兰撰写的论文《从我的家谱看蚕豆黄病》，在云南省生物学会年会上交流获同行好评。

9月　为适应教学改革的需要，加强教师业务管理，决定从9月1日起，建立中小学干部、教师业务档案。

9月10日　全县庆祝第一个"教师节"。县委、县人大、县人民政府、县政协及教育局联合举办较大规模的座谈会。县属各单位及区、乡相应开展祝贺教师节和慰问教师的活动。

同月　红河州人民政府为教龄20年以上的59位教师颁发荣誉证书。

同月　成立绿春县教育局电化教育室，与教研室合署办公，由一位教研室副主任负责电教室工作。

是年　红河州教育局发给绿春县城关镇和大兴公社牛洪乡普及初等教育合格证，成为全州首批普及初等教育的4个县和46个区镇之一。

是年　进行教育体制改革，绿春县教育体制实行县、区、乡三级管理。

1986年

3月　绿春县教育局着手制定教育"七五"计划。

4月19日　全县中小学幼儿教师参加全省第一次普通话笔试考核。

4月　县教育局转发国家教委《关于改革学校思想品德和政治理论课程教学的通知》。

5月　绿春县大兴小学被列为红河州12所示范性小学之一。

6月　县教育局研究决定：从本学年末开始，小学一至五年级，以及初中一、二年级实行县级期末统测。

同月　通过三年的英语专业自学考试，绿春县第一中学教师杨贵华、许鲜明两位教师获得云南师范大学英语专业专科毕业证书。

7月　中央讲师团8人、红河州讲师团5人到绿春支教一年。中央讲师团成员安排在绿春一中任教，红河州讲师团分别安排在绿春二中、平河中学和牛孔中学任教。

7月22～27日　云南省政协讲学团到绿春县讲学，听课教师408人，其中包括建水、泸西、金平、红河四县教师156名。

8月　分属戈奎、大兴、牛孔、大水沟四个区的20所全日制小学被撤并。撤并的原因是学校布点过密或生源不足。

同月　选送4名高中毕业生到高等院校委托代培。委培生同县人民政府签订协议，毕业后必须回绿春县服务8年以上。

同月　红河州人民政府在绿春县召开四县（元阳、红河、绿春、金平）哈尼文教学研讨会，副州长高文华主持会议。

同月　县教育局通知各中小学开展学习、宣传《中华人民共和国义务教育法》活动。

同月　县委、县人民政府为开发利用山区资源优势，发展民族经济，采用多种形式培养人才。1983年兴办起了不包分配学制三年的农业中学，从县内应届初中毕业生和相当于初中文化程度，有志于农业建设，以及有种植业、养殖业爱好的回乡知青、专业户中，经考试择优录取学员。农业中学开设种植、养殖技术课，与中央农业广播学校绿春分校联合办学，教育部门负责文化课教学，农牧局抽调具有专业知识的技术人员担任专业课教学，以保证教学质量。此外，与大黑山中学联合，兴办了一年制橡胶专业班。县里还结合各区的开发项目，在中学的初中二年级中增设专业课。截至1986年8月，已有一个农学班和一个橡胶专业班共61名完成学业，281名热作综合培训班学员结业，为农村建设提供了人才。

9月　绿春县第一中学设立民族高中班，后因多种原因停办。

9月11日　全县中小学教职工普及法律常识考试（宪法、刑法、婚姻法）。

11月20～26日　举行第五届全县中学生运动会（含大兴小学）。

同月　为加强边疆少数民族地区教育教学研究工作，红河州教育局教研室组织力量对边疆元阳、红河、绿春、金平、河口及屏边县的中小学教育教学质量进行全面检查，针对检查中发现的问题，成立了红河哈尼族彝族自治州边疆民族教育教学研究协作区，任务是从边疆少数民族地区广大农村实际出发，加强协作，共同研究带有共性的民族教育教学问题，探索提高基础教育质量的途径、手段、方法及规律。协作区顺序为元阳、金平、红河、绿春、河口、屏边，每年由一县担任东道主，会期2～3天，每年开会两次，会议经费由红河州教研室负责。为使红河州边疆民族教育教学研究协作区的工作制度化、规范化，1989年6月制定了

《红河哈尼族彝族自治州边疆民族教育教学研究协作区工作条例（试行）》，该条例共9条，规定了协作区教研工作的性质、任务和宗旨，明确了协作区各县教研室的权利、义务（含协作区各东道主县的职责和经费）。东道主县1987年由元阳县教育局教研室担任，到1990年已经轮完一遍。边疆六县教研室在学科教研活动、中小学教学测评等方面的协作工作，到2003年结束。

是年　转发教育部、全国教育工会颁发的《中小学教师职业道德要求（试行草案）》。

是年　制定实施《绿春县教育教学质量奖试行办法》。

1987年

1月　县教育局转发云南省职称改革工作领导小组办公室文件《关于转发国家教育委员会〈中小学教师职务试行条例〉等文件的通知》。该文件包含《中学教师职务试行条例》《小学教师职务试行条例》《关于中小学教师职务试行条例实施意见》，同时转发国家教委文件《关于印发〈中小学教师合格证书试行办法〉的通知》。

3月　县教育局转发《关于在全省中学学习全国人大常委会〈关于加强法制教育，维护安定团结的决定〉的通知》。

6月　绿春县中小学教师职称改革工作正式启动。

同月　建立绿春县教育局卫星地面接收站，八个区校建立教学放像点。

8月　中央民族学院教授王尔松到绿春县调研哈尼文教学推行情况。

同月　中学教师《专业合格证书》文化专业知识考试开考。

9月　县教育局决定从本年起，实行《扫盲奖励试行办法》。

9月16日　全面贯彻红河州《关于贯彻、执行国家教委颁发中、小学教学大纲的意见》。

9月　绿春县农业中学从二号桥搬迁到绿春县第二中学合并办学，实行“一套班子，两块牌子”的管理模式。

同月　大黑山橡胶场开办“凉山职工子弟小学”，是绿春县唯一一所企业办的学校。学校位于大黑山乡搬布村委会小马大村，办学规模是小学低段规模，学校师资、教学设施设备及教育经费由大黑山橡胶厂负责，教学业务工作由大黑山学区指导（管理）。学校主要服务大黑山胶场凉山职工，学生多为大黑山胶场凉山职工子弟。

10月～12月　绿春县1390名中、小学专任教师参加首次职称改革。

11月　举行首届绿春县教育系统教职工篮球运动会。

1988年

3月1日　县委、县人民政府联合发出《关于贯彻“两条腿走路”方针大力改善办学条件的通知》。该通知指出：① 按照分级管理的原则切实管理好学校。② 坚持“两条腿走路”方针，克服等、靠、要思想。③ 积极采取措施，尽快实现"一无两有"。④ 努力把乡村学校建成农村最好的房子。⑤ 已经实现"一无两有"的学校，应争取实现"一无多有"，"一无两有"是最起码的办学条件。⑥ 保证学校财产和土地不受侵犯。⑦ 多种渠道筹备办学经费。⑧ 发挥部门的职能作用。⑨ 把关心重视教育列为考核干部的主要内容之一。⑩ 建立检查奖惩制度。

3月17~19日　县教育局召开一师一校复式教学工作研讨会。

3月至次年3月　在红河州文明学校"夺杯赛"活动中，牛孔中学、大黑山中学、平河中学分别获得"新风杯"和"洁净杯"奖。

4月　县教育局下发《关于加强一师一校管理的十点意见》。

4月28~30日　县政府召开排除中小学危房三级干部会议。

同月　贯彻国家教委《中学生体育合格标准试行办法》，各中学开始建立学生体育健康档案。

5月　红河州第一次复式教学研讨会在绿春县召开，各市县教研室主任和教师等60多人参加研讨会。

6月　完成首批绿春县1257名中小学教师职务评审工作和任命工作。其中，中学高级教师9人，中学一级教师53人，中学二级教师89人，中学三级教师24人；小学中学高级教师（当时按政策设置的岗位，以后取消小学中学高级教师岗位）1人，小学高级教师69人，小学一级教师430人，小学二级教师461人，小学三级教师121人。

6月　绿春县教育学会成立。

同月　县教育局制定了《关于加强教育系统干部和教职工管理的试行意见》，并制定局机关十二项工作制度和各股室工作职责。

同月　在县委、县人民政府的关怀下，绿春县第一中学建盖了绿春县第一幢标准教师住宅楼。

9月　绿春县第一中学设立初中民族部，当年招生50人，以后每年向全县八乡一镇小学毕业生中择优录取50名少数民族学生组成一个民族班。

10月　国家教委颁发《中学德育大纲》等文件，在绿春县第一中学推行德育大纲，在全县中学贯彻执行《中学生日常行为规范》。

11月　举办全县教育系统首届教育教学论文评选活动。

是年　大兴学区广吗小学被云南省政府确定为云南省哈尼文、汉文双语文教学试点学校。

是年　绿春县第一中学举办建校30周年庆典活动。

1989年

1月　县教育局转发红河州教育局《关于加强中小学学籍管理的若干规定的通知》。

同月　县教育局、体委联合下发《学校体育达标工作评比奖励办法》。

2月28日　牛孔乡作播村建盖学校取沙时发生沙坑坍塌，死亡7人，重伤1人，轻伤3人，其中5人是12~15岁的中小学生。

3月　制定《关于教育局机关保持清政廉洁的规定》。

同月　县属学校开展首次卫生检查评比活动，幼儿园获得"流动红旗"。

5月　成立"绿春县办学水平综合评价小组"并开展试点工作。

同月　县委宣传部和县教育局联合召开全县中小学德育工作会议，会上出台三个文件：《绿春县贯彻〈中共中央关于改革和加强中小学德育工作的通知〉的几点意见》《绿春县中小学教师日常行为要求十条》《绿春县关于进一步开展中小学勤工俭学活动的意见》。

6月　制定下发"绿春县中小学教师行为准则十条"。

7月　县教育局、农牧局联合下文通知，将原"绿春县农机培训站"改名为"绿春县初等农业机械化技术学校"并纳入成人教育管理。

9月　绿春县教育局团支部成立。

同月　半坡学区校长卢平智荣获"云南省劳动模范"称号。

10月　绿春县开展首次中小学办学水平综合评估工作。

同月　成立绿春县对中小学教育工作五项督导检查领导小组，副县长杨玉开任组长，教育局副局长陈米杰任办公室主任。"督导五检查"的具体内容是：一查教育经费增长政策和教师经济待遇的落实情况；二查校舍危房改造情况；三查中小学生流失的制止情况；四查乱收费现象的纠正情况；五查《中共中央改革和加强中小学德育工作的通知》的贯彻情况。

11月　举行绿春县首届中小学生运动会，竞赛项目有篮球和田径。

同月　邓小平同志给少先队建队四十周年的题词——"培养有理想、有道德、有文化、有纪律的无产阶级革命事业接班人"，当时起到了教育方针的作用。

12月　县教育局召开"加强贫困地区小学实验项目"受援学校会议。该项目由联合国儿童基金会提供资金1.62万美元，受援学校有各乡镇中心完小和大兴小学10所学校。

同月11～13日　召开绿春县学校后勤管理工作会议，并制定下发《绿春县加强学校后勤管理工作的意见》。

是年底　红河州已开办民族中学12所，其中绿春县有2所：绿春县三猛民族中学、绿春县牛孔民族中学。

是年　为加强学校思想政治工作，绿春县第一中学教导处分设为教务处和政教处，政教处主管学生思想政治工作。

是年　县教育局制定下发《绿春县校舍校产管理制度》，以及《绿春县关于加强教育行政干部和教职工管理的有关规定》。

是年　绿春一中、平河中学、大兴小学实行《学生思想品德操行量化考核办法》。

是年　绿春县确定大兴小学、大黑山小学、县幼儿园、牛孔中学为办学水平评价试点校（园）。

1990年

2月17日　绿春县大兴镇大寨民族小学荣获"州级文明单位"称号。

3月 县教育局下发《关于对专业技术职务评审聘任工作进行复查的通知》。

同月 绿春县半寄宿制高小学校德育工作及勤工俭学现场会在牛孔乡龙丁小学召开。

4月6日 绿春县第一中学和绿春县第一中学家长委员会在县礼堂联合召开学生家长大会，县级五套班子领导、学生家长共400多人参加，县委书记白光福、副县长张谊宝分别在会上讲话。这在绿春县还是第一次，体现了各级领导、各社会团体、各界人士、各位学生家长对教育的关心和重视。

同月26日 县委、县人民政府相关领导到县一中，就如何建盖绿春县第一中学教学楼的问题，亲临学校现场办公。

5月 县教育局印发《绿春县中小学电教设备、教学仪器管理制度》。

6月 国际扫盲年，召开绿春县扫盲工作会议并印发国际扫盲年标语。

9月2～5日 在县城召开绿春县教育三级干部会，会议讨论了绿春县教育事业发展规划和《绿春县分级办学分级管理的规定》。会后，以绿发（1990）20号和21号文件下发执行。

同月 新学年开学初，全县中、小学教职工以校为单位集中3天时间开展了形势教育活动。

同月11日 县委、县人民政府命名表彰首批县级文明单位（1989年度文明单位9个），其中，教育系统有县教育局机关、大兴学区大寨民族小学、大兴学区二号桥小学。

同月 转发省教委《关于进一步加强德育工作的意见》。

同月 在绿春县中小学开展国情教育活动。

10月 转发国家教委、国家体委关于实施《学校体育工作条例》的通知。

10月23日至11月2日 绿春县教育局组织各学区负责人，分组对全县35所半寄宿制学校进行全面检查评估。

11月 举行绿春县中小学生文艺汇演。

同月 印发《绿春县学校电化教育工作试行办法》。

同月 云南省教委、计委、财政厅联合召开世界银行贫困省的教育发展贷款项目工作会议，会议确定绿春县也是贷款项目县。于1991年5月，由省教委、计委、财政厅委托红河州教育局组织专家组考察评估认可后，1992年开始执行。

是年 转发县委、县人民政府《绿春县教育事业三年发展规划》，以及《绿春县分级办学分级管理的规定》。

是年 全面实施《学校体育工作条例》；各学区成立小学语文、数学中心教研组；三猛中心小学创办"6+1"试点班，招收学生41人。

1991年

2月 县委宣传部和县教育局共同转发中共云南省委宣传部、云南省教育委员会《关于全省中小学开展教育思想大讨论的通知》的通知，要求各单位在开学前或开学初集中二至三天进行大讨论。大讨论的目的和内容：深刻领会省委、省政府、省委宣传部关于"教育为本，科技兴滇"的战略决策和重大意义，树立开发农村智力的紧迫感和责任感，把经济工作转移到依靠提高劳动者素质和科技进步的轨道上，切实抓好农村教育，促进农村经济的发展；认真分析片面追求升学率的表现和危害，充分认识教育脱离当地经济、社会发展需要的弊端，总结教育为当地经济建设和精神文明建设服务的经验和教训，变升学教育为素质教育；在提高认识的基础上，结合当地实际，研究制定贯彻全省农村教育工作会议和《云南省农村教育智力开发试点县工作实施方案》的具体措施。大讨论范围：各级教育行政部门和各中小学，农民文化技术学校的领导、教师。

同月　县委宣传部转发中共云南省委宣传部《关于组织中等学校干部和教师学习社会主义理论的意见》的通知。学习内容为《关于社会主义若干问题纲领》，学习时间从春季开始到七月底，总学时不少于7个学习日，学习结束后进行开卷考试。

3月　县教育局印发《绿春县中小学学籍管理试行办法》。

4月　县委宣传部，人大教科文卫委员会、司法局、教育局联发《关于进一步开展〈义务教育法〉宣传教育活动的通知》，要求在《义务教育法》颁布五周年时期，在全县范围内深入开展宣传教育活动，将学习《义务教育法》列入当年开始的"二五"普法内容，全县教师和部门领导都要参加考试。

同月　召开绿春县扫盲工作会议，修订《绿春县扫盲奖励办法》。

5月　县教育局制定《大黑山乡九年义务教育实施规划》《平河乡农村智力开发试点方案》。

6月　绿春县教育局转发《云南省初中后职业技术培训班教学计划（试行）》的通知，此计划从当年9月起执行。

同月　自开展学赖宁活动以来，绿春县各族少年儿童在赖宁精神鼓舞下，勤奋学习，积极进取，精神面貌发生了可喜的变化，涌现出了一大批赖宁式的好儿童、好少年。共青团州委、州教育局决定命名150名少先队员为"红河州好少年"，命名150名少先队员为"红河州好儿童"，其中，绿春县14名少先队员被命名为"红河州好少年"或"红河州好儿童"。

8月　县教育局、县委宣传部联合转发省教委、省委宣传部《关于继续深入开展教育思想大讨论的通知》，要求各学校利用暑期4至5天时间进行学习讨论。

9月　绿春县人民政府办公室下文通知：县第八届人大常委会第十二次会议通过，决定从当年起，每年9月为绿春县"尊师重教月"。

同月　绿春县第一中学应届高中毕业生熊辉、何林分别被北京工业大学和南京东南大学录取。

10月　县教育局转发国家教委、全国教育工会《关于颁发〈中小学教师职业道德规范〉的通知》。

同月　县教育局发出《关于建立教育局机关基层学校联系制度的通知》，为促进机关工作作风转变，提高办事效率，确定局领导成员、各股室分别挂钩联系的基层校点。

10月23～28日　红河州教育局和文化局在个旧举行红河州中学生文艺调演，绿春县选送的文艺节目《哈尼棕扇舞》获优秀节目奖、《踏青》获创作表演奖。

11月24～28日　绿春县第二届教职工篮球运动会在县城举行。

同月　召开绿春县学校体育卫生工作会议。

12月　绿春县教育局转发国家教委《颁发〈中学生体育合格标准实施办法〉的通知》，决定全县各中学从1992年春季全面实施。

同月　绿春县第一中学与绿春县人民武装部共建文明单位。

12月底前　绿春县八乡一镇均建立乡镇党校和农民技术学校。

是年　完成了世界银行中国贫困地区教育贷款项目县级、乡级可行性研究报告，县、乡两级成立了项目领导小组，信息管理员、财务管理员受到省级培训。

是年　云南省教育厅教研室教研员王万喜到绿春县调查小学省编教材教学情况，并举行"小学数学运用题"专题讲座，有200多名教师到场听讲。

是年　绿春县规定，在职职工每年按不低于标准工资1%进行一次性集资，统一交教育部门用于校舍修缮。自此，全县教育投入已初步形成以国家拨款为主、多渠道集资办学的机制，使教育经费有了更广阔的来源。

1992年

2月　县教育局印发《大黑山乡九年义务教育实施规划》并要求抓紧做好各乡校规划。要求3月10日前完成乡校规划，3月20日县级规划上报州级。全县总体要求是：2000年，全县达到国家普及初等义务教育（小学）标准；2020年，全县达到国家普及初中义务教育标准。

同月　县教育局印发《绿春县中小学加强中国近、现代史及国情教育实施意见》。

3月　州民委、州教育局联合调查组到绿春县对哈尼文、彝文试行情况进行调查，调查对象有县乡领导干部，部分事业单位领导和职工、小学教师、扫盲教师、农村干部以及群众。通过点面结合分析，对多年来试行、推广少数民族文字的情况做了全面肯定，并根据存在问题就今后开展民族文字教学推广工作提出6条建议和要求。

3月20日　中共绿春县委批转县委宣传部、县教育局《关于进一步加强我县中小学德育工作的意见》的通知。《通知》指出：① 提高认识，加强领导。② 认真抓好"两史一情"（近代史、现代史和国情）教育。③ 抓好升降国旗活动。④ 抓好校风、教风、学风建设。⑤ 抓好学生思想品德量化管理。⑥ 抓好师德教育。⑦ 建立健全学校家长管理委员会和管理小组。⑧ 维护学校正常秩序，优化社会育人环境。

3月28日　红河州教育局对1992届高中会考情况进行分析统计，全州一月份实际参加会考考生4435人，绿春县五科合格率分别为：语文合格率56.3%、数学合格率52.43%、物理合格率29.3%、化学合格率40.78%、英语合格率22.33%。

4月　建立绿春县教育电视收转台。由绿春县广播电视局安排米波段二频道作为县教育局电视收转台发射频道。台址：县教育局，东经102.42°，北纬23.01°，海拔1642.8米，米波段二频道，发射功率100w。至1993年改为米波段八频道，台址设在绿春一中。

4月21日至6月20日　根据省、州要求，绿春县各级各类学校以校、班为单位开展德育自查工作。

同月　组织县内初三学生参加省化学竞赛，获集体优胜奖锦旗，有 2 名学生获省一等奖，有1 名学生获二等奖。

5月　县教育局转发国家教委《关于印发〈中小学图书馆入室规程〉的通知》。

6月　完成联合国儿童基金会加强贫困地区教育项目学校中期评估工作。

同月　绿春县举办"两史一情"教育（中国近、现代史和国情教育）工作研讨班。

7月　世界银行中国贫困地区教育贷款项目正式实施。

9月　在牛孔乡纳卡村设双语（彝、汉）教学试点校一个，在校生240人。

同月　在坝溜（今半坡乡政府驻地）开办小学，管属权归大黑山学区。

同月　绿春县农业中学更名为绿春县农职业技术中学。

10月　召开《绿春县教育志》评审定稿座谈会。

11月　举行绿春县中小学田径运动会。

同月　组织全县教职工参加"省情知识竞赛"。

同月25日　红河州教育局抽调有各县（市）教育局局长参加的检查组共53人，分6个组对13个县（市）执行1992年度教育目标管理的工作，进行交叉检查考评，绿春县获得二等奖。

是年　完成《绿春县幼儿事业"八五"规划》起草工作。

是年　绿春县第一中学初中部教学大楼竣工，为当年绿春县建筑面积最大的教学楼。

1993年

2月13日　1992年度绿春县"基础教育四项指标"完成情况良好，绿春县获得二等奖，受到州人民政府的表彰奖励。

5月　绿春县教育局批复"关于平河学区撤并咪霞、平河新寨、能龙、禾苏4所小学和增办大头小寨、龙央两所小学的请示"。

同月　召开绿春县有史以来规模最大的一次教育三级干部会议。会议制定了《中共绿春县委、县人民政府关于在我县试行学校内部管理体制改革的意见》和《绿春县关于贯彻实施〈中国教育改革和发展纲要〉的意见》。确定绿春一中、大兴小学、大寨小学、戈奎小学4所学校为绿春县"三制改革"试点校。

7月16日早晨6点20分左右　绿春县大兴镇迷克办事处牛弄村小学校舍倒塌，发生了一起死亡1人、重伤3人、轻伤5人的严重事故。死者系9岁一年级女生。接报后，县委、县人民政府立即组织人员到事故地点开展调查工作，及时抢救受伤人员和做好死者家属的安抚工作。

同月　县教育局印发云南省教委《云南省颁发义务教育证书办法（试行）》和《云南省义务教育适龄儿童、少年入学、缓学、免学、停学管理办法》。

同月　县教育局转发国家教委《关于颁发〈小学德育纲要〉的通知》，要求各学校在新学年开学初同《中国教育改革与发展纲要》一并贯彻学习。

8月　县教育局决定将坝溜小学由大黑山学区划转半坡学区管理。

9月　九年制义务教育教材在初中、小学起始年级启用。

11月　《绿春县九年义务教育实施意见规划》上报县人大常委会审议。

同月　联合国儿童基金会加强贫困地区小学教育发展项目学校终期评估。

12月30日至1994年1月3日　举行绿春县中小学文艺汇演。

是年　为绿春县第一中学、第二中学和四所中心完全小学配备一类教学仪器设备。

1994年

5月12日　绿春县第一中学被红河州教育局认定为三级一等完全中学。

6月　县教育局转发州教委《关于加强学校管理提高教育质量的意见》，具体意见是：① 加强教学常规管理。② 加强学籍管理。③ 加强招生管理。④ 加强经费管理。⑤ 加强后勤管理。⑥ 加强校园环境管理。⑦ 加强安全保卫工作。⑧ 加强质量管理。⑨ 建立教育教学质量奖励制度。⑩ 深化学校内部管理体制改革。提出了"改革是动力，发展是目的，质量是中心，育人是根本，稳定是保证"的口号。

8月　决定在全县乡中心完全小学以上学校推行学校内部管理体制改革。

9月6日　县委、县人民政府做出《关于表彰教育系统先进集体和优秀教师、优秀教育工作者的决定》。对绿春一中等30个先进集体，杨有慧等81位优秀教师和方春云等19位优秀教育工作者予以表彰。

9月　中国国际信托投资公司对品学兼优的贫困学生颁发奖学金，绿春一中、绿春二中、戈奎中学、牛孔中学4所学校学生受益。中信公司还投资兴建了牛孔塔龙、骑马坝大平掌2所希望小学。

同月　贯彻实施《中小学国防教育指导纲要》和《国防常规》。

10月　转发省教委《云南省普通中学创建劳技教育合格学校工作的通知》。

11月　云南省教委下发《云南省义务教育档案样表》，共16种：① 文化户口册。② 0～8周岁人口册。③ 0～15周岁残疾儿童、少年名册。④ 经批准免予入学适龄儿童、少年登记表。⑤ 经批准缓学适龄儿童、少年登记表。⑥ 在校学生名册。⑦ 残疾儿童、少年在校学生名册。⑧ 毕业学生名册。⑨ 发放义务教育证书名册。⑩ 正常流动学生名册。⑪ 流失学生名册。⑫ 留级学生名册。⑬ 借读学生名册。⑭ 教师情况一览表。⑮ 小学校舍、设备情况一览表。⑯ 初中校舍、设备一览表。

12月　绿春县第二中学《向阳》校刊创刊。

是年　绿春县骑马坝乡老普寨村通过扫盲验收，成为绿春县第一个基本无盲村。

是年　承担云南省教育委员会与世界儿童基金会"中国贫困省教育发展项目关于重读、辍学问题研究"子课题相关材料的收集整理工作。

1995年

2月　绿春县第一中学陈亚南等同学的生物课外活动成果，参加第三届全国青少年生物百项评比活动荣获州级一等奖、省级二等奖、国家级三等奖。

3月　绿春县农业职业技术中学改称绿春县民族职业高级中学。

6月　县教育局发出关于报送重要信息和设立信息员的通知：各学区、中学，县属学校指派一名领导专管，设立信息员；突发事件，重大事故和灾情，2~3小时内上报；教育改革与发展的新情况，每日报一次综合材料，重要政策出台、重要会议召开后的有关情况，每隔一个阶段报送一份综合材料；收集师生关心、议论的问题，重点报送，每季一次。

同月　绿春县选拔1594名小学生参加省州举办的6个学科知识竞赛，4名学生获得全国数学竞赛三等奖，27名获得州级三等奖。

7月　县中小学贯彻实施《中小学体育工作条例》，开展学校体育达标活动，达标率达96%，居全州第一。

7月末　组织中小学生参加全国小学数学竞赛获国家级三等奖、全国中学生生物竞赛获国家级三等奖。

9月　经县人民政府批准，送30名初中毕业生到云南民族学院预科部学习，学籍由绿春一中管理。毕业后，没有升入大学的，取得绿春一中高中毕业证，视为中师毕业，安排教育工作。

同月　根据国家教委通知，各中小学学校、特殊教育学校、幼儿园执行每周40小时标准工作制。但绿春县大多数中小学都周六"补课"。

10月　绿春县教委转发省教委《关于印发〈云南省中小学常规管理暂行规定〉的通知》并在全县执行。

11月10~11日　绿春县召开全县教育三干会议。县委书记杨灿章做"落实教育优先发展战略，加快教育事业的改革和发展"的讲话，副县长范元昌做"深化教育改革，加强学校管理，全面提高教育质量"的报告，通报分析了绿春县1991—1995年的教育质量等情况，提出了加强学校管理的意见。有关乡镇也进行了办学经验交流，并讨论了《中共绿春县委，绿春县人民政府关于贯彻实施〈中国教育改革和发展纲要〉的意见（征求意见稿）》。

是年　为贯彻《中共中央关于进一步加强和改进学校德育工作的若干意见》、云南省委省政府的《实施意见》和《爱国主义实施纲要》，开展"热爱祖国，热爱云南"读书活动，成立了绿春县"热爱祖国，热爱云南"读书活动委员会，在全县中小学开展"三百"（看百部爱国主义影片、读百部优秀书籍、唱百首优秀歌曲）活动。

1996年

3月　省教委下文，在全省教育系统开展教育"双百优、双十佳"（百名优秀中小学校长、百名优秀中小学班主任，十佳中小学校长、十佳中小学班主任）活动。

同月　根据红河州教委通知，从1996年起，初中毕业生升学考试将体育列入中考科目，满分为45分。

同月　在骑马坝乡召开全县教育工作现场会，分管副县长范元昌主持讨论了《绿春县教育发展"九五"规划》。

同月27日　成立绿春县学校德育工作领导小组。县委副书记范正保任组长，副县长范元昌、县委常委宣传部部长刀有明、教委主任李优核任副组长。

4月　省教委转发国家教委《关于开展小学教师基本功训练的意见》，全县小学教师基本功训练随即开展。

同月29日　"绿春县教育委员会"印章正式启用，至2002年3月，"绿春县教育委员会"更名为"绿春县教育局"。

5月　县教委发出通知，执行《教师资格条例》，全县在10月底完成首次中小学教师资格认定工作。

7月　牛孔乡龙丁小学经县政协的扶持，开辟亚热带水果基地，种植芒果、龙眼、大青枣、石榴、荔枝等十几种水果。

8月　绿春县教委电教室从教研室被划分出来，单独设立。电教员从原来的2人增加到3人，专门负责管理指导全县中小学校电教教仪工作。

8月　县人民政府办公室印发《绿春县教育委员会职能配置内设机构和人员编制方案》的通知："根据红河州委《关于绿春县党政机构改革方案的批复》，'绿春县教育局'更名为'绿春县教育委员会'"，教委内部机构设置：教委办公室、成教职教股、基础教育股、招考办公室、人事股、财务基建股（含勤俭办、外资办）、督导审计监察室（含总支办）；教委行政编制12人，主任1人，副主任3人（含党务1人），股长7名。

9月　《中华人民共和国职业教育法》颁布实施。

同月　大兴小学校长张有泉荣获"红烟园丁奖"。

10月　县教师资格过渡1337人，其中，幼儿教师19人，小学教师1091人，初级中学教师201人，高级中学教师36人。

同月28日　县委批复县教委党总支《关于成立中国共产党绿春县教委委员会的请示》，同意成立中国共产党绿春县教委委员会。第一届委员会由9人组成，其中妇女委员不得少于1名，教委第一届委员会选举产生后，原中共绿春县教委党总支委员会自然撤销。

11月　上海市青浦区教育局与云南省红河州绿春县教育委员会"九五"教育对口支援第一次协作协议签订。

12月5～6日　中共绿春县教育委员会首届代表大会召开，选举产生第一届委员会委员。

是年　绿春县第一中学陈彬等学生的生物课外科技活动论文，在第八届全国青少年发明创造与科学讨论会上荣获州级一等奖、省级二等奖。

1997年

4月　县教委领导在昆明参加上海云南教育对口支援会议。

8月　县教委组织首次文明学校评选。

9月30日16时10分　平河乡中心小学21名小学生跨到平河中学宣传栏盖板顶上玩耍，使宣传栏压力过重，失衡前倾翻塌，14名学生被压在翻落的盖顶下面，当场死亡2人，送往医院途中死亡2

人，重伤9人，轻伤1人。县委、县人民政府接报后，当即组成以县委副书记王爱国为组长，副县长李开发为副组长的"9·30"事故调查慰问组。于事故发生两个半小时后赶到事故发生地平河，妥善处理后续事宜。

9月　牛孔村委会在牛孔学区的倡导下，组织并成立了"牛孔村委会教育扶贫协会"，主要扶持牛孔村委会籍考入中专及以上的贫困学生，使其顺利完成学业。

是年秋　绿春县首批选送的10名优秀学生到北京市第三十一中学就读高中。在1997—2004年间，北京市第三十一中学面向绿春县共招收6届48名高中学生（民族、城乡、男女不限），1997年招收10名、1998年招收9名、1999年招收10名、2001年招收8名、2003年招收7名、2004年招收6名，其学籍保留在绿春县第一中学，高中毕业后，以绿春县第一中学应届高中毕业生身份回绿春参加高考。

11月　县教委组织专家开展中学办学水平达标晋级申报工作，完成绿春一中、绿春二中、平河中学等学校的办学水平达标晋级申报的县级评估工作。

12月　县人民政府对半坡乡进行"普及六年义务教育"评估验收。县人民政府认为，半坡乡已达到了普及六年义务教育的标准，予以确认。

同月　县教委向全县中小学印发《云南省教育系统安全工作管理办法》。

是年　绿春县向省州申报"国家贫困地区义务教育工程""新增校点，消灭草棚小学""希望工程""香港方树福堂援建工程"。

是年　开展绿春县中小学、幼儿教师首次普通话水平测试工作，按成绩颁发了第一批普通话等级证书。

1998年

3月　省教委印发《云南省县级扫除青壮年文盲单位评估验收办法》。

5月8日　县委批复同意《关于从国家不包分配的大中专毕业生中招考50名教师的请示》。

5月　县教委转发国家教委、全国教育工会"重新颁发《中小学教师职业道德规范》的通知。"

8月　绿春县"国家贫困地区义务教育工程"项目管理领导小组成立。

同月　县人民政府发出《关于在全县实施"绿色证书"工程的通知》。

同月　县教委转发省教委《关于转发〈中小学德育工作规程〉的通知》。

9月　高等专业院校、中等专业学校招生并轨。

同月　召开"绿春县贫困地区义务教育工程"启动大会。各乡镇长和分管教育的副乡镇长、项目领导小组成员、各学区校长、各项目村公所党支部书记或村主任参加会议。

是年秋　绿春县第一中学举行建校40周年庆典活动。庆典活动中，绿春县第一中学编辑出版了《绿春一中建校四十年纪念专辑》。该纪念专辑由时任绿春县委书记范华平、县长陶祖盛、教委主任何开文题词，收录了学校历任校长书记、时任学校党政工团领导、时任学校教职工、历年受表彰的教职工、历届初高中毕业生名录，学校老校长王子恒、范元昌、路宏途、高鹏程以及学校知名校友白成亮、罗理诚、王萍、何成贵等的回忆文章，以及部分教师论文。该纪念专辑由时任学校校长杨善鸿作序。

12月 大兴学区坡头小学，在少先队工作"雏鹰行动"中荣获"云南省雏鹰大队"称号。

同月 绿春县教研室被云南省教育委员会授予"教育科研先进集体"称号。

是年 启动"边疆少数民族地区农村初级中学大面积提高教学质量的研究报告""目标教学研究""如何开展生物课外活动"等红河州级重点课题和一般课题研究。

是年 上海市青浦区援建的阿迪青春希望小学竣工。

1999年

1月 国家教育部颁布《面向21世纪教育振兴行动计划》。绿春县教委转发州教委《关于学习、宣传和全面贯彻〈面向21世纪教育振兴行动计划〉的通知》。

2月 绿春县实行中小学、幼儿教师履职晋级考试。

3月11日 云南省人民政府副省长梁公卿在省教委、州人民政府领导的陪同下到绿春县对教育工作开展专题调研。梁副省长一行深入大兴小学、绿春一中等学校视察。

4月 绿春县教委教研室与教委机关分设。绿春县教委教研室独立建制，成为隶属于绿春县教委的独立事业单位，经费独立核算。

5月 绿春县教委教研室更名为"绿春县教育科学研究室"，并成立绿春县教育科学规划领导小组。

8月7日 绿春县遭遇连降暴雨，牛孔乡中拉希望小学遭受泥石流袭击，500余名师生的生命受到严重威胁，77326部队官兵30余人奉命前往救援，与师生一起连续奋战10天，排除了险情，使学校师生得以恢复正常的教学和生活秩序。

9月 新学年开始，全县小学起始年级开始使用义务教育课程标准实验教科书。

是年 通过实施国家"明天女教师"远程教育建设项目，大兴小学和大寨民族小学建成了绿春县第一批远程教育点。

是年 由中国香港方润华先生资助的绿春县第一中学实验楼（方肇彝楼）竣工。

2000年

3月 刘明等第一批上海支教教师共四人到绿春任教。

6月 绿春县教委党风廉政建设领导小组成立。

8月 顾连方等第二批上海支教教师共四人到绿春任教。

同月 最后一批大中专毕业生统分。

9月 秋季学期开学，绿春县初级中学起始年级开始使用九年义务教育三年制初级中学教科书。

9月8日　中共绿春县委批复同意县人民政府党组《关于招考23名教师的请示》。

9月22～25日　省州"普六"验收组到绿春县检查验收。9月23日，验收组听取县长陶祖盛"普六"工作自查报告。通过听、看、查、访等途径和方法，验收组认为绿春县的自查报告符合实际，数据资料翔实，"普六"已基本达到国家和省定验收标准，同意上报验收。

是年　编制了《绿春县教育事业发展"十五计划"和"2015年规划"》。

是年　由上海青浦区援建的中拉青春希望小学工程建成，面积381平方米。

是年　全县命名表彰17所文明学校。即：绿春一中、骑马坝中学；大兴小学、牛孔乡漫洛河坝小学、大兴镇瓦那小学、大兴镇坡头小学、大兴镇二号桥小学、大水沟乡中心完小、大黑山乡中心完小、大黑山乡三楞小学、骑马坝乡巴洪小学、半坡乡二埔小学、平河乡中心完小、平河乡新寨小学、戈奎乡中心完小；三猛乡中心完小、三猛乡巴东小学。

是年　绿春县教师进修学校设立电大红河分校办学点，以提升中小学教师学历层次。

是年　广泛开展崇尚科学破除迷信，校园杜绝邪教的活动。

是年　全县23所中小学校聘请法制副校长。

是年　红河州人民政府在全州范围内招录"普六"小学教师补充到红河州南部边疆四县，分配给绿春37人（其中本县籍7人）。

是年　在全县教育系统开展学习、贯彻《面向二十一世纪教育振兴行动计划》的活动。

是年　实施滇沪帮扶工程，建成了绿春县教委电教室、绿春一中、绿春职中、大水沟中学四个单位（学校）的白玉兰工程远程教育点。

2001年

2月　经绿春县教育委员会与云南师范大学管理科学系协商，从2001年起联办专科起点本科（函授）班，教学点设于绿春县教师进修学校。

3月　绿春县小学教师技能考核领导小组和考评组成立。

4月　成立绿春县教育工会维护教职工队伍稳定工作领导小组。

6月　成立绿春县教育委员会行风评议领导小组。

7月29～30日　全县连降暴雨，造成山体滑坡，严重的泥石流冲垮全县45所中小学房屋建筑，其中，牛孔乡中拉青春希望小学、大黑山中心小学、绿春一中3所学校受灾最为严重。

8月　绿春县西城区幼儿园创立开班，为县内第一所民办幼儿园。2005年5月由县教育局审批认定。

9月1日　新学年开始，绿春县在小学二年级至初中三年级开展民族团结教育活动，且以绿春县属中小学和实行"三免"教育的平河乡、半坡乡的中小学及大兴镇的二号桥民族团结示范学校作为民族团结教育活动的重点学校。

是年秋　绿春县首批选送5名优秀学生到上海市青浦区高级中学就读高中。2001—2005年间，上海市青浦区高级中学面向绿春县每年招收5名高中学生，不分民族、城乡、男女，其学籍未保留在绿春县第一中学，以上海市青浦区高级中学应届毕业生身份在上海参加高考。

11月　全县开展优化美化校园环境及校风建设活动，并进行考评奖励。

12月5日　县教委机关原职工住宅区划拨给绿春县教师进修学校。

是年　制定《绿春县基本普及九年义务教育和扫除青壮年文盲实施方案》，按照"两基"目标规划，全县各中学普遍增班增生（初中增班9个，增生909人），制定《绿春县中小学校点布局调整实施方案》，2001年全县共收缩了65所学校（点），其中，中学1所（即大兴镇中学并入绿春二中）、初小4所、教学点60个。

是年　绿春县学区、中学机构改革，撤销学区成立乡教育管理办公室，由原来的两套班子两块牌子，改为一套班子两块牌子。

是年　制定《绿春县学校安全工作实施意见》，把学校安全工作纳入重要议事日程。

是年　国家贫困地区义务教育工程项目第一期工程全面完成，并通过省、州"贫义办"的终期评估验收。第二期工程相继启动。

是年　第一批绿春县教育科研课题结题。其中包括绿春二中承担的州级重点课题"边疆少数民族地区农村初级中学大面积提高教学质量的研究报告"、大兴小学承担的州级一般课题"目标教学研究"、绿春一中承担的州级一般课题"如何开展生物课外活动"。

是年　启动第一轮民族贫困地区中小学教师综合素质培训。

2002年

2月　全县第二批教育科研课题立项经绿春县教育科研规划办公室组织专家评审，选送州级课题6个（已批准立项5个），同意县级课题立项7个。

春季　经红河电大评审，报云南广播电视大学批准，2002年春季绿春县民族教师进修学校将开办"开放教育"大专班。

3月28日　根据绿春县委、县人民政府关于印发《绿春县机构改革方案》的通知，"绿春县教育委员会"更名为"绿春县教育局"，"中国共产党绿春县教育委员会"相应更名为"中国共产党绿春县教育局委员会"。相继停止使用原印章，分别启用新印章。

同月　绿春县教育局听证委员会成立，绿春县教育局行政执法责任制工作领导小组成立。

同月　实施第二期"国家贫困地区义务教育工作"贫困学生助学金项目。

同月　绿春县教育局机构改革工作领导小组成立。

4月　出台第二期国家贫困地区义务教育工程土建项目管理办法。

同月　县教育局职能配置内设机构和人员编制方案，报请绿春县机构改革领导小组批准。

5月13日　绿春县民族职业高级中学被认定为省级合格学校。

9月新学年开始　全县初级中学起始年级开始使用义务教育课程标准实验教科书。

9月　根据上级的有关规定，研究决定：自2002年起对全县义务教育阶段接受教育的残疾学生减免有关费用。

10月　三猛乡巴东小学和牛孔乡龙丁小学被评为省级文明学校。

同月　县教育局成立"两基"办公室及相关职能组，以加快实施"两基"步伐，加强"两基"过程指导，精心组织实施"两基"工作，切实做好实施"两基"必备的档案材料，如期实现"两基"目标。

同月　制定绿春县教育系统"十五"期间校舍建设规划。

12月8日　红河州人民政府在绿春召开"基本普及九年义务教育、基本扫除青壮年文盲"现场办公会议。

同月　报请红河州教育局，对绿春县教师进修学校申报省二级进修学校进行复评。

同月　绿春县教育局事业单位人事制度改革领导小组成立。

同月　制定并实施《绿春县中小学基础课程改革实验工作实施意见》和《绿春县基础教育课程改革专家组工作条例（试行）》。

同月　在绿春县召开2002年红河州教育学会化学专业委员会年会。

是年　绿春县实施"两基"攻坚。① 制定《绿春县基本普及九年义务教育和基本扫除青壮年文盲调整方案》，对各乡镇的"两基"工作进行分类指导。② 7月份，召开基础教育暨"两基"工作会议，认真分析"两基"面临的形势和任务，明确"两基"目标。③ 10月29日，召开全县"两基"动员大会。④ 11月1日至4日，县人民政府在平河乡、戈奎乡、骑马坝乡、牛孔乡召开"两基"现场办公会议，落实了平河中学、戈奎中学、骑马坝中学、牛孔曼洛河坝小学扩增校园建设用地100656平方米。⑤ 12月8日，红河州人民政府召开绿春"两基"现场办公会议，在经费和师资上给予支持和保障，即保证投入资金3350万元，解决初中教师120名（实际到任114名）。⑥ 按照"两基"规划，对第一批实现"两基"的大兴镇、半坡乡、骑马坝乡，在12月底由县人民政府组织人员进行检查评估，并通过县级验收。

是年　绿春县全面启动中小学教师综合素质培训工作。① 组织中小学教师继续教育培训；② 开展选拔推荐干部教师工作；③ 选派中小学校长和教导主任（教务主任）到上海、开远等地挂职学习；④ 招聘了3名高中教师，补充了8名初中教师；⑤ 通过函授、电大、自考、脱产等进修学习方式，中小学教师学历合格率（高中、初中、小学、幼儿）分别达78%、79%、86%、49%。

是年　绿春县第一中学学校中层领导（处室领导）首次实行竞争上岗制度。

是年　组织教师参加红河州小学语文"骨干教师阅读教学竞赛"、小学数学"骨干教师课堂教学大赛"。

是年　通过实施二期"国家贫困地区义务教育工程"的远程教育项目，先后建成55个中小学远程教育点。

是年　绿春县第一中学团委被评为红河州"五四红旗团委"。

2003年

1月　绿春县开展首次教师资格认定。

2月　制定《绿春县"两基"工作日程》。

同月　选派县教育局基教股、督导室、成职股相关人员，各乡镇"两基"办主任、中学校长共计30人到州级参加"两基"业务人员培训会议。

3月　红河州委统战部和万达建筑公司在牛孔中学设立万达民族团结奖学金，奖金总额6万元，奖励初一、二学年末统考成绩取得前5名的学生和中考成绩取得前10名的学生，每年奖学金0.6万元，共10年。

4月　根据红河州人民政府的统一部署，实行事业单位专业技术职务任职资格评定与聘任分开的制度，各级别专业技术职务任职资格不再受单位结构比例限制。

5月～12月底　县教育局抽调工作人员督促指导各乡镇开展"两基"工作。

6月　进行以聘用制为核心的事业单位人事制度改革，实行分配激励机制，教职工工资的30%作为活动工资进行第二次分配。实行半年后终止。

6月23日　县教育局就如何做好中小学校常规管理专项督导检查提出实施意见；绿春县人民政府制定出台了《关于贯彻云南省基础教育振兴行动计划的实施意见》，绿春县教育局转发各中小学贯彻执行。

同月　召开全县教育工作会议，全面部署"两基"攻坚的各项工作；建立领导干部动员失学适龄儿童少年返校复学制度，并由各乡镇组织站所干部职工和中小学教师到村寨动员失学学生返校复学，已落实校外适龄学生1930人，有效控制学生辍学的现象。

同月　将县级干部职工捐款的献爱心助贫困学生专项资金120.13万元，下达各乡镇和学校用于救助贫困学生。

8月　接县人社局通知，从2004年起，各类专业技术人员评聘高、中、初级专业技术职务，都须参加云南省统一组织的计算机应用能力考试，并取得合格以上的成绩。绿春县教育系统要求县属学校教师参加考试。

10月17～20日　云南省人民政府"两基"检查评估组一行10人，对绿春县实施"两基"情况进行检查评估，并通过省级验收。在迎接云南省人民政府"两基"检查评估组之前，绿春县人民政府"两基"办公室编写了《历史的丰碑》（绿春县"两基"资料汇编）。《历史的丰碑》由时任绿春县教育局局长朱文学作序，栏目有：一、文件通知（共收录了58份文件）；二、领导讲话（州级领导部分收录了时任红河州州长白成亮、副州长白保兴、州教育局局长陈米杰的讲话稿，县级领导部分收录了时任县委书记孙广益、县长陶祖盛、副县长杨妙荣、副县长王海者、县教育局局长朱文学等领导的10篇讲话稿）；三、专题材料（收录了五份专题材料。品德教育重在养成——牛孔乡龙丁小学德育工作纪实；希望之光——绿春县"两基"专题片解说词；无泪的红烛——记全国优秀教师张常福；历尽艰辛情洒扫盲——记原县教委党委书记何开文；辛勤耕耘的好园丁——记云南省优秀教师杨善鸿）；四、数据表册（收录了10种有关"两基"工作方面的表册）。

同月　绿春县第一中学被评定晋升为云南省二级二等完全中学。

2004年

2月　绿劳人专（2004）6号文件通知：从2003年12月起，全州事业单位实行专业技术职务任职资格评定与聘任分开的制度，各级别专业技术职务任职资格不再受单位结构比例限制。

4月　县教育局与上海青浦区教育局签订"十五"教育对口支援协作协议书。协议内容：选派上海青浦区教师赴绿春县支教；承接绿春县部分需要重点培训的校长、骨干教师到上海青浦区考察学习或短期挂职锻炼、实习；每年继续投入30万元资金用于免费接收5名绿春县成绩优秀的应届初中毕业生到上海青浦区高级中学就读。

同月　云南省人民政府公布绿春县为"基本扫除青壮年文盲县"。

5月9日　在各乡（镇）成立绿春县民族职业高级中学招生站。

同月　中国共产党绿春县教育局委员会召开第二次代表大会。

同月　县人民政府把民族风情园附近征用的47亩土地出让给教育系统建设"园丁小区"，以解决教师住房难问题。

6月　修订《绿春县教育教学质量评价奖励实施意见》。

9月　绿春县"两基"工作顺利通过红河州人民政府的复核验收。

同月　实施《中共绿春县教育局委员会关于实施"云岭先锋"工程，大力推进党的基层组织建设的实施意见》，制定印发《中共绿春县教育局委员会实施"云岭先锋"工程实施细则》。

同月　全县小学实行一费制收费，根据红河州发展改革局文件收取每学期每生一费制73元，根据云南省发展改革厅文件收取教辅资料费每学期每生40元。

同月　牛孔乡黄连山开远希望小学、曼洛河坝小学、纳卡小学、龙丁小学配备了远程教育设备各一套，可以接收优质教育资源。

同月　实施绿春县教师个人工资账号管理改革，实行工资由个人自由存取的制度。

10月　云南省人民政府对绿春县的"两基"工作进行检查评估，评估组认为，绿春县普及九年义务教育的主要指标基本达到国家和省定验收标准，同意提请省人民政府报教育部认定。

11月23日　举办绿春县第一中学建校46周年庆典活动，筹措百万元奖励基金用于济困助学，共筹措资金1269743.27元。庆典活动中编辑出版了《群英生辉》（教师论文集）《群英生辉》（纪念画册）。《群英生辉》（纪念画册）收录了时任红河州人民政府州长白成亮、红河学院党委副书记范元昌、绿春县委书记孙广益、县长马智轶、个旧市委书记杨铭书、云南省人大常委会宣传处副处长白芒芒等领导的题词，还有绿春县委、县政府的贺信。《群英生辉》（纪念画册）的栏目包括校长寄语、学校简介、阳光雨露、历任领导、历史回眸、友好往来、人才培养、党建工作、群英生辉、师资队伍、硬件建设、金色收获、大事记、教师集体合影等内容。

12月　制定《绿春县教育局关于加强师资队伍建设的实施意见》。

根据州委、州人民政府下发的关于教育改革8套文件精神，结合绿春县实际起草了《中共绿春县委、绿春县人民政府关于深化教育配制改革，加快教育事业发展的决定》和7个配套实施意见，即：《绿春县关于教育体制改革与发展的实施意见和办法》《绿春县关于打好"两基"攻坚战，巩固提高"两基"成果的实施意见》《绿春县关于突破"瓶颈"制约，加快普通高中教育改革与发展的实施意见》《绿春县关于进一步推进职业教育改革与发展的实施意见》《绿春县关于大力促进民办教育发展的实施意见》《绿春县关于深化人事制度改革、全面推行校长公选制、教师聘任制、绩效分配制的实施意见》《绿春县关于进一步加强和改进青少年思想道德建设工作的实施意见》。12月起，以上配套文件精神逐步落实。

同月　县教育局成立"中央电视大学人才培养模式改革和开放教育试点"项目总结性评估工作领导小组。

同月　时隔10余年举办第四届绿春县中小学生运动会。

12月22～23日　召开绿春县教育工会第六次代表大会，选举产生第六届工会委员会。

从本年度开始　面向社会认定中小学、幼儿园教师资格。

是年　为贯彻《云南省教育科学研究工作条例》，并按照云南省教育科学院和红河州教育科学研究所的要求，对该年的高三年级学生云南省统一检测进行跟踪管理。

是年　启动国家西部地区农村寄宿制学校建设项目。

是年　绿春县第一中学高中毕业生高考升学率为24.4%，其中陈来娘（理科）、白程波（文科）两位同学被重点大学（重点专业）录取。

2005年

2月　中共绿春县教育局委员会"开展保持共产党员先进性教育活动"工作全面启动。

4月28～29日　教育部副部长陈小娅、督导办主任郑富芝、财务司副司长田祖荫、办公厅秘书周为一行在云南省、红河州两级领导的陪同下，对全县教育工作进行考察调研。

6月　举行首届"中国人寿保险杯"教育系统卡拉OK赛，来自全县各中小学的23名教师代表参加比赛。

7月　绿春县教育行政监察室成立。

同月　县教育局在绿春县第一中学阶梯教室召开县属学校及大寨小学教职工思想动员扩大会议，通报"三制"改革、城区教育资源整合等情况。

同月　以原教育厅副厅长马有良为团长的云南省小学特级教师讲师团一行17人到绿春开展支教讲学活动，活动分小学语文、数学和科学三个学科进行，开展综合性讲座、学科专题讲座和教学示范课。

同月　第五批上海支教教师一行5人抵达绿春。

秋季学期开学　半坡中学从半坡搬迁到坝溜办学。

9月起　全县中小学、幼儿园整体进入课程改革实验阶段。

同月　新学年开始，县城区高、初中分离办学，高中部设在绿春一中，初中部设在绿春二中（绿春一中初中部学生全部到绿春二中就读，绿春一中初中部教师分离到绿春二中任教）。

10月　成立绿春县人民政府教育督导室，为正科级机构，与县教育局合署办公。

10月5日～11月3日　全国中小学生体质健康调研在建水、红河、绿春三县进行，对象是6至18周岁各年龄段男女生各110名。

12月11～16日　举办绿春县中小学生文艺汇演暨书画展览。

是年　为贯彻实施中共绿春县委、县人民政府《绿春县关于深化人事制度改革、全面推行校长公选制、教师聘任制、绩效分配制的实施意见》，1月，校长公选制、教师聘任制、绩效分配制的"三制"改革在绿春一中、二中启动（试点）；8月，三猛完小、骑马坝完小、大黑山完小、大水沟中学、半坡中学等部分中小学推行校长公选；10月，全县乡镇中心完小及其以上中小学校长重新聘任，一律实行公选制，取消中小学行政级别，实行任期目标责任制，年终奖励制；11月，教职工全员聘用制正式启动并完成；12月，绩效工资分配制启动，教职工个人工资总和的30%做第二次分配（其中15%为课时工资，当月考核，下月发放；15%学期末按绩效分配），70%随月发放。

　　是年　举办绿春县小学"数学教学大奖赛"，参赛教师10名，130多名教师观摩。

　　是年　绿春县教育局电教室被评为绿春县科技致富先进单位。

第一章
教育行政管理

第一节 教育行政机构设置

教育行政管理机构沿革

民国时期及以前，绿春地区政治、经济、文化都比较落后。根据元江县民国时期《县志》（教育编初稿）记载，县教育局设劝学员长1人、劝学员1人、视学员1人、书记1人、杂役1人，临时书役无定额。区级设教育委员、校长（由劝学员长任命）或设训育主任（由校长任命），保管员1人，杂役1人。乡（村）级的教师由教育委员或校长聘用，任命负责人。于嘉庆二十三年（1818年），在骑马坝村（傣族村）办起第一所私塾，到1948年，130年的时间先后兴办了32所私塾及小学堂，学制不统一，各地私塾由创办人到外地聘请先生为自己或本地方培养自己的子弟而兴办，政府当局对私塾很少过问，对小学堂的管理也极其松弛。

1955年4月29日，成立红河哈尼族自治区六村办事处（相当于县级机构），办事处设文教科，陈源任副科长。1957年3月，六村办事处文教科增设教研组，汤庆萱为教研组负责人。1958年5月，六村办事处文教科由马普恩代管，增设业余扫盲办公室。1960年3月，绿春县人民委员会文教科由龙云和任副科长。1962年6月，县人民委员会文教科与县人民委员会卫生科合并，称绿春县人民委员会文教卫生科，由王子恒任科长。1964年11月，撤销文教卫生科，复设文教科，由王子恒任科长。1965年5月，县文教科复设教研组，邹庚禄任组长。1966年7月以后，开展"文化大革命"，县文教科科长受到冲击，无法履行其职责。成立临时领导小组，潘文兴任组长，吕玉富为组员。1968年8月20日，县革委常委会决定成立文卫组，唐兴隆任组长。1969年1月，成立文化系统革委会，理勇志（原名理长贵，彝族）任主任，雷树发任副主任。1970年，撤销文化系统革委会，县革委政工组下设文教组，唐兴隆任组长。12月，撤销县革委政工组文教组，恢复文教局，唐兴隆为负责人，1976年4月唐兴隆任局长，李中山（哈尼族）、张菊华（女）、理勇志任副局长。1972年，县文教局下设师训组，邹庚禄任组长，任命闫竹仙为教研组组长。1979年6月，县文教局王子恒任局长，张永红、张菊华任副局长。在原设的教育组、财务组、教研组等办事机构外，增设业余教育办公室。1980年11月，县文教局陈源任局长，张永红、方春云、陈欧嘎任副局长，汤庆萱为专职党总支副书记，下设教育股、教研室、文化股、业余教育办公室、人事股、秘书室等办事机构。1981年4月30日，县教育工会成立，陈源任主席（兼），路宏途、李子恕任兼职副主席。1983年12月，绿春县进行机构改革，县体育运动委员会并入绿春县文教局。县文教局由陈源任局长，陈欧嘎、张谊宝任副局长，下设四个股（教育、人事、财务、文化）和四个室（秘书室、招生办公室、教研室、业余教育办公室），以及教育工会等机构。1984年10月，撤销绿春县文教局，分设县教育局、县体育运动委员会和县文化局。县教育局由江启明任局长，张谊宝、魏希周任副局长，下设办事机构同前。从1985年春季开始，县教育局机构名称沿用到1995年，内设机构减少文化股和秘书室，增加了办公室。1995年8月，中共红河州委发布的《关于绿春县党政机构改革方案的批复》中将"绿春县教育局"更名为"绿春县教育委员会"，内部设置教委办公室、成人及职业教育股、基础教育股、人事股、财务基建股（含勤俭办、外资办）、招考办公室和督导审计及监察室（含党总支部委员会办公室），编制12名。其主要职责是：负责贯彻党和国家的教育方针，研究制定全县教育工作方针、政策、法规和规章制度；编制全县教育事业发展规划，拟定教育事业发展重点、规模、速度和步骤，负责各类学校德育工作，管理基础教育等各类教育，负责普及九年义务教育、扫盲工作和师资培训；负责各级各类学校的教育、教学等业务工作；承担教研工作，负责招生、教育统计、教职工职称评审、教育督导等各项工作。2002年3月，中共绿春县委、县人民政府印发《机构改革方案》，将"绿春县教育委员会"更名为"绿春县教育局"，内设办公室、成人及职业教育股、基础教育股、人事股、财务基建股（含勤俭办、外资办）、招考办公室、督导室、审计监察室（含党总支部委员会办公室）、思想政治教育股9个股室，编制25名。

绿春县人民政府教育督导室于2005年10月15日成立，属县人民政府的常设机构，与教育局合署办公，编制3名。其主要职责是：统筹规划、组织、实施教育督导工作；参与组织协调专项教育评估工作；负责做出督导结论，提出奖惩建议或者其他处理建议。

表1-1-1　县教育行政管理机构沿革一览表

时段	机构名称	负责人姓名及职务	任职时间	内设机构
1955.4—1962.6	六村办事处文教科 绿春县人民委员会文教科	陈源副科长 马普恩负责人（兼） 龙云和副科长	1955.4—1958.4 1958.5—1960.3 1960.3—1960.12	教研组
1962.6—1964.11	绿春县人民委员会文教卫生科	王子恒科长	1962.6—1964.11	教研组

时段	机构名称	负责人姓名及职务	任职时间	内设机构
1964.11—1966.1	绿春县革命委员会文教科	王子恒科长	1964.11—1966.5	教研组
1966.7—1968.8	绿春县革命委员会文教科临时领导小组	潘文兴组长 吕玉富组员	1966.7—1968.8 1966.7—1968.8	教研组
1968.8—1969.1	绿春县革命委员会文卫组	唐兴隆组长	1968.8—1969.1	教研组
1969.1—1970.12	绿春县革命委员会文化系统革委会	理勇志（原名理长贵）主任 雷树发副主任	1969.1—1970.1 1969.1—1969.12	教研组
1970年	绿春县革命委员会政工组文教组	唐兴隆组长	1970年	教研组
1970.12—1979.6	绿春县革命委员会文教局	唐兴隆负责人 唐兴隆局长 王子恒副局长 李中山副局长 张菊华副局长	1970.12—1976.4 1976.4—1977.11 1978.5—1979.6 1976.2—1976.10 1976.2—1976.10	教育组、财务组、教研组、师训组
1970.12—1979.6	绿春县革命委员会文教局	理勇志（原名理长贵）副局长 张永红（原名张永富）副局长 张菊华（女）副局长	1976.2—1976.10 1977.9—1979.6 1976.10—1979.6	教育组、财务组、教研组、师训组、
1979.6—1983.7	绿春县人民政府文教局	王子恒局长 陈源局长 张永红（原名张永富）副局长 张菊华（女）副局长 方春云副局长 陈欧嘎副局长	1979.6—1979.10 1980.12—1983.7 1979.6—1982.8 1979.6—1982.8 1980.7—1983.12 1982.6—1984.4	教育股、文化股、人事股、财务股、教研室、秘书室、业教办、招考办、教育工会
1983.7—1984.10	绿春县人民政府文教局	陈源局长 张谊宝副局长 朱昌涛副局长 魏希周副局长	1983.7—1984.8 1983.1—1984.10 1983.1—1984.11 1984.6—1984.10	教育股、文化股、人事股、财务股、教研室、秘书室、业教办、招考办、教育工会
1984.10—1987.10	绿春县人民政府教育局	江启明局长 张谊宝副局长 魏希周副局长 何开文副局长	1984.10—1988.3 1984.10—1986.10 1984.10—1987.10 1987.9—1987.10	撤销秘书室，增设办公室
1988.3—1990.12	绿春县人民政府教育局	魏希周局长 陈米杰副局长 何开文副局长	1988.5—1990.8 1988.9—1990.12 1987.10—1990.12	增设教育督导室

时段	机构名称	负责人姓名及职务	任职时间	内设机构
1990.12—1993.6	绿春县人民政府教育局	陈米杰局长 何开文副局长 杨善鸿副局长 李优核副局长	1990.12—1992.8 1990.12—1993.6 1991.9—1993.6 1993.6—1994.2	业教办改为成教职教股，财务股改为财务基建股，增设基础教育股、勤工俭学办
1993.7—1995.12	绿春县人民政府教育局	李优核局长 何开文副局长 刘世文副局长	1994.2—1995.12 1993.7—1995.12 1992.11—1995.12	勤工俭学办并入财基股，增设思想教育股
1995.1—1998.3	绿春县人民政府教育委员会	李优核主任 何开文副主任 刘世文副主任	1995.12—1998.3 1995.12—1998.3 1995.12—1998.3	电教室从教研室分离出来单独设立
1998.3—2000.5	绿春县人民政府教育委员会	何开文主任 刘世文副主任 普智荣副主任 李宝仕副主任	1998.4—2000.5 1992.11—2000.6 1998.4—2000.8 1999.9—2002.3	1999年教研室成为教育局直属的独立事业单位
2000.6—2002.3	绿春县人民政府教育委员会	王海者主任 李宝仕副主任	2000.6—2002.3 1999.9—2002.3	1999年教研室成为教育局直属的独立事业单位
2002.4—2005.12	绿春县人民政府教育局	朱文学局长 陶德然教育督导室主任 李宝仕副局长 李成发副局长 张跃琼（女）副局长	2002.3— 2005.12— 2002.4— 2004.1— 2005.7—	2005年先后成立县人民政府教育监察室和督导室。绿春县人民政府教育督导室，于2005年10月15日成立，属县人民政府的常设机构，与教育局合署办公，编制3名

2005年县教育局内设机构领导名录

党政办公室

主　任　白然里

副主任　施丽梅

计划财务股

股　长　苏鸿翔

副股长　普电祥

人事股

股　长　李皮黑

职业、成人教育股

股　长　施福寿

县人民政府教育督导室办公室

主　任　孙彦辉

基础教育股

股　长　白安金

县招生委员会办公室

主　任　陈优者

电化教育办公室

主　任　李伟

副主任　王绿洲

思想政治教育股

股　长　李雪松

教育科学研究室

主　任　张能荣　支部书记　卢诚春

副主任　李批龙　陈永建

县教育局机关驻地

随着绿春县民族教育事业的发展，人员不断增多，绿春县教育行政部门机关的办公地点多次变迁。

1955年，六村办事处文教科机关设在孙宗孔家的大楼上（后成为绿春县人民政府招待所的老房子的大楼上，原孙宗孔家的大楼所在地现为绿春县大兴镇人民政府所在地）。1956年，六村办事处文教科机关搬迁到新建的六村办事处办公大楼（也称六村办事处"飞机大楼"），有办公室1间（面积17平方米）。1959年，绿春县人民委员会文教科机关搬迁到绿春县委会楼下与绿春县委宣传部在一起联合办公，有办公室1间。1963年，绿春县人民委员会文教科机关又搬回到绿春县人民委员会大楼，有办公室3间（面积大约有50平方米）。

1975年，绿春县革命委员会文教局机构扩大，人员增多，机关的办公场所扩大到7间（面积大约有120平方米）。1983年，绿春县人民政府文教局机关新建办公楼，建筑在绿春县民族教师进修学校以北，占地面积623平方米，有办公室10间和厨房一间（面积60平方米）。1984年10月，撤销绿春县人民政府文教局，分设绿春县教育局、县体育运动委员会和县文化局。绿春县教育局的门牌挂在原绿春县人民政府文教局机关驻地。

第二节 区（乡、镇）教育机构

1955年4月至1958年7月，六村办事处下设四个区，区人民政府设文教助理员1人，负责全区学校管理，区中心学校校长负责全区学校行政、教学业务管理。1958年初，各区学校设有扫盲办公室（临时机构）。1962年，绿春县教育划分为9个片区，即大兴、瓦那、戈奎、牛孔、洒马、三楞、骑马坝、嘎处、嘉禾街等片区。1966年5月至1968年10月，"文化大革命"使县、区、乡教育领导班子都受到冲击。1969年底至1978年8月，撤区划社、撤乡划大队，绿春县划为9个公社（半坡公社和城关镇为1973年新划出来的）。各公社设文化教育革命领导小组办公室，编制3人（主任、师资辅导员、会计各1人），负责领导全公社的文教工作，大队学校由公社指定负责人。1970—1975年间，各公社成立文化教育革命领导小组办公室，各大队相继成立贫管会（贫下中农管理学校工作委员会）或贫管小组（贫下中农管理学校工作领导小组），负责领导全公社、大队的学校工作。1978年8月至1980年10月，有9个公社、1个镇，81个生产大队及2个居民委员会，940个生产队786个自然村。撤销各公社文化教育革命领导小组办公室，改称学区，各学区配备校长、教导主任、会计，大兴小学配备正副校长、正副教导主任和总务主任。1982年9月，为加强学区建设，普及小学教育，逐步做到学区校长、主任深入到各小学（教学点），同时根据州级指示，逐步把学区和中学分开，做到经费和人事分开。

1984—1988年，将公社改为区，大队改为乡，各区配备文教助理员负责全区教育管理工作，各学区健全领导班子，配备正副校长、正副教导主任、扫盲专干、会计等。

1988年后，将区改为乡，将原来的乡改为村委会。2002年至2004年3月，将原来的学区改为乡（镇）教育管理办公室。2004年4月以后，将原来的乡（镇）教育管理办公室改为乡（镇）中心完小（完全小学）。

表1-2-1　1955—2005年区（乡、镇）教育机构（历任领导）沿革一览表

时间	机构名称	校长（负责人）姓名	备注
1955—1958年	大兴小学 牛孔小学 三楞小学 嘉禾街小学	李培端、魏维喜、龙云和 李文升、汤庆萱、俞廷贵 李荣森、李立本 何里甲、李培端	四所小学是当时的区中心学校
1959—1969年	大兴小学 牛孔小学 三楞小学 嘉禾街小学	龙云和、李文保、张永富 俞廷贵 李立本 李培端、李文保、刘福辉	以任职的先后为序
1969—1970年	一区文教领导小组 二区文教领导小组 三区文教领导小组 四区文教领导小组	钟明贤、俞廷贵 刘福祥、向保甲 张永红、李立本 龙云和、杨召唤	均为组长或副组长
1970—1973年	大兴公社教办室 戈奎公社教办室 牛孔公社教办室 大水沟公社教办室 三楞公社教办室 骑马坝公社教办室 三猛公社教办室 平河公社教办室	刘福祥、李成福 钟明贤 闫竹仙、李成福 林尚余 李立本 张永红、姜正兴 杨召唤 龙云和	均为公社级文教办公室主任
1973—1978年	大兴公社教办室 戈奎公社教办室 牛孔公社教办室 大水沟公社教办室 大黑山公社教办室 半坡公社教办室 骑马坝公社教办室 二猛公社教办室 平河公社教办室	刘福祥、龙云和 钟明贤、陈欧嘎 李成福、马树珍、郑朝明 林尚余、车世培、魏家喜 李立本、何伟能 车世培、李思明、周兴全 姜正兴 郑朝明、牟崇喜 龙云和、何里甲、钟明贤	均为公社级文教办公室主任
1978—1984年8月	大兴学区 戈奎学区 牛孔学区 大水沟学区 大黑山学区 半坡学区 骑马坝学区 三猛学区 平河学区	龙云和 陈欧嘎、王春舜、王立福 李仲彩、施祥宝 魏家喜、陈欧嘎 何伟能、施汝安、徐林图、何开文 周兴全、李元芳 姜正兴、施汝安、李志云、李来波 牟崇喜、张有泉、周兴全 何里甲、钟明贤、王立福	均为学区级的校长、副校长或教导主任

时间	机构名称	校长（负责人）姓名	备注
1984年9月—1986年12月	大兴学区 戈奎学区 牛孔学区 大水沟学区 大黑山学区 半坡学区 骑马坝学区 三猛学区 平河学区	何信华、魏维喜 周定翔 施汝安 李批额、施发寿 何开文 卢平智 李来波、李岸波 周兴全 王立福、范文者	均为学区级的校长、副校长
1987年1月—1990年12月	大兴学区 戈奎学区 牛孔学区 大水沟学区 大黑山学区 半坡学区 骑马坝学区 三猛学区 平河学区	何信华 周定翔 苏鸿翔 李岸波、曹玉顺 李成发 卢平智、马开明 李岸波、李来波 卢诚春、马欧然 范文者、杨克荣	均为学区级的校长、副校长
1991年1月—2000年12月	大兴学区 戈奎学区 牛孔学区 大水沟学区 大黑山学区 半坡学区 骑马坝学区 三猛学区 平河学区	何信华 周定翔 苏鸿翔 李岸波、曹玉顺 李成发、曹福兴、白玉贵、何永华 马开明、王海者、王绿洲、李波黑 李皮黑、熊光荣 马欧然、王绿洲 杨克荣、李来波、马开明、马欧然、何永华	均为学区级的校长、副校长
2001年1月—2003年12月	大兴镇教育管理办公室 戈奎乡教育管理办公室 牛孔乡教育管理办公室 大水沟乡教育管理办公室 大黑山乡教育管理办公室 半坡乡教育管理办公室 骑马坝乡教育管理办公室 三猛乡教育管理办公室 平河乡教育管理办公室	卢平智、李静兰、李波黑 李国成、龙山鲁 李克者、杨德刚 张卫俊、吴秋然 白玉贵、何永华、李劲峰、李元河 李虎承 熊光荣、邵德刚、杨绍强 王绿洲、普玉忠 白玉贵、何永华	均为乡镇教育管理办公室的主任、副主任

时间	机构名称	校长（负责人）姓名	备注
2004年1月—2005年12月	大兴镇中心完小 戈奎乡中心完小 牛孔乡中心完小 大水沟乡中心完小 大黑山乡中心完小 半坡乡中心完小 骑马坝乡中心完小 三猛乡中心完小 平河乡中心完小	白然里、普玉忠、李元河、李波黑 李劲峰 李克者、施绍宏、杨德刚 吴秋然、李加福 龙山鲁、龙成文、李坚忠、李阿兴 李窝斗、白秀英、朱康伟 邵德刚、杨绍强、李忠福、李忠普 普玉忠、陈里成、李福金、龙阿三 何永华、李初九	均为乡镇中心完小级 的校长、副校长

第三节　绿春县属各学校（园）、中学沿革

中华人民共和国成立前，绿春县境内办过大兴寨初级小学堂、骑马坝初级小学堂、牛孔乡纳卡初级小学堂；中华人民共和国成立后，1952年，开办了大兴小学、大兴镇的瓦那小学、牛孔乡的牛孔小学以及纳卡小学、大水沟乡的扭直小学、大黑山乡的卧马小学、骑马坝乡的骑马坝小学等一批小学。1958年8月，开办绿春中学（今绿春县第一中学的前身）。1960年2月，开办西哈腊衣、平掌街、金岔河、密东洛马4所初级农业中学。1962年秋，大兴小学附设一年制学前班（绿春县幼儿园的前身，1979年并入城关学前班改称绿春县城关幼儿园，1989年改为现园名）。1964年秋，绿春中学开办简易师范班（今绿春县民族教师进修学校的前身，1979年3月教师进修学校建在今县教育局机关驻地旁）。1971年8月，开办绿春中学高中班（今绿春县第一中学高中部的前身）。1983年8月，在二号桥河坝原县农机培训站处开办绿春县农业中学（今绿春县民族职业高级中学的前身）。

绿春县的学校分为乡（镇）属学校以及县属学校，乡（镇）属学校指乡（镇）中心完小所管理的乡（镇）中心小学以下的学校。县属学校指县大兴小学、县民族教师进修学校，县属中学指县一中、县二中、县民族职业高级中学以及各乡（镇）中学，县属园指县幼儿园（2001年8月后，再加民办县西城区幼儿园）。

表1-3-1 绿春县幼儿园

园长姓名（任职年限）	副园长姓名（任职年限）	书记姓名（任职年限）
—	苏为新1983.1—1985.8	胡秋芬2002.8—2004.8
—	胡秋芬1986.9—1987.6	胡静蓉2004.9—2005.8
胡秋芬1987.9—2002.7	李静兰2001.8—2002.7	—
李静兰2002.8—	李芬2005.11—	—

表1-3-2 西城区幼儿园（民办幼儿园）

园长姓名（任职年限）	副园长姓名（任职年限）	书记姓名（任职年限）
黑石妞2001.8—	—	—
—	—	—

表1-3-3 大兴小学

校长姓名（任职年限）	副校长姓名（任职年限）	书记姓名（任职年限）	教导主任姓名（任职年限）
闫竹仙1977.10—1979年	马树珍1978—1983年	张有泉1984.12—1996年	白学智1977—1978年
何里甲1980—1982.1	李秋奎1988.7—2002年	丁立章1996—2001.2	白学智（总务主任）1978—1983年
姜正兴1982.1—1983.12	周定翔1990.6—1995.8	普丽华2004—2005.5	—
张有泉1984.12—1996年	普丽华1996—2001.2	段光瑞2005.6—	—
丁立章1996—2001.2	关莉2005.11—	—	白普妹2003.7—
王绿洲2001.2—2003.8	罗嘎然2005.11—	—	—
段光瑞2003.8—	—	—	—

表1-3-4 民族教师进修学校

校长姓名（任职年限）	副校长姓名（任职年限）	书记姓名（任职年限）	教导主任姓名（任职年限）
牟崇喜1980.8—1981.8	常泳昌1981.8—1982.11	常泳昌1981.9—1982.11	邹庚禄1980.4—1985.8
常泳昌1981.9—1982.11	方春云1982.12—1992.8	方春云1982.12—1992.8	陆永斌1985.9—1992.7
胡家武1992.9—1994.4	周定翔2002.11—2005.11	胡家武1992.9—1994.4	马奇锐1992.8—1994.7
方春云1994.5—2005.11	—	卢平智2004.2—	龙谷波1994.8—1998.5
周定翔2005.12—	—	—	周定翔1998.6—2002.10
—	—	—	陈克保2002.11—2005.9

表1-3-5 民族职业高级中学

校长姓名（任职年限）	副校长姓名（任职年限）	书记姓名（任职年限）	教导主任姓名（任职年限）
许万明1983.9—1984.7	李寿康1985.8—1993.6	江普黑2001.2—2005.11	罗建文1983.8—1987.8
唐成士1984.8—1985.7	江普黑2001.2—2005.11	张永生（副书记）2001.2—	杨详元1987.8—1995.7
李寿康1993.7—2002.7	陈来然2005.8—	—	刘贵明1995.8—2005.8
陆康2002.8—	王伟山2005.12—	—	李则仁2005.8—

表1-3-6 绿春县第一中学

校长姓名（任职年限）	书记姓名（任职年限）	副校长姓名（任职年限）	教导主任姓名（任职年限）
余永昌（负责人）1958—1961年	戈献昌1960—1963年	路宏途1981—1983年	—
钟世洲1962—1975年	钟世洲1963—1975年	胡家武1983—1984年	—
王子恒（革委会主任）1976—1980年	雷树发1975—1976年	范元昌1984—1985年	—
胡益清1981—1983年	王子恒1976—1980年	高鹏程1984—1986年	—
路宏途1983—1985年	胡益清1982—1983年	石惠珍1986—1989年	—
范元昌1986—1993.3	路宏途1984—1985年	常永昌1989—1994年	—
杨善鸿1993.6—1999.8	范元昌1985—1988年	邹润铨1987—1995年	—
王本宏2002.3—	江启明1988.3—1989.10	杨善鸿1990—1991年	—
—	常永昌1989.10—1994年	李优核1992—1993年	—
—	杨善鸿1995—1999.8	李宝仕1995—1999.8	—
—	张辅宝2005.7—	张辅宝1999.8—2005.7	—
—	常永昌（副）1978—1981年	白友红1999.8—	—
—	范元昌（副）1988—1993年	刘明2000.3—2000.7	—
—	杨善鸿（副）1993—1995年	朱金林2001.8—2002.7	—
—	陈景华（副）1995—1999.8	秦峥毅2002.8—2004.7	—
—	—	张跃琼2004.1—2005.7	—
—	—	苏春华2005.8—	—
—	—	吕继明2005.8—	—
—	—	陆斌2005.8—	—

　　注：① 王本宏2002.3—2003.3任绿春县教育局副局长代理绿春县第一中学校长，2003年3月后被正式任命为绿春县第一中学校长。② 刘明、朱金林、秦峥毅、陆斌系上海支教教师，县一中的教导主任等中层干部未整理。

表1-3-7　绿春县第二中学

校长姓名（任职年限）	副校长姓名（任职年限）	教导主任姓名（任职年限）
龙发平1974.9—1979.8	李成发1994.9—1996.2	林尚余1974.9—1979.8
林尚余1979—1981年	白成秋2002.8—2005.8	李有相1979.9—1984.8
牟崇喜1981—1989年	白静2004.3—2005.7	陈米杰1984.8—1986.8
张维龙1989—1990.9	李龙普2005.8—	孔祥烈1986.8—1989.8
杨妙荣1990.9—1992.4	卢伟发2005.8—	杨妙荣1989.8—1990.8
白友红1992.5—1996.3	陈云山2005.8—	白忠伟1990.9—1993.3
朱文学1996.3—1997.8	—	白友红（副）1990.9—1992.4
岳宝葵1997.9—2001.2	—	孔凡强（副）1992.9—1994.8
张常福2001.3—	—	岳宝葵1995.9—1997.9
—	—	陈永建1997.9—2003.8
—	—	卢伟发2003.9—2005.7
—	—	白志强2005.9—

注：绿春县第二中学的党支部书记一般由校长兼任。

表1-3-8　戈奎中学

校长姓名（任职年限）	副校长姓名（任职年限）	教导主任姓名（任职年限）
钟明贤1969.9—1979.8	—	陈锦华1983—1984年
陈欧嘎1979.9—1980.8	—	杜联勇1985—1987年
王春顺1980.9—1982.8	—	普智荣1988—1991年
汤家诚1982.9—1985.8	—	张自林1992—1993年
陈锦华1985.9—1988.8	—	师泽1994年
王连昌1988.9—1990.8	—	罗志福1995年
黑平福1990.9—1992.8	—	卢伟发1996—2000年
普智荣1992.9—1994.8	—	李文森2001—
李批龙1994.9—1996.8	—	—
陆康1996.9—1998.8	—	—
李雄军1998.9—2001.2	—	—
白永华2001.3—2004.2	—	—
李德2004.3—	—	—

注：1995—2001年戈奎中学的党支部书记由 白常青 担任，2001年后由陈立昌担任。

表1-3-9　牛孔中学

校长姓名（任职年限）	副校长姓名（任职年限）	教导主任姓名（任职年限）
郑朝明1978—1979年	董雪艳2004.3—2005.10	—
施祥宝1979—1980年	何宏瑛2003.9—2004.8	—
高鹏程1980—1984.8	—	—
张维龙1984.9—1986.8	—	—
江普黑1986.9—1997.8	—	—
普云柱1997.9—	—	—

注：牛孔中学的党支部书记一般由校长兼任。

表1-3-10　大水沟中学

校长姓名（任职年限）	副校长姓名（任职年限）	教导主任姓名（任职年限）
李批额1980—1985年	—	—
范国兴1985—1987年	—	—
王立堂1987—1991年	—	—
李波然1991—1993年	—	—
张自林1993—1997年	—	—
李龙普 1997—2005.8	—	—
朱志明2005.9—	—	—

注：大水沟中学的党支部书记一般由校长兼任。

表1-3-11　大黑山中学

校长姓名（任职年限）	副校长姓名（任职年限）	教导主任姓名（任职年限）
吴鲁才1972.2—1975.6	—	—

大黑山五七大学、第二中学及大黑山中学

表1-3-12　大黑山五七大学时代

校长姓名（任职年限）	副校长姓名（任职年限）	教导主任姓名（任职年限）
吴鲁才1975.7—1978.8	常泳昌1975.2—1978.8	—

注：大黑山五七大学的党支部书记由校长兼任。

表1-3-13 绿春县第二中学及大黑山中学

校长姓名（任职年限）	副校长姓名（任职年限）	教导主任姓名（任职年限）
—	李中山1978.9—1981.8	—
—	唐成士1981.9—1985.8	—
张培（负责人）1985.9—1986.8	刘克聪1996.9—2001.2	—
李宝仕1986.9—1988.8	钟炳艳2004.3—	—
李玉明1988.9—1989.8	—	—
曹玉顺1989.9—1993.8	—	—
陶德然1993.9—1996.8	—	—
罗志福1996.9—2001.2	—	—
李红星2001.3—2004.2	—	—
李黑贵2004.3—	—	—

注：大黑山中学的党支部书记一般由校长兼任；刘克聪为云南省地方税务局来挂职的干部。

表1-3-14 骑马坝中学

校长姓名（任职年限）	副校长姓名（任职年限）	教导主任姓名（任职年限）
李保全1978.7—1981.7	—	—
昂学亮1981.7—1984.7	—	—
陈炳喜1984.7—1989.7	—	—
朱文学1989.7—1992.7	—	—
李普核1992.7—1994.7	—	—
张四周1994.7—1996.1	—	—
张学文1996.1—2000.8	—	—
李福林2000.8—2002.8	—	—
李忠林 2002.8—	—	—

注：1992.7—2000.8.白正发任骑马坝中学党支部书记，多数年份骑马坝中学党支部书记一般由校长兼任。

表1-3-15 半坡中学

校长姓名（任职年限）	书记姓名（任职年限）	教导主任姓名（任职年限）
李思明1977.9—1984.8	—	—
孔庆山1984.8—1990.7	—	—
朱布红1990.7—1994.7	—	—
李夫者1994.7—1995.7	—	—
李雄军1995.7—1998.7	—	—

校长姓名（任职年限）	书记姓名（任职年限）	教导主任姓名（任职年限）
李福林1998.7—2000.7	—	—
陈云山2000.7—2005.7	—	—
李来仁2005.7—	—	—

注：半坡中学的党支部书记一般由校长兼任。

表1-3-16　平河中学

校长姓名（任职年限）	书记姓名（任职年限）	教导主任姓名（任职年限）
何里甲1978.7—1980.7	—	李春雄（副）1983.7—1984.7
王华云（副）1980.7—1983.7	—	白友红1988.8—1990.7
杨克荣（副）1984.7—1987.7	—	李孟银1990.8—1992.7
白玉明1987.8—1989.7	—	何文斌1992.8—1994.1
孔凡强1989.8—992.7	—	白波坚1994.3—1996.7
张常福1992.8—2001.1	—	王本宏1996.8—2001.2
罗志福2001.1—	—	白文宽2001.3—2005.8
李云生（副）2005.11—	—	白元昌2005.11—

注：1993—1998.7.彭跃忠任平河中学党支部书记，多数年份平河中学党支部书记一般由校长兼任。

表1-3-17　三猛中学

校长（任职年限）	书记（任职年限）	教导主任（任职年限）
张有泉1978—1981年	—	—
段联贵1981—1983年	—	—
周生泉1983—1985年	—	—
陆俊1985—1986年	—	—
李春雄1986—1987年	—	—
段光瑞1987—1992年	—	—
李玉福1992—1997年	—	—
白成秋1997—2002年	—	—
廖新安2002—	—	—

注：2001—2005年石毛俊任三猛中学党支部书记，多数年份三猛中学党支部书记一般由校长兼任。

第四节　2005年乡（镇）、校教育机构领导名录

2004年以前，对拟任县一中校长、副校长、校党支部（党总支部）书记以及副书记的人员由县委或县人民政府下文予以任用。2005年，对拟任县一中校长的人员由县委或县人民政府下文予以任用，其他拟任区（乡、社）、校教育机构的校长、县一中副校长以及中层以上领导的人员等由县教育局下文予以任用。

第一中学

校长：王本宏，党总支书记：张辅宝，副校长：白友红、吕继明、苏春华、陆斌，党政办公室主任：彭晋宝，副主任：普培刚，教务处主任：李然里，德育处主任：李德元，副主任：彭跃忠，教科处主任：沈茂学，总务处主任：马开明，基层工会主席：孙作林，校团委书记：李秀英。

第二中学

校长：张常福，副校长：李龙普、陈云山、卢伟发，党政办公室主任：龙成文，教务处主任：白志强，政教处主任：陈光华，总务处主任：李生斗，基层工会主席：石玉祥。

民族教师进修学校

校长：方春云，党支部书记：卢平智，副校长：周定翔，教导主任：白嘎波，总务主任：张先然。

民族职业高级中学

校长：陆康，党支部书记：江普黑，副校长：陈来然，党支部副书记：张永生，党政办公室主任：李志明，教导主任：李则仁，总务主任：王孝宏。

大兴小学

校长：段光瑞，副校长：关莉、罗嘎然，办公室主任：张羊武，教导主任：白普妹，总务主任：李来波，工会主席：白伙然。

幼儿园

园长：李静兰，副园长：李芳，支部书记：胡静蓉。

西城区幼儿园（民办）

园长：黑石妞。

戈奎中学

校长：李德，教导主任：李文森。

牛孔中学

校长：普云柱，副校长：董雪艳，总务主任：孔庆山。

大水沟中学

校长：朱志明，教导主任：赵云宏。

大黑山中学

校长：李黑贵，副校长：钟炳艳，教导主任：张设究。

半坡中学

校长：李来仁，教导主任：杨龙然。

骑马坝中学

校长：李忠林，教导主任：李岱长。

平河中学

校长：罗志福，教导主任：白文宽。

三猛中学

校长：廖新安，党支部书记：石毛俊，教导主任：白伟山。

大兴镇中心完小

校长：普玉忠，副校长：李波黑、李元河。

戈奎乡中心完小

校长：李劲峰，副校长：车学发、李佳文，教导主任：李函营。

牛孔乡中心完小

校长：李克者，副校长：施绍宏，教导主任：白元昌。

大水沟乡中心完小

校长：吴秋然，副校长：李加福，教导主任：罗志林。

大黑山乡中心完小

校长：李坚忠，副校长：李寿开、李阿兴。

半坡乡中心完小

校长：李窝斗，副校长：白秀英、朱康伟。

骑马坝乡中心完小

校长：杨绍强，副校长：李忠福、李忠普，教导主任：范玉福。

平河乡中心完小

校长：何永华，副校长：李初九，教导主任：李旭。

三猛乡中心完小

校长：陈里成，副校长：李福金、龙阿三，教导主任：龙阿三（兼）。

第二章
县教育系统党团及群众组织

第一节　中国共产党组织

基层党组织建设

1956年，六村办事处所属各地区进行"和平协商土地改革"，为了加强土地改革的工作，中共六村办事处工作委员会抽调部分小学教师参加民主改革运动。在土地改革运动中魏维喜、龙云和 两位教师被中共六村办事处工作委员会接收为中国共产党党员，在六村办事处的教师队伍中产生了积极的影响。广大教师对党怀着深厚的无产阶级感情，怀着对共产主义的坚定理想信念，怀着对边疆民族教育事业的无限热爱之情，努力学习、积极教书育人。1966年，绿春县教师队伍中的中国共产党党员发展到15人，占全县教师总数的3.3%。1978年，绿春县教育系统的中共党员数发展到72人，占全县教师总数的5.4%。

党的十一届三中全会后，知识分子政策得到进一步贯彻落实。"知识分子是工人阶级的一部分"，广大教师更加热爱边疆民族教育事业，要求加入中国共产党组织的教师越来越多。根据"坚持标准、保证质量，成熟一个发展一个，防止关门主义，禁止突击发展"的方针，许多符合条件的优秀教师被吸收到中国共产党的队伍中。1985年，绿春县教职工党员发展到99人，占全县教职工总数的7.2%。随着中国共产党党员人数的不断增多，县属中、小学校和乡镇学区、中学先后建立了党支部。1962年绿春中学（今绿春县第一中学）建立党支部（2005年7月撤销绿春县第一中学党支部委员会，组建绿春县第一中学党总支部委员会），各区、乡（镇）的教师党员参加相应区、乡（镇）党组织的组织生活。1974年12月16日，绿春县第二中学（今大黑山中学）建立党支部。1975年2月，绿春县第三中学（今三猛中学）建立党支部。1975年，绿春县大兴小学也建立了党支部。1976年9月24日，绿春县向阳中学（今绿春县第二中学）建立党支部。

1978年3月，绿春县文教局建立党总支部委员会。1996年10月23日撤销绿春县教育局党总支部委员会，组建绿春县教育局党委。1979年，大兴学区（今大兴镇中心完小）、三猛学区（今三猛中心完小）、平河学区（今平河中心完小）等先后建立了党支部。各乡、镇中学及中心完小党支部隶属相应乡、镇党委，县属各学校（园）（绿春一中、二中、职中、大兴小学、进修学校及县机关幼儿园）的党组织隶属绿春县教育局党委。

表2-1-1　1978—2005年中共绿春县教育局总支部委员会（党委）沿革一览表

时间	书记姓名	副书记姓名	委员姓名
1978.3	—	张永红	王顺全、王子恒
1979.6	王子恒（总支书记）	张永红	王顺全
1982.8	—	张永红、张菊华	何里甲、胡益清、龙发平
1983.4	—	汤庆萱	胡益清、何里甲
1983.8	—	张有泉	路宏途、方春云、牟崇喜
1984.11	李子恕（总支书记）	—	路宏途、方春云、牟崇喜
1985.4	张谊宝（总支书记）	张有泉	路宏途、方春云、牟崇喜
1989—1996.11	何开文（总支书记）	李优核（1993.6—1996.11）	—
1996.12—2003.2	何开文（党委书记）	李优核（1996.12—1998.3）	—
2003.6—	李宝仕（党委书记）	朱文学（2002.4—）	李成发、白安金、张辅宝、张常福

基层党组织开展的重要活动

1962年，结合贯彻中央八届十中全会精神，县委要求在全县党员中进行阶级教育、社会主义教育、党的基本知识教育、党员修养和党员八项标准的教育，在教育、训练党员的同时做好年终鉴定的干部考核工作。这一时期党支部的活动主要是：支部每月召开一次支部大会，主要学习党的政策，讨论贯彻执行党的文教方针政策，凡是重大问题，召开支部大会讨论决定，切实发挥支部的核心领导作用和党员的先锋作用。党小组会10天一次，较分散的支部小组15天活动一次，每月上一次党课。党课的主要内容：党的基本知识，中国共产党的性质、目的和现阶段的任务，党员的义务、权利，按党章办事，做一个名副其实的共产党员，严格遵守党的民主集中制原则，正确进行党内斗争，党的群众路线，密切党和群众的联系，加强党的团结、党的纪律等。所使用的教材主要是云南省委宣传部编的《中国共产党章程读本》。学校党支部对学校行政工作负有保障和监督的责任。

1966年，"文化大革命"爆发，各学校、学区党支部瘫痪。1968年，进行"吐故纳新"，学校党员转入农村支部。

中国共产党十一届三中全会后，围绕中共十一届三中全会的路线、方针、政策，为适应党的工作重点的转移，宣传党的四项基本原则，并以实事求是的态度在全县开展"实践是检验真理的唯一标准"的学习讨论活动。落实知识分子政策，注重在教师中发展党员，恢复建立党支部。1981年，开展学习宣传中共中央《关于建国以来党的若干历史问题的决议》活动，使广大党员和教师清楚了"文革"中造成的许多模糊观念。从1982年起，全县在各级党组织和广大党员中倡导开展"创先争优"活动，明确了评选先进党组织和优秀党员的条件。1984年11月，中共中央组织部召开在知识分子中发展党员座谈会后，县教育局要求各支部必须认真做好1985年的组织发展规划，根据成熟一个发展一个的原则，各支部必须认真讨论：① 哪些同志已基本具备了条件可以发展。② 哪些同志要求进步迫切，在哪些方面尚未达到要求，需要去帮助做工作。③ 要加强党课教育，健全组织生活，要使党员真正成为群众的表率和知心朋友。

1984年以前，实行党支部领导下的校长分工责任制，学校的一切重大问题，报经党支部讨论决定，然后由校长执行。党支部对学校行政的领导，体现在抓重大问题，起保证监督作用，不直接指挥教学和包揽行政业务。党支部支持工会、共青团独立开展工作，充分发挥共青团的组织作用，帮助工会、共青团解决实际问题。1984年机构改革，强调党要管党，党政分开，学校党支部工作重点开始向自身建设方面转移，基本任务是在抓好自身建设的同时，加强对学校思想政治工作及共青团、工会（含妇女工作）、少先队、学生会等群众组织的领导，协助和支持行政领导做好工作。1987年，开展坚持四项基本原则、反对资产阶级自由化以及中国共产党第十三次代表大会精神的宣传教育活动。1988年，开展了社会主义初级阶段理论和生产力标准理论的学习讨论活动。1989年，重点开展坚持四项基本原则，反对资产阶级自由化，热爱中国共产党，热爱祖国，热爱社会主义的教育活动。1990年，面对国际形势动荡，东欧剧变，苏联解体，集中地开展了国际国内形势教育，组织全县党员、教师学习《中共中央关于进一步治理整顿深化改革的决定》。1991年，组织党员、教师学习《马克思主义哲学》和《社会主义理论》。1993年，开展党史党建理论学习教育，以中国特色社会主义为主题，融会邓小平南方谈话、党的十四大精神、社会主义市场经济基本知识等基本理论的教育。

1994年以后，按照县委、县人民政府《关于实行党风廉政建设责任制的办法》，推进党建目标管理责任制，各级党组织在年度工作任务、领导班子建设、制度建设和精神文明建设等方面分项拟定目标，明确管理职责，实行党总支部对支部、支部对党员"双向"党建目标管理量化考核。同时，实行党员干部年终述职、开展民主评议；举荐干部时通过民意测验了解群众的意愿；举行一年一度民主评议，党员进一步扩大党内外民主生活。同年按照中共十四届四中全会《中共中央关于加强党的建设几个问题的决定》，采取"围绕一个目标，加强四个建设，发挥两个作用，抓住两个环节"的措施，加强党的建设。一个目标：紧紧围绕班子建设的目标；四个建设：思想理论建设、组织建设、作风建设、制度建设；两个作用：党组织的核心作用和党员的先锋模范作用；两个环节：一是贯彻落实《中国教育改革和发展纲要》带动学校各项工作的开展；二是以进行"三制改革"（校长负责制、教职工聘任制、结构工资制）为学校发展动力。

在思想建设方面,学习建设中国特色社会主义理论这个主题,围绕党的基本路线,领会"解放思想、实事求是"的精髓,继续深入学习《教育法》《义务教育法》《教师法》《未成年人保护法》《治安管理处罚条例》《中小学教师职业道德规范》,同时建立"三会一课"制度,健全民主评议党员制度、民主生活会制度、党费收缴制度、党员学习制度等。各支部征订了《支部生活》《党员特刊》等学习资料供党员学习。

在组织建设方面,除按照"四化"方针和德才兼备的原则调整学校领导班子、注重发展教职工党员外,绿春一中党支部还注重在高中部学生中发展学生党员的工作。

在作风建设方面,首先,在领导班子中提倡廉洁勤政,深入持久地进行反腐败斗争。其次,倡导学校各级领导发扬"理论联系实际,密切联系群众,批评与自我批评"的优良传统和作风,深入教学实际,及时发现和解决教育教学中存在的问题和困难。再次,大兴团结务实之风,领导班子以全心全意为人民服务为宗旨,以团结和教育事业为重,讲党性,顾大局,互相尊重,互相信任和支持。

加强学校党的制度建设工作。① 严格执行民主集中制,自觉坚持"四个服从"。② 实行集体领导和个人分工相结合的工作制度。坚持凡重大问题,必须经领导班子集体研究决定。③ 建立议事制度和民主生活制度。④ 建立健全组织生活制度。2000年,县教委党委把党风廉政建设纳入党的组织建设、思想建设、作风建设的重要内容,列入支部工作的议程。县教委党委与各隶属校(园)支部签订《党风廉政建设目标管理责任书》。结合"讲学习、讲政治、讲正气"(简称三讲)教育和实践"三个代表"重要思想,组织领导干部学习政治理论,深入基层学校,体察民情,了解民意,解决问题,各支部也组织党员学习"三个代表"重要思想。2004年10月,县教育局机关全体干部职工,开展以民主评议党员、民主评议党员领导干部、社会评议机关作风为主要内容的"三评"活动。

2004年,教育系统各级党组织认真贯彻落实云南省委七届五次会议关于实施"云岭先锋"工程的决定,倡导党政领导班子做到"五好五带头"("五好":领导班子好、队伍素质好、制度建设好、工作业绩好、群众反映好;"五带头":带头讲政治、带头干事谋发展、带头创新建佳绩、带头服务比奉献、带头自律树形象。)大力推进学校党组织的思想建设,使"云岭先锋"工程工作在学校中全面展开。在局机关开展以"学习创新、执政为民"为主题的创先争优活动,不断增强机关党员立足本职、开拓进取、建功立业的责任感和使命感,不断增强群众观念,转变机关作风,提高为中心工作服务、为基层服务、为群众服务的质量和水平。组织开展社会评议机关作风活动,将评议结果作为考核评价领导班子、党员干部的重要依据,促进机关作风建设。2005年2月,县教育局保持共产党员先进性教育活动启动,教育局党委围绕提高党员素质,加强基层组织建设,服务人民群众,促进了各项工作的积极开展。

第二节　共产主义青年团组织

　　1954年，在六村办事处所属地区任教的教师中只有李立本、龙云和两位同志是共产主义青年团团员，1955年增加魏维喜、张永富、魏从贵、余庭贵等四位教师为共产主义青年团团员，他们六位都是从内地统分到边疆任教的青年教师。1956年，六村办事处的教师通过参加"和平协商土地改革"工作的锻炼，发展了李诚、姚孔亮等四位教师入团。1957年，六村办事处的教师队伍中共青团员发展到27人。在大兴小学建立团支部，共青团六村办事处工作委员会指派共产党员魏维喜担任团支部书记。尔后，在各级党组织的领导下，积极做好青年教师队伍中发展共青团员的工作。许多教师团员积极带领广大青年教师努力学习，积极工作，自愿到偏远、艰苦的哈尼族山寨办学，接受党团组织的再考验。1966年，绿春县教师共青团员有43人，占全县教师总数的9.5%。

　　1978年，全县在中小学校共建立了5个团委、团总支或团支部，共青团员发展到206人，比"文化大革命"前增加162人，占全县教师总数的15.5%。1985年，县教育系统教职工中有共青团员277人，占全县教师总数的20%。党的十一届三中全会后，进一步加强了党对共青团工作的领导，各学区（中心完小）以及乡（镇）中学也先后建立了团支部，团组织注重建立健全"三会一课"制度，逐步使组织的建设走上了健康发展的轨道。各中学从初二年级学生中开始发展新团员，每年从少先队员或优秀学生中按5%左右的比例在五四青年节时推优入团。绿春县第一中学高中部班级的学生团员比例一般在60%以上，个别高中部班级的学生团员比例达到90%。

第三节　中国少年儿童先锋队组织

　　党和政府历来十分重视和关心少先队的工作，把少先队的工作纳入学校教育教学工作的重要组成部分，经常对少年儿童进行革命理想教育，以及爱国主义、共产主义品德、爱劳动、爱科学等方面的教育。培养有理想、有道德、有文化、有纪律的"四有"新人，是少先队工作的主要任务。

1957年5月，共青团六村办事处工委协同办事处文教科成立少先队建队工作领导小组，由魏维喜担任组长，组织领导建队工作。6月1日，在大兴小学、牛孔小学建立了中国少年儿童先锋队组织，吸收了88名少年儿童为少先队员，聘请共青团员解文卿、江映云等老师为少先队辅导员。1958年，共青团绿春县委员会协同县文教科，在今大水沟乡的洒马小学以及今骑马坝乡的骑马坝小学建队。到1959年，绿春县先后在10所小学建立少先队组织，少先队员有了很大的发展，共聘请少先队辅导员15人。

1960—1965年，贯彻"调整、巩固、充实、提高"的方针，生产有了发展，群众生活开始好转，学校工作转为以教育为中心，以提高教学质量为重点。学校数由1963年的49所增加到91所，学生在逐年增多（由1963年的1312人增加到1965年的4883人），少先队组织也有了较大的发展。

粉碎"四人帮"以后，1978年，共青团中央十一届一中全会决定恢复中国少年儿童先锋队组织。1979年，共青团中央召开第六次全国少年儿童先锋队工作会议，制定了"把全体少年儿童组织起来"的方针，为少先队工作指明了方向。少先队组织恢复正常活动，绿春县少先队工作也逐步走向健康发展的轨道。1985年9月15日，共青团绿春县委协同绿春县教育局，召开了绿春县第一次少先队工作会议，任命陈顺同志为绿春县教育局专职少先队总辅导员，各学区（中心完小）也配备了兼职总辅导员，各学校先后配备了大队、中队的辅导员。陈顺调离教育系统后，由县教育局思想政治教育股股长李雪松主抓绿春县教育系统少先队的工作。1986年，全县有小学389所，各校均建有少先队组织，有少年儿童2.947万人，有少先队员1.29万人，建立了96个大队和374个中队，有校内辅导员465人，校外辅导员42人。全县各少先队组织根据本地区及本校实际开展相关活动，在每年的六一国际儿童节发展新队员。1988年，选派少先队辅导员12人，参加共青团红河州委员会、红河州教育局联合在弥勒县举行的少先队辅导员夏令营活动；选派一名少先队辅导员，到云南省工青妇干部学校参加少先队辅导员培训班学习；大兴学区（今大兴镇中心完小）大寨民族小学少先队大队辅导员李静兰，被云南省少年儿童工作委员会授予"优秀少先队辅导员"称号。1992年，全县有小学414所，有410个少先队组织，建队率达98%；全县有少年儿童2.34万人，其中在校少年儿童2.08万人，在校少先队员1.77万人，入队率达85%；少先队辅导员有582人，其中学区（中心完小）级以上专兼职辅导员10人，大队辅导员78人，中队辅导员477人，校外辅导员17人。绿春县公安局设立少年大队。1993年，大兴小学少先队大队荣获"云南省红旗大队"称号，大黑山学区（今大黑山中心完小）嘎处小学朱宁华荣获全国"好少年"助人奖，大兴学区（今大兴镇中心完小）坡头小学白成艳荣获全国"好儿童"好学奖。

从2001年开始，绿春县根据"科学规划，合理布局""以提高质量和效益为宗旨，以集中办学为方向，需增则增，宜并则并""分类指导、因地制宜、实事求是、讲求实效"的校点调整原则，实行初中相对稳定、扩大规模，小学高段大集中、低段小集中，进行校点布局调整。将全县普通中小学校点，由2001年前的422个收缩为254个。其中，中学10所（含完中1所），小学校点243个（完小51所，初小106所，教学点86个），纯减168个校点。2005年，全县有277所学校（教学点）建有少先队组织，有少先队员2.74万人（小学2.31万人，中学2341人），有56个大队，268个中队，927个小队，有专兼职少先队辅导员393人。

第四节 教育工会

1978年，全国科学大会和全国教育工作会议上，明确指出"知识分子是工人阶级的一部分，是革命和建设中的依靠力量"。1980年，在县委和县总工会的领导下，开始在教师队伍中建立工会组织，先后在戈奎学区（今戈奎中心完小）、大兴学区（今大兴镇中心完小）、绿春县第一中学等13个单位建立了基层工会委员会。当时，各乡（镇）中学属于乡（镇）学区管辖，各乡（镇）中学的教职工自然加入了乡（镇）学区的基层工会组织。基层工会委员会设主席、副主席，同时还设有财务、青工、妇工等委员。基层工会的主席、副主席及委员等一般是兼职的。1981年4月30日，县教育工会委员会召开教育系统首届教职工代表大会，经过民主选举，产生了由13名委员组成的绿春县教育工会第一届委员会。首届县教育工会主席：陈源（兼，时任县教育局局长），副主席：李子恕、路宏途（兼，时任县第一中学副校长），下设财务、青工、妇工等委员负责处理日常工作。1985年5月，根据工会章程的有关规定，召开了县教育工会第二次教职工代表大会，进行换届选举，经过民主选举，产生了由11名委员组成的绿春县教育工会第二届委员会。县教育工会主席：张谊宝（兼，时任中共绿春县教育局总支部委员会书记），副主席：郭为祖、石慧珍（兼，时任绿春县第一中学教师，后任绿春县第一中学副校长）。这一年，在县民族教师进修学校、县机关幼儿园、牛孔中学、大水沟中学等11个单位建立了绿春县教育工会直属小组。至此，绿春县教育工会共有13个基层工会委员会，11个教育工会直属工会小组，共有会员1364人。县教育工会的经费主要依靠行政拨款和工会会员缴纳会费，教育行政部门按工会会员工资总额的2%拨款给教育工会，县教育工会按拨款总额的40%上缴县总工会，按拨款总额的50%县教育工会下拨给基层工会委员会或直属工会小组，10%留作教育工会基金。工会会员缴纳的工会会员费，作为基层工会委员会或直属工会小组的活动基金。工会经费主要用于教职工福利事业方面的开支，开展教职工的文体活动，慰问生病住院的教职工，订购书籍报刊，补助被选送到省、州疗养的教职工的部分生活费等。

1983年，县教育工会建立了教职工接待室（接待室还设有沐浴室），共有床位36张。与此同时，各个基层工会委员会也建立了相应的教职工之家及教职工接待室，解决了不少教职工上下往返住宿难的问题。为丰富教职工的文娱生活，增强教职工的体质，县教育工会一般每三年组织一次全县性教职工运动会（以篮球比赛项目为主），到2005年共组织了四届全县性教职工运动会。

第三章
私　塾

第一节　创办与发展

不同的社会制度，不同的历史时期，有着不同的教育宗旨、方针和教育制度。在封建社会，离不开封建教育思想体系。历代封建王朝以儒家思想作为统治人民的思想武器，维护封建专制制度，要求学子"隆重师儒，敦孝悌以事亲，秉忠贞以立志"，立志学为忠臣清官，做到利国利民之事，达到"劳心者治人"，上报君恩，下立人品，巩固和加强封建土司、官僚、地主的统治。

清代，在外束先进文化的影响下，绿春地区各民族的办学思想开始萌发，清嘉庆二十三年（1818年），骑马坝村（在今绿春县骑马坝乡骑马坝村）创办了绿春地区的第一所私塾，由范庭碧筹办并自任塾师，招收学生7人。一直延续到1946年，因地方动乱而停办。清道光二十八年（1848年），在纳卡村（在今绿春县牛孔乡，为彝族村寨）的施会说、施会宝两人合办私塾一所，教室设在施义长家，请白愿培任塾师，招收学生10人。清同治三年（1864年），贵龙村（在今绿春县牛孔乡，为彝族村寨）的施义甲筹办私塾一所，招收学生15人，请苏福林任塾师。清同治四年（1865年），洒马村（在今绿春县大水沟乡，为哈尼族村寨），由杨森主办私塾一所，招收学生7人，在杨家住宅背后建房教学。清光绪十年（1884年），牛孔村（在今绿春县牛孔乡为彝族村寨）的施老五筹办私塾一所，招收学生15人，请白碧云任塾师。清光绪二十六年（1900年），岔弄村（在今绿春县大兴镇，为哈尼族村寨）的卢世荣、卢开元两人筹办私塾一所，招收学生15人，请张春堂任塾师，在村子中间建房教学。清光绪二十八年（1902年），在大兴寨（又称"阿倮普实"，"阿倮普实"是哈尼语，指绿春县城，为汉族、哈尼族等杂居的村寨）的马、杨、张、邵、吴、简六姓合办私塾一所，招收学生7人，请张博甫任塾师，教学场地先后搬迁5次，1921年改为初级小学堂。清光绪三十年（1904年），龙丁村（在今绿春县大兴镇，为哈尼族村寨）由李中者出面筹办私塾一所，招收学生13人，在李中者家授课。

民国时期，绿春地区的私塾有较大发展，从民国四年（1915年）至1949年止，先后办过私塾的村寨有大龙潭、扭直、坝哈、小龙潭、荒田、宋碧、大角马中寨、社甫（此8个村寨在今绿春县大水沟乡境内），有尼波田、嘎处大田、嘎处、卧马、高寨梁子（此5个村寨在今绿春县大黑山乡境内），有龙洞、土嘎、龙土、平掌街、依期曼洛（此5个村寨在今绿春县牛孔乡境内），还有海八甫、恰洞、广吗、规洞、瓦那、阿保那（此6个村寨在今绿春县大兴镇境内），共计24个村寨。

清代、民国时期，绿春地区所办私塾分两种情况，一种是塾师自己办的，另一种则是家庭、宗族或几户亲友合力开办。前一种私塾，一般是由当时农村中的有识之士（指当时农村中文化水平和认识水平较高者）开设，培养本家子弟，兼收附近富户人家子弟附读。这些人家一般家境比较好，他们办学不计报酬只求功名。扭直村的王必成先生，他于1918年自办私塾一所，6年共培养学生两届（每届为3年），受教育者15人。王必成先生教学不收学费，附读学生家长过意不去，逢年过节托孩子们给先生送点礼物。小龙潭村的孙德祥先生，于1928年自办私塾一所，招收弟子15人，教学3年不收学生的学费。宋碧村的李定祥先生，于1945年自办私塾一所，招收弟子12人，教学3年不收学生一分钱。其他私塾的先生们多数不收学生的学费，只收礼物。故此，家庭私塾的先生在村寨中的威信都比较高，深受人民群众的爱戴，他们的声誉流传于后世。后一种私塾，多半是地主、商人聘请先生教授自家子弟，也收容少数亲友的子弟附读。主办人对先生以诚相待，厚礼聘请，供给膳宿，附读生每年交学费3～5块银圆。绿春地区清代办的8所私塾都属于这种类型。

第二节　课　程　　教　材　　教　学

私塾的学制没有统一的规定，一般是以各地私塾的学生和家长而定，有一年的，有两年的，也有三年的（办学时间较长并且比较正规一点的私塾和学堂以三年为一届）。

私塾的教材没有统一的规定。民国以前，一般以《三字经》《千字文》《百家姓》《千字谣》《弟子规》，以及"四书""五经"中的部分内容为基础教材，民国时期部分私塾设国文、算术、体育、音乐和手工劳动。

教学方法比较简单，先生只管教读，很少讲解，学生上午读生书，下午读熟书，晚上上自习。教学方法比较死板，主要要求是学生死记硬背。大体过程：认字—读字—猜字—写字或写文章。先生教过的课文要求会读会背会默写，逐字逐句不得错漏。先生经常采用简单粗暴体罚学生的方法开展教学工作，如学生猜不出字、写不出字、写错字或写不出文章的，根据情节轻重罚站或打手板心等，对违反塾规屡教不改者则罚跪或打屁股。由于先生的教学方法不得当，学生读书数年，获得的知识甚少。

绿春地区文化积淀不深，除少数个别地区因外地汉族人口的迁入受到汉族文化的影响，少数人学会汉语外，大多数地区是少数民族聚居区，不懂汉语，更不懂汉文，故学习古文颇为吃力。因此，不少学生读了一年半载就停学，结业的学生甚少，一般只是初识文字，富家子弟在本地私塾读一年、两年，多则三年后就到外地就读。据不完全统计，1952年以前，绿春地区到外地就读小学的24人，读初中的4人，中专1人，大学1人。清代、民国两个时期，整个绿春地区系统受过初等教育的学生还不足100人。

表3-2-1　私塾、学堂发展情况一览表

私塾名称	创办时间	主办人姓名	首任塾师姓名	首届学生数	备注
骑马坝私塾	1818年	范庭碧	范庭碧	7人	1946年停办
纳卡私塾	1848年	施会说 施会宝	白愿培	10人	1948年停办
贵龙私塾	1865年	施义甲	苏福林	15人	—
洒马私塾	1865年	杨森	—	7人	—
牛孔私塾	1884年	施老五	白碧云	15人	1945年停办
岔弄私塾	1900年	卢世荣 卢开元	张春堂	15人	—
大兴寨"阿倮普实"私塾	1902年	马、杨、张、简、吴、邵	张博甫	7人	1949年停办
龙丁私塾	1905年	李中者	李中者	13人	—
大龙潭私塾	1915年	李麻伍	王纪刚	16人	—
扭直私塾	1918年	王必成	王必成	8人	—
土嘎私塾	1922年	施泽民	魏先生	10人	—
坝哈私塾	1927年	杨三处	孟先生	8人	—
小龙潭私塾	1928年	孙德祥	孙德祥	15人	—
嘎处私塾	1931年	李文科	后明山	10人	1933年停办
卧马私塾	1931年	朱丙义	罗庭吉	11人	1933年停办
高寨梁子私塾	1934年	赵双林	赵祥	8人	1936年停办
规洞私塾	1935年	白黑嘎	—	10人	—
瓦那私塾	1936年	陆景昌	王寿贞	8人	1947年停办

续表

私塾名称	创办时间	主办人姓名	首任塾师姓名	首届学生数	备注
社甫私塾	1936年	白田保	李恒章	5人	1946年停办
广吗私塾	1937年	杨尚才	吴保杨	16人	1938年停办
阿倮那私塾	1938年	童明昌	吴保杨	8人	1939年停办
荒田私塾	1939年	李程元	李文高	8人	1940年停办
平掌街私塾	1943年	李银恒	王双顶	8人	1950年停办
龙土私塾	1945年	白然波	李树清	7人	1946年停办
宋碧私塾	1945年	李定祥	李定祥	12人	1948年停办
海八甫私塾	1945年	—	钟地师	8人	1946年停办
依期曼洛私塾	1946年	施阿博	李恒章	31人	1948年停办
尼波田私塾	1947年	王定国	孙维华	8人	1949年停办
大角马中寨私塾	1947年	杨文才	李镇祥	13人	1950年停办
嘎处大田私塾	1947年	曹凤早	杨松山	15人	1948年停办
龙洞私塾	1947年	白三	黄先生	11人	1949年停办
恰洞私塾	1948年	李泽民	钟地师	8人	1949年停办

注：哈尼族村寨办的私塾共有23所，占私塾总数的75%。

第三节　私塾选介

骑马坝私塾

骑马坝私塾创办于清嘉庆二十三年（1818年），主办人范庭碧，首任塾师范庭碧，当年招收学生7人。骑马坝私塾到1946年停办，办学历史悠久，经历了128年，入私塾学习过的学生共有299人次，年入学人数最多时有40人，最少的年份有7人。先后在骑马坝私塾任过塾师的共13人，其中汉族2人，在"武圣宫"内教学。

1818—1934年间，骑马坝私塾只开设语文课，没有开设其他课程，主要以《三字经》《千字谣》《百家姓》，以及"四书""五经"中的部分内容为基本教材，由塾师选授。对于学习基础扎实、程度较高的学生，还选择性地上《孟子》《大学》《中庸》等课程。

1935年（民国24年），骑马坝私塾改为学堂，课程改上小学语文一至四册，还增设音乐、体育等课程。学制没有统一规定，由塾师根据课程设置的多少、学生家庭的贫富以及学生本人的自愿而定。教学时间一般是上午2节下午1节，晚上要求学生人人到学堂上晚自习。

骑马坝私塾还订立了学堂规定：堂上规规矩矩坐，路上端端正正行；在家孝父母，进塾尊先生；禁迟到，禁逃学，学而有得。

塾师报酬，民国以前主要由学生交纳一定数量的钱、油、盐、柴、米、鱼干巴、烟、茶等物。民国时期，学生人数有所增加，塾师报酬除学生每年交纳五斗谷子外，一半由村粮支付，一半由学生自筹，先生的生活一般说来还是很清苦。

大兴寨私塾

清末民初时期（1902年），包括大兴寨在内的上六村地区，文化还是一片空白，为了让有权（钱）人家的子女学习文化，孙逢寅出面请了一位姓瞿的"老学"先生来上六村，在他的住宅内创办了大兴寨私塾，当时仅有学生五六人。1921年，大兴寨私塾改为初级小学堂。数年之后停办。

民国十九年（1930年），孙宗孔（孙逢寅之子）请来邵平康先生在他住宅的二耳房楼上办学，有学生10余人，教授《幼学琼林》《三字经》，以及"四书"中的部分内容。学生中有的学习专心用功，有的好游好玩，乃至不去上学的现象时有发生，故两年后又停办。

民国二十一年至二十三年（1932年至1934年），孙宗孔又再次聘请一位姓罗的先生在大兴寨关岳庙内办学，有一、二年级两个班，共有学生20余人，教学"新学"。不久从迤萨（今红河县城）请来高宗约先生，这时学生增加到30多人，分为两个班。1936年秋，高先生母亲病故，请假回家后不再回来任教。之后又从迤萨聘请孙炳山先生来教学，后来读书的人越来越多，教书先生缺乏，孙宗孔先后从个旧请来张寿康先生，从石屏请来孙连元、毛鹏翎先生才基本满足了教学需要。这个时期，大兴寨人口逐渐增多，六村赶集日逐渐兴旺，办学也比较正规，因而吸引了其他村子的孩子来大兴寨小学堂读书。如，牛孔的施全顺，骑马坝的范国兴，元阳县哈播村的车锦光、陈文科、段国弹等，与此同时，教书先生又增加了陆文清、郑渊芝。民国三十二年（1943年），学生达到了70余人，关岳庙内容纳不下这么多的学生，三、四年级两个班的学生就分到孔庙中就读。

1949年，大兴寨小学堂因地方混乱而停办。大兴寨私塾（大兴寨小学堂）是今绿春县大兴小学的前身。1952年3月，红河县委、县人民政府（当时六村办事处属红河县管辖）派杨克等3位教师到六村任教，在六村大兴寨小学堂原址恢复办学，由于校址在大兴寨的"关岳庙"内，故命名为"大兴小学"。

纳卡私塾

纳卡私塾创办于清道光二十八年（1848年），由纳卡村富户施会说、施会宝主办，首任塾师白愿培，第二任塾师白碧云（白愿培之子），第三任塾师白宝贵（白碧云之子）。白氏祖孙三代人在纳卡村从事教学工作先后共72年（1848年至1920年），每年招收学生多则13人，少则7人，学生每年每人交学费3~5块银圆。

纳卡私塾1921年改为学堂，施义长为校董，教室设在施义长的住宅内，教师是元江县的黄氏（黄保甲之子）。先后改聘教师三次，至1929年，因地方动乱一度停办。1932年学堂恢复，由王静仁先生（元江县因远坝人）任教师。1940年，由王静明先生任教，1941年再度停办，1947年再度恢复，由依光先生（广西人）任教。1948年停办。

改为学堂后，学生免交学费。教师报酬是年薪300元，由平掌街街税中支付。当时规定，平掌街街税收入付教师薪金后，若有积余归施家所有，若街税收入不足支付教师薪金时则由施家补贴。

纳卡村从办私塾至改办学堂，先后一百年，为当地培养了一批有文化的人，为以后的人才培养奠定了基础。

牛孔私塾

牛孔私塾创办于清光绪十年（1884年），由施老五主办，白碧云为首任塾师，当年招收学生15人，先后聘请了5位塾师，学生最多时有27人，以《三字经》《百家姓》《千字文》为基础教材。

牛孔私塾从开办到停办共经历了61年，于1945年停办。牛孔私塾为当地培养了一批有文化的人，如，施泽三学习成绩比较突出，毛笔字也写得很好，在牛孔一带有较好的影响。

牛孔私塾有祭孔的习惯，每年清明节由主办人（塾师）出面，学生家长捐款，杀一头猪，召集寨中老人、学生家长及学生，在牛孔村的孔子牌位前祭奠。多年以来，在牛孔村已经形成了尊敬师长的好习惯。

大龙潭私塾

1915年，本村土官李麻伍为本家弟子读书创办大龙潭私塾，请王纪刚任塾师，第一年招生8人，第二年又招收了外村的富家弟子8人。1918年，16名学生读完了为期3年的课程后止学（毕业），同时私塾停办。

大角马中寨私塾

1947年，李镇祥（墨江县人）在迁徙过程中，被今绿春县大水沟乡大角马中寨土司杨文才留仕，划出一片土地让他安身并请他为塾师，兼做自己的司爷，当年招收本村、二甫及宋碧三个村的富家弟子13人，教授《百家姓》《三字经》《六十花甲》等，同时教当地人算八字（占卜）、婚嫁、丧事处理及民俗中的一些小事处理方法等。大角马中寨私塾先后招收了男女学生36人，其中有女生9人，学生实行分班教学，最多的每班8人，最少的每班4人，于1950年4月停办。

小龙潭私塾

1928年春，今绿春县大水沟乡小龙潭村的有识之士孙德祥创办小龙潭私塾，教室设在自己家里。招本村和大角马、坝哈等村的富家子弟15人，教授《三字经》《千字文》《弟子规》，以及"四书""五经"中的部分内容。他本人任塾师，不收学费，只收取一点礼物（食品、衣服、谷子等）。1930年这批学生学期结束毕业，同时私塾停办。

扭直私塾

1918年，今绿春县大水沟乡扭直村的王必成先生在本村创办扭直私塾，自己任塾师，目的是为方便本村富家子弟识字。不收学费，学生家长觉得过意不去，逢年过节托孩子们给先生送点礼物。1918年招收8人，1920年学生全部止学。1923年又招收学生7名。共招学生两届，受教育者15人，1925年停办。

坝哈私塾

1927年，今绿春县大水沟乡坝哈土司杨三处在本村创办坝哈私塾，请一位姓孟的先生任塾师，招收本家子弟和其他富家子弟附读生8名，教室设在杨三处自己家里，塾师只教授一门语文。1928年停办。

岔弄私塾

位于今绿春县城西郊的岔弄村，创办于清光绪二十六年（1900年）。本村土官乡管卢开元、卢世荣为自家弟子和毗邻村寨富家弟子读书方便而创办。聘请元江县的张春堂任塾师，当年招收学生15人，次年招收学生28人。学生每年每人交学费4块银圆或25千克大米。以《三字经》《百家姓》，以及"四书""五经"中的部分内容等为学习教材。经济优厚的富家弟子，一般只读一年或两年就送外地寄读。岔弄私塾历时49年，先后有过4位塾师，1949年停办。

社甫私塾

1936年，今绿春县大水沟乡社甫村地主白田保创办社甫私塾。白田保除了让自己的子女就读外兼收其他富家子弟共5人，请李恒章任塾师。教材以塾师自己随身携带的一本识字书为主，学生不分年龄及年级，同时教授当地人一些算八字（占卜）、婚嫁、丧事处理的知识，1938年停办。

宋碧私塾

宋碧，又叫宋碧梁子，系宋碧、丁龙、各然三个自然村的总称，坐落在今绿春县大水沟乡宋碧山梁上。1945年李定祥自己办私塾自己任塾师，招收三个自然村子的富家弟子就读，校址设在丁龙村，当年招生12人，两年为一期（届），1947年招生3人，课程以《三字经》《百家姓》为主，同时教授当地人一些算八字（占卜）、看风水、婚嫁、丧事占日子等民俗知识。第二期学生较少，中途停办并把学生送往大角马中寨私塾附读。

荒田私塾

1939年，今绿春县大水沟乡荒田村地主李程远创办，聘请李文高任塾师。李程远除了让自己的子第就读外，兼收其他比较富裕的富家子弟共8人，教授当时通用的《三字经》《百家姓》以及识字、记数等知识。1940年教完一期后停办。

洒马私塾

创办于清同治四年（1866年），校址在今绿春县大水沟乡洒马村，当地土官杨森为自己哈尼山寨富家子弟能够学到一些知识而创办，当年招本村弟子7人。教授《三字经》《百家姓》，以及"四书""五经"中的部分内容，并对学习基础扎实、程度较高的部分学生选上《孟子》《大学》《中庸》等。私塾时办时停，至1948年完全停办。

第四章
幼儿教育

第一节　幼儿园（学前班）发展规模

　　幼儿教育又称学前教育，是基础教育的重要组成部分，是国家学校教育和终身教育的奠基阶段。幼儿教育的任务是：实行保育与教育相结合的原则，对幼儿实施体、智、德、美诸方面全面发展的教育，促进其身心全面和谐地发展。

　　中华人民共和国成立前，绿春地区政治、经济、文化都很落后，幼儿教育一片空白。1958年，随着工农业生产"大跃进"的开展，全县的农村学校先后办起了69个学前班，入学幼儿达1655人，有69位小学教师做兼职幼儿教师，主要任务是教幼儿唱歌、玩游戏。由于无统一教材、无专任教师等，大部分学前班维持不久就自行解散，到1960年，少数坚持下来的学前班也停办。1962年，大兴小学为了提高教学质量，将学前教育列入学校的教育教学计划之中，附设了一个学前班（称城关学前班），招收幼儿30人，教学地点设在大兴镇大兴寨（关岳庙内），由王媛粉老师负责教学等具体工作。为了使幼儿适应学校生活，进行一些必要的学前养成教育，诸如守纪律、讲卫生、讲礼貌等教育，同时，让幼儿学习一些简单的汉字、汉字笔画名称以及书写汉字的笔画顺序，认识简单的数和10以内的加、减等计算方法。大兴小学附设学前班办到1971年，每年招收1~2个班。

　　1978年，党的十一届三中全会的召开迎来了教育的春天。教育要面向现代化、面向世界、面向未来。为了培养人才，努力提高教学质量，抓好幼儿教育提到了各级教育主管部门的议事日程上。这一年秋，已停办七年的大兴小学学前班恢复招生，当年招收幼儿81名，分为两个教学班，由杨美玲、刘益珍两位老师任教。从此，学前教育正式列入学校的教育计划，为提高教学质量奠定了基础。1979年，绿春县文教局决定将大兴小学设为县属重点小学。根据省、州有关文件精神，重点小学不附设学前班，重点中学不附设师范班的精神，为减轻大兴小学的负担，县文教局决定，把城关学前班划归大兴学区管理，这年城关学前班有3个，在班幼儿107人，教师3人。1980年，学习桃江县办学经验（学前教育和成人教育一起抓的精神），学前教育有所发展，在县城招收3个班（在班幼儿103人），大兴学区的大寨小学、迷克小学也分别附设了学前班。这年，全县有5所小学附设了学前班，入学幼儿达128人，幼儿专任教师有5人。1982年，绿春县的幼儿教育再有新的发展。城关学前班招收幼儿108人，分为3个教学班；属于农村的半坡、平河、骑马坝等的中心小学附设了4个学前班，入学幼儿小计112人。全县有7个学前班，入学幼儿达220人，幼儿专任教师有7人。1983年，绿春县城关幼儿园正式成立，任命苏为新为副园长，招收幼儿3个教学班，在园幼儿120人。农村学前教育也有新的发展，在戈奎乡、牛孔乡、大水沟乡、大黑山乡、三猛乡等的10所中心小学附设了12个学前班。全县有幼儿园1所（绿春县城关幼儿园），乡中心小学附设学前班共有15个教学班，入园（班）幼儿共356人，幼儿专任教师共25人。1985年，城关幼儿园招收幼儿3个教学班（计在园幼儿102人），在八乡一镇9个学区的中心小学附设11个学前班，全县共有1个幼儿园14个学前教学班，在班（园）幼儿349名，幼儿专任教师19人。1986—2000年，幼儿教育逐年发展，每年至少递增一个班。期间，1986年7月，绿春县第一个幼儿教育专业毕业的李朴梭被分配到县机关幼儿园任教；9月，县幼儿园被县教育局正式命名为"绿春县示范性幼儿园"。1987年11月至1988年4月，县幼儿园设立家长学校，开展教学活动两期，培训家长360人，教学内容是《家庭教育与学校教育》《幼儿早期教育》《幼儿教育学》《幼儿心理学》《幼儿卫生习惯的培养》《近亲结婚的危害》。1989年，县幼儿园由县教育局直管。1990年，选送15名幼儿专任教师到省州接受学习培训，幼儿专任教师学历合格率达41.7%，为贯彻《幼儿园工作规程》和《幼儿园管理条例》做了积极准备；2月，县幼儿园被列为红河州首批实施"幼儿园工作规程"的幼儿园，课程模式是分科教学。1994年秋，县幼儿园增设了中班，形成了二年制幼儿园，幼儿教育的发展有了新突破。2000年，全县在园（班）幼儿共657人（其中，女幼儿356人），25个教学班，教职工数为31人，幼儿专任教师合格率达83.9%。2001年8月，创办绿春县第一所民办幼儿园——绿春县西城区幼儿园，既解决了城区幼儿入园难的问题，也填补了绿春县教育没有民办教育的空白。2001年秋，大兴小学还接管了大兴镇上寨、阿保那、那保果、牛洪4个村子的学前班（2005年，大兴小学所接管的附设学前班有4个班级，在址幼儿81名，幼儿专任教师4名）。2002年，县幼儿园在全县首家推行全日制园，规范办园模式，制定实施《绿春县幼儿园内部管理方案》和《绿春县幼儿园人事制度改革方案》，幼儿教育由小、中、大班向托幼教育推进。2004年，县幼儿园在园幼儿有托幼班、小班、中班、大班4个层次7个教学班，227名在园幼儿。

　　2005年，绿春县教育局在稳步推进九年义务教育的同时，找准存在的问题，努力克服困难，积极发展学前教育。年内，评估验收了县西城区民办幼儿园，有5个班230名在园幼儿。2005年底，全县幼儿教育发展到36个班，在园（班）幼儿1209人（幼儿入园率达81.1%），相当于1978年的14.73倍，幼儿专任教师增加到47名。

表4-1-1 1958—2005年学前教育发展情况一览表

年份（年）	园数（所）	班级数（班）			幼儿数（人）			教师数	备注
		合计	城镇	农村	合计	城镇	农村		
1958	—	69	—	—	1655	—	—	69	—
1960	—	3	3	—	68	68	—	3	—
1962	—	1	1	—	30	30	—	1	—
1963	—	1	1	—	58	58	—	1	—
1964	—	1	1	—	50	50	—	1	—
1965	—	3	1	2	95	54	41	3	—
1966	—	1	1	—	50	50	—	1	—
1967	—	1	1	—	70	70	—	1	—
1968	—	1	1	—	50	50	—	1	—
1969	—	2	2	—	100	100	—	2	—
1970	—	2	2	—	67	67	—	2	—
1971	—	2	2	—	56	56	—	2	—
1978	—	2	2	—	81	81	—	2	—
1979	—	3	3	—	107	107	—	3	—
1980	—	5	3	2	128	103	25	5	—
1981	—	3	3	—	90	90	—	3	—
1982	—	7	3	4	220	108	112	7	—
1983	1	15	3	12	356	120	236	25	—
1984	1	14	4	10	385	123	263	23	—
1985	1	14	3	11	349	102	247	19	—
1986	1	15	3	12	367	117	250	20	—
1987	1	16	3	13	442	137	305	21	—
1988	1	17	3	14	444	127	317	21	—
1989	1	19	3	16	475	124	351	12	—
1990	1	18	3	15	452	107	345	24	—
1991	1	22	3	19	587	126	461	29	—
1992	1	22	3	19	692	160	532	28	—
1993	1	23	3	20	702	132	570	29	—
1994	1	22	3	19	657	118	539	28	—
1995	1	24	5	19	706	182	524	32	—

年份 （年）	园数 （所）	班级数（班）			幼儿数（人）			教师数	备注
		合计	城镇	农村	合计	城镇	农村		
1996	1	25	5	20	719	198	521	31	—
1997	1	25	5	20	722	222	500	32	—
1998	1	26	5	21	743	220	523	34	—
1999	1	25	5	20	706	223	483	34	—
2000	1	25	5	20	751	231	520	31	—
2001	1	27	9	18	817	298	519	17	—
2002	1	23	9	14	805	300	505	22	—
2003	1	30	10	20	1004	311	693	23	—
2004	1	29	10	19	963	298	665	26	—
2005	2	36	17	19	1209	576	633	47	—

注：2005年园数、城市幼儿班数、在园幼儿数及教师数中含西城区民办幼儿园的相关数据。2005年，西城区民办幼儿园中有5个幼儿班，230名在园幼儿，10名民办幼儿专任教师。

表4-1-2　"十五"期间幼儿教育事业发展情况一览表

	单位	2001年	2002年	2003年	2004年	2005年
园数	所	1	1	1	1	2
班数 其中：学前班	班 班	27 22	23 18	30 24	29 26	36 27
入园人数 其中：学前班	人 人	721 569	704 581	938 773	851 701	1209 899
在园幼儿数 其中：学前班	人 人	817 569	805 581	1004 773	963 737	1209 899
教职工数 其中：教师	人 人	17 14	22 17	22 17	26 18	47 36
园占地面积	平方米	667	1794	1794	1794	4794
园舍建筑面积	平方米	467	1053	1053	1053	2754

第二节 课程 教材 教育 教学

课程设置

1983年前，幼儿教育课程设语文、数学、体育（早操、体育课）、音乐（唱歌、舞蹈）、卫生常识、游戏等。1983年9月至2002年8月，根据幼儿教学大纲和幼儿的年龄特点，确定教育内容和课程设置，分设生活卫生习惯、体育活动、思想品德、语言、常识、计算、音乐、美术等8门课程。2002年9月，根据2001年教育部新颁布的《幼儿园教育指导纲要（试行）》所规定的教学内容与要求，在健康、语言、社会、科学、艺术等领域里，设置了语言、数学、健康（含生活卫生常识、体育）、社会（含思想品德、人文知识）、科学、音乐（唱歌、舞蹈）、英语口语等课程，以体现幼儿教育的全面性、启蒙性，从不同角度促进幼儿情感、态度、能力、知识、技能等方面的发展。

教育、教学及教材

1983年前没有统一的教材，一般是选用小学一年级上学期教材中浅显易学的内容进行教学。1983年9月后，全县学前班使用统一的教材。1986—1994年，县机关幼儿园使用云南晨光出版社出版的《学前班幼儿用书》及《学前班幼儿教师用书》。1994年9月，县机关幼儿园增设了中班，学制由一年制改为二年制。在全州没有要求幼儿园使用统一教材的情况下，县机关幼儿园主动向州内其他市县学习办园的先进经验，选用了当时使用率最高的由北京师范大学出版社出版的《幼儿园教育目标体系与活动》，这套教材体现了贯彻《幼儿园工作规程》精神的应用性研究成果，是继"幼儿园常识教育""幼儿园综合教育""幼儿园活动结构"三项实验后进行的又一项幼儿园课程改革实验。全套教材内容包括教师用书4本，即《使用指导》《幼儿身体活动》《幼儿认知活动》《幼儿社会性活动》；幼儿用书6本，即小班、中班、大班上下学期各一套，每套6本，县机关幼儿园从中班开始使用；教师工具用书3本，即《幼儿园教师工作计划》《幼儿发展观察记录》《家庭幼儿园联系册》。

2003年7月，红河州幼教协会组织全州幼儿园召开红河州幼儿园规范用书协调会。会后，按照州、县教科室的要求，开始使用由北京新时代出版社出版的《新编幼儿园系列教材》。这套教材是依据《幼儿园工作规程》《全球幼儿教育大纲》《幼儿园教育指导纲要》相关要求，并结合幼儿发展的年龄特征编写的。

教学方法及相关课程简介

教学方法　根据幼儿的年龄特征和实际情况，为实现"幼儿纲要"的要求，幼儿教育通过游戏、体育、观察、劳动、娱乐和其他各种活动来完成教学任务。由于幼儿一般的认识能力与辨别能力都比较薄弱，所以，教学中尽量采取直观的方法，讲解由浅入深，由近及远，循序渐进，逐步扩大，逐步加深认识。

语言课　主要培养幼儿发音准确、清楚，学习普通话，丰富幼儿的词汇，发展幼儿的思维和表达能力。根据班级的不同提出不同的要求，在中、小班里着重教幼儿听懂普通话，学习正确的发音，掌握运用更多的名词、动词、形容词、数量词、代词，理解简单词义，教会儿首儿歌和讲几个小故事，如"小红上幼儿园""那个好宝宝"等，教做"拔萝卜""绕口令"等小游戏；在大班里侧重教幼儿在日常生活里坚持用普通话，注意声调和发音的准确性，丰富词汇，掌握更多实词的应用，学习对事物不同程度的描述，如"大大的""小小的""比较大的""最大的""乱蹦乱跳""边跑边跳""又宽又大"等形容词的运用，教学汉字的笔画名称和笔画顺序等。

数学课　10以内数的概念，用直观的计算器、小木棒和各种图形进行教学。教写阿拉伯数字，为使幼儿学得灵活，写得快，记的牢，就教唱阿拉伯数字歌，把数字形象化。如，"1"像小筷子，"2"像小鸭子，"3"像小梳子，"4"像小旗子，"5"像小钩子，"6"像小梨子，"7"像小耙子，"8"像小葫芦，"9"像小勺子，"0"像小豆子。

教会10个数字后，又教认识物体数目的增加与减少，认识"+""-"符号，还教笔算和口算的加、减运算方法。

常识课　让幼儿观察和认识社会以及自然，不断开阔眼界，培养其认识社会与自然的兴趣和求知欲望，逐步形成对周围事物认识的正确态度。发展幼儿的注意力、观察力、记忆力、想象力等。教幼儿认识自己的姓名、性别、年龄和家庭住址，在幼儿园认识老师和同学，认识社会上的一两种交通工具，知道一些劳动工具的外形、特征以及用途，认识一年四季大自然界中的自然景色和人们的主要活动内容，初步了解我国各民族的特征（能初步从服装和语言上来辨别），认识我国的国旗、国歌和国徽等。

音乐课　主要教授幼儿唱歌、舞蹈的初步知识和技能，培养幼儿音乐、舞蹈的兴趣和节奏感，陶冶幼儿的性情和品格。教幼儿学做一些模仿动作，如拍手、点头、打鼓、吹喇叭、开小火车、扑蝶、采茶、骑马等。

卫生教育　教学一些简单的卫生常识，从洗手、洗脸、剪指甲开始，到不随地吐痰，不随地小便和乱扔果皮纸屑等卫生常识。教育幼儿养成经常扫地、擦桌子的好习惯以及爱护公共卫生的好品德。每周进行一次个人和集体卫生检查，对爱清洁讲卫生的幼儿进行表扬和鼓励，从而培养幼儿的良好卫生习惯和独立生活能力。

体育课　通过体育课的活动，锻炼幼儿的身体，促进其正常发展，提高幼儿对自然环境的适应能力；增强体质，使幼儿动作灵敏，各种姿势正确；培养幼儿机智、勇敢、遵守纪律等。教做"红花操""拍手操"，进行队列练习，按口令稍息、立正、看齐、报数、齐步走、立定和做队形变换。

美术课 通过美术课的教学活动，培养幼儿观察物体的形状、颜色、结构等的能力，培养幼儿绘画和手工的能力，充分表现幼儿对周围生活的认识、情感和审美观念。教幼儿用纸折正方形、三角形、小鸭子、小衣服、小船、小飞机等玩具开始，到逐步辨认各种颜色，练习画点、圆、线以及简单图形等，从而培养幼儿对美术的兴趣以及对自然、社会生活、美术作品的欣赏能力，初步掌握使用简单美术工具及材料的技能。

表4-2-1　20世纪80年代及90年代的课程表

时间 \ 星期		一	二	三	四	五	六
上午	9:00-9:30	常识	计算	常识	语言	计算	计算
上午	10:00-10:30	语言	音乐	语言	音乐	体育	智力练习
下午	2:30-3:00	计算	体育	美术	语言	创造性	音乐
下午	3:30-4:00	美术	机动	做做玩玩	机动	游戏	搞卫生

时间 \ 星期		一	二	三	四	五
上午	8:00-8:20	晨练	晨练	晨练	晨练	晨练
上午	8:30-9:00	语言	计算	常识	计算	语言
上午	9:00-10:00	美术	体育	语言	体育	思想品德
下午	2:00-2:30	计算	思想品德	美术	语言	计算
下午	3:00-3:30	常识	音乐	游戏	音乐	常识

时间 \ 星期		一	二	三	四	五
上午	9:00-9:30	语言	社会	数学	音乐	体育
上午	10:00-10:30	英语	科学	美术	语言	社会
下午	2:40-3:10	科学	美术	语言	科学	数学
下午	3:40-4:10	数学	数学	音乐	体育	美术

20世纪80年代及90年代绿春县幼儿园
所安排的幼儿一日作息时间

上午：8:00－9:00　　　早练、早餐

　　　9:00－9:30　　　教育活动

　　　9:30－10:00　　　室内活动：圆圈、游戏、自主活动，室外游戏活动（教师组织）

　　　10:00－10:30　　教育活动

　　　10:30－11:00　　小、中班室内活动：圆圈、游戏、自主活动，大班户外活动（教师组织）

　　　11:00－12:00　　圆圈活动、盥洗、午餐

下午：12:00－2:00　　午睡

　　　2:00－2:40　　　起床、如厕、盥洗、饮水、吃午点

　　　2:00－2:40　　　教育活动

　　　2:40－3:10　　　室内活动、游戏

　　　3:10－3:40　　　教育活动

　　　3:40－4:10　　　如厕、饮水等

　　　4:10－4:40　　　室内圆圈活动：听故事、欣赏音乐等

　　　4:40－5:10　　　晚餐前准备和晚餐

　　　5:10－5:30　　　离园准备并离园

第三节　教育教学设施和设备

　　1978年前，绿春县的幼儿教育仅有大兴小学附属的学前班，存在办学规模小、停办时间长，用于幼儿教育的教育教学设施设备简陋等问题。1979年，将大兴小学附属的学前班划归大兴学区管理，并在大兴寨老庙内办班，占地面积506.68平方米，其幼儿教育的教育教学设施设备也是十分简陋。1983年8月，办在大兴寨老庙内的学前班更名为绿春县城关幼儿园。1989年，城关幼儿园由县教育局直管后，并更名为绿春县幼儿园，当年获得下拨经费3万元，拆除重建250平方米的钢混结构园舍。

　　1988年5月，县民委和教育局分别拨款5仟元（总计1万元）建盖了厕所。1990年7月，县教育局拨款1万元修缮了园内的围墙。为了适应幼儿教育发展的要求，县机关幼儿园，于1992年投入18

万元（其中州教育局拨3万元，县教育局拨2.7万元，施工队垫支7.9万元，社会集资4.4万元），新建了一幢272平方米的教学楼（钢混），修缮教学楼250平方米，建造了20平方米的简易厕所和办公室各一间，修建活动场地272.58平方米和"幸运球池"一个，教育环境得到了逐步改善。1994年，县幼儿园新添置大型玩具一件，中小型玩具470件，其他教具450件，幼儿图书360册，椅子23把，脚踏风琴3台，手风琴1台，收录机4台，扩音机1台，教学设备逐渐配套完善，为营造良好的幼儿教育环境创造了条件。随着办学规模的不断扩大，1995年，经县幼儿园领导多方努力，在上级政府和教育主管部门的大力支持和帮助下，共筹集2.05万元（其中本园教师捐资230元，各单位捐款1.25万元，家长捐资0.78万元），修建了围墙、厕所、操场，购置玩具柜5个，弹跳床2个，教学活动中做到教具、学具每班1箱，人手1合。

1996—1998年，县幼儿园先后筹措资金5.89万元（其中自筹3万元，州教育局拨1万元，家长捐款1.89万元），还清了6年来所欠的工程款，还增添课桌椅10套、玩具架5个、收录机2台、滑梯2个、幼儿演出服装22套等教学设备。

2002年5月，县幼儿园投资50万元（自筹10万元，上级补助40万元），被划拨原县政府托儿所用地（占地1127.05平方米），加盖教室3间、装修原房舍、厨房、厕所，修缮活动场所，购置幼儿睡床、被褥等全日制开班所需物品（幼儿睡床82张，被褥82套，餐饮用具、大型玩具、滑坡组合1套，橡胶地垫200平方米），既改善了办学条件，也为全日制的开班打下了基础。

2003—2005年，县幼儿园加大了投入力度，不断改善办学条件，先后自筹资金44.9万元修建幼儿食堂、睡室、保健室和小阁楼，共计389平方米；搭建大型玩具茶钢化瓦钢架顶棚200平方米、八面滑坡1个、橡胶安全地垫150平方米、海洋球池18平方米（8000个海洋球）；新购置秋千架、蹦蹦床各1套，攀岩墙壁18平方米，桌面玩具18箱5760件，课桌椅82套（32套为4人座高级课桌椅），幼儿睡床132张（36张为钢管双台床），幼儿服570套（其中幼儿演出服装60套），脚踏风琴5台，34寸电视机、DVD放像、功放机音响、松下摄像机各1台，组合放音机1套，幼儿动物头饰100个，小动物数字磁性教具10箱2300件，水果、蔬菜仿真教具2箱100件，另外还完善了园内围墙、花塘、排水沟、过道，绿春县幼儿园的教育进入了一个全新的发展阶段。

第四节 幼儿园简介

绿春县幼儿园

绿春县幼儿园前身是大兴小学附设的一年制学前班，创办于1962年秋季，1971年秋季停办。

1978年秋，已停办七年的大兴小学恢复招收学前班幼儿。1979年，县文教局决定把大兴小学附设的一年制学前班，并入城关学前班且由大兴学区管理。

1983年秋，绿春县城关幼儿园正式成立，任命苏为新为副园长并主持工作。1986年9月，县教育局正式命名城关幼儿园为"绿春县示范性幼儿园"。1989年，绿春县城关幼儿园由教育局直管，相应更名为绿春县幼儿园。1998年，其被评定为"云南省二级二等幼儿园"。2002年10月，随着办学规模的扩大，办学转为"全日制"。2003年3月增设了小班，2004年秋增设了托幼班。现有教职工28人，其中，专任教师22人，工勤人员6人；专任教师中小学高级教师15人，具有大专以上学历的13人，教师合格率达100%；在园幼儿260人，8个教学班，形成了托儿、小、中、大班齐全的四年制幼儿园。该园占地面积1794平方米，建筑面积1053平方米。

县幼儿园全面贯彻党的教育方针，坚持"一切为了孩子"的办园宗旨，以《幼儿园工作规程》和《幼儿园教育指导纲要》为指南，坚持教育"面向现代化、面向世界、面向未来"及"以人为本，重在发展，自主发展"的办园理念，保教结合，注重孩子全面和谐发展，确立了"培养健康聪慧、文明合作、自强创新的优秀儿童"的教育目标。在教育教学过程中，全面实施素质教育，以游戏为基本的教育手段，寓教于乐，因材施教，因人而异，充分利用和创造现有的环境资源，不断绿化、美化幼儿园，使之形成"健康、和谐、发展"的办园特色。

县幼儿园注重教师队伍建设和教师综合素质的提高，组织教师参加形式多样的教育教学科研活动，并取得了可喜的成绩。据统计，获州级教育教学论文及课程设计一等奖5人次，二等奖26人次，三等奖38人次；获州级优秀教师称号1人次，县级优秀教师及优秀共产党员称号55人次。2004年，县机关幼儿园获州级和县级"三八红旗集体"称号；2005年，组织师生参加"五一"文艺汇演和县"中小学文艺汇演暨书画展览"分别获一等奖、二等奖，被评为县级"平安校园"。

西城区幼儿园

西城区幼儿园是一所民办幼儿园，开办于2001年8月，园址租用绿春驻军77326部队旧营房，占地面积2100平方米，设有小幼班、小班、中班、大班四个不同层次的五个班级，有幼儿230名，教师20名。西城区幼儿园的创办，填补了绿春县民办教育的空白。西城区幼儿园在全县幼儿园（班）中率先推行"全日制"教育管理，赢得了教育主管部门的肯定和社会及家长的支持。2005年，通过了县教育局的办园水平评估验收。

西城区幼儿园坚持以人为本的教育理念，把幼儿教育从"小学化的死板灌输模式"引领到"个性化、人文化、科学化"的教育轨道，使幼儿教育有了全新的发展，取得了优异的成绩。2004年，组织参加云南省幼儿体操比赛，荣获三等奖，居全州第二，同时获得"道德风尚奖"，给专家、评委留下了深刻的印象，红河日报社对此进行了专题报道。2005年，组织参加全国少年儿童美术书法摄影"繁星杯"大赛，11人获奖，其中3人获得一等奖。2005年三八妇女节，组织教师参加的健身操表演"舞出你的个性"，获得绿春县"展巾帼风采健身操表演赛"一等奖。2005年，组织学生参加全县中小学生文艺汇演，舞蹈"上学堂"荣获小学组一等奖。

第五章
小学教育

第一节 发展规模

　　民国初年，国民政府提倡办新学，但因绿春地区受封建保守势力阻挠，直至民国十年（1921年），在"阿倮普实"（今大兴镇大兴寨）和纳卡村（今牛孔乡纳卡村）才办了两所初级小学堂。民国二十四年（1935年），在元江县政府的督促下，又在骑马坝村（今骑马坝乡骑马坝村）增办一所初级小学堂。这三所初级小学堂后称国民小学，学生最多时也不满百人，多数学生读到二三年级后便停学，少数富家子弟在初级小学堂读二三年或初小后到墨江、元江、石屏、建水等地就读。1948年、1949年，因面临新旧政权交替，地方社会秩序混乱，三所初级小学堂先后停办。

　　1952年，中国人民解放军平息了绿春地区的土匪暴乱，社会秩序开始稳定，管辖绿春地区的红河、墨江等县开始在其所辖的绿春地区兴办学校。墨江县人民政府派金智祥、李荣森，分别到今大水沟乡的扭直、大黑山乡的卧马两个哈尼山寨开办学校；红河县人民政府派杨克、孙荣、许水琨、王志良、白明章，分别到今骑马坝乡的骑马坝、牛孔乡的纳卡、大兴镇的大兴寨、大兴镇的瓦那等村寨开办学校。他们经过对家长及学生做耐心细致的思想政治工作，积极向群众宣传办学的主张，积极组织学龄儿童入学。在此期间，共开办了新学校6所，招收一年级新学生246人，其中哈尼族学校4所，哈尼族学生103人。

　　1953年，墨江县人民政府派李荣森，到今大黑山乡的三楞村开办三楞小学，红河县人民政府派李顺巧，到今大兴镇的岔弄村开办岔弄小学。绿春地区共有学校8所，10个教学班，在校学生367人，其中哈尼族学校6所，哈尼族学生156人。1954年，政务院文化教育委员会指示，教育应实行"调整、巩固、重点发展、提高质量、稳步发展"的方针，教育要同国家经济建设相适应。红河县人民政府派王志忠，到今大兴镇的老边村开办老边小学，红河哈尼族自治区派李立本，到今半坡乡的东沙村开办东沙小学。绿春地区有学校10所，16个教学班，在校学生627人，其中哈尼族学校8所，哈尼族学生259人。1955年4月，红河哈尼族自治区六村办事处成立。8月，云南省人民政府开始向六村办事处分派教师，下达招生任务，下拨教育经费。9月，六村办事处派何里甲，到三猛区嘉禾街村开办嘉禾街小学；派李诚和姚孔亮，分别到牛孔区的坝哈村、洒马村开办坝哈小学和洒马小学；派杨鼎和、邵习良，分别到大兴区的戈奎村、俄甫村开办戈奎小学和俄甫小学。六村办事处共有学校16所，27个教学班，在校学生1015人，其中哈尼族学校13所，哈尼族学生508人。大兴小学首届高小毕业生9人。1956年，六村地区实行和平协商土地改革，教育事业本着"重点发展、提高质量、稳步前进"的方针，结合本地区的实际情况，新开办了大兴区的迷克小学、牛孔区的东沙小学、三楞区的嘎处小学、三猛区的巴德小学。六村办事处共有学校21所，45个教学班，在校学生1823人，其中哈尼族学校17所，哈尼族学生1112人。1957年，随着和平协商土地改革的完成和各级人民政权的建立，各族人民政治上翻身，做了主人，农村经济有所发展，人民生活有了改善，人民群众增办学校的要求日渐高涨。六村办事处根据各族人民的要求，在大兴区的加梅村，牛孔区的依期村、阿东村，三猛区的东斯村、米霞村等地开办学校。六村办事处共有公办学校26所，74个教学班，在校学生2032人，其中哈尼族学校21所，哈尼族学生1280人。1958年，中共中央国务院提出"教育必须为无产阶级政治服务，必须同生产劳动相结合"的教育方针，全县中小学积极学习贯彻执行。同年7月15日，绿春县建县。在县委和县人民委员会的领导下，小学教育有了较大的发展，新开办学校10所，全县小学增至36所，招收小学生3300人，在校学生达5211人，其中哈尼族学校31所，哈尼族学生4190人。但由于"大跃进"和人民公社运动的影响，使教育事业的发展开始脱离边疆实际情况。1959年，随着高指标、浮夸风和"共产风"为主要标志的"左倾"错误的泛滥，全县掀起群众办学的高潮，年内新增公办学校17所，全县共有公办小学59所，在校学生5435人，有高小毕业生45人，小学适龄儿童入学率为51.05%，小学毕业班升学率达57.8%，教职工增加到173人。全县哈尼族学校达54所，哈尼族学生4429人。

1960—1962年，由于"大跃进"的失误和自然灾害的影响，人民生活困难，加之没有结合绿春县民族文化落后、政治经济不发达的实际情况，没有研究边疆地区的特殊情况，采取了一刀切的办法（动员12周岁以上的学生退学回家参加农业生产劳动），造成了学生大量流失的问题。俗话说："牵牛要牵牛鼻子，拦羊要拦带头羊"，由于绿春县地广人稀，山高路远，隔箐隔河，上学须跋山涉水，学校布局还不能满足人民群众的要求等原因，有部分小学校的"大龄学生"被动员回家后，"小龄儿童"失去了"带头羊"，导致了"小龄儿童"也随着不敢来学校上学，也是造成学生大量流失的原因之一。部分学校只有老师没有学生。如，牛孔区的依期、漫洛、八户小学，大兴区的俄甫、东德、保德小学，还有三楞区的江峰小学等，都属于这种情况。还有相当一部分学校只有个位数的学生，约占全县公办学校的1/3。根据中央提出的"整顿、巩固、充实、提高"的八字方针，1962年，绿春县结合全县的实际情况进行了学校布局的调整，停办了17所公办小学。由1961年的70所公办小学调整为53所，323个教学班调整为116个教学班，在校生由1959年的5435人下降为1128人，与1958年相比降低了79.3%，全县适龄儿童入学率降到11.7%。全县有哈尼族公办学校47所，在校的哈尼族小学生只有587人。1963—1964年，为了正确贯彻省委提出的"发展一批，巩固一批，逐步提高教育质量"的工作方针，绿春县文教科就如何结合绿春县实际及绿春民族特点等问题，在三猛区腊姑村搞试点，同时，在全县范围内对小学教育问题开展调研。1964年5月，在县城召开了全县8所中心完小（大兴小学、骑马坝小学、瓦那小学、牛孔小学、洒马小学、三楞小学、嘉禾街小学、戈奎小学）校长、教导主任会议。在这个会议上，学习贯彻了刘少奇提出的"两种教育制度，两种劳动制度"的有关文件。通过学习讨论，与会同志统一认识，绿春县的教育事业必须坚持两条腿走路的办学方针，必须克服单打一的办学思想，必须树立多种形式办学的思想。会议决定把全县49所公办小学分为全日制、半日制、简易制三种办学形式。将办学有一定基础，历年学生巩固率比较高，全年的教学时间能保证在9个月以上的学校列为全日制学校，如大兴小学、牛孔小学、骑马坝小学等。把村落分散、走读生多、学生有季节性流动、适龄儿童入学率比较低、全年的教学时间能保证在8个月的学校列为半日制学校，如瓦那小学、戈奎小学、洒马小学、嘉禾街小学等31所小学。将村落分散、适龄儿童入学率低、全年的教学时间8个月都不能保证的学校列为简易制学校，如俄甫小学、土嘎小学、渣吗小学、巴德小学等15所小学。1964年，省民委派出民族语言文字调查研究工作组，拨款5000元，县委派干部马普恩、教师毛军田，在大兴区（一区）戈奎普朵轰马村办哈尼文试验小学，招收学生40名。1964年底，全县小学发展到66所，126个教学班。学校比1962年增加13所，在校学生比1962年增加1302人，入学率达15.8%。

1963年被评为绿春县"五好"学校的有7所小学，1964年被评为绿春县"五好"学校的有6所小学。其中，牛孔小学被评为省级先进学校，骑马坝小学被评为省级"五好"学校。1965年，县文教科总结了坚持两条腿走路，采取多种形式办学的经验，继续以三猛区腊姑村为点，全面开展教学研究工作。教师结合农村生产生活的实际与需要，认真进行教学，积极开展勤工俭学，努力减轻人民的负担。积极学习民族语言，关心学生，爱护学生，尽力使学生进得来，留得住，学有所得。由于采取了多种形式办学，方便了学生上学，人民群众办学的积极性得到提高，教学秩序恢复稳定，教学质量也不断得到提高。增加了小学25所，其中民办公助形式的定点小学18所，民办小学7所。全县共有公、民办定点学校91所，其中哈尼族小学38所，招生1714人，哈尼族学生3931人（全县在校学生共4883人）。1966年，"坚持两条腿走路，采取多种形式办学"的三猛区腊姑经验在全县范围内得到推广，随着农村经济的发展、人民群众生活的不断改善，多种形式办学越来越受到人民群众的欢迎，群众的办学积极性更高。为了满足人民群众的希求，方便农民子女上学，走半农半读的道路，大力发展民办学校，年内增加民办学校205所。全县小学发展到306所，在校生达9202人，其中女学生占30.7%，入学率达39%，民办教师猛增到227人。但由于"文化大革命"的影响，一直延续到1967年，多数学校虽然没有宣布正式停课，但教师离校时间较长（较多），教学工作时断时续，没有认真地进行教学。

1968年，绿春县文教科成立3人领导小组。同年8月，绿春县四个区也成立了"文教革命领导小组"，全县教师做了较大的调整和调动。同年9月，全县各级各类学校相继"复课闹革命"。工宣队、贫宣队、军宣队进驻学校，开展清理阶级队伍，领导学校"斗、批、改"，小学普遍实行五年一贯制，没有统一教材，以毛主席语录、"老三篇"（即《为人民服务》《纪念白求恩》以及《愚公移山》）为基本教材。这年全县有小学273所（哈尼族学校254所），在校生8890人（哈尼族学生7369人），入学率57%。

1969年，报刊上提出来"公办小学校下放到大队办"的建议，全县闻风而动。根据绿春县革命委员会文件精神，将110所公办小学下放到大队来办，农村学校实行贫下中农管理学校，民办学校有了发展，全县有小学校309所（公办小学82所，定点小学23所，民办小学204所，其中哈尼族学校287所），民办小学占全县小学数的66.02%，在校生9024人，其中哈尼族学生7553人。绿春县革命委员会颁布了《绿春县关于把小学下放到大队来办的试行方案》，并决定从1970年1月起，停发公办教师的原工资，实行民办公助，即工分加补助，学校公杂费由国家解决。当时，大兴小学校长俞延贵原工资每月56.00元，实行工分加补助后，每月计工分200分，每个工分值0.045元，月工分收入9.00元，国家补助47.50元。由于把公办小学下放到大队来办，增加了人民群众的负担，同时又影响了公办教师的工作积极性。因此，绿春县革命委员会文件规定，从1970年9月1日起，废除原"试行方案"，公办教师的公杂、工资、粮油等仍然由国家负担。是年，废除学校招生考试制度，实行"推荐和选拔相结合"的办法招生。1970年，全县有小学校370所（哈尼族学校350所），在校生10008人（哈尼族学生8267人），入学率58.3%，但教学质量相比较之下有了明显的下降。1971年，清华大学"开门办学"的经验在全国各地得到推行，中、小学校大办工厂、农场。绿春县中、小学校开始走"开门办学"的道路。同时，在"读小学不出村，读中学不出公社"等口号的影响下，全县有18所小学附设了初中班，开始以劳动为主，课堂教学为辅。各校开始建立小农场或学农基地，开展勤工俭学活动。1972年，根据上级的指示精神，恢复招生考试制度，改革考试方法，实行开卷考试，开始强调"上好社会主义文化课"。与此同时，绿春县大力普及小学教育。全县小学增加了151所，小学校数达到551所，1341个教学班，在校学生达17587人。其中，哈尼族学校522所，哈尼族学生达14720人，少数民族学生占94.7%，入学率达87.3%。1973年，教育部部长周荣鑫主持召开的全国教育工作会议上，要求明确"主学"与"兼学"的关系，强调"上好社会主义文化课"。绿春县仍然贯彻五七指示，"学生也是这样，以学为主，兼学别样，即不但学文、学工、学农、学军，也要批判资产阶级"。强调实行开门办学，实行理论与实践相结合，教育与生产劳动相结合，广泛开展学工、学农、学军的活动。全县中、小学校开办了179个小农场，建立的学农基地面积有489亩，广泛开展勤工俭学活动。勤工俭学收入主要用于改善小学条件，以及帮助在校生解决一些实际困难。全县有小学577所，在校生达18093人。其中，哈尼族学校546所，哈尼族学生15072人，女学生占在校学生人数的38.5%，少数民族学生占95.5%，入学率达93.7%。

1974年，江青反革命集团再一次把全国教育事业打乱。教学秩序被打乱，严重影响了教师的积极性，影响了教学质量的提高。是年，全县小学校发展到602所，教职员工达1038人，其中民办教师为660人（占教师总数的63.5%），适龄儿童入学率达97.5%，但学生的思想、政治、文化素质都比较差。1975年，县文教局组织20余人赴"朝农"（辽宁省朝阳农学院）学习教改经验。回来后，县文教局组织赴"朝农"参观学习汇报会，要求开门办学，改革教学方法，举办各种专业班，延长农忙假，不放寒暑假。同时，推广三猛公社吴作村6户人家办学的经验和大水沟公社蜂饼山、坡头寨巡回学校的经验。树立吴作村群众办学的典型，树立巡回小学教师罗家兴为"铁脚板"教师的典型。在教学方面，提倡边教边学，自学成才。强调村村寨寨办学，促成了群众办学的高潮，小学校迅猛增加，有全日制、半日制、夜校等多种形式。全县小学校发展到620所，在校生21969人，其中哈尼族学校共589所，哈尼族学生有19025人；全县女学生占41.5%，适龄儿童入学率达98.7%。1976年，在校小学生达21318人，教职工1117人（其中，民办教师584人）。与1965年相比，小学校数增加5.8倍，教学班增加6.3倍，在校小学生增加3.5倍，教职工人数增加4.5倍，民办教师增加22.4倍。

粉碎"四人帮"后，特别是党的十一届三中全会以后，绿春县的教育事业在中国共产党的正确领导下，认真贯彻执行了中央的一系列路线、方针、政策，拨乱反正，克服了长期"左倾"思想的影响，走上了健康发展的轨道。1977年，恢复大中专升学考试制度，初中和高中也陆续恢复了升学考试制度。与此同时，恢复了小学升学考试制度（闭卷考试），相继实行学校、学区及县教育局统一命题考试，激发了全县各级学校师生的教学、学习积极性。学校的教学秩序逐步正常化，各学区及中心小学制定了相关规章制度，恢复和健全教研组织，开展教研活动。1978年，国家教育部颁布《教育部关于办好一批重点小学试行方案》的通知。为了贯彻这个文件精神，结合绿春县实际，县革命委员会召开各公社分管教育的书记或主任、公社文教办公室的有关人员以及县属各学校负责人参加的会议。这次会议通过学习贯彻全国教育工作会议精神，研究决定大兴小学和大黑山嘎处小学为县的重点小学。结合本县的实际，绿春县教育局对全县小学（小学附设初中班）的布局和规模进行调整，有计划地逐步压缩小学附设初中班和小学校布点。与1976年相比，小学校数减少35所，在校学生减少5301人，适龄儿童入学率下降为74.7%。

1978—1984年，全县小学学制实行"三、二"分段五年制。1981年秋季起，分期分批逐步改为六年制，具体由学区做出规划后落实到学校。大兴小学和有学前教育、学生来源较多的小学，采取读完五年后，将学生一分为二，一部分升学，一部分留下再读一年的办法过渡；其他小学从一年级开始，仍实行五年制，直至小学毕业为止。1984年秋始至2005年底，全县小学学制均改为"四、二"分段六年制。1981年秋季前，全县各类小学均使用人民教育出版社出版的"全日制五年制小学通用课本"全国五年制统编教材。秋后，改为六年制的学校（班级），在没有统一的六年制教材前，仍使用全国五年制统编教材。1984年秋季开学，全县各类小学已全部实行六年制。

2001年4月开始，县教育局对全县中小学（重点是小学）的布局和规模进行调整，有计划地逐步压缩小学校点。一师一校教学点和规模过小的初小，因其办学效益低、布局不合理做了重点调整。校点布局调整的原则是："科学规划，合理布局""以提高质量和效益为宗旨，以集中办学为方向，需增则增，宜并则并""分类指导、因地制宜、实事求是、讲求实效"的原则，实行初中相对稳定、扩大规模，小学高段大集中，小学低段小集中，即高段五年级以上的学生集中到完小或半寄宿制高小就读，低段四年级以下学生集中到村委会初小就读的办法调整校点布局，做到一次性规划，分年度实施，逐步实现学校布局合理化，办学条件标准化，教育管理规范化，不断提高办学水平。校点调整的目标：到2003年，全县普通中小学校点由2001年的422个收缩为254个。其中，中学10所（含完中1所）小学校点243个（完小51所，初小106所，教学点86个），纯减168个教学点。保持职业中学、县幼儿园、教师进修学校各一所。

校点调整分三步实施。

第一步：2001年完成。撤并1所初中，即大兴镇中学撤并到绿春县第二中学。调整2所完小为初小，即牛孔乡的阿谷完小以及三猛乡的桐株完小调整为初小。扩建1所初小为完小，即三猛乡的牛波初小扩建为完小。撤并5所初小，即大兴镇的阿迪上寨、草果布、阿者洛马，牛孔乡的坐明，平河乡的下巴东等5所初小撤并到附近的校点。撤并70个教学点，即大兴镇的哈杯各、常山坡头、牛弄、倮碧、上货作、瑶寨、腊宗、车龙、十二角，戈奎乡的单东、埃倮新寨、巴达，牛孔乡的小牛孔、哈洞、西然、白林谷、曼落、作龙、拖谷、尼马，大水沟乡的二甫、来果、俄路、地房、勒德、雨伞各、鲁巩、卡沙、石皮巩马，大黑山乡的普梯、马场、半边、老黄寨、洛马底、龙巴、绿谷、岩弄、咪粗，半坡乡的夫巩、莫马倮、哈俄普石、欧朱、扭波、倮沙、土堆，骑马坝乡的巩的、洒喷、罗门巴、阿松、爬车、普巴、哈渣爬车、腊里、阿杯、云盘山、洒喷，三猛乡的吓红、俄莫上寨、俄莫下寨、苏丫、沙普，平河乡的东沙、太红、尼龙、甲埃、东普、俄倮、略卡、莫碑、阿松等70个教学点撤并到附近的校点。

第二步：2002年完成。新增1所完小，即半坡乡增办龙潭完小。调整8所完小为初小，即大兴镇的广吗、倮德（哈巩）、东德、龙丁，大黑山乡的嘎处，骑马坝乡的哈巩，三猛乡的腊姑、巴德等8所完小调整为初小。撤并20所初小，即大兴镇的上寨、规弄、规东、下货作、瓦龙，牛孔乡的下阿谷、荒田、巴岩、依沙、龙土、比的、述东，大水沟乡的牛窝，骑马坝乡的东龙、夫哈，三猛乡的勐曼、新寨，平河乡的东斯、腊咪、折东初小撤并到附近的校点。撤并55个教学点：即大兴镇的牛洪、阿倮那、俄批、那倮果、恰东、赶马、然弄、迭施，戈奎乡的腊咪、牛德、达德，牛孔乡的麻木树、大山、的沙、珠东、规龙，大水沟乡的阿波梁子、团山、牛洪、社甫、阿尼、吉克、白红底马、坝鲁、果马轰特、埃独果，大黑山乡的磨盘、沙底、搬布新寨、二家、落撮、巩俄，半坡乡的老熊寨、新寨、西沙埃弄、阿的、的初，骑马坝乡的苏尼、腊苏格马、渣倮、巴卡、渣吗、卡欧上寨、岩倮，三猛乡的腊咪、咪里切、苏俄、龙普、习古地上寨、习古地下寨、格马，平河乡的荷苏、哈德、松马、塔普、大头苦聪拉祜教学点撤并到附近的校点。

第三步：2003年完成。扩建3所初小为完小，即牛孔乡的东沙，三猛乡的塔甫、爬别初小扩建为完小。撤并1所完小，即大兴镇的坡头完小撤并到大兴小学。撤并4所初小，即大兴镇的牛六，牛孔乡的牛巩、娘六，半坡乡的哈的初小撤并到附近的校点。撤并14个教学点，即戈奎乡的达甫、格马，牛孔乡的轰马龙特、塔龙、娘瑶，大水沟乡的牛龙、八娘，大黑山乡的中牛、红毛绿、阿巴巴德、新寨，半坡乡的二弄，三猛乡的牛主巩、老巴东教学点撤并到附近的校点。

2005年，全县共有完全小学57所，初级小学88所，教学点159个。小学在校学生24765人，适龄儿童入学率99.15%，在校生年辍学率0.82%。小学生均占地面积25.68平方米，生均校舍面积5.31平方米。

表5-1-1　绿春县小学校一览表

总序号	乡序号	学校名称	建校时间	现在校址	最初概况 班级数（班）	学生数（人）	教职工数（人）	2005年概况 班级数（班）	学生数（人）	教职工数（人）	时任校长姓名	备注
		大兴小学									段光瑞	
1	1	大兴小学	1952年3月	大兴镇阿倮那村旁	4	60	3	33	1456	90	段光瑞	属于县直属小学
		戈奎乡中心完小									李劲峰	
2	1	戈奎乡中心小学	1955年	哈窝村西	1	25	1	11	439	21	李函营	1~6年级
3	2	阿双小学	1969年	阿双村	1	25	1	1	16	1	陆求文	1年级
4	3	大寨小学	1966年	大寨村	1	23	1	1	21	1	李方沙	1年级
5	4	普朵轰马小学	1964年	普朵轰马村	1	35	1	1	35	1	李者娘	2年级
6	5	牛洞小学	1967年	牛洞村	2	22	1	1	18	1	张述忠	2年级
7	6	子雄小学	1959年	子雄村	2	25	1	4	55	4	陈发	1~4年级
8	7	巴达小学	1965年	巴达村	1	10	1	—	—	—	—	2001年已停办
9	8	下子雄小学	1966年	下子雄村	1	30	1	1	22	1	郭宝升	2年级
10	9	俄东小学	1966年	俄东村	2	25	1	2	48	2	马阳才	1、3年级
11	10	俄甫小学	1955年	俄甫村	1	50	1	6	179	6	李成娘	1~6年级
12	11	区咀小学	1968年	区咀村	1	20	1	1	21	1	李学强	1年级
13	12	略马小学	1968年	略马村	1	20	1	1	28	1	李黑斗	2年级
14	13	拉嘎小学	1964年	拉嘎村	1	20	1	1	21	1	李普成	1年级
15	14	加梅小学	1957年	加梅村	1	45	1	6	196	6	王石保	1~6年级
16	15	格波小学	1965年	格波村	1	35	1	1	17	1	陈来者	2年级
17	16	梅东小学	1967年	格波村	1	13	1	—	—	—	—	2001年已停办
18	17	俄卡小学	1968年	俄卡村	1	17	1	—	—	—	—	2002年已停办
19	18	则龙小学	1969年	则龙村	1	15	1	—	—	—	—	2002年已停办
20	19	次东小学	1969年	次东村	1	12	1	—	—	—	—	2002年已停办
21	20	虾巴小学	1968年	虾巴村	1	12	1	—	—	—	—	1986年已停办
22	21	普朵小学	1966年	普朵村	1	45	1	2	50	2	石威甫	1、3年级
23	22	哈鲁小学	1958年	哈鲁村	2	150	2	4	77	4	王玉忠	1~4年级

092

续表

总序号	乡序号	学校名称	建校时间	现在校址	最初概况			2005年概况			时任校长姓名	备注
					班级数（班）	学生数（人）	教职工数（人）	班级数（班）	学生数（人）	教职工数（人）		
24	23	哈马东角小学	1962年	哈马东角村	1	50	2	2	42	2	石三额	1、3年级
25	24	牛德小学	1972年	牛德村	1	30	1	—	—	—	李吴山	2002年已停办
26	25	阿枯小学	1965年	阿枯村	1	24	1	2	42	2	李潘额	2、4年级
27	26	俄卡小学	1968年	俄卡村	1	17	1	—	—	—	—	2002年停办
28	27	则龙小学	1969年	则龙村	1	15	1	—	—	—	—	2002年停办
29	28	次东小学	1969年	次东村	1	12	1	—	—	—	—	2002年停办
30	29	虾巴小学	1968年	虾巴村	1	12	1	—	—	—	—	1986年停办
31	30	牛德小学	1972年	牛德村	1	30	1	—	—	—	—	2002年停办
32	31	哈托小学	1970年	哈托村	1	16	1	2	53	2	郭成然	1、3年级
33	32	托牛小学	1958年	托牛村东	3	45	3	5	146	5	许福燎	1~5年级
34	33	达德小学	1973年	达德村	1	15	1	—	—	—	杨福嘎	2002年已停办
35	34	达甫小学	1973年	达甫村	1	18	1	1	41	1	龙忠斗	3年级
36	35	巴东小学	1966年	巴东村	1	30	1	1	14	1	李批三	2年级
37	36	格马小学	1974年	格马村	1	12	1	1	11	1	陈龙娘	2003年已停办
38	37	埃倮小学	1963年	旧寨村	5	68	5	6	338	8	陶祖华	1~6年级
39	38	新寨小学	1958年	新寨村	4	98	4	—	—	—	—	2001年已停办
40	39	盘都小学	1985年	盘都村	1	16	1	—	—	—	—	2001年已停办
41	40	达普小学	1961年	达普村	1	30	1	—	—	—	—	2003年已停办
42	41	格卡小学	1965年	格卡村	1	15	1	1	41	1	龙伙龙	1年级
43	42	阿松小学	1968年	阿松村	1	12	1	1	23	1	许阳山	2年级
44	43	俄马小学	1958年	俄马村	1	45	1	6	149	6	李泽处	1~6年级
45	44	单东小学	1969年	单东村	1	22	1	—	—	—	—	2001年已停办
46	45	腊咪小学	1973年	腊咪村	1	10	1	—	—	—	—	2002年已停办
47	46	新寨小学	1971年	新寨村	1	20	2	1	11	1	龙处华	2年级

总序号	乡序号	学校名称	建校时间	现在校址	最初概况			2005年概况				备注
					班级数（班）	学生数（人）	教职工数（人）	班级数（班）	学生数（人）	教职工数（人）	时任校长姓名	
48	47	格马小学	1967年	格马村	1	21	1	1	11	1	马宝华	2年级
49	48	阿黑小学	1974年	阿黑村	1	14	1	—	—	—	—	1986年已停办
50	49	布都小学	1968年	布都村	1	12	1	—	—	—	—	1986年已停办
51	50	普施小学	1971年	普施村	1	10	1	—	—	—	—	1986年已停办
		大兴镇中心完小									普玉忠	
52	1	东德小学	1964年	东德村	1	40	1	4	124	5	朱黑处	1~5年级
53	2	规东小学	1970年	规东村（东德）	1	15	1	—	—	—	—	2002年已停办
54	3	德们小学	1971年	德们村	1	26	1	1	14	1	李里福	1年级
55	4	然弄小学	1970年	然弄村	1	18	1	—	—	—	—	2002年已停办
56	5	迪施小学	1971年	迪施村	1	16	1	—	—	—	—	2002年已停办
57	6	茸东小学	1972年	茸东村	1	14	1	—	—	—	—	1986年已停办
58	7	龙丁小学	1964年	龙丁村	2	60	1	6	179	6	吴普娘	1~6年级
59	8	路俄小学	1964年	路俄村	1	30	1	—	—	—	—	2001年已停办
60	9	上货作小学	1966年	上货作村	1	10	1	—	—	—	—	2001年已停办
61	10	下货作小学	1964年	下货作村	1	20	1	2	40	1	杨有发	1~2年级
62	11	瑶寨小学	1974年	瑶寨村	1	10	1	—	—	—	—	2001年已停办
63	12	托德小学	1968年	托德村	1	16	1	—	—	—	—	1980年已停办
64	13	瓦那小学	1952年	瓦那村	2	17	1	8	250	10	李翁者	1~6年级
65	14	四角小学	1960年	四角村	1	22	1	4	108	3	李申波	1~4年级
66	15	的马小学	1964年	底马村	1	32	1	3	48	3	李祖特	1~3年级
67	16	瓦龙小学	1967年	瓦龙村	1	16	1	2	31	1	朱荣昌	1~2年级
68	17	马善小学	1973年	马善村	1	18	1	—	—	—	—	1986年已停办
69	18	咪卡小学	1972年	咪卡村	1	12	1	—	—	—	—	1976年已停办

总序号	乡序号	学校名称	建校时间	现在校址	最初概况			2005年概况				备注
					班级数（班）	学生数（人）	教职工数（人）	班级数（班）	学生数（人）	教职工数（人）	时任校长姓名	
70	19	脚踏小学	1968年	脚踏村	1	13	1	—	—	—	—	2000年已停办
71	20	马宗小学	1957年	马宗村	2	50	1	4	86	5	杨永辰	1~4年级
72	21	波衣小学	1964年	上波衣村	2	31	1	3	65	3	朱布者	1~3年级
73	22	中洛马小学	1973年	中洛马村	1	24	1	2	29	2	朱有福	1~2年级
74	23	十二角小学	1971年	十二角村	1	12	1	—	—	—	—	2001年已停办
75	24	腊宗小学	1982年	腊宗村	2	15	1	—	—	—	—	2001年已停办
76	25	车龙小学	1975年	上车龙村	1	12	1	1	15	1	李金斗	—
77	26	东尖小学	1971年	东尖村	1	13	1	—	—	—	—	1982年已停办
78	27	阿迪上寨小学	1958年	阿迪上寨	2	60	2	—	—	—	—	2001年已停办
79	28	阿迪下寨小学	1974年	阿迪下寨	1	22	1	8	229	19	石杰坤	1~6年级
80	29	阿迪中寨小学	1974年	阿迪中寨	1	18	1	—	—	—	—	1998年已停办
81	30	规洞小学	1968年	规洞村	1	23	1	4	96	4	李鲁秋	1~4年级
82	31	火摸小学	1966年	火摸村	1	15	1	—	—	—	—	1987年已停办
83	32	高山寨小学	1968年	高山寨村	1	25	1	3	76	3	白玉保	1~3年级
84	33	阿扎果小学	1971年	阿扎果村	1	20	1	—	—	—	—	1979年已停办
85	34	坡头小学	1975年	坡头村	3	58	2	9	224	21	李学祥	1~6年级
86	35	俄批小学	1980年	俄批村	1	13	1	—	—	—	—	2002年已停办
87	36	牛洪小学	1967年	牛洪村	1	25	1	—	—	—	—	2002年已停办
88	37	松东小学	1969年	松东村	1	20	1	2	41	2	白伙普	—
89	38	阿倮那小学	1967年	阿倮那村	1	56	1	—	—	—	—	2002年已停办
90	39	那倮果小学	1967年	那倮果村	1	26	1	—	—	—	—	2002年已停办
91	40	新寨小学	1971年	规洞新寨村	1	25	1	2	44	2	李批龙	1、3年级

总序号	乡序号	学校名称	建校时间	现在校址	最初概况			2005年概况				备注
					班级数（班）	学生数（人）	教职工数（人）	班级数（班）	学生数（人）	教职工数（人）	时任校长姓名	
92	41	洛瓦小学	1961年	洛瓦村	1	17	1	—	—	—	—	1986年9月停办
93	42	城关上寨小学	1971年	城关上寨	1	22	1	—	—	—	—	2002年已停办
94	43	大寨民族小学	1968年	大寨村	1	55	1	15	537	40	罗普规	属于大兴镇中心小学1~6年级
95	44	广吗小学	1964年	广吗村	1	20	1	4	85	4	石忠嘎	1~4年级
96	45	大寨西哈腊衣小学	1969年	西哈腊衣村	1	7	1	—	—	—	—	1986年9月停办
97	46	小新寨小学	1967年	小新寨村	1	16	1	—	—	—	—	1986年9月停办
98	47	岔弄小学	1953年	岔弄村	1	30	1	8	248	15	李拉普	1~6年级
99	48	规弄小学	1968年	规弄村	1	23	1	2	35	2	陆文求	1~2年级
100	49	俣别小学	1973年	俣别村	3	47	3	4	127	4	卢志光	1~4年级
101	50	新寨小学	1965年	新寨村	1	35	1	—	—	—	—	2000年已停办
102	51	迷克小学	1957年	迷克村	2	40	1	3	52	4	李翁者	1~3年级
103	52	阿者洛马小学	1981年	阿者洛马村	1	28	1	2	38	2	卢志明	1~2年级
104	53	牛弄小学	1983年	牛弄村	2	35	2	—	—	—	—	2001年已停办
105	54	草果布小学	1960年	草果布村	1	18	1	—	—	—	—	2001年已停办
106	55	窝迷小学	1958年	窝迷村	1	44	1	3	73	3	李成明	1~3年级
107	56	牛六小学	1972年	牛六村	2	25	2	—	—	—	—	2003年已停办
108	57	巴空小学	1984年	巴空村	1	13	1	2	35	2	卢生则	1~2年级
109	58	老边小学	1953年	老边村	1	34	1	7	236	10	白永生	1~6年级
110	59	阿拿波小学	1969年	阿拿波村	1	20	1	2	37	2	李鲁发	1~2年级
111	60	哈杯各小学	1980年	哈杯各村	1	19	1	—	—	—	—	2001年已停办
112	61	常山坡头小学	1966年	常山坡头村	1	22	1	1	14	1	朱生鲁	1年级
113	62	哈扒普小学	1968年	哈扒普村	1	30	1	2	45	2	白阿宝	1~2年级

总序号	乡序号	学校名称	建校时间	现在校址	最初概况			2005年概况				备注
					班级数（班）	学生数（人）	教职工数（人）	班级数（班）	学生数（人）	教职工数（人）	时任校长姓名	
114	63	哈窝轰特小学	1971年	哈窝轰特村	1	16	1	—	—	—	—	1998年已停办
115	64	俸德小学	1957年	俸德村	1	40	1	—	—	—	—	1994年已停办
116	65	哈巩小学	1974年	哈巩村	2	48	2	4	142	6	李波斗	1～4年级
117	66	恰洞小学	1965年	恰洞村	1	32	1	—	—	—	—	2002年已停办
118	67	中腊施小学	1968年	中腊施村	1	20	1	1	20	1	白里黑	1年级
119	68	赶马小学	1966年	赶马村	1	25	1	—	—	—	—	2002年已停办
120	69	德们小学	1971年	德们村（俸德）	1	12	1	—	—	—	—	1980年已停办
121	70	二号桥小学	1987年9月	绿春县城西郊9千米	6	235	14	11	439	25	李批处	1～6年级
122	71	三八街小学	预计2007年4月	瓦那村委会三八街	2	86	4	—	—	—	—	规划新建
		牛孔乡中心完小									李克者	
123	1	牛孔乡中心小学	1984年	乡政府所在地	6	260	12	8	368	28	施绍宏	1～6年级
124	2	牛孔小学	1952年3月	牛孔村	1	47	1	1	15	1	李除坚	1年级
125	3	纳卡小学	1952年	纳卡村	1	37	1	6	176	9	杨海用	1～6年级
126	4	贵龙小学	1965年	贵龙村	1	34	1	2	44	2	杨正者	—
127	5	土嘎小学	1959年	土嘎村	1	35	1	—	—	—	—	1984年已停办
128	6	小牛孔小学	1966年	小牛孔村	1	20	1	—	—	—	—	1996年已停办
129	7	小土嘎小学	1964年	小土嘎村	1	12	1	—	—	—	—	1989年已停办
130	8	小纳卡小学	1965年	小纳卡村	1	15	1	—	—	—	—	1991年已停办
131	9	摸东小学	1959年	摸东村	1	30	1	4	124	3	朱昂忠	1～4年级
132	10	摸脚旧寨小学	1965年	摸脚旧寨	1	21	1	—	—	—	—	1986年9月已停办

续表

总序号	乡序号	学校名称	建校时间	现在校址	最初概况			2005年概况				备注
					班级数（班）	学生数（人）	教职工数（人）	班级数（班）	学生数（人）	教职工数（人）	时任校长姓名	
133	11	牛机小学	1972年	牛机村	1	12	1	—	—	—	—	1988年已停办
134	12	大谷地小学	1973年	大谷地村	1	15	1	1	13	1	邓向东	2010年已停办
135	13	期杯小学	1965年	期杯村	1	21	1	1	30	1	李颂	—
136	14	茨甫小学	1968年	茨甫村	1	20	1	1	17	1	淘树鸿	—
137	15	珠东小学	1971年	珠东村	1	28	1	—	—	—	—	2002年已停办
138	16	石头寨小学	1973年	石头寨村	1	12	1	—	—	—	—	1988年已停办
139	17	摸脚新寨小学	1992年	摸脚新寨	1	20	1	—	—	—	—	1998年已停办
140	18	破瓦小学	1961年	破瓦村	1	6	1	4	141	4	杨铁用	1~4年级
141	19	轰马龙特小学	1970年	轰马龙特村	1	7	1	—	—	—	—	1975年已停办
142	20	塔龙小学	1972年	塔龙村	1	10	1	—	—	—	—	1999年已停办
143	21	鲁龙小学	1965年	鲁龙村	1	17	1	2	44	1	李干者	1~2年级
144	22	作龙小学	1974年	作龙村	1	7	1	—	—	—	—	2002年已停办
145	23	阿东小学	1958年	阿东村	1	30	1	3	70	3	何波欧	1~4年级
146	24	西然小学	1972年	西然村	1	15	1	1	35	1	陈向村	—
147	25	龙普小学	1965年	龙普村	1	18	1	2	39	1	杨里生	1~4年级
148	26	哈洞小学	1965年	哈洞村	1	20	1	—	—	—	—	2002年已停办
149	27	哈家小学	1973年	哈家村	1	8	1	—	—	—	—	1979年已停办
150	28	务龙小学	1975年	务龙村	1	12	1	—	—	—	—	1980年已停办
151	29	上岩小学	1969年	上岩村	1	30	1	2	35	1	赵陆祛	1~4年级
152	30	云盘小学	1968年	云盘村	1	17	1	1	14	1	邓先发	—
153	31	模苏小学	1965年	模苏村	1	6	1	1	10	1	卢玉生	—
154	32	下阿谷小学	1962年	下阿谷村	1	9	1	1	31	1	施来德	—
155	33	上巴岩小学	1968年	上巴岩村	1	8	1	1	18	1	李四克	—
156	34	阿谷小学	1969年	上阿谷村	1	10	1	3	82	3	施金福	1~4年级

续表

总序号	乡序号	学校名称	建校时间	现在校址	最初概况			2005年概况				备注
					班级数（班）	学生数（人）	教职工数（人）	班级数（班）	学生数（人）	教职工数（人）	时任校长姓名	
157	35	下巴岩小学	1966年	下巴岩村	1	11	1	—	—	—	—	1992年已停办
158	36	麻木树小学	1972年	麻木树村	1	9	1	1	32	1	李树青	—
159	37	规东小学	1973年	规东村	1	8	1	—	—	—	—	1978年已停办
160	38	可马小学	1977年	可马村	1	29	1	—	—	—	—	1980年已停办
161	39	茨东小学	1972年	茨东村	1	6	1	—	—	—	—	1975年已停办
162	40	作播小学	1964年	作播村	1	18	1	4	111	3	杨坤元	1~4年级
163	41	作瑶小学	1966年	作瑶村	1	20	1	—	—	—	—	1988年已停办
164	42	土洞小学	1964年	土洞村	1	20	1	2	44	2	普建红	1~4年级
165	43	哈甫小学	1975年	哈甫村	1	12	1	—	—	—	—	1979年已停办
166	44	作播巴岩小学	1958年	作播巴岩村	1	20	1	2	35	1	金毛龙	1~4年级
167	45	哈苦小学	1975年	哈苦村	1	10	1	—	—	—	—	1979年已停办
168	46	折洞小学	1975年	折洞村	1	11	1	—	—	—	—	1980年已停办
169	47	崩哈小学	1975年	崩哈村	1	10	1	—	—	—	—	1980年已停办
170	48	的哈达小学	1975年	的哈达村	1	10	1	—	—	—	—	1980年已停办
171	49	娘六小学	1969年	娘六村	1	23	1	—	—	—	—	2003年已停办
172	50	生马小学	1965年	生马村	2	32	1	1	20	1	陈黑忠	—
173	51	东沙小学	1965年	东沙村	1	24	1	8	345	11	李尖然	—
174	52	娘瑶小学	1970年	娘瑶村	1	12	1	—	—	—	—	2002年已停办
175	53	甘比小学	1970年	甘比村	2	17	1	—	—	—	—	1991年已停办
176	54	牛巩小学	1965年	牛巩村	1	25	1	—	—	—	—	2004年已停办

总序号	乡序号	学校名称	建校时间	现在校址	最初概况			2005年概况				备注
					班级数（班）	学生数（人）	教职工数（人）	班级数（班）	学生数（人）	教职工数（人）	时任校长姓名	
177	55	土堆小学	1970年	土堆村	1	13	1	—	—	—	—	1980年已停办
178	56	次者小学	1970年	次者村	1	15	1	—	—	—	—	1980年已停办
179	57	塔龙小学	1969年	塔龙村	1	21	1	1	20	1	李龙处	—
180	58	塔龙小学	1969年	塔龙村	1	21	1	1	20	1	李龙处	—
181	59	龙洞小学	1959年	龙洞村	1	35	1	3	59	3	李用者	—
182	60	荒天小学	1972年	荒天村	1	25	1	1	16	1	罗里义	—
183	61	中拉小学	1965年	中拉村	1	29	1	1	10	1	李童文	—
184	62	迪沙小学	1966年	迪沙村	1	15	1	1	28	1	李福兴	—
185	63	龙丁小学	1989年	中族伙天村	2	73	4	9	310	14	白顺才	—
186	64	龙丁小学	1966年	龙丁村	1	12	1	—	—	—	—	1987年已停办
187	65	美马小学	1966年	美马村	1	23	1	2	38	1	普开发	—
188	66	八一小学	1967年	八一村	1	17	1	—	—	—	—	1972年已停办
189	67	来蹦小学	1971年	来蹦村	1	16	1	—	—	—	—	1979年已停办
190	68	大田小学	1974年	大田村	1	13	1	—	—	—	—	1987年已停办
191	69	上仲明小学	1976年年	上仲明村	1	5	1	—	—	—	—	1979年已停办
192	70	下仲明小学	1963年	下仲明村	1	14	1	—	—	—	—	2002年已停办
193	71	麻栗树小学	1963年	麻栗树村	1	6	1	—	—	—	—	1985年已停办
194	72	平掌街小学	1958年	平掌街村	1	20	1	4	79	4	江克清	—
195	73	的沙小学	1963年	的沙村	1	9	1	—	—	—	—	2002年已停办
196	74	大巴甫小学	1960年	大巴甫村	1	36	1	2	38	1	金正清	—
197	75	大山小学	1998年	大山村	1	64	1	—	—	—	—	2004年已停办
198	76	平寨小学	1976年	平寨村	1	12	1	—	—	—	—	1981年已停办

总序号	乡序号	学校名称	建校时间	现在校址	最初概况			2005年概况				备注
					班级数（班）	学生数（人）	教职工数（人）	班级数（班）	学生数（人）	教职工数（人）	时任校长姓名	
199	77	卡规小学	1976年	卡规村	1	8	1	—	—	—	—	1981年已停办
200	78	娘龙小学	1963年	娘龙村	1	8	1	—	—	—	—	1981年已停办
201	79	者俄小学	1961年	者俄村	1	50	1	4	78	3	杨兴保	—
202	80	比的小学	1976年	比的村	1	31	1	2	55	1	何举追	—
203	81	述东小学	1972年	述东村	1	26	1	2	65	1	李嘎波	—
204	82	龙土小学	1959年	龙土村	1	37	1	2	44	1	何玉保	—
205	83	规龙小学	1969年	规龙村	1	18	1	—	—	—	—	2004年已停办
206	84	大平寨小学	1986年	大平寨村				—	—	—	—	1992年已停办
207	85	东沙小学	1965年	东沙村	1	25	1	—	—	—	—	1986年9月已停办
208	86	龙天小学	1972年	龙天村	1	28	1	1	22	2	张批斗	—
209	87	者瑶小学	1972年	者瑶村	1	20	1	—	—	—	—	1977年已停办
210	88	果脚小学	1966年	果脚村	1	18	1	—	—	—	—	1973年已停办
211	89	依期小学	1963年9月	依期村	1	19	1	4	120	3	李英福	—
212	90	格角小学	1980年12月	格角村	2	25	1	—	—	—	—	1994年已停办
213	91	格卡小学	1972年	格卡村	1	17	1	1	12	1	王勒三	—
214	92	白林谷小学	1965年3月	白林谷村	2	26	1	—	—	—	—	2001年已停办
215	93	曼落小学（依期）	1972年7月	曼落村（依期）	1	11	1	1	14	1	杨收福	—
216	94	上处边小学	1978年	上处边村	1	12	1	1	12	1	杨改清	—
217	95	下处边小学	1972年7月	下处边村	1	11	1	—	—	—	—	1978年已停办
218	96	新寨小学	1972年7月	新寨村	2	35	1	—	—	—	—	1978年已停办
219	97	格摇小学	1975年	格摇村	1	8	1	1	17	1	罗中文	—
220	98	落瓦小学	1975年	落瓦村	1	7	1	—	—	—	—	1981年已停办

总序号	乡序号	学校名称	建校时间	现在校址	最初概况			2005年概况				备注
					班级数（班）	学生数（人）	教职工数（人）	班级数（班）	学生数（人）	教职工数（人）	时任校长姓名	
221	98	合天小学	1975年	合天村	1	8	1	—	—	—	—	1979年已停办
222	99	曼洛小学	1956年	曼洛村	1	25	1	4	101	3	马欧嘎	—
223	100	拖谷小学	1959年	拖谷村	1	19	1	—	—	—	—	2001年已停办
224	101	脚七小学	1965年	脚七村	1	21	1	2	46	1	赵约山	—
225	102	尼马小学	1985年	尼马村	1	15	1	2	23	1	李占元	—
226	103	欧七小学	1965年	欧七村	1	20	1	—	—	—	—	1974年已停办
227	104	中拉希望小学	2000年	中拉村	4	165	8	4	203	10	熊者福	—
228	105	曼洛河坝小学	1988年	曼洛河坝	2	94	6	4	402	18	白三龙	1~6年级
229	106	黄连山小学	2000年	娘六东沙村	1	30	1	7	345	9	普就文	1~6年级
		大水沟乡中心完小									吴秋然	
230	1	大水沟乡中心小学	1955年9月	乡政府所在地	1	32	1	16	648	34	罗志林	—
231	2	二甫小学	1964年9月	二甫下寨	1	18	1	—	—	—	—	2000年已停办
232	3	来各小学	1965年9月	来各村	1	7	1	—	—	—	—	2001年已停办
233	4	阿波梁子小学	1963年9月	阿波梁子村	1	18	1	—	—	—	—	2004年已停办
234	5	下寨小学	1969年	下寨村	1	9	1	—	—	—	—	1986年9月已停办
235	6	田房小学	1972年	田房村	1	8	1	—	—	—	—	1986年9月已停办
236	7	牛俄小学	1960年9月	牛俄村	1	15	1	2	27	1	黑祖顺	—
237	8	洒马小学	1955年9月	洒马村	1	32	1	1	12	1	白华	—
238	9	大阿巴小学	1965年9月	大阿巴村	1	23	3	1	26	1	何玉明	—
239	10	小阿巴小学	1964年9月	小阿巴村	1	30	2	1	13	1	李金文（代课）	—

续表

总序号	乡序号	学校名称	建校时间	现在校址	最初概况			2005年概况				备注
					班级数（班）	学生数（人）	教职工数（人）	班级数（班）	学生数（人）	教职工数（人）	时任校长姓名	
240	11	巴底小学	1972年	巴底村	1	8	1	—	—	—	—	1986年9月已停办
241	12	石皮各马小学	1967年9月	石皮各马村	1	12	2	—	—	—	—	2002年已停办
242	13	牛倮小学	1958年9月	牛倮村	1	13	1	—	—	—	—	2004年已停办
243	14	龙别小学	1964年9月	龙别村	1	24	1	2	23	2	邓小春	—
244	15	八娘小学	1970年9月	八娘村	1	15	1	1	12	1	朱开顺	—
245	16	罗马小学	1965年9月	罗马村	1	12	1	—	—	—	—	1999年9月已停办
246	17	白红底马小学	1981年9月	白红底马村	1	15	1	1	12	1	黑德兴	—
247	18	牛倮批尼底马小学	1968年9月	批尼底马村	1	14	1	—	—	—	—	1986年9月已停办
248	19	布鲁小学	1953年	龙甫布鲁村	1	11	1	—	—	—	—	1983年已停办
249	20	甫石小学	1965年9月	甫石村	1	20	1	1	10	1	黑俄才	—
250	20	甫石小学	1965年9月	甫石村	1	20	1	1	10	1	黑俄才	—
251	21	龙甫小学	1965年9月	龙甫村	1	30	1	2	34	2	王批尚	—
252	22	小麦角小学	1967年9月	小麦角村	1	20	1	1	15	1	李国保	—
253	23	雨伞各小学	1969年9月	雨伞各村	1	18	1	—	—	—	—	2001年已停办
254	24	娘甫小学	1968年9月	娘甫村	1	30	1	1	10	1	李忠明	—
255	25	布鲁小学	1971年9月	布鲁村	1	12	1	—	—	—	—	1983年已停办
256	26	大角马小学	1955年	大角马村	1	46	1	6	152	7	李新明	—
257	27	腊咪小学	1965年9月	腊咪村	1	18	1	4	41	2	张处龙	—
258	28	坝鲁小学	1965年9月	坝鲁村	1	12	1	4	43	2	陈德福	—

总序号	乡序号	学校名称	建校时间	现在校址	最初概况			2005年概况				备注
					班级数（班）	学生数（人）	教职工数（人）	班级数（班）	学生数（人）	教职工数（人）	时任校长姓名	
259	29	俄路小学	1965年9月	俄路村	1	11	1	2	26	1	张玉福	—
260	30	中寨小学	1964年2月	中寨村	1	21	1	2	38	2	张弄尚	—
261	31	咪的角小学	1972年9月	咪的角村	1	6	1	—	—	—	—	1996年已停办
262	32	宋碧小学	1966年11月	宋碧村	1	30	2	3	51	3	杨云昌	—
263	33	岩独角小学	1972年10月	岩独角村	1	11	1	—	—	—	—	2002年已停办
264	34	苏哈小学	1966年11月	苏哈村	1	12	1	—	—	—	—	1995年已停办
265	35	格牙小学	1965年10月	格牙村	1	16	1	2	34	1	王绍文	—
266	36	巴德小学	1972年	巴德村	1	8	1	—	—	—	—	1986年9月已停办
267	37	各马合天小学	1974年10月	各马合天村	1	10	1	—	—	—	—	1999年已停办
268	38	东沙小学	1956年	东沙村	1	25	1	6	110	7	李晔	—
269	39	东沙勒德小学	1965年	勒德村	1	15	1	1	11	1	黑绍先	—
270	40	牛龙小学	1969年	牛龙村	1	9	1	1	12	1	李玉先	—
271	41	新街小学	1969年	新街村	1	13	1	—	—	—	—	2005年已停办
272	42	哈弄小学	1965年	哈弄村	1	11	1	1	12	1	李伙波	—
273	43	阿尼小学	1965年	阿尼村	1	11	1	—	—	—	—	2002年已停办
274	44	吉克小学	1965年	吉克村	1	14	1	—	—	—	—	2002年已停办
275	45	扭直小学	1952年	扭直村	1	20	1	2	43	2	李金斗	—
276	46	小龙塘小学	1958年	小龙塘村	1	30	1	1	12	1	李石保	—
277	47	鲁巩小学	1970年	鲁巩村	1	10	1	1	12	1	金海嘎	—
278	48	荒田小学	1970年	荒田村	1	12	1	—	—	—	—	2001年已停办
279	49	布鲁小学	1970年	布鲁村	1	13	1	1	10	1	李者尚	—
280	50	卡沙小学	1970年	卡沙村	1	15	1	—	—	—	—	2001年已停办

总序号	乡序号	学校名称	建校时间	现在校址	最初概况			2005年概况				备注
					班级数（班）	学生数（人）	教职工数（人）	班级数（班）	学生数（人）	教职工数（人）	时任校长姓名	
281	51	八户小学	1970年	八户村	1	20	1	6	213	8	李正兴	—
282	52	团山小学	1962年	团山村	1	15	1	2	25	2	黑忠福	—
283	53	坝哈小学	1965年	坝哈村	1	13	1	2	20	1	李其文	—
284	54	牛洪小学	1966年	牛洪村	1	21	1	2	36	1	白云保	—
285	55	社甫小学	1967年	社甫村	1	12	1	—	—	—		2002年已停办
286	56	大龙塘小学	1966年	大龙塘村	1	15	1	1	11	1	白云贵	—
287	57	地房小学	1966年	地房村	1	13	1	—	—	—		2002年已停办
288	58	坝沙河小学	1995年8月	20道班旁	2	21	1	7	168	9	朱处者	—
289	59	兆瑜八户希望小学	十九道班旁		—	—	—	—	—	—		2009年预计招生
		大黑山乡中心完小									李坚忠	
290	1	大黑山乡中心小学	1976年	乡政府所在地	1	7	1	10	656	28	李阿兴	1～6年级
291	2	嘎处小学	1955年	嘎处村	2	100	1	7	197	8	白云才	1～6年级
292	3	马场小学	1966年	马场村	1	35	1	—	—	—		2001.9撤并
293	4	普梯小学	1972年	普梯村	1	22	1	1	10	1	苏家德	—
294	5	卧马小学	1952年	卧马村	2	42	1	2	39	2	朱荣成	—
295	6	作落角马小学	1968年	作落角马村	1	20	1	—	—	—		2003年已停办
296	7	磨盘小学	1965年	磨盘村	1	16	1		8	1	金玉发	
297	8	阿鲁寨小学	1985年	阿鲁寨村	1	13	1	—	—	—		停办时间不详
298	9	撮落小学	1973年	撮落村	1	30	1	1	12	1	陈丽英（代课）	—
299	10	新寨小学	1965年	新寨村	1	30	1	1	12	1	张哈斗	—
300	11	新安小学	1965年	新安村	1	20	1	1	11	1	陈玉福	—
301	12	二家小学	1965年	二家村	1	25	1	—	—	—		2001年已停办
302	13	小马大小学	1965年	小马大村	1	20	1	2	35	2	陈进嘎	—

续表

总序号	乡序号	学校名称	建校时间	现在校址	最初概况			2005年概况			时任校长姓名	备注
					班级数（班）	学生数（人）	教职工数（人）	班级数（班）	学生数（人）	教职工数（人）		
303	14	沙的小学	1966年	沙的村	1	18	1	—	—	—	—	2001年已停办
304	15	大马角小学	1965年	大马角村	2	16	1	1	10	1	谢晓福	—
305	16	三楞小学	1953年	三楞村	1	45	1	7	243	8	李绍华	—
306	17	龙甫小学	1961年	龙甫村	2	21	1	1	13	1	张法	—
307	18	绿谷小学	1964年	绿谷村	1	8	1	—	—	—	—	2000年已停办
308	19	龙巴小学	1965年	龙巴村	2	25	1	1	14	1	李健德	—
309	20	瓦那小学	1969年	瓦那村	1	25	1	1	10	1	车玉才	—
310	21	阿鲁寨小学	1969年	阿鲁寨村	1	14	1	—	—	—	—	2000年已停办
311	22	二腊小学	1970年	二腊村	1	10	1	—	—	—	—	1986.9已停办
312	23	落撮小学	1971年	落撮村	1	11	1	1	11	1	白利者	2002年已停办
313	24	大田小学	1965年	大田村	1	40	1	—	—	—	—	1976年已停办
314	25	水沟头小学	不祥	水沟头村	1	8	1	—	—	—	—	1986年9月已停办
315	26	老柏寨小学	1962年	老柏寨村	1	25	1	5	238	7	聂永清	1~6年级
316	27	红毛绿小学	1963年	红毛绿村	1	30	1	1	10	1	刘发德	—
317	28	新寨小学	1966年	新寨村	1	32	1	1	14	1	聂来福（代课）	—
318	29	中牛小学	1970年	中牛村	1	9	1	1	17	1	白桥顺	—
319	30	处塔小学	1969年	处塔村	2	30	1	1	9	1	瓦才云	—
320	31	格介小学	1970年	格介村	1	15	1	1	5	1	刘发元	—
321	32	阿巴巴地小学	1970年	阿巴巴地村	1	15	1	1	11	1	刘光福（代课）	—
322	33	十四林小学	1998年	十四林道班	1	12	1	1	12	1	王石有	—
323	34	撮落小学	1968年	撮落村	2	29	1	6	194	6	刀文有	1~6年级
324	35	尼波田小学	1964年	尼波田村	3	27	1	2	22	1	李石龙	—

总序号	乡序号	学校名称	建校时间	现在校址	最初概况			2005年概况				备注
					班级数（班）	学生数（人）	教职工数（人）	班级数（班）	学生数（人）	教职工数（人）	时任校长姓名	
325	36	二箐小学	1965年	二箐村	4	75	1	1	11	1	李顺华	—
326	37	半边小学	1978年	半边村	1	15	1	—	—	—	—	2001年已停办
327	38	老马寨小学	1969年	老马寨村	1	13	1	—	—	—	—	1997年已停办
328	39	迷那小学	1966年	迷那村	1	24	1	1	8	1	苏文和	—
329	40	搬布小学	1978年	搬布村	1	35	1	2	58	2	李开忠	—
330	41	搬布新寨小学	1966年	搬布新寨村	1	11	1					2002年已停办
331	42	罗马的小学	1965年	罗马的村	1	21	1					2001年已停办
332	43	大平掌小学	1982年	大平掌村	1	9	1					1986年已停办
333	44	老黄寨小学	1973年	老黄寨村	1	7	1					1986年已停办
334	45	三家小学	1981年	三家村	1	14	1					1992年已停办
335	46	戈兰小学	1965年	戈兰村	1	30	1	5	148	6	白晓强	1~6年级
336	47	欧别小学	1958年	欧别村	1	31	1	1	10	1	王小青	—
337	48	夫别小学	1965年	夫别村	2	20	1	1	12	1	杨才波（代课）	—
338	49	岩弄小学	1968年	岩弄村	1	15	1	—	—	—	—	1998年已停办
339	50	大田小学	1965年	大田村	1	40	1	1	13	1	郑绍兴	—
340	51	罗布角小学	1959年	罗布角村	2	45	2	5	269	5	李桂新	—
341	52	昔备小学	1965年	昔备村	1	33	1	2	40	2	张黑欧	—
342	53	期尼小学	1966年	期尼村	1	18	1	1	18	1	李玉才（代课）	—
343	54	俄龙小学	1967年	俄龙村	1	11	1	—	—	—	—	1998年已停办
344	55	新寨小学	1976年	新寨村	2	23	1	—	—	—	—	1984年已停办
345	56	拉龙小学	1966年	拉龙村	2	36	1	2	47	2	杨志钢	—
346	57	马甫良子小学	1971年	马甫良子村	1	11	1	—	—	—	—	2002年已停办

总序号	乡序号	学校名称	建校时间	现在校址	最初概况			2005年概况				备注
					班级数（班）	学生数（人）	教职工数（人）	班级数（班）	学生数（人）	教职工数（人）	时任校长姓名	
347	58	迷初小学	1971年	迷初村	1	12	1	—	—	—	—	2002年已停办
348	59	沙倮小学	1967年	沙倮村	1	11	1	1	15	1	何发兴（代课）	—
349	60	巩俄小学	1968年	巩俄村	1	15	1	2	25	2	李云昌	—
350	61	鲁马鲁巩小学	1965年	鲁马鲁巩村	1	28	1	1	19	1	李庆德	—
351	62	凉山小学	1987年9月	搬布村委会小马大村	2	12	1	2002年9月前属大黑山橡胶厂，称"大黑山橡胶厂凉山职工子弟小学"，后称"凉山小学"或"小马大小学"。				
352	1	半坡乡中心小学	1960年	半坡村	3	50	1	6	321	11	朱康伟	1~6年级
353	2	马统小学	1963年	马统村	1	30	1	—	—	—	—	1999年已停办
354	3	夫巩小学	1968年	夫巩村	1	15	1	—	—	—	—	2001年已停办
355	4	马场小学	1968年	马场村	2	30	1	—	—	—	—	2002年已停办
356	5	莫马洛小学	1971年	莫马洛村	1	20	1	—	—	—	—	2001年已停办
357	6	哈俄普石小学	1971年	哈俄普石村	1	10	1	—	—	—	—	2001年已停办
358	7	二甫小学	1963年	二甫村	1	20	1	6	178	7	普义者	1~6年级
359	8	倮那小学		倮那村	1	13	1					1986年9月已停办
360	9	大姑小学	1970年	大姑村	1	12	1	—	—	—	—	2001年已停办
361	10	欧朱小学	1970年	欧朱村	1	13	1	—	—	—	—	2001年已停办
362	11	扭波小学	1971年	扭波村	1	16	1	—	—	—	—	2001年已停办
363	12	倮沙苦聪小学	1971年	倮沙苦聪村	1	16	1	—	—	—	—	2001年已停办
364	13	高井槽小学	1971年	高井槽村	1	20	1	6	168	7	李龙剑	1~6年级
365	14	壮家小学	1966年	壮家村	1	20	1	—	—	—	—	2002年已停办

总序号	乡序号	学校名称	建校时间	现在校址	最初概况			2005年概况				备注
					班级数（班）	学生数（人）	教职工数（人）	班级数（班）	学生数（人）	教职工数（人）	时任校长姓名	
366	15	俫沙小学	1958年	俫沙村	4	80	4	—	—	—	—	2001年已停办
367	16	西沙埃弄小学	1973年	西沙埃弄村	1	15	1	—	—	—	—	2002年已停办
368	17	牛波小学	1963年	牛波村	1	20	1	1	24	1	白批者	1~4年级
369	18	的初小学	1972年	的初村	1	11	1	1	14	1	李哈者	2年级
370	19	多沙小学	1954年	多沙村	2	15	2	3	56	3	李俄斗	1~3年级
371	20	新城小学	1972年	新城村	1	12	1	—	—	—	—	1988年已停办
372	21	老戈碧约小学	1969年	老戈碧约村	1	16	1	1	13	1	罗志春	3年级
373	22	阿波小学	1969年	阿波村	1	26	1	1	12	1	王元德	1年级
374	23	牛托洛河小学	1969年	牛托洛河村	4	52	2	6（1~6年级）	220	8	李龙者	2001年并至坝溜小学
375	24	土堆小学	1969年	土堆村	1	20	1	—	—	—	—	2001年已停办
376	25	阿东小学	1971年	阿东村	1	15	1	—	—	—	—	1990年已停办
377	26	巴低小学	1971年	巴低村	1	12	1	—	—	—	—	2000年已停办
378	27	旱摆衣小学	1973年	旱摆衣村	1	11	1	—	—	—	—	2002年已停办
379	28	卡处小学	1971年	卡处村	1	9	1	—	—	—	—	1990年已停办
380	29	哈的小学	1972年	哈的村	1	15	1	6（1~6年级）	156	6	普雄泉	现在叫的龙塘小学
381	30	二弄小学	1972年	二弄村	1	10	1	—	—	—	—	2003年已停办
382	31	老熊寨小学	1972年	老熊寨村	1	20	1	—	—	—	—	2002年已停办
383	32	新寨小学	1972年	新寨村	1	10	1	—	—	—	—	2002年已停办
384	33	大平掌小学	1972年	大平掌村	1	10	1	—	—	—	—	1991年已停办
385	34	冲头小学	1971年	冲头村	4	50	4	—	—	—	—	2000年已停办

总序号	乡序号	学校名称	建校时间	现在校址	最初概况			2005年概况				备注
					班级数（班）	学生数（人）	教职工数（人）	班级数（班）	学生数（人）	教职工数（人）	时任校长姓名	
386	35	阿的小学	1997年	阿的村	1	18	1	—	—	—	—	2003年已停办
387	36	的家小学	1983年	的家村	1	15	1	—	—	—	—	1986年9月已停办
388	37	居哈小学	1982年	居哈村	1	16	1	—	—	—	—	1986年9月已停办
389	38	坝溜小学	1992年	乡政府所在地	1	18	1	6	220	8	李龙者	—
		骑马坝乡中心完小									邵德刚	
390	1	骑马坝乡中心小学	1952年	乡政府所在地	2	70	2	11	409	38	李忠普	1~6年级
391	2	大树小学	1971年	大树村	1	9	1	9	303	1	马才增	1~6年级
392	3	老普寨小学	1965年	老普寨	2	22	1	1	13	1	李黑	2年级
393	4	阿杯小学	1965年	阿杯村	1	10	1	—	—	—	—	2001年已停办
394	5	哈渣小学	1962年	哈渣村	1	34	1	2	33	2	李开荣	2、4年级
395	6	莫皮果小学	1973年	莫皮果村	1	6	1	—	—	—	—	2001年已停办
396	7	爬车小学	1965年	爬车村	1	10	1	—	—	—	—	2001年已停办
397	8	哈土小学	1973年	哈土村	1	11	1	—	—	—	—	2000年已停办
398	9	哈铺小学	1975年	哈铺村	1	11	1	—	—	—	—	2000年已停办
399	10	的松小学	1964年	的松村	3	60	2	1	16	1	范正成	1年级
400	11	腊里小学	1971年	腊里村	1	12	1	—	—	—	—	2001年已停办
401	12	广马小学	1971年	广马村	1	6	1	—	—	—	—	2001年已停办
402	13	野东小学	1966年	野东村	1	15	1	—	—	—	—	2001年已停办
403	14	营盘山小学	1970年	营盘山村	1	13	1	—	—	—	—	2001年已停办
404	15	洛剥小学	1965年	洛剥村	2	32	1	1	15	1	白阿俊	2年级

续表

总序号	乡序号	学校名称	建校时间	现在校址	最初概况			2005年概况				备注
					班级数（班）	学生数（人）	教职工数（人）	班级数（班）	学生数（人）	教职工数（人）	时任校长姓名	
405	16	张那欧独小学	1965年	张那欧独村	1	35	1	1	16	1	马万林	1年级
406	17	爬的洛村小学	1971年	爬的洛	1	8	1	—	—	—	—	2001年已停办
407	18	坝嘎小学	1957年	坝嘎村	3	80	1	2	30	2	白林真	1~2年级
408	19	玛玉小学	1966年	玛玉村	1	42	1	3	39	3	白玉才	1~3年级
409	20	夫哈小学	1969年	夫哈村	1	18	1	—	—	—	—	2002年已停办
410	21	卡欧小学	1974年	卡欧上寨村	1	20	1	1	15	1	王初生	2年级
411	22	普巴小学	1974年	普巴村	1	12	1	—	—	—	—	2001年已停办
412	23	爬车小学	1974年	爬车村	1	10	1	—	—	—	—	1986年9月已停办
413	24	莫洛小学	1955年	莫洛村	1	45	1	2	15	1	范德勤	2、4年级
414	25	渣俬小学	1965年	渣俬村	1	15	1	—	—	—	—	2002年已停办
415	26	洋寨小学	1970年	洋寨村	1	5	1	—	—	—	—	2001年已停办
416	27	罗门巴小学	1971年	罗门巴村	1	8	1	—	—	—	—	2001年已停办
417	28	东龙小学	1964年	东龙村	1	11	1	—	—	—	—	2002年已停办
418	29	格马小学	1972年	格马村	1	6	1	—	—	—	—	2001年已停办
419	30	埃洛小学	1965年	埃洛村	1	12	1	—	—	—	—	2002年已停办
420	31	哈巩小学	1959年	哈巩村	1	28	1	2	47	2	谭琪玛	2、4年级
421	32	巴卡小学	1964年	巴卡村	1	15	1	—	—	—	—	2002年已停办
422	33	托河小学	1968年	托河村	1	18	1	1	17	1	谭绍明	3年级
423	34	洛莫小学	1965年	洛莫村	1	30	1	1	11	1	白助成	2年级
424	35	洒喷小学	1969年	洒喷村	1	12	1	—	—	—	—	2001年已停办
425	36	巩的小学	1969年	巩的村	1	12	1	1	15	1	李家兴	3年级
426	37	哈育小学	1969年	哈育村	1	50	1	1	17	1	杨央龙	3年级

总序号	乡序号	学校名称	建校时间	现在校址	最初概况			2005年概况				备注
					班级数（班）	学生数（人）	教职工数（人）	班级数（班）	学生数（人）	教职工数（人）	时任校长姓名	
427	38	渣吗小学	1957年	渣吗村	1	46	1	—	—	—	—	2002年已停办
428	39	阿松小学	1971年	阿松村	1	17	1	—	—	—	—	2001年已停办
429	40	巴洪村小学	1994年	巴洪	5	100	5	7	292	12	陈立荣	—
430	41	老街子小学	1970年	老街子村	1	26	1	1	14	1	张老伍	2年级
431	42	大平掌村小学	1976年	大平掌	1	15	1	1	13	1	金阿四	—
432	43	杯俣小学	1965年	杯俣村	1	9	1	3	59	3	李玉才	—
433	44	地房小学	1968年	地房村	1	14	1	1	15	1	杨春元	—
434	45	董马小学	1974年	董马村	1	9	1	—	—	—	—	2002年已停办
435	46	俄莫小学	1974年	俄莫村	1	8	1	—	—	—	—	1992年已停办
436	47	腊苏格马村小学	1971年	腊苏格马村	1	16	1	—	—	—	—	2002年已停办
437	48	格摸小学	1972年	格摸村	1	7	1	—	—	—	—	1986年9月已停办
438	49	苏尼小学	1972年	苏尼村	1	8	1	—	—	—	—	1986年9月已停办
		三猛乡中心完小									陈里成	
439	1	三猛乡中心小学	1959年	乡政府所在地	2	50	2	11	560	25	张春华	1～6年级
440	2	埃洞小学	1968年	埃洞村	1	15	1	—	—	—	—	2002年已停办
441	3	普马小学	1966年	普马村	1	17	1	—	—	—	—	2002年已停办
442	4	塔普小学	1966年	巴卡塔普村	1	25	1	6	154	8	张家宜	1～6年级，1998年迁改为巴卡小学
443	5	欧比小学	1969年	欧比村	1	12	1	—	—	—	—	2002年已停办
444	6	鲁车小学	1966年	鲁车村	1	27	1	2	35	1	马期干	1～2年级

续表

总序号	乡序号	学校名称	建校时间	现在校址	最初概况			2005年概况				备注
					班级数（班）	学生数（人）	教职工数（人）	班级数（班）	学生数（人）	教职工数（人）	时任校长姓名	
445	7	勐曼小学	1968年	勐曼村	1	15	1	—	—	—	—	2002年已停办
446	8	新寨小学	1967年	新寨村	1	15	1	—	—	—	—	2002年已停办
447	9	巴德小学	1957年	巴德村	3	90	3	4	178	4	李英杰	1~4年级
448	10	德龙小学	1980年	德龙村	1	9	1	—	—	—	—	1986年已停办
449	11	龙普小学	1971年	龙普村	1	9	1	1	28	1	陈龙九	1~2年级
450	12	苏俄小学	1980年	苏俄村	1	8	1	—	—	—	—	2002年已停办
451	13	格俄小学	1970年	格俄村	2	12	2	2	37	1	朱师龙	1~4年级（复式）
452	14	爬别小学	1962年	爬别村	1	45	1	6	248	8	陈宏伟	1~6年级
453	15	虾红小学	1968年	虾红村	1	17	1	—	—	—	—	2001年已停办
454	16	车龙小学	1972年	车龙村	1	11	1	—	—	—	—	1986年已停办
455	17	哈波小学	1970年	哈波村	2	26	1	4	35	2	李九格	1~4年级
456	18	哈脚小学	1965年	哈脚村	1	10	1	—	—	—	—	2004年已停办
457	19	龙沙小学	1965年	龙沙村	1	10	1	—	—	—	—	2004年已停办
458	20	加禾小学	1955年	加禾村	1	30	1	2	25	1	李学东	—
459	21	阿东小学	1965年	阿东村	1	7	1	—	—	—	—	2004年已停办
460	22	欧普小学	1970年	欧普村	1	12	1	—	—	—	—	2004年已停办
461	23	哈生小学	1965年	哈生村	2	14	2	2	21	2	罗建南	—
462	24	西哈东小学	1970年	西哈东村	1	10	1	—	—	—	—	2004年已停办
463	25	腊姑小学	1958年	腊姑村	1	42	2	4	150	4	李批然	—
464	26	七初小学	1965年	七初村	1	15	1	—	—	—	—	—
465	27	腊咪小学	1965年	腊咪村	1	17	1	—	—	—	—	2002年已停办
466	28	咪里切小学	1965年	咪里切村	1	10	1	—	—	—	—	2002年已停办

总序号	乡序号	学校名称	建校时间	现在校址	最初概况			2005年概况				备注
					班级数（班）	学生数（人）	教职工数（人）	班级数（班）	学生数（人）	教职工数（人）	时任校长姓名	
467	29	白红小学	1965年	白红村	1	15	1	2	33	2	李文理	现名普俄小学，在倮佰村。
468	30	苏丫小学	1965年	苏丫村	1	16	1	—	—	—	—	2001年已停办
469	31	牛波小学	1965年	牛波村	1	12	1	6	210	8	龙阿山	—
470	32	灯马小学	1965年	灯马村	1	11	1	—	—	—	—	1986年已停办
471	33	桐珠小学	1957年	桐珠村	1	60	1	5	238	5	马鲁贵	1~5年级
472	34	巴龙小学	1965年	巴龙村	1	40	1	2	40	2	李布然	1~2年级
473	35	牛扎小学	1968年	牛扎村	1	30	1	4	110	2	李成然	1~4年级（复式）
474	36	鸟波小学	1970年	鸟波村	1	10	1	—	—	—	—	1998年已停办
475	37	欧黑小学	1970年	欧黑村	1	8	1	—	—	—	—	1998年已停办
476	38	次东小学	1965年	次东村	1	24	1	—	—	—	—	1986年已停办
477	39	中处小学	1969年	中处村	1	11	1	—	—	—	—	1986年已停办
478	40	虾红小学	1969年	虾红村	1	21	1	—	—	—	—	2001年已停办
479	41	规东小学	1970年	规东村	1	8	1	—	—	—	—	2001年已停办
480	42	俄莫上寨小学	1972年	俄莫上寨村	1	13	1	—	—	—	—	2001年已停办
481	43	俄莫下寨小学	1972年	俄莫下寨村	1	9	1	—	—	—	—	2001年已停办
482	44	巴东小学	1989年	巴东村	1	25	1	6	273	12	何文义	1~6年级
483	45	罗大小学	1966年	罗大村	1	15	1	1	49	1	李加则	1~2年级
484	46	则东小学	1971年	则东村	1	8	1	—	—	—	—	2002年已停办
485	47	（老）巴东小学	1963年	巴东村	2	46	1	2	37	1	郭忠九	—
486	48	塔普小学	1969年	塔普村	1	10	1	2	43	1	王玉德	1~4年级（复式）
487	49	习谷德下寨小学	1966年	习谷德下寨村	1	17	1	—	—	—	—	2002年已停办

续表

总序号	乡序号	学校名称	建校时间	现在校址	最初概况			2005年概况				备注
					班级数（班）	学生数（人）	教职工数（人）	班级数（班）	学生数（人）	教职工数（人）	时任校长姓名	
488	50	格马小学	1969年	格马村	1	20	1	—	—	—	—	2002年已停办
489	51	习比东小学	1971年	习比东村	1	15	1	—	—	—	—	2002年已停办
490	52	沙普小学	1971年	沙普村	1	12	1	—	—	—	—	2001年已停办
491	53	普依小学	1971年	普依村	1	15	1	—	—	—	—	2002年已停办
492	54	塔普小学	1970年	塔普村	2	30	2	4	110	4	李健	—
493	55	解放村小学	1971年	解放村	2	25	1	—	—	—	—	1993年已停办
494	56	牛主巩小学	1962年	牛主巩村	2	40	2	—	—	—	—	2003年已停办
495	57	朱龙小学	1972年	朱龙村	1	21	1	—	—	—	—	1995年已停办
496	58	洛瓦小学	1973年	洛瓦村	1	18	1	—	—	—	—	1981年已停办
497	59	欧的小学	1970年	欧的村	1	21	1	3	60	3	马波黑	—
498	60	宗处小学	1973年	宗处村	1	12	1	—	—	—	—	1983年已停办
499	61	吴作小学	1972年	吴作村	1	8	1	—	—	—	—	1986年9月已停办
		平河乡中心小学									何永华	
500	1	平河乡中心小学	1955年8月	乡政府所在地	1	62	1	15	748	23	李旭	1～6年级
501	2	上平河小学	1971年7月	上平河村	1	8	1	2	32	2	罗央城	1～2年级
502	3	新寨小学	1971年7月	平河新寨村	1	12	1	3	84	2	王学昌	1～3年级
503	4	下巴东小学	1971年7月	下巴东村	1	11	1	2	37	1	李为车	1～2年级
504	5	西克小学	1971年7月	西克村	1	9	1	—	—	—	—	2001年已停办
505	6	大头小学	1965年7月	大头村	1	23	1	4	61	4	陆成功	1～4年级
506	7	大头小寨小学	1971年7月	大头小寨村	1	7	1	1	12	1	李石者	1年级

总序号	乡序号	学校名称	建校时间	现在校址	最初概况			2005年概况				备注
					班级数（班）	学生数（人）	教职工数（人）	班级数（班）	学生数（人）	教职工数（人）	时任校长姓名	
507	8	老永小学	1971年7月	老永村	1	17	1	2	33	1	马干华	1~2年级
508	9	老永小寨小学	1971年7月	老永小寨村	1	13	1	—	—	—	—	2001年已停办
509	10	拉祜小学	1971年7月	拉祜村	1	7	1	1	16	1	江建福（代课）	2年级
510	11	老永旧寨小学	2005年7月	老永旧寨	1	16	1	2	38	1	江文新（代课）	1~2年级
511	12	东角小学	1965年7月	东角村	1	18	1	4	68	4	高来恒	1~4年级
512	13	红土寨小学	1971年7月	红土寨村	1	7	1	—	—	—	—	—
513	14	阿八寨小学	1965年7月	阿八寨村	1	23	1	2	37	2	杨皮三	1~2年级
514	15	巴东小学	1971年7月	巴东村	1	10	1	—	—	—	—	—
515	16	东批小学	1958年7月	东批村	1	32	1	4	135	4	白们九	1~4年级
516	17	东龙小学	1971年7月	东龙村	1	11	1	—	—	—	—	1980年已停办
517	18	塔普小学	1968年7月	塔普村	1	13	1	—	—	—	—	2002年已停办
518	19	腊布丁岗小学	1979年8月	丁岗村	1	9	1	—	—	—	—	2001年已停办
519	20	石平寨小学	1976年8月	石平村	1	12	1	—	—	—	—	2000年已停办
520	21	高寨小学	1975年8月	高寨村	1	10	1	—	—	—	—	2001年已停办
521	22	阿则河小学	2001年8月	阿则河河坝	4	116	4	4	190	6	罗球保	5~6年级
522	23	略马小学	1965年8月	略马村	1	23	1	4	68	4	陈树山	1~4年级
523	24	真龙小学	1966年8月	真龙村	1	20	1	—	—	—	—	2001年已停办
524	25	德沙小学	1971年8月	德沙村	1	7	1	—	—	—	—	1979年已停办

总序号	乡序号	学校名称	建校时间	现在校址	最初概况			2005年概况				备注
					班级数（班）	学生数（人）	教职工数（人）	班级数（班）	学生数（人）	教职工数（人）	时任校长姓名	
525	26	略沙小学	1971年8月	略沙村	1	12	1	2	37	2	陈嘎普（代课）	2005年已停办
526	27	略卡小学	1971年8月	略卡村	1	11	1	—	—	—	—	2001年已停办
527	28	龙央小学	1979年8月	龙央村	1	8	1	—	—	—	—	2001年已停办
528	29	咪虾小学	1957年8月	咪虾村	1	30	1	4	86	4	龙文华	—
529	30	俄俫小学	1998年8月	俄俫村	1	17	1	1	17	1	黄建鹏	2005年已停办
530	31	俫德小学	1967年8月	俫德村	1	16	1	1	24	1	白才元	—
531	32	松马小学	1969年8月	松马村	1	22	1	1	26	1	杨谷斗	—
532	33	东普小学	2000年8月	东普村	1	13	1	3	65	3	陆成功	2005年已停办（1~3年级）
533	34	牛姑小学	1962年8月	牛姑村	1	32	1	4	72	3	何东升	—
534	35	甲岩小学	2000年8月	甲岩村	1	17	1	1	18	1	朱正华	1年级
535	36	巴龙小学	2001年8月	巴龙村	4	86	4	4	132	4	朱建荣	5~6年级
536	37	东斯小学	1956年8月	东斯村	1	96	1	2	35	2	马才德	1~2年级
537	38	石垒小学	1965年8月	石垒村	1	26	1	—	—	—	—	2001年已停办
538	39	东沙小学	1965年8月	东沙村	1	28	1	—	—	—	—	2000年已停办
539	40	哈碑小学	1965年8月	哈碑村	1	30	1	4	78	4	李然就	1~4年级
540	41	尼龙小学	1965年8月	尼龙村	1	16	1	—	—	—	—	2001年已停办
541	42	腊咪小学	1968年8月	腊咪村	1	23	1	—	—	—	—	2001年已停办

总序号	乡序号	学校名称	建校时间	现在校址	最初概况			2005年概况				备注
					班级数（班）	学生数（人）	教职工数（人）	班级数（班）	学生数（人）	教职工数（人）	时任校长姓名	
542	43	南通小学	1958年8月	南通村	1	66	1	2	47	2	李立九	2016年7月停办
543	44	平昆小学	1971年8月	平昆村	1	21	1	—	—	—	—	1996年已停办
544	45	太红小学	1971年8月	太红村	1	15	1	—	—	—	—	2002年已停办
545	46	车里小学	1958年8月	车里村	1	34	1	6	138	10	朱敬荣	—
546	47	马奇小学	1965年8月	马奇村	1	36	1	3	46	2	陈皮忠	—
547	48	甲斯小学	1969年8月	甲斯村	1	28	1	2	31	2	白红春	1、2年级
548	49	俣独小学	1971年8月	俣独村	1	17	1	2	19	1	—	2005年已停办
549	50	合苏小学	1971年8月	合苏村	1	13	1	—	—	—	—	—
550	51	爬别小学	1971年8月	爬别村	1	11	1	—	—	—	—	1990年已停办
551	52	新寨小学	1958年8月	新寨村	3	186	3	3	48	2	李莫然	1~3年级
552	53	大马角小学	1965年8月	大马角村	1	16	1	1	21	1	陈嘎法	1年级
553	54	米欧小学	1965年8月	米欧村	1	18	1	2	32	1	李剑	1~3年级
554	55	哈德小学	1965年8月	哈德村	1	26	1	2	34	2	李秋龙	—
555	56	俣布小学	1965年8月	俣布村	1	30	1	—	—	—	—	2001年已停办
556	57	岸龙贡马小学	1979年8月	岸龙贡马村	1	7	1	—	—	—	—	1983年已停办
557	58	车同小学	1979年8月	车同村	1	6	1	—	—	—	—	1984年已停办
558	59	折东小学	1970年8月	折东村	1	18	1	1	12	1	高昆山	—
559	60	阿松小学	1970年8月	阿松村	1	20	1	1	16	1	朱明	1年级
560	61	略俣小学	1973年8月	略俣村	1	9	1	2	23	1	马窝简	—

总序号	乡序号	学校名称	建校时间	现在校址	最初概况			2005年概况				备注
					班级数（班）	学生数（人）	教职工数（人）	班级数（班）	学生数（人）	教职工数（人）	时任校长姓名	
561	62	老林小学	1970年8月	老林村	1	17	1	—	—	—	—	1979年已停办
562	63	岩龙小学	1976年8月	岩龙村	1	8	1	—	—	—	—	—
563	64	东哈小学	1959年	东哈村	1	41	1	4	58	3	李云生	1~4年级
564	65	莫碑小学	1967年	莫碑村	1	16	1	—	—	—	—	2001年已停办
565	66	独红小学	1965年8月	独红村	1	22	1	2	18	1	王龙嘎	1~2年级
566	67	咪卡小学	1971年8月	咪卡村	1	12	1	—	—	—	—	1976年已停办
567	68	东角小学	1968年8月	东角村	1	23	1	—	—	—	—	2003年已停办
568	69	新寨岔路小学	1991年8月	新寨岔路	4	212	4	6	286	6	普雄康	1~6年级

第二节　学制　课程　教材

学制

中华人民共和国成立前，绿春地区先后办过三所初级小学堂，学制为四年。中华人民共和国成立后，1961年前，绿春县小学沿袭传统的"四、二"分段制，即初小四年高小二年。1961年和1962年，先后在大兴小学、牛孔小学、三楞小学、骑马坝小学试行五年一贯制，其他学校仍执行"四、二"分段制。1969年初，根据毛主席提出的"学制要缩短，教育要革命"的指示，全县城镇农村小学统一执行五年一贯制。

根据教育部"有民族语言，但无民族文字的民族地区的学制，可以改为六年制"的指示，为了提高教育质量，多出人才，出好人才，1981年秋季起，分期分批逐步改为六年制，具体由学区做出规划落实到学校。大兴小学和有学前教育、生源较多的小学，采取读完五年后，将学生一分为二，一部分升学，一部分留下来再读一年的办法过渡；其他小学从一年级开始，其他年级仍然实行五年制，直至小学毕业为止。

在没有统一为六年制的"四、二"分段制前，由于区中心完小的学制与村小的学制不统一，村小的初小生升入完小读高小，给上高小课的教师教学带来一定的困难。1984年秋季起，绿春县小学统一实行六年制的"四、二"分段制。

课程设置

民国时期的学堂设修身、国文、算术、体操、图画、唱歌等课程。后来，初小课程改为公民、国文、算术、体操、图画、书法、音乐等。

中华人民共和国成立后，绿春县小学课程根据教育部不同时期颁布的小学教学计划和办学条件而设置。1952年，中央教育部颁布了统一的教学计划，将国文改为语文，美术改为美工，小学高年级增设自然、历史、地理，各年级均设周会课。低年级每周不少于24课时，中年级每周不少于26课时，高年级每周不少于29课时，每课时为45分钟（低年级每课时为40分钟），并规定了课外活动和班级活动的时间及内容。

1959年3月，绿春县委决定，每周增设政治教育课两课时，9岁以上的学生每周安排4个小时的劳动（列入课程），每次劳动时间不得超过两个小时。1962年，云南省教育厅颁布农村小学教学计划，一至四年级设：语文、写字、算术、常识、体育、图画、音乐；五、六年级增设：社会主义教育课、历史、地理等课程。1963年8月，云南省教育厅颁布农村全日制小学教学计划和农村简易小学教学计划。绿春县农村全日制小学开设：周会、语文（包括讲读、作文、写字、农村应用文）、算术（含珠算）、常识（含历史、地理、自然）、音乐、体育、图画、社会主义教育课、劳动；五、六年级增设农业生产常识。农村简易小学开设：周会、语文、算术、唱歌。四年级以上的班级增设：珠算、农业会计。一至六年级每周总课时的安排不得超过24个课时。1978—1984年，课程设置语文、数学、历史、地理、自然、音乐、体育、美术等。1985—1995年，课程设置增加一门思想品德课，教学从基础技能逐步向渗透思想品德教育转变，让小学生从小懂得为谁而读书的道理，逐步培养他们热爱祖国、热爱家乡的意识。1996—2003年，课程设置不变，教材使用人民教育出版社出版的九年义务教育全日制小学课本，教学由基础技能的教育向素质教育转变。2004年起，课程设置增设了劳技和社会，并将"思想品德"和"生活"合为一门"品德与生活"。

英语课，从2001年秋季开始，在大兴小学三年级以上率先开设英语课。2002年秋季，大寨民族小学又相继开设英语课。2003年秋开始，全县乡镇中心完小三年级以上都开设了英语课。教材统一使用人教版"义务教育课程标准实验教科书"（PEP版本），2004年秋起使用人教版"义务教育课程标准实验教科书"，教材偏重素质教育及自学能力的培养。

教材的使用

民国时期，小学堂的各科教学均以商务印书馆发行的课本为教材。中华人民共和国成立后，1952—1955年，使用人民教育出版社出版的小学课本。从1956年开始，使用新编的小学课本，内容更新，呈现出系统性、科学性和思想性，从小学语文课本第一册开始编入汉语拼音。"文化大革命"初期，原教材停止使用，以毛主席语录"老三篇"（毛泽东著作《为人民服务》《纪念白求恩》《愚公移山》）为基本教材，还使用了一些自编教材。教材不统一，学校教师各行其是，极大地影响了教学质量。1969年，全县采用红河州编教材。1972—1976年，使用红河州编和云南省编教材，教材的使用逐渐趋于统一。1978年，试用全国统编全日制五年制小学课本。

1981年秋季前，全县各类小学均使用人民教育出版社出版的"全日制小学通用课本"（全国五年制统编教材）。秋后，改为六年制的学校（班级），在没有统一的六年制教材前，仍使用全国五年制统编教材。1984年秋季开学，全县各类小学已全部实行六年制，直至1994年统一使用人民教育出版社出版的"六年制小学课本"（牛孔乡使用云南省全日制统编教材）。1993年秋季开学，在全县小学起始年级开始使用由人民教育出版社出版的"九年义务教育六年制小学教科书"。1999年9月后改为《义务教育课程标准实验教科书》，教材偏重素质教育。

第三节　教　学

各科教学

民国时期，教师传授知识多采用"注入式"教学法，在教读、教写和照本宣科式讲解的基础上让学生死记硬背。

中华人民共和国成立后，仍离不开"注入式"的教学法，但逐步增加了"启发式"的成分。绿春地区是少数民族聚居区，少数民族学生占学生总数的90%以上，初入学的学生大多数不懂汉语，学习汉文不解其意。为搞好教学，教师们积极学习少数民族语言，采用汉语讲解与少数民族语言翻译相结合的方法进行教学。许多外来汉族教师备课，要花很多时间和精力到村子里找懂汉语的人学习少数民族语言，做好课堂上需要翻译的准备。

1955—1958年，学习苏联的教学经验，提倡正规化与模式化教学，促进了教法改革和教学研究，课堂教学运用五个环节（组织教学、复习旧课、导入新课及讲解新课、巩固新课、布置作业），一度试行"五级记分制"评价学生学习（学业）成绩，分别被评为1分、2分、3分、4分、5分不等，3分为及格分，4分为优秀分，5分为满分，后因不易掌握而停止试行。教师认真备课、上课，提高了课堂教学质量，也出现过脱离边疆实际生搬硬套教学环节等教条主义、形式主义的倾向。在此期间，开始大力推广普通话教学，逐步建立平时考、毕业考、升学考试制度；与此同时，从绿春地区的实际出发，认真总结和推广了"复式教学"的经验。从1958年下半年开始，绿春县文教科要求教学也要"三结合"，即教学结合政治、结合生产、结合实际，把学生培养成"亦工、亦农、亦兵、红透专深"的接班人。要求各校突出政治，组织师生下乡下厂参加劳动，参加各种社会实践活动，学校随便停课、随便放假的现象打乱了正常的教学秩序。结果，联系实际的教学加强了，对培养学生的劳动观和劳动习惯起到了一定的积极作用，但基础知识的教学和基本技能的训练却减弱了，使教学质量一度下降。

1963—1966年，贯彻《全日制小学暂行工作条例》，进一步明确了教学是学校工作中的中心工作。全县加强了教学研究工作，教师们积极探索行之有效的教学方法，并积极采用启发式教学方法，要求在教学中精讲多练，减轻学生负担，注意因材施教，结合边疆少数民族学生实际或特点进行教学，使教学质量有所提高。"文化大革命"开始后，部分学校"停课闹革命"，未停课的学校的教学也时断时续。

1967年秋，停课小学开始复课，多以毛主席语录和"老三篇"为教材，经常用"批判会"或"忆苦思甜"来代替教学，教学秩序混乱，考试制度被取消，升学实行"推荐选拔相结合"的办法。1972—1975年，实行"开门办学"，学校与工厂、社队挂钩，师生走出课堂到工厂、农村劳动，请工人、老农、技术员、会计给学生讲阶级教育课和技术课。学校办工厂、农场、茶场，每周用两个下午的时间参加劳动，农忙停课搞生产，教学质量普遍下降。1976年，红河州培训"三算"（口算、珠算、笔算）结合教学教师，绿春县派出3名教师参加学习。参加培训的3名教师回县后，分期再培训公社（含大兴小学）以及大队的小学教师，然后在全县各公社小学一年级和大兴小学一年级中试行"三算"教学，各公社、大队小学只试行了一年（因难度较大而停止）。大兴小学的两个试点班坚持了3年，教学质量比其他班稍好。

1977年后，恢复了考试制度，加强了教学研究活动，教学逐步走上了正轨，建立了正常的教学秩序，认真按新的教学大纲与教学计划进行教学，使教学质量逐步提高。全县世居民族有哈尼、彝、瑶、傣、拉祜、汉六种，少数民族人口占总人口的98.8%，其中哈尼族人口占87.7%。

绿春县属于边疆多民族县，全县世居民族有哈尼、彝、瑶、傣、拉祜、汉6种，少数民族人口占总人口的98.8%，其中哈尼族人口占87.7%。哈尼语属汉藏语系缅语族语支，分为三大方言：哈雅方言、豪白方言、碧卡方言。哈尼文是指1957年国家设计通过的哈雅方言文字方案（草案）。哈尼文以哈尼次方言为基础方言，以绿春大寨哈尼话的语音为标准音。1964年，云南省少数民族语言工作组到藤条河沿岸做调查，选定在绿春县戈奎乡普朵红马村办哈尼文试验小学，招收半日制学生40名，并于1965年9月10日正式开学。同年，云南省民委拨款5000元建盖了132平方米的土木结构草顶校舍，决定一、二年级的语文课采用哈尼文，到三年级开始学习汉文。1966年下半年"文化大革命"开始，哈尼文教学试验停止。1984年，红河州民族事务委员会在州民族干校举办哈尼文师资培训班，绿春县先后派出171名教师参加学习。1985年2月至4月，又派9名教师到省民委举办的培训班学习。1985年9月，在大兴、戈奎、三猛、平河4个区的53所小学一年级试行汉语文、哈尼文结合的双语文教学，旨在使哈尼族学生既能掌握本民族文字又能打下学习汉语文的较好基础。之后，由于教学分量比较重等诸多原因，汉语文、哈尼文结合的双语文教学试验，只有少数如大兴学区广吗小学等学校一直坚持进行教学试验。1988年，广吗小学被确定为云南省汉语文、哈尼文结合的双语文教学试点学校。

思想品德课教学

民国时期，小学堂（后称国民小学）开设公民课，教师在教学中照本宣科，向学生灌输以"礼义廉耻、忠孝仁爱"为核心的思想品德教育。抗日战争时期，小学一度使用战时课本，教学增加了抗日救国的内容。

中华人民共和国成立后，20世纪50年代初，着重对学生进行爱祖国、爱人民、爱劳动、爱科学、爱护公共财物的"五爱"教育和民族团结教育，开展学习董存瑞、黄继光、邱少云等英雄人物的活动。1955年，组织学生学习贯彻《小学生守则》，以政治课、周会、班会及少先队活动等形式培养学生的共产主义思想品德。1958年后，加强了对学生的阶级教育和劳动概念的教育。1963年，学校广泛开展学雷锋活动，好人好事不断涌现，促进了学生德育的发展，改变了学生的精神面貌。与此同时，学校将阶级斗争、生产斗争、科学实验三大革命运动作为教学的主要内容，注重师生到工厂、农村参加劳动，访贫问苦，进行忆苦思甜教育。1966—1976年间，把阶级斗争作为一门主课，除经常请工人农民来忆苦思甜，对学生进行阶级教育外，不断召开或大或小的批判会。党的十一届三中全会后，拨乱反正。从1981年起，开展"五讲四美三热爱"活动和"学雷锋，树新风，创三好"等活动，采取多种形式对学生进行坚持"四项基本原则"的教育和相关法律知识的教育。

体育课教学

民国时期，小学堂（后称国民小学）规定都要开设体育课，但由于条件限制，体育课教学一般只是做一点队列训练，进行齐步、正步、跑步练习，再就是玩游戏，内容十分单调。

中华人民共和国成立后，学校体育教学逐步加强，普遍开设了体育课，还推行了儿童广播体操，逐步增加了课外活动的时间及内容，促进了学生身心的健康成长。尤其是1978年后，按照国家颁发的《教学计划》开展学校体育课教学工作，每个班级每周安排了2节体育课，每天有课间操、眼保健操。定期召开县级以及校级的学生运动会，个别学校还召开年级的季节性学生运动会。1980年，大兴小学推行国家体育运动委员会颁发的《体育锻炼标准》，参加检测的学生130人，合格的有71名学生，达标率54.6%。1981—1982年，连续两年被评为云南省、红河州《国家体育锻炼标准》先进单位。1983年，全县有2所小学开展"达标"检测，达标率70.4%。1985年，全县小学达标率81.8%。1986年后，全县中小学继续贯彻德、智、体全面发展的教育方针，执行《学校体育工作条例》，推行《国家体育锻炼达标执行办法》，添置体育器材，调整充实体育教师。20世纪80年代初，大兴小学被命名为云南省青少年田径项目三级训练网点，1990年被命名为红河州田径传统项目学校。

小学教育教学计划

根据教育部颁发的《全日制五年制小学教学计划（修改草案）》的要求，以及省人民政府关于"只有民族语言，尚无文字的，学制可延长到六年"的文件精神，1981年8月，县教育局研究决定小学学制由原来的五年制改为六年制，并编制《绿春县农村全日制小学教学计划（试行草案）》和《绿春县农村半日制小学教学计划（试行草案）》。当时，全县除大兴小学按教育部颁发的《全日制五年制小学教学计划（试行草案）》执行外，均按上述两个教学计划择其一个安排教学。1995年开始，根据国家每周5天工作日的规定，也制订了相应的教学计划供全县统一执行。

表5-3-1 1981年全日制小学教学计划（试行草案）

科目 \ 年级		一（上）	一（下）	二	三	四	五
思想品德		1	1	1	1	1	1
语文	小计	12	12	12	11	9	9
	讲读	8	8	11	8	6	6
	作文	—	—	—	2	2	2
	写字	2	2	1	1	1	1
	会话	2	2	—	—	—	—
数学		7	7	7	6	7	7
自然		—	—	—	2	2	2
地理		—	—	—	—	2	—
历史		—	—	—	—	—	2
体育		2	2	2	2	2	2
音乐		2	2	2	2	1	1
美术		2	2	1	1	1	1
劳动		—	—	1	1	1	1
周会班队活动		1	1	1	1	1	1
每周总时数		27	27	27	27	27	27

表5-3-2 1981年农村半日制小学教学计划（试行草案）

科目 \ 年级		一（上）	一（下）	二	三	四	五
语文	小计	11	11	11	11	10	10
	讲读	10	10	10	8	7	7
	作文	—	—	—	2	2	2
	写字	1	1	1	1	1	1
数学		6	6	6	6	7	7
音乐		1	1	1	1	1	1
周总课时数		18	18	18	18	18	18

教学时间

1984年前，根据《绿春县农村全日制小学教学计划（试行草案）》和《绿春县农村半日制小学教学计划（试行草案）》，全县各级各类小学，全学年上课36周，复习考试4周，机动两周（节假日外），共42周，实行每周5.5天工作日，每天5节课，每节课45分钟。

大兴小学按教育部颁发的《全日制五年制小学教学计划（试行草案）》执行。农村全日制小学，执行《绿春县农村全日制小学教学计划（试行草案）》，每周27节，其中星期一至星期五，每天5节，星期六上午上课两节，星期六下午安排教师集中学习。农村半日制小学（上午、下午、晚班巡回教学），每周18节以上，执行《绿春县农村半日制小学教学计划（试行草案）》，每节课教学时间为45分钟。

1995年后，根据国家有关规定，实行每周5天工作制度，每天教学安排6节课（课时），每课时为40分钟。

小学考试与评价制度改革

1977年恢复高考后，各级各类学校也相继恢复了正常的考试制度。1978—1987年，小学每学期进行期中和期末两次考试。其中，期中一般是学校自测或学区组织统一考试，期末和年末全县统考。这一阶段进行"基础知识和基本技能"的考核，实行闭卷，卷面分为100分制，以60分为及格分，80分为良，90分以上（含90分）为优，学校按学生考试分数实行升、留级制度，也按照学生考试分数高低评价一个学生的表现和能力，教师的教学一切为了应试教育。

1987—1988年，实行标准化考试，试题由红河州教育局统一命题，由于题目太陈式化，教师容易抓住应考内容，对学生掌握知识不利，于1999年停止使用。1999年成立边疆协作区。1999—2003年，毕业班由边协区统一命题、统一考试、统一评卷再作评比；非毕业班由边协区统一命题、统一考试，由全县各乡（镇）统一评卷后，上报县教研室再进行评比。2000年实施素质教育以来，对学生的评价从单一的书面考试成绩评定，转为以书面考试成绩与操作能力、平时表现等相结合来综合评定一个学生的成绩。2005年后，全面推进普及九年义务教育，取消小学升学考试制度，毕业班转为小学毕业统测，非毕业班年末统考改为年末检测。

第四节　勤工俭学

1958年，教育部发出《在学校中提倡勤工俭学的通知》，全县小学先后开展了勤工俭学活动，不少学校发动师生劳动建校，自己动手改善办学条件；农忙季节，老师带领学生参加生产队积肥、栽种、收割稻谷、拣稻穗等。1959年，实行开门办学，各小学与农村生产队挂钩参加劳动，多数学校还自办小农场。1973年，全县小学办农场179个，有学农基地4489亩，勤工俭学收入现金1.5万元，人均收入0.82元；粮食3.6万千克，人均收粮2千克；自力更生建校舍6635平方米，为国家节省开支6.4万元。1974年，全县小学学农基地有320834平方米。骑马坝公社有48所小学，其中12所小学做到学生书籍文具费自给，23所小学做到半自给。1975年，全县小学办小农场428个，办农场的小学占全县小学数的71.6%，共有耕地799920平方米，全县勤工俭学收入2.4万元，人均收入1.4元，比1973年每人增加0.58元，粮食6万千克，比1973年增加2.4万千克，有82所小学做到学生书籍文具费自给，120所小学实现半自给。1976年，全县小学坚持开展勤工俭学活动，有304所小学做到学生书籍文具费自给，221所小学实现半自给；140所小学种植了茶叶，99所小学放养虫胶，7所小学种植草果，101所小学采集山苍籽烤芳香油，全县小学种植棕树43353棵。

1976年前的勤工俭学工作存在以干代学的倾向，并且片面追求经济效益，忽视了结合生产劳动对学生进行劳动态度、劳动观点、劳动技术等的全面教育。1977年后，批判"以干代学"，多数学校因噎废食，忽视甚至放弃勤工俭学活动。至1980年，全县小学学农基地下降到189亩，林场11332平方米，其他31330平方米，粮食总产量2.6万千克，农副业纯收入0.33万元，其他收入1332元。1983年，全县489所小学有26%的学校重新开展勤工俭学，农副业收入0.6万元，人平均0.26元（低于红河州小学平均水平）。在勤工俭学中，大水沟学区普石小学、东沙小学，半坡学区哈的小学，三猛学区哈德小学等被评为勤工俭学先进单位。其中，普石小学坚持勤工俭学17年，用劳动收入解决了学生的书籍文具费和扫盲班的灯油费，还支援生产队150元搞水利建设。1985年，全县小学485所，开展勤工俭学的147所（占30.3%），勤工俭学收入0.7万元，人均收入1.58元。

绿春县大兴小学是绿春县的一所示范性小学，2000年，学校在办学中遇到了困难，面对困难学校没有"等、靠、要"，而是想方设法抓好勤工俭学，通过创收自己解决。当年，仅靠学校的9间铺面出租和文化服务部、米线饮食店、卷粉加工铺、小百货门市等就有纯收入27000元，生均可达19元。有了收入以后，学校让有限的资金发挥最大的经济效益，利用2000年的收入和上年的结余，添置了自然实验室用的实验桌8张，学生实验室用的条凳32条，医务室治疗输液用的床和被子1套，10套教师办公用桌，6块教学用的小黑板，75套学生用的课桌椅，修补24面打击鼓，师生福利补助860人次，奖励优秀教师、三好学生和优秀学生干部168次，修理学校教室门5道，窗（玻璃）106块，修补安装自来水管60米，修缮房屋317平方米。教师安心教书，学生安心读书，教学质量逐年得到了提高。绿春县大兴小学的先进事迹以《充分利用区位优势，积极开展勤工俭学》为题，收录入红河州教育委员会编印的《红河州勤工俭学经验材料选》中。

牛孔学区龙丁小学（1989年创办），是牛孔乡的窗口学校之一。建校以来，师生勤俭持家，自力更生，艰苦创业，在管理中求发展，在发展中求利益。学校利用交通便利的条件，发动师生积极收集柴火，大部分用于师生食堂，还将食堂烧不完的柴火卖给兄弟学校，年收入可达500余元；老师带领学生利用劳动课时间铲公路边的小草，年收入900余元；学生每年种下的玉米可收400多斤，收入近200元；每年让学生在课余或周末时间寻找凤尾花收入1800元；每年在校园内近3亩的台地里种下各种蔬菜，可以解决全校师生近两个月的蔬菜食用问题。2000年4月初，牛孔乡卫生院在龙丁小学附近建盖第四门诊用房，让学生利用课余时间拾捡毛石收入近700元。1990年，绿春县半寄宿制高小暨勤工俭学现场会在龙丁小学召开。1996年4月底，龙丁小学与政协绿春县委员会挂钩，发动全体师生，在校园四周开辟了亚热带水果种植实验示范基地，种植了荔枝、柿花、石榴、芒果、桃、花椒等。2000年，在县教育委员会的支持和帮助下，建盖了30平方米的猪圈，学校食堂养了猪，能保证每个季度杀一头猪，使学生进得来、留得住、学得好。据统计，龙丁小学每年的勤工俭学收入4000余元，生均可达22元。龙丁小学勤工俭学的先进事迹以《艰苦创业，勤俭建校》为题，收录入红河州教育委员会编印的《红河州勤工俭学经验材料选》中。

表5-4-1　2005年小学校基本情况一览表

	学校数（所）	班级数（班）	毕业生数（人）	招生数（人）	在校生（人）	教职工数（人）	专任教师（人）	校舍建筑面积（平方米）
合计	304	804	4193	3678	24765	1093	1028	131533
大兴镇中心完小	41	138	663	487	1665	211	197	21563
戈奎乡中心完小	29	74	387	300	2159	88	83	10177
牛孔乡中心完小	48	112	555	727	3575	156	150	15260
大水沟乡中心完小	34	76	353	354	2128	90	87	12130
大黑山乡中心完小	41	91	457	259	2312	102	98	16303
半坡乡中心完小	14	41	246	193	1354	70	65	7159
骑马坝乡中心完小	24	56	239	157	1452	98	91	9281
三猛乡中心完小	22	79	497	427	2803	97	90	11810
平河中心完小	50	107	577	541	3925	110	108	20564
大兴小学	1	30	219	233	1392	71	59	7286

第五节　小学校选介

大兴小学

前身是大兴私塾。1902年创建，1921年改为初级小学堂，校址设在"关地庙"（现在绿春县机关幼儿园的园址处），1949年，因地方混乱而停办。

中华人民共和国成立以后，红河县委、县人民政府于1952年3月，派杨克等3位教师在小学堂原址恢复学校，并被命名为"大兴小学"，当时有1至4年级，编为3个教学班，学生60余名，1953年增设高小。1955年秋，有首届高小毕业生9人。1956年，六村办事处拨款2.5万元，在绿春县城东部阿傈那村旁建盖校舍（土基墙、砖柱、瓦顶结构），面积为640平方米。

1957年7月，迁入新址（现校址），校园占地面积6106平方米。1958年绿春县建县以后，大兴小学一直是县属重点小学，当时有教职工8人。学校的发展大致可以分为如下四个时期。

1952—1957年，是办学的起步初期。在这段时期由于历史的原因，只是老庙代替学校，没有所谓的校舍，加之经济文化的落后，招生办学成了只有一部分人关心的事，导致教育的起步晚，发展缓慢。历史上造成的民族隔阂：国民党反动派的反动宣传，边疆少数民族群众对党的教育方针、宗旨不完全理解，对学生的疑义较大，送子女入学的积极性不高，因此，学校一是通过民族上层开展工作；二是访贫问苦，帮助群众做好事，宣传党的教育方针政策和办学好处；三是积极做好家访工作，引导学生入学。通过做耐心细致的思想政治工作，提高了大兴寨群众的积极性，他们不仅送子女来上学，还送来桌椅支持办学，上级也拨款添置了学校的课桌椅，到1957年，学生增加到250人，教师增加到11人，办学条件有所改善。1958—1966年，是学校发展的稳定时期，积极贯彻毛泽东提出的教育方针："我们的教育方针，应该使受教育者在德、智、体、美、劳等几方面都得到全面发展，成为有社会主义觉悟的有文化的劳动者。"学校搬迁到新的校址，当时，全校共有6个年级，8个教学班，14名教师。学校与群众，教师与学生的关系密切，教师每周用两天晚上的时间进行家访或辅导学生学习。为了贯彻教育与生产劳动相结合的方针，师生自己动手修桌椅、门窗，改善办学条件，学雷锋做好事蔚然成风，受到家长和社会的好评。1967—1976年，是学校的动乱期。连续不断的政治运动使学校混乱，正常的教学秩序被打乱，教育教学工作受到很大影响，教学质量明显下降。1977年至今，是稳步发展期。1977年秋恢复高考制度，1978年党的十一届三中全会胜利召开，学校走上了健康发展的轨道。学校在"揭、批、查"的基础上，进行了思想整顿，建立了正常的教学秩序，落实了知识分子政策，调动了广大教师的工作积极性。随着党的工作重点转移，学校工作逐步转移到以教学为中心的轨道上来。学校开始进行科学化的管理，建立健全和完善各项规章制度，包括"教师岗位职责制""集体备课制""学生成绩考核和升留级制"，建立各种教研组，加强教材教法的研究。

为改善办学条件，1983年绿春县人民政府拨款8万元，建盖了一幢砖混结构的职工宿舍楼（共三层），面积为760平方米，可入住12户教职工。到1985年，学校的入学率、普及率、巩固率都达到普及验收标准，检查验收合格，受到州人民政府的奖励。1985年被绿春县人民政府授予"文明单位"的称号。随着教育的稳步发展和省、州、县各级政府和教育主管部门领导的支持，1986年9月被定为省级"示范性小学"。上级拨款19万元建盖了一幢框架结构的三层教学楼，共15间教室，面积为1119平方米。1990年定为国家教委、联合国儿童基金会加强贫困地区小学教育项目"实验小学"。

1990年以来，学校把工作重点放在坚持"三个面向"和提高民族文化素质上。坚持德育为首，面向全体学生，大胆改革，努力创新，学校进行科学管理。在教研工作中开展了《提前读写》《拼音教学》《作文教学》《三算实验教学》《书法教学》《目标教学》等的探讨和研究。

通过一系列的教学教研活动的开展，使大兴小学的教学水平起到了绿春县小学教育的示范性作用。学校服务县城83个机关单位及外来投资或经商住县城的适龄儿童，并负责管理着上寨、阿倮那、那倮果、牛洪四个村子的学前班。

为使学生的德、智、体、美、劳等几方面都得到全面发展，学校还开展了丰富多彩的课外兴趣小组活动，组建了作文兴趣小组、舞蹈组、美术组、书法组、工劳动组、武术组、鼓号队等，合格率达99%，这些有益于学生身心全面发展的活动，提高了学生的素质和技能，在省州县举行的各种活动中，大兴小学都积极地大显身手、各展风采，曾数人次获得省州县各级的各项奖，给学校增添了荣耀，为全县人民争了光。

到2005年8月，大兴小学已发展到30个教学班，1400名学生，教职工86人。大兴小学的教育教学管理更加特色化制度化，特别结合教学课程的改革，教师的新课程理念在课堂教学中得到充分展示。

2000年荣获县级"文明学校"，2001年被州人民政府授予"社会主义民主评议行风先进单位"，2002年12月，被州家庭教育工作领导小组评为"红河州家庭教育先进单位"。2004年荣获州级"文明学校"，被县委政府评为先进集体，被教育局党委评为"先进党支部"，教育目标考核获一等奖，教育教学质量稳步提高，2004—2005年小学语文、数学全县统测成绩均为全县第一。

大兴镇大寨民族小学

位于绿春县城西郊，地处哈尼语标准音所在地——大寨村。学校创办于1968年9月，时为一师一校，仅有20余名学生。办学30余年来，大寨民族小学在各级党委政府及教育行政主管部门的高度重视下，各项设施得到迅速发展，办学规模不断扩大，现已成为以哈尼族学生为主体的大兴镇重点完全小学。坚持"以人为本，提高教育教学质量"的办学宗旨，全体教职工团结一致，与时俱进，力争上游，着力搞好三风建设，即"爱岗敬业、严谨执教、为人师表、教书育人"的教风，"博学、进取、求实、创新"的校风，以及"团结、紧张、诚实、好学"的学风，教育教学成绩显著，好人好事层出不穷，曾被评为省、州、县三级文明单位和州级文明学校，多次被评为县级先进学校，成为乡镇中心小学的楷模。

1982年，大寨民族小学被确定为县属民族小学，1992年被确定为省属实验小学。进入21世纪后，学校着力改善办学条件，并引起各级人民政府和社会各界及有关部门的极大关注。2003—2004年，世界宣明会先后捐赠一套音响、一台电视机、12套饭桌。2005年，县人民政府投资258万元扩大了校园面积，建盖了一幢3350平方米，集教室、图书室、阅览室、多媒体教室为一体的综合大楼。州人民政府捐赠19台电脑、40套办公桌椅，国电开远小龙潭赞助价值10万元的课桌椅（500套）。现有学校占地面积5332平方米，教职工40名（大专学历31名、中专学历6名、初中及以下学历3名），校舍建筑面积5410平方米，教学班级15个，在校学生537名，入学率达99.6%。学校根据城区教育资源整合意见，争取在5年内将学校规模扩展为1250名在校学生（住校生250名），66名教职工，打造成辐射一方的特色学校。

目前，学校紧紧跟随全县教育综合改革的步伐，在大兴镇中心完小的直接领导下，正致力于教学教法改革，进一步激活竞争机制，努力缩小城乡两地的文化差距，力争赶上城区文化教育水平，为创办县属一流学校而努力奋斗。

大兴镇二号桥小学

创办于1987年9月，位于绿春县西郊9千米处的省道晋思线旁，交通便利，环境幽雅，是一所半寄宿制完全小学。校园占地面积5332平方米，建筑面积2720平方米，运动场操两块。2005年，全校有教学班级11个，在校学生439名，其中女生296名；有教职工25名（大专以上学历的14名）。生源来自绿春县大兴镇迷克、马宗、东德三个村委会的22个自然村。

二号桥小学以"提高办学质量，改善育人环境"为办学宗旨，以"以质量求生存，以特色求发展"为办学目标。认真贯彻执行党的教育路线、方针、政策，全面推进素质教育，坚持社会主义物质文明和精神文明一起抓的方针，切实加强学校"三风"建设，即以"团结、拼搏、进取"为校风，以"严谨、扎实、生动"为教风，以"尊师、守纪、勤奋"为学风，提出了强化师生文明意识，"两个文明"建设并重的行为目标和"精讲、多练、多思、高效"的教学目标，使学校形成人人心中有目标，项项工作有标准，时时事事有要求。随着教育综合改革的进一步深化，在各级组织和领导的大力支持、帮助下，学校领导班子团结全校教职员工发扬"勤奋、严谨、求实、创新"的开创精神，努力拼搏，开拓创新，学校面貌焕然一新。学校先后成立了校务会、教研组、绿化美化组；形成了教师讲奉献、比爱心，学生讲学习、比进步，人人争第一的良好风气；体现了团结合作、积极向上的精神风貌，教育教学成绩居大兴镇前列。学校先后被授予县级"文明单位"、州级"文明单位"和"文明学校"等荣誉，多次荣获县级"先进集体"。

戈奎乡加梅小学

位于戈奎乡加梅村委会加梅村，生源来自加梅、格波、普朵、托牛等6个自然村，共有528户人家，2258人。学校创办于1955年，是一所半寄宿制完全小学，现有6个教学班级，251名在校生，6名专任教师和一名代课教师。2005年，新建砖混结构教学综合楼，建筑面积998平方米，改变了昔日校舍陈旧破烂的面貌，校舍建筑规模跨入全乡前列。学校将以此为契机，加大对贫困学生救助力度，提高适儿入学率，加强学校内部管理，切实提高教育教学质量，为力争跃入全乡乃至全县先进学校行列而奋斗。

牛孔乡中心小学

位于绿春县城以西，沿晋思线距绿春县城36千米的牛孔乡人民政府驻地。学校占地面积3999平方米，校舍建筑面积1760平方米。它的前身是1952开办的土嘎小学。1968年开办牛孔中学，并附设了一个小学五年制高小班，称"东风小学"，后改名为五七小学。1984年土嘎小学和五七小学合并搬迁于现校址（方氏洛白果——彝语），更名为牛孔乡中心小学。

学校六配套设施设备齐全，教学仪器按小学一类标准配备。其中，含上海市青浦区赵巷小学赠送的9台电脑；学校藏书3830册，生均11.2册；2005年有教职工23人，其中工人2名，专任教师学历合格率为100%；有教学班9个，含学前班一个（学前班自1984年开班，每年平均招生30人左右），在校学生368人，其中彝族学生218人，哈尼族学生108人，瑶族学生24人，拉祜族学生12

人，汉族学生6人，学生的主要民族为彝族。学校主要服务模东、牛孔两个村委会及乡属机关单位的6962人口，总适龄儿童354人，其中女适龄儿童198人。

学校始终坚持社会主义的办学方向，坚持两条腿走路的办学思路，坚持校本与文本有机结合的办学原则，以育人为宗旨，建立健全教学教研机构，以严谨的校风、班风、学风，创建和树立了自己的教育品牌，为全乡小学教育的进一步发展起到了辐射作用。2000年学校被评为"绿春县优秀少先队组织"，2001年被评为"绿春县文明学校"。

牛孔乡龙丁小学

独立设置的一所半寄宿制高小之一，它的前身是龙洞半寄宿制高小，1989年搬迁到现校址（中族轰天——哈尼语）。这里青山环抱，龙洞河如一条洁白的玉带，依偎在校园周围，校园景色如诗如画，优雅洁净，气候宜人，视野开阔，校园内的"明珠池"像是镶嵌在校园里的一颗明珠，把校园点缀得更加剔透玉洁，是一处环境十分理想的育人场所。学校占地面积19998平方米，校舍建筑面积1098平方米。学校六配套设施齐全，教学仪器按小学一类标准配备，配有远程教育电教设备一套，学校藏书4500册，生均14.5册，绿化美化面积15998平方米，学农基地7999平方米，服务范围为作播、龙洞两个村委会27个自然村4004人。2005年有8个教学班级，310名在校学生，其中女生148人。学生民族结构为：哈尼族学生281人，瑶族学生10人，拉祜族学生15人，彝族学生4人，学生中主要民族是哈尼族。有14名教职工（含2个临时炊事员），专任教师学历合格率为100%。

1996年经牛孔学区协调，县政协扶持，在校园周边的空地上开辟了亚热带水果基地，种下龙眼、荔枝、水蜜桃、芒果、大青枣、米石榴、石榴等水果，学校依托一天天成形的校园环境建设，进一步开展养成教育，经历届师生的共同努力，学校的教育教学工作和校园文化建设都获得了双丰收，深受各级领导和当地群众的一致好评。

1990年，全县半寄宿制高小德育工作及勤工俭学现场会在龙丁小学召开。1992年，被评为"云南省半寄宿制优级学校"；1997年，被评为"红河州文明学校"；2000年，被评为"云南省德育工作先进集体"；2002年，被评为"云南省文明学校"。

大水沟乡中心小学

位于绿春县西部，距离县城73千米，是大水沟乡的重点小学，也是远程教育示范点，教学辐射乡内的43个自然村。其前身是"洒马小学"（洒马是当时大水沟地区的政治、经济、文化的中心）。学校继私塾之后，于1952年在洒马村创办。1962年，随政府机关搬迁到大水沟上寨村，正式定名为"大水沟中心小学"。为方便办学，1984年9月又迁至乡人民政府驻地。学校现有占地面积12亩，建筑面积1750平方米，在校生648人（其中住校生400人），共有16个教学班（含1个学前班），教职工34人，其中小学高级教师25人，一级教师9人，教职工中具有大专学历的19人，本科学历1人。1984年，建设成为半寄宿制学校。学校以严谨治学而著称，有勤劳务实的领导班子和一支爱岗敬业、爱生如子、兢兢业业的教师队伍。学校始终坚持以德育为首，狠抓学生的养成教育，不断完善"学校——家庭——社会"的德育工作网络，全面推进素质教育，大力营造良好的育人环境。历经50多年的不断改革和发展,形成了具有"尊师爱岗,惜时守信,立志成才"的校训,"团结、自立、勤奋、向上"的校风,"爱生、严谨、奉献、探索"的教风,"刻苦、好问、勤思、自觉"的学风,"守纪、规范、细心、迅速"的考风,"诚实、勇敢、顽强、活泼"的少先队队风的特色学校。

学校在全面推进素质教育的实践中,狠抓师德建设,使每位教师成为合格的"人师",把教会学生做人的教育落实到管理育人、教书育人、活动育人、服务育人、环境育人的各个层面,塑造了学生良好的人格形象。同时,围绕"全面发展加特长"的育人目标,广泛开展课外活动,组建并开展了文艺队、篮球队、田径队、书法组、绘画组等8个项目的活动队(组),学生的个性特长得到了发展。2004年在全县中小学生运动会中,2名田径队员荣获个人第三名。2005年在绿春县第三届中小学生文艺汇演中,学生表演的舞蹈节目"同尼尼"(哈尼族舞蹈)和"彩云飘"荣获小学组第三名。同年,在全县中小学师生书画展中,有2名学生分别荣获书法、绘画三等奖。

提高教学质量是学校的宗旨。2000—2005年毕业班语、数年末综合成绩连续6年名列全县前第三名。其中,2002年和2003年毕业班初考语、数成绩连续两年获得全县第一名的殊荣。2002—2005年,四年连续被评为县级"先进集体"。学校在抓好教学质量的同时,狠抓教育科研,有多篇论文在州级获奖。

大黑山乡三楞小学

位于大黑山乡东部,东与骑马坝、半坡乡交界,南隔李仙江与江城县加禾乡相望。1953年,墨江县人民政府派李荣森老师到大黑山乡三楞村开办三楞小学,当时属墨江县人民政府管辖,学校设施简陋,茅草屋为室,竹片为桌,仅有一位教师,一个教学班,学生45名。学校服务范围有大黑山、大水沟、骑马坝、半坡以及墨江县漫尼街等地。校址历经多次搬迁,直到三楞行政区成立后稳定在现在的位置。

六村办事处成立以前,三楞小学的学生除了国家发放的少数民族学生文具、书籍补助费外,还享受生活补助费,补助面达80%以上,个别学生还发给棉衣或冬衣补助费。1962年,三楞小学试行五年一贯制。1969年初,根据毛泽东"学制要缩短,教育要革命"的指示,三楞小学正式执行五年一贯制。

历经50多年的三楞小学,现在已经成为颇具规模的半寄宿制小学,校舍布局合理。2005年,配套了远程教育设施,学校管理科学有序。有7个教学班,250名在校学生,8名专任教师,其中大专以上学历4名,学历合格率100%。

大黑山乡嘎处小学

创建于1956年,最初是一师一校校点,现已成为融办公室、图书室、少队室、仪器室等一体的一所村委会寄宿制小学。地处大黑山乡西北部,距乡政府驻地9千米。学校占地面积8607平方米,校舍建筑面积1488.6平方米,藏图书2068册。学校服务范围为嘎处、铺梯、么盘、卧马、半坡寨、马场等12个自然村。2005年,有6个教学班,在校生210名,其中女生85人;适龄儿童入学率达99.6%;有8名教师(中共党员3人),专科学历8人,教师学历合格率达100%。

学校坚持党的教育方针，以"育人为中心、质量求生、依法治校、全面发展"的教育思想理念，办出自己的特色，办出成绩，不断扩大办学规模，努力改善办学条件，教育教学质量得到逐年提高。1998年以来，学校被列为"国家贫困地区义务教育工程项目学校"，曾先后三次被评为"县级文明学校"，两次被评为"乡级先进集体"。

在各级党委、政府和教育主管部门领导的关心和支持下，全校师生将继承老一辈教育工作者的工作作风，一如既往，积极探索，大胆实践，逐步实现教育、管理、培养学生为一体的窗口学校。

骑马坝乡中心小学

坐落在骑马坝傣族之乡的母亲河——渣玛河畔，背靠国家级自然保护区——黄连山，依山傍水，风景十分秀丽。学校的前身是建于1818年的骑马坝私塾，1935年改办为初级小学堂，1946年停办，是一所名副其实的百年老校。1952年8月，红河县人民政府派白明章等两位教师恢复学校，定名为"骑马坝小学"，校址设在大庙房里，招收学生两个班，共70多人。1955年，发展成为完全小学。在艰苦漫长的办学历程中，骑马坝小学风雨兼程，逆风飞扬，写下了不朽的教育诗篇。

2005年有12个教学班，在校学生529人（含1个学前班45人），其中女生234人；24名教师，其中，小学高级教师15人，小学一级教师8人，教师学历合格率100%；校园占地面积3553平方米，校舍建筑面积2891平方米。学校注重教书与育人并重，努力改善办学条件，开展"我为校园添光彩，校园因我而美丽"活动，绿化、美化校园，优化育人环境。一分耕耘，一分收获。学校办学成绩显著，教育教学质量稳步提高。

学校先后被命名为"州级文明学校""州级少先队红旗大队"，荣获"县级先进集体""县级少先队红旗中队"等荣誉称号。

三猛乡巴东小学

坐落在县城东南部，距离县城24千米。随着绿春县城至三猛乡的道路设施实现硬化，巴东小学交通方便。巴东小学一年四季景色优美、气候宜人，四周绿树环绕，是一所集文明、卫生、质量、窗口为一体的省级文明学校。该校创建于1963年，于1990年随村委会由巴东村搬迁至格波村迁至现校址（格波村所在地），学校已由此发展成为半寄宿制完全小学。占地面积6799平方米，校舍建筑面积1142平方米；2005年，有12名专任教师，6个教学班级，在校生253人（其中女生117人）。

随着教育体制改革的不断推进和发展，学校转变办学观念，本着"一切为了学生，为了学生的一切"的办学宗旨，在统一住宿、统一管理的同时，对全校师生进行半军事化管理，建立"学生学习有老师管""学生生活有老师管""学生住宿有老师管"的"三管"服务网络，做到学校工作让学生成才，让家长放心，让社会满意。注重教师队伍建设，加强教师的自身学习、业务培训和学历提升，以实现教师的"知识化、能力化、素质化"，让每位教师更好地为教育教学工作服务。

加强校园绿化、美化，积极开展勤工俭学工作。学校设有勤工俭学服务部，开辟师生勤工俭学基地，师生所种植的蔬菜基本实现自给，筹备扩大经济草果产业，生猪养殖业和开发池水养鱼产业等，为三猛乡乃至全县的教育发挥示范窗口的作用。

半坡乡坝溜小学

位于半坡乡西南面，李仙江北岸，坐落于群山环抱、风光秀丽的居哈梁子脚下。其东北面与成片的橡胶林连为一体，西南面与江城县加禾乡隔江相望。距离县城148千米，离乡人民政府驻地向西南400米，学校占地面积1267平方米，校舍建筑面积为1692平方米。2005年，该校有教师8名，教师学历合格率100%；有7个教学班，364名学生（含1个学前班23名学生），其中女生146名，住校生163人。学校服务坝溜橡胶场12个队，4个咖啡移民点（居哈、巴的、卡处、汉八依），3个自然村（土堆、江峰、半坡寨），龙塘1~5队。总人口2561人，是集边疆、山区、民族为一体的半寄宿制窗口完全小学。

学校始建于1992年秋，之前坝溜胶场曾先后聘请3名代课教师，当时只有3名学生。1993年前，是属于大黑山学区的一个校点。1994年开始，为管理方便划归半坡学区，系牛托洛河村委会学校的一个下属校点。1995年因生源增多创建为半寄宿制学校。

在各级党委、政府和教育主管部门的正确领导、关心、支持及广大教职员工的积极努力下，半坡乡坝溜小学历经沧桑，与时俱进，不断改善办学条件，取得了累累硕果。展望未来，半坡乡坝溜小学定会一如既往，不断开拓创新，刷新祖国边疆的教育历史篇章而奋斗。

平河乡中心小学

位于乡政府驻地西面1千米处，学校创办于1958年，其辐射范围包括平河、东斯、迷霞、略马4个村委会，总人口8758人，其中适龄儿童687人。2005年，有8个教学班，从创办初的30多名学生增加到现在的429名学生（女生219名），其中住校生321人。有教职工33人，其中专任教师31人。入学率99.8%，巩固率99%。学校占地面积16340平方米，校舍建筑面积4686.7平方米。在各级党委政府和教育主管部门的正确领导下，学校各项事业持续健康发展，教学质量逐年提高，学校管理不断规范，学校规模逐年扩大。学校曾多次被评为州、县文明学校和先进集体，赢得社会各界和家长的好评。

第六章
初中教育

第一节　发展规模

中华人民共和国成立前，绿春地区尚未开办初级中学教育，只有极少数的富家子弟到内地中学就学。他们是：孙鸿祥，大兴镇大兴寨人，民国时期曾在上海复旦大学读书，已故；孙敏初，大兴镇大兴寨人，民国时期曾在建水建民中学初2班读书，1992年还在红河州人大常委会任职；孙贵兴，大兴镇大兴寨人，1946年在昆明松坡中学读书，1949年考入四川泸州大学学习；孙瑞初，大兴镇大兴寨人，1946年就读于昆明松坡中学，1992年还在德宏州公安局工作；黄炳群，三猛乡勐曼人，傣族，民国时期曾就读于通海中学。

绿春县于1958年开始兴办中学教育。1958年8月，绿春县设立绿春县初级中学（也称绿春中学），标志着绿春县中学教育的开始。绿春县自1958年创办初级中学至今（2005年），已有47年的历史，办学规模由小到大，学校布点从少到多，分布于全县各乡（镇）。学校数由1所增加到2005年的10所（普通中学），教学班级数由1个班级增加到2005年的203个（普通中学）班级，学生数由33人增加到2005年的11613人，相当于开始办中学教育时的351.9倍，教职工数由2人增加到2005年的746人（其中职业高中教职工77人）。

中华人民共和国成立后，绿春地区初级中学教育起步较迟，1958年前，本地区的小学毕业生须到红河、元阳、蒙自等县中学就读。1952—1957年间，先后到外县就读初中或师范学校的学生共19人。其中，就读初中的学生10人（蒙自中学1人，红河中学5人，元阳中学4人），就读师范学校的9人（红河中学初师班5人，昆明民族师范初师班3人，昆明民族师范就读中师1人）。

中华人民共和国成立后的绿春县第一代哈尼族大学生，以白苗简为代表。白苗简，大兴镇牛洪村委会阿倮那村人，绿春初级中学（今绿春县第一中学）1班毕业生，20世纪60年代初考入元阳一中高中部，后在元阳一中高中毕业考入云南大学政治系读书，大学毕业被统分到文山州燕山县任教，现已退休。绿春县的初级中学教育事业，正式始于绿春县建县时的1958年，其发展经历了如下三个时期。

初中教育创办时期（1958—1965年）

1958年8月，经地委会议研究决定，同意开办六村初级中学，拨经费1万元作为建校和购置教学设备专用，至此，绿春县设立了第一所初级中学——绿春中学。1958年8月19日，绿春中学正式开学，当年招收一个班，学生33人（其中，哈尼族学生21人，女生5人）。起初，绿春中学借大兴小学的校舍上课，由大兴小学的李满嶽、段士萍两位老师临时担任语文、数学课的教学任务。不久，蒙自专署文教科调配罗文彩、余永昌两位老师到校任教。后李、段两位老师返回大兴小学任教。1961年8月，绿春中学首届初中班毕业，在26位初中毕业生中，有12人被元阳中学高中部录取。同年绿春中学招收新生30人，在校初中学生共86人。这年招收新生30人，在校初中学生共86人。

1965年，随着国民经济的繁荣和发展，绿春县的中学教育事业有了初步的发展。该年招收新生97人，在校初中学生177人（其中，哈尼族学生78人，分为3个初中班，2个简师班），教职工12人，升学率52.2%。

初中教育的发展时期（1966—1976年）

正当绿春县中学教育事业出现迅速发展趋势的时候，"文化大革命"开始了。"停课闹革命"活动到1968年底才结束。1969年底，1966、1967、1968届的初中学生（称"老三届"学生）156人，响应"知识青年到农村去，接受贫下中农的再教育"的号召，全部下乡或回乡参加农业生产劳动。同年9月，学校恢复招生上课，全县除绿春中学外，在1月到9月间，先后开办了三猛、戈奎、瓦那、牛孔、大水沟、三楞、骑马坝、平河等8所公社小学附设初中班。该年，绿春县共招初中新生478人，其中哈尼族学生325人，少数民族学生占85.1%。

1970年，大兴公社的老边、东德以及平河乡的新寨开办了大队小学附设初中班，全县有初级中学及小学附设初中班12所（班），在校初中生886人，其中哈尼族学生576人，少数民族学生占82.3%。1971年9月，戈奎公社的加梅、岩倮、哈鲁和俄吗，大水沟公社的东沙，三楞公社的嘎处，平河公社的咪霞等大队小学也附设了初中班。全县共有19所初级中学校（班），33个初中班级和2个高中班级，在校中学生达1059人（其中含2个高中班级的学生），其中哈尼族学生720人，少数民族学生占85.7%。

1972年2月，绿春县五七中学在大黑山公社开始筹办。由于师资缺乏，教学设备又不足，部分大队小学附设初中班并入公社小学附设初中班，全县共有13所初级中学校（班），在校中学生1166人，其中哈尼族中学生769人。1973年，绿春中学更名为绿春县第一中学，绿春县大黑山五七中学更名为绿春县第二中学，大队小学附设初中班陆续并入公社小学附设初中班。全县有2所县级中学，8所公社2小学附设初中班，在校中学生1316人，其中哈尼族中学生855人。

1974年8月，三猛公社小学附设初中班建置为绿春县第三中学，向阳小学及向阳小学附设初中班（向阳中学的前身，当时设有小学三年级、四年级、五年级各一个班，还有初一年级2个班）设立。是年，全县有县属中学3所，公社小学附设初中班7所，在校中学生1778人，其中哈尼族学生1129人，少数民族学生占83.1%。1975年，向阳小学附设初中班建置为县属初级中学，更名为绿春县向阳中学。7月，绿春县第二中学更名为绿春县五七大学，普通初级中学教育与职业教育同时进行。9月，半坡公社五七中学设立，大兴小学附设了少体班（初中文化程度，除专业课外文化课与普通中学初中班相同），向阳中学开办文艺班（初中文化程度，除专业课外文化课与普通中学初中班相同）。除绿春一中、五七大学、绿春三中、向阳中学4所县属中学外，其他各公社小学附设初中班均改为公社五七中学。1975年年底，绿春一中、向阳中学分别到大黑山开办分校，两校师生分期分批到各自分校教学、劳动。全县有中学12所，在校学生2384人，哈尼族学生1738人，女学生占19.1%，少数民族学生占92.74%。1976年，大黑山公社（原三楞公社）五七中学设立，绿春县又有10个大队小学恢复或设立了小学附设初中班，分别是：戈奎公社的加梅，大兴公社的老边，骑马坝公社坝嘎、张那欧独、渣吗，三猛公社的塔甫、巴东，平河公社的新寨。绿春县第三中学名称撤销，恢复公社中学校名（三猛公社中学）。全县有完全中学、初级中学、小学附设初中班共有21所（班），当年招新生1351人，在校中学生3034人，其中哈尼族学生有2375人，女学生占17.1%。

初中教育的调整、巩固、提高时期（1977年以后）

1976年10月，党中央一举粉碎了"四人帮"反党集团，教育战线上出现了新的转机。特别是党的十一届三中全会以后，教育的春天回来了，绿春县的中学教育通过调整得到了巩固、发展和提高。1977年，各公社五七中学改称公社中学，大兴公社保德大队小学附设了初中班。全县有初级中学9所，有小学附设初中班12个。完全中学、初级中学、小学附设初中班共有24所（班）（其中，有21所小学附设初中班），70个初中教学班级，其中，哈尼族学生2456人。1978年，全县实行升学统考，录取初中学生1118人。4月，绿春县根据云南省教育厅《关于贯彻〈教育部关于办好一批重点中小学计划方案〉的通知》精神，确定绿春一中为县重点中学。县五七大学的名称被撤销，恢复绿春二中校名。9月，大黑山中学撤并入绿春二中。全县有11所中学和9个小学附设初中班，在校中学生3395人，其中哈尼族学生2240人，女生占20.4%，少数民族学生占82.6%。

1980年，大多数小学附设初中班撤销，撤并入相关公社中学。全县有11所中学，在校中学生2213人（初中生1947人，高中生266人。其中，哈尼族学生占64.9%，女生占23.6%）。1981年，瓦那中学撤并入向阳中学。1982年5月，全县初中调整工作结束，所有小学附设初中班撤并到各公社中学，全县中学布局固定为两所县属中学（绿春县第一中学和绿春县第二中学），除大兴镇以外的八个公社各办一所初中，并以公社名称命名。全县初中招生统考从1978年开始，各中学按当年招生计划从考生中择优录取初中新生，当年招收初中新生1118人。1988年9月，绿春一中设立初中民族部，每年从八乡一镇的小学毕业生中，择优录取50名少数民族学生组成一个民族班。2005年初中招生统考取消，小学毕业生就近进入当地初中就读。

1982年5月，原绿春县第二中学改名为大黑山中学，原向阳中学改名为绿春县第二中学。这年起，全县普通中学共有10所（其中绿春一中为完全中学），分别为：绿春一中、绿春二中、戈奎中学、牛孔中学、大水沟中学、大黑山中学、半坡中学、骑马坝中学、三猛中学、平河中学。1993年9月，设立大兴镇中学，校址设在绿春二中处，绿春二中成为一套班子两块牌子的初级中学。根据校点布局调整，按照"科学规划，合理布局""以提高质量和效益为宗旨，以集中办学为方向，需增则增，宜并则并"的原则，2001年，大兴镇中学撤并入绿春二中。2000年，绿春县继续参加边疆教育协作区初中招生考试，报名人数为2309人，比1999年增加255人。实考人数2176人，比1999年增加212人。总平均分144分，比1999年提高13分。根据年初红河州下达的招生计划，全县各中学一共录取初中新生1703人。2000年，初中毛入学率50.02%，初中升学率35.91%。

2001年，报名边疆教育协作区初中招生考试人数为2403人，比2000年增加94人。实考人数2258人，比2000年增加82人。根据年初下达的招生计划，全县各中学一共录取初中新生41个班，2182人。2001年，初中毛入学率59.69%。2002年，报名边疆教育协作区初中招生考试人数为2513人，比2001年增加110人。根据年初下达的招生计划，全县各中学一共录取初中新生2334人。落选179人。2002年，初中毛入学率71.5%。2003年，报名边疆教育协作区初中招生考试人数为2667人。根据年初下达的招生计划，全县各中学一共录取初中新生2667人。2003年，初中毛入学率90.5%。2004年，报名边疆教育协作区初中招生考试人数为2826人，比2003年增加159人。根据年初下达的招生计划，全县各中学一共录取初中新生2826人。2004年，初中毛入学率94.1%。2005年，绿春县取消小学升学考试制度，小学毕业班学生统一参加小学毕业统测，小学毕业生4418人，全部划片就近升入各相关中学就读初中。初中毛入学率98.5%。共有10所中学（其中绿春一中为完全中学）。

表6-1-1　1958—2005年普通中学校（班）一览表

单位：所

时间	县属中学	乡、镇（公社）中学	村委会（大队）附设初中班	合计	时间	县属中学	乡、镇（公社）中学	村委会（大队）附设初中班	合计
1958—1968年	1	—	—	1	1984年	2	8	—	10
1969年	1	8	—	9	1985年	2	8	—	10
1970年	1	8	3	12	1986年	2	8	—	10
1971年	2	8	10	20	1987年	2	8	—	10
1972年	2	8	2	12	1988年	2	8	—	10
1973年	2	8	—	10	1989年	2	8	—	10
1974年	3	8	—	11	1990年	2	8	—	10

续表

时间	县属中学	乡、镇（公社）中学	村委会（大队）附设初中班	合计	时间	县属中学	乡、镇（公社）中学	村委会（大队）附设初中班	合计
1975年	4	9	—	13	1991年	2	8	—	10
1976年	3	10	10	23	1992年	2	8	—	10
1977年	3	9	12	24	1993年	2	9	—	11
1978年	3	8	9	20	1994年	2	9	—	11
1979年	3	8	4	15	1995年	2	9	—	11
1980年	3	7	—	10	1996年	2	9	—	11
1981年	3	7	—	10	1997年	2	9	—	11
1982年	2	8	—	10	1998年	2	9	—	11
1983年	2	8	—	10	1999年	2	9	—	11
2000年	2	9	—	11	2003年	2	8	—	10
2001年	2	8	—	10	2004年	2	8	—	10
2002年	2	8	—	10	2005年	2	8	—	10

表6-1-2　1958—2005年普通中学校（班）备录一览表

项目／年度	学校（班）名称			校（班）合计（所）
	完全中学	初级中学	附设初中班	
1958—1968年	—	绿春中学	—	1
1968年	—	绿春中学	戈奎、瓦那、牛孔、大水沟、三楞、平河、三猛、骑马坝	9
1970年	—	绿春中学	戈奎、瓦那、牛孔、大水沟、三楞、平河、三猛、骑马坝、老边、东德、新寨	12
1971年	绿春中学	绿春县五七中学	戈奎、瓦那、牛孔、大水沟、三楞、平河、三猛、骑马坝、老边、东德、新寨、加梅、岩倮、哈鲁、俄吗、东沙、嘎处、咪霞	20
1972年	绿春中学	—	戈奎、瓦那、牛孔、三楞、大水沟、骑马坝、三猛、平河、老边、东德、新寨	12

项目 / 年度	学校（班）名称			校（班）合计（所）
	完全中学	初级中学	附设初中班	
1972年	绿春中学	—	戈奎、瓦那、牛孔、三楞、大水沟、骑马坝、三猛、平河、老边、东德、新寨	12
1973年	绿春一中	绿春二中	戈奎、瓦那、牛孔、三楞、大水沟、骑马坝、三猛、平河	10
1974年	绿春一中	绿春二中 绿春三中	戈奎、瓦那、向阳、牛孔、大水沟、骑马坝、三猛、平河	11
1975年	绿春一中	绿春县五七大学、绿春三中、向阳中学、戈奎五七中学、瓦那五七中学、牛孔五七中学、大水沟五七中学、半坡五七中学、三猛五七中学、平河五七中学、骑马坝五七中学	大兴小学附设少体班	13
1976年	绿春一中 绿春五七大学	向阳、三猛、戈奎、牛孔、瓦那、大水沟、半坡、平河、大黑山、骑马坝	加梅、老边、牛孔、大果马、坝嘎、渣吗、张那欧独、大兴小学少体班、塔普、巴东、新寨	23
1977年	绿春一中 绿春五七大学	向阳、三猛、戈奎、牛孔、瓦那、大水沟、半坡、平河、大黑山、骑马坝	加梅、老边、傈德、牛孔、大果马、坝嘎、渣吗、塔普、大兴小学少体班、巴东、新寨、张那欧独	24
1978年	绿春一中	绿春二中、向阳中学、三猛中学、戈奎中学、牛孔中学、瓦那中学、大水沟中学、半坡中学、骑马坝中学、平河中学	老边、傈德、加梅、牛孔、坝嘎、塔普、巴东、新寨、大果马	20
1979年	绿春一中	绿春二中、向阳中学、三猛中学、戈奎中学、牛孔中学、瓦那中学、大水沟中学、半坡中学、骑马坝中学、平河中学	老边、傈德、渣吗、巴东	15
1980年	绿春一中	绿春二中、向阳中学、三猛中学、戈奎中学、牛孔中学、大水沟中学、半坡中学、骑马坝中学、平河中学	—	10
1981年	绿春一中	绿春二中、向阳中学、牛孔民中、三猛民中、戈奎中学、大水沟中学、半坡中学、骑马坝中学、平河中学	—	10

项目 年度	学校（班）名称			校 （班） 合计 （所）
	完全中学	初级中学	附设初中班	
1982—1985年	绿春一中	绿春二中、牛孔民中、三猛民中、戈奎中学、大水沟中学、大黑山中学、半坡中学、骑马坝中学、平河中学	—	10
1986—1992年	绿春一中	绿春二中、牛孔中学、三猛中学、戈奎中学、大水沟中学、大黑山中学、半坡中学、骑马坝中学、平河中学	—	10
1993—2000年	绿春一中	绿春二中、大兴镇中学、牛孔中学、三猛中学、戈奎中学、大水沟中学、大黑山中学、半坡中学、骑马坝中学、平河中学	—	11
2001—	绿春一中	绿春二中、牛孔中学、三猛中学、戈奎中学、大水沟中学、大黑山中学、半坡中学、骑马坝中学、平河中学	—	10

表6-1-3 1958—2005年普通中学基本情况一览表

时间（年）	学校数·完中	学校数·初中	附中班（班）	班数·初中	班数·高中	招生数·初中	招生数·高中	在校·总数	在校·少数民族生合计	在校·哈尼族	在校·女生数	在校·初中合计	在校·初中民族生	在校·高中合计	在校·高中民族生	毕业·初中	毕业·高中	升学·高中	升学·中专	升学·大学	教工·合计	教工·教师	学生团员	教工党员	教工团员
1958	—	1	—	1	—	33	—	33	27	21	5	33	27	—	—	—	—	—	—	2	2	2	—	—	1
1959	—	1	—	2	—	26	—	56	46	36	10	56	46	—	—	—	—	—	—	—	7	4	—	—	2
1960	—	1	—	3	—	45	—	96	71	57	15	96	71	—	—	—	—	—	—	—	8	4	—	1	2
1961	—	1	—	3	—	30	—	86	52	38	14	86	52	—	—	26	—	12	—	—	11	8	—	1	4
1962	—	1	—	3	—	32	—	79	41	26	22	79	41	—	—	16	—	6	1	—	13	7	—	2	1
1963	—	1	—	3	—	27	—	69	35	22	22	69	35	—	—	15	—	7	1	—	12	7	—	1	5
1964	—	1	—	3	—	47	—	91	45	27	23	91	45	—	—	15	—	5	1	2	12	7	—	1	4
1965	—	1	—	4	—	97	—	177	107	78	31	177	107	—	—	20	—	10	4	3	12	7	—	1	—
1966	—	1	—	4	—	—	—	156	107	83	31	156	107	—	—	—	—	—	—	—	12	7	—	—	—
1967	—	1	—	4	—	—	—	156	107	83	31	156	107	—	—	—	—	—	—	—	12	7	—	—	—
1968	—	1	—	4	—	—	—	156	107	83	31	156	107	—	—	—	—	—	—	—	12	7	—	—	—
1969	—	1	8	155	—	478	—	407	325	68	478	407	—	—	—	156	—	—	111	—	29	24	—	—	—
1970	—	1	111	27	—	544	—	886	729	576	111	886	729	—	—	—	—	—	—	—	35	30	—	—	—
1971	1	1	18	33	—	578	104	1059	908	720	127	973	863	86	45	233	—	104	7	4	52	44	—	3	5
1972	1	1	11	25	3	483	50	1166	967	769	181	1035	877	131	92	245	—	50	34	15	58	42	—	—	—
1973	1	1	8	32	2	514	72	1316	1096	855	261	1216	1036	100	66	168	65	72	56	10	76	62	78	9	15

续表

时间（年）	学校数（所）完中	初中	附中班（班）	班数（班）初中	高中	招生数（人）初中	高中	在校学生数（人）总数	少数民族生合计	哈尼族	女生数	初中合计	初中民族生	高中合计	高中民族生	毕业生数初中	高中	升学数高中	中专	大学	教工（人）合计	教师	党团员数学生团员	教工党员	团员
1974	1	2	7	35	4	741	122	1778	1431	1129	327	1561	1306	217	125	292	—	122	83	11	89	71	85	12	14
1975	1	3	8	49	5	1229	140	2634	211	1738	4552	2384	2061	250	150	421	96	140	87	13	126	91	115	16	26
1976	2	10	11	70	6	1776	165	3693	2840	2375	633	3404	2630	289	210	422	107	165	82	16	168	126	108	20	40
1977	2	9	12	80	7	1406	221	3767	2666	2456	765	3396	2911	371	255	623	124	221	59	7	236	152	160	27	57
1978	1	10	9	70	6	1118	179	3395	2803	2240	696	3034	—	361	—	818	156	179	49	8	228	163	—	25	56
1979	1	10	4	58	5	864	120	2541	2113	1649	527	2277	—	264	—	625	181	120	37	13	231	140	—	13	35
1980	1	10	—	49	6	781	148	2213	1842	1436	502	1947	—	266	—	201	30	148	37	12	225	137	177	23	62
1981	1	9	—	46	5	633	100	2024	1681	1314	513	1871	—	243	—	508	116	100	45	13	208	124	148	20	62
1982	1	9	—	45	4	629	102	1948	1647	1287	487	1749	—	199	—	436	130	102	41	22	208	125	164	22	74
1983	1	9	—	42	6	612	105	1895	1635	1296	482	1610	1443	285	192	492		105	29	5	210	127	136	21	57
1984	1	9	—	44	7	735	154	2147	1830	1460	580	1806	—	341	—	417	89	154	774	4	208	121	248	24	54
1985	1	9	—	51	7	789	113	2417	2104	1693	681	2064	—	353	—	413	86	113	80	23	213	123	318	39	51
1986	1	9	—	51	7	572	101	2401	—	—	—	2057	—	344	—	421	92	—	—	—	216	132	—	—	—
1987	1	9	—	53	7	851	149	2617	—	—	—	2283	—	334	—	287	114	—	—	—	216	114	—	—	—
1988	1	9	—	58	8	1010	150	2924	—	—	—	2551	—	373	—	634	95	—	—	—	241	157	—	—	—
1989	1	9	—	65	9	1111	150	3298	—	—	—	2893	—	405	—	646	91	—	—	—	255	168	—	—	—
1990	1	9	—	68	8	1122	152	3580	—	—	—	3192	—	388	—	760	126	—	—	—	293	194	—	—	—
1991	1	9	—	70	8	1201	164	3767	—	—	—	3363	—	404	—	676	115	—	—	—	300	202	—	—	—

续表

时间（年）	学校数（所）完中	学校数（所）初中	附中班（班）	班数（班）初中	班数（班）高中	招生数（人）初中	招生数（人）高中	在校学生数（人）总数	少数民族生合计	少数民族生哈尼族	女生数	初中合计	初中民族生	高中合计	高中民族生	毕业生数初中	毕业生数高中	升学数高中	升学数中专	升学数大学	教工合计	教工教师	学生团员	党团员数教工党员	党团员数教工团员
1992	1	9	—	74	8	1210	120	4004	—	—	—	3605	—	399	—	734	99	—	—	—	307	213	—	—	—
1993	1	10	—	81	7	1476	100	4331	—	—	—	3981	—	350	—	760	129	—	—	—	330	237	—	—	—
1994	1	10	—	88	6	1568	103	4428	—	—	—	4160	—	268	—	884	135	—	—	—	326	223	—	—	—
1995	1	10	—	100	6	1627	154	4652	—	—	—	4329	—	323	—	1074	84	—	—	—	348	243	—	—	—
1996	1	10	—	102	6	1559	60	4617	4542	—	—	4358	—	259	—	1202	70	—	—	—	356	251	—	—	—
1997	1	10	—	103	6	1559	41	4499	4439	—	—	4300	—	199	—	1245	79	—	—	—	354	254	—	—	—
1998	1	10	—	104	6	1680	103	4505	4433	—	—	4314	—	191	—	1239	95	—	—	—	376	267	—	—	—
1999	1	10	—	107	6	1636	112	4550	4489	—	—	4305	—	245	—	1187	44	—	—	—	388	290	—	—	—
2000	1	10	—	105	6	1703	115	4695	4630	—	—	4388	—	307	—	1191	35	—	—	—	393	296	—	—	—
2001	1	9	—	108	7	2182	201	5706	5627	—	—	5279	—	427	—	1199	79	—	—	—	388	302	—	—	—
2002	1	9	—	119	9	2613	266	6846	6745	—	—	6277	—	569	—	1443	103	—	—	—	407	326	—	—	—
2003	1	9	—	163	13	4160	311	9605	8760	—	—	8849	—	756	—	1710	119	—	—	—	567	497	—	—	—
2004	1	9	—	182	14	3840	250	10882	9908	—	—	10033	—	849	—	2059	157	—	—	—	619	537	—	—	—
2005	1	9	—	192	19	3825	489	12095	10920	—	—	11064	—	1031	—	2594	280	—	—	—	669	588	—	—	—

表6-1-4　现有（2005年）普通中学基本情况一览表

学校名称	建校时间	现在校址	初始概况			现在（2005年）概况			现任（2005年任）校长姓名
			班数（班）	学生数（人）	教职工数（人）	班数（班）	学生数（人）	教职工数（人）	
绿春一中	1958.08	绿春县城	1	33	2	31	1799	125	王本宏
绿春二中	1974.09	大兴镇西哈腊侬村旁	2	110	5	29	1820	86	张常福
戈奎中学	1969.09	乡政府所在地	1	20	1	18	1192	54	李德
牛孔中学	1969.09	乡政府所在地	1	54	3	28	1587	84	普云柱
大水沟中学	1969.09	乡政府所在地	1	18	1	21	1075	60	朱志明
大黑山中学	1972.09	乡政府所在地	1	50	10	17	1067	61	李黑贵
半坡中学	1975.09	乡政府所在地	1	45	3	10	577	29	李来仁
骑马坝中学	1969.09	乡政府所在地	1	18	1	12	599	39	李忠林
三猛中学	1968.12	乡政府所在地	2	62	3	20	1281	56	廖新安
平河中学	1969.09	乡政府所在地	1	60	2	25	1599	75	罗志福

　　2005年，实施县城区教育资源整合，原绿春一中初中部的师生被分流到绿春二中。现在（2005年）概况"绿春一中"一栏，所反映的是绿春一中高中部的师生等状况。

表6-1-5　2005年普通中学、职业中学基本情况一览表

	学校数（所）	班数（班）	毕业生数（人）	招生数（人）	在校生数（人）	教职工数（人）	专任教师数（人）	校舍建筑面积（平方米）
合计	11	228	2964	4418	12928	715	617	79569
绿春一中	1	31	606	489	1799	125	107	13032
绿春二中	1	29	316	842	1820	86	71	7578
戈奎中学	1	18	181	359	1192	54	50	4616
牛孔中学	1	28	310	491	1587	84	73	7502
大水沟中学	1	21	279	347	1075	60	53	10000
大黑山中学	1	17	229	423	1067	61	52	7635
半坡中学	1	10	154	218	577	29	27	4375
骑马坝中学	1	12	198	223	599	39	36	4662
三猛中学	1	20	293	461	1281	56	48	6773
平河中学	1	25	308	461	1599	75	71	10190
职业中学	1	17	90	104	332	46	29	3206

　　2005年，实施县城区教育资源整合，原绿春一中初中部的师生被分流到绿春二中。"绿春一中"一栏所反映的是绿春一中高中部的师生等状况。

第二节　学制　课程　教材

初中学制

1958—1965年，实行全国统一的三年制。1969—1971年，为二年制。1972—1973学年度秋季入学的学生开始，县属中学实行三年制，小学附设初中班实行二年制。1973—1974学年度秋季入学的学生开始至今（2005年），全县初级中学校（班）实行三年制。

课程设置和教学时间

1958—1959年，初级中学校（班）设置语文、社会主义、数学（含算术）、历史、生物、体育、美术、音乐、生产基础知识、劳动等11门课程。1961年初级中学增设俄语课程（1962年此课程停开）。

1963年以后，初级中学校（班）设置政治、语文、算术、代数、几何、物理、化学、植物、动物、生理卫生、历史、地理、音乐、美术、体育、劳动等课程，并开科目一般为9门左右。1969年后，初级中学校（班）设置毛泽东思想、语文、工业基础（数、理、化合编）、农业基础、军体、劳动、革命文艺等课程。1971年，初级中学校（班）设置政治（毛泽东著作、时事政治）、语文、数学、物理、化学、音乐、体育、劳动等课程。1973年2月，绿春县革命委员会政工组提出绿春县中学课程设置意见，即《关于我县中小学学制和课程设置的意见》。该《意见》指出，初级中学（含附设初中班）设置政治、语文、数学、英语、体育、物理、化学、地理、历史、农业基础、音乐、图画等12门课程，每周总课时各年级（班）不少于30节；初中每学年均以40周计算。8月，云南省教育厅文件规定，从1973—1974学年度秋季学期开始，初中班增加卫生课。1973—1977年，绿春县就按照云南省教育厅文件规定的执行。1978年1月，国家教育部颁布《全日制中小学教学计划（试行草案）》，规定普通中学设置14门课程，即：政治、语文、数学、物理、化学、英语、历史、地理、生物、农基、体育、生理卫生、音乐、美术，并开科目一般为8～9门。初级中学每班每周以28节课计算。1981年4月，教育部文件规定，全日制中学设置13门必修课，与1978年的规定相比，减少了农基课。教学计划开设：政治、语文、英语、数学、物理、化学、历史、地理、体育、音乐、美术、劳动等课程，开足科目课时，完成教学计划。到初三，只开设涉及升学的政治、语文、英语、数学、物理、化学、体育。音、体、美等特长生课外由专业教师自行辅导，不统一安排课时。1985年，根据教育部规定，绿春县中学设置了14门课程，即：政治、语文、数学、物理、化学、英语、植物、动物、音乐、美术、生理卫生。并开科目为9门左右。

1994年前实行每周五天半工作制，每周总学时达34小时，坚持上早晚自习制度。1995年始，根据国家的有关精神，实行每周五天工作日制。除早晚自习外，每天的正课6节（上午4节，下午2节），另上一节课外活动课，每节课45分钟。根据全县初中学生基础普遍差的实际情况，大部分中学都利用周六补课，每周五天工作制实际上并未执行。

表6-2-1　1973年县革委会政工组制定的教学计划

课程 ＼ 部级	初中部			总课时
	一	二	三	
政治	2	2	2	—
语文	6	6	6	—
数学	6	6	6	—
外语	3	3	3	—
物理	—	3	3	—
化学	—	—	3	—
地理	2	—	—	—
历史	—	2	2	—
农基	3	3	3	—
体育	—	—	—	—
音乐	1	1	1	—
美术	1	1	—	—
卫生	1	1	—	—
书法	1	1	—	—
自习	2	—	—	—
学工、学农	3	3	3	—
每周课时	33	33	33	—

表6-2-2　1973年教学计划（教育部试行草案）（3·2制，初中部分）

课程 \ 部级	初中部			总课时	说明
	一	二	三		
政治	2	2	2	320	1. 上课总时数指除考试复习外的实际上课数。 2. 每学年实际上课34周计算。
语文	6	6	5	872	
数学	6	6	6	926	
外语	5	5	5	768	
物理	—	2	3	432	
化学	—	—	3	304	
地理	3	2	—	234	
历史	3	2	—	266	
生物	2	2	—	192	
体育	2	2	2	320	
音乐	1	1	1	100	
美术	1	1	1	100	
生理卫生	—	—	2	64	
并开科目	9	9	9/10	—	
劳动技术	2周			—	
每周课时	28	28	28	—	

表6-2-3　1981年国家教育部颁布的中学教学计划

课程	初中			总课时
	一	二	三	
政治	2	2	2	348
语文	6	6	6	1000
数学	5	6	6	1026
外语	5	5	5	932
物理	—	2	3	500
化学	—	—	3	372
历史	3	2	—	266
地理	3	2	—	234

课程	初中			总课时
	一	二	三	
生物	2	2	—	192
生理卫生	—	—	2	64
体育	2	2	2	384
音乐	1	1	1	100
美术	1	1	1	100
周学时	30	31	31	5554
选修课	—	—	—	240
劳技	2周			

表6-2-4　1985年县一中教学计划

课程　　部级	初中			总课时
	一	二	三	
政治	3	3	3	—
语文	6	6	6	—
数学	6	6	6	—
外语	5	5	6	—
物理	—	3	3	—
化学	—	—	4	—
地理	3	2	—	—
历史	3	2	—	—
生物	3	3	—	—
体育	2	2	2	—
音乐	1	1	1	—
美术	1	1	1	—
周课时	33	34	32	—

表6-2-5　1995年县一中教学计划

课程＼部级	初中			总课时
	一	二	三	
政治	2	2	2	—
语文	6	5	6	—
数学	5	5	6	—
外语	5	5	5	—
物理	—	2	4	—
化学	—	—	4	—
历史	2	2	—	—
地理	3	2	—	—
生物	2	2	—	—
生理卫生	—	—	2	—
体育	2	2	2	—
音乐	1	1	—	—
美术	1	1	—	—
选修课	—	—	—	—
劳技	1	1	—	—
周学时	30	30	29	—

表6-2-6　2003年县一中教学计划

课程＼部级	初中			总课时
	一	二	三	
政治	2	2	3	—
语文	6	5	6	—
数学	5	5	5	—
外语	6	5	6	—
物理	—	3	4	—
化学	—	—	4	—
历史	2	2	—	—

续表

课程　　部级	初中			总课时
	一	二	三	
地理	2	2	—	—
生物	2	2	—	—
体育	2	2	2	—
音乐	1	1	—	—
美术	1	1	—	—
信息教育	—	—	—	—
劳技	1	1	—	—
周学时	30	31	20	—

教材

1958—1965年，均使用全国统编教材。1969—1977年，绿春县使用的中学教材大体有三种：一是自编教材，如1969—1971年，使用绿春一中编写的语文、数学、物理、化学等教材；二是使用红河州编的教材，如20世纪70年代初使用的《工业基础》《农业基础》等；三是使用云南省编的教材。这三种教材中，自编、州编的教材使用时间较短（约两年），省编的教材使用的时间较长。

1978年秋季学期开始，根据教育部颁发的全日制中小学数学教学大纲（试行草案），初中二年级的数学教材，由原每学期一册改为按年级合订成册，使用一学年。1991—1992年，先后使用省统编教材和国家统编教材，教材偏重于知识性，教师教学局限于满堂灌教材知识的刻板方式之中，不利于学生自主学习意识的培养和技能水平的提高。1993年9月秋季开学，全县初级中学的起始年级开始使用九年制义务教育教材。自2000年9月新学年开学至2002年9月，全县初级中学起始年级使用《九年义务教育三年制初级中学教科书》。2002年9月开学起，全县初级中学起始年级使用《义务教育课程标准实验教科书》至今，教材侧重于素质教育和学生技能的培养。

第三节　教　学

　　1958年8月至1959年，为了贯彻"教育必须为无产阶级政治服务，必须与生产劳动相结合"的教育方针，教学实行"三结合"的原则，对课程设置教材内容进行了调整，增加了劳动课的时间，减少了一些科目。在教学中，强调把教材内容和政治斗争实际、生产斗争实际以及同学生实际结合起来。师生参加大炼钢铁，学校办农场，搞科研，养猪种菜。教学过程中反对"照本宣科""关门教学"，出现了"以干代学"的倾向。在此期间，师生参加社会政治活动过多，生产劳动频繁，正常的教学秩序被打乱，文化基础知识的教学和基本技能的训练受到影响。

　　1963年，教育部颁布了《全日制中学暂行工作条例》（50条），总结了几年来教学工作中的经验教训，强调了基础知识的教学和基本技能的训练问题，要求各地学校进一步认识和掌握学校教学工作的规律，按统一的教学大纲安排教学工作，突出重点，抓住关键，因材施教。绿春中学积极贯彻执行工作条例，在学校建立健全了以课堂为教学中心的教学工作秩序，极大提高了教学质量。学生的升学率由1961年的46.2%提高到1963年的53.3%。1965年，贯彻执行毛泽东主席提出的"七三指示"的精神，减轻学生负担，强调学生健康第一。教学工作中提倡"少而精"，精讲多练，使学生懂得知识，巩固知识，应用知识，同时加强教学研究工作，定期开展教研活动。学生的升学率达75%，这是"文化大革命"前，学校教学质量最好的一年。

　　1966年下半年至1968年学校"停课闹革命"。1969年春季学期开学以后，绿春中学恢复上课，新设置的8所公社小学设初中班也先后开学。教学工作主要贯彻毛主席提出的五七指示："以学为主，兼学别样，即不但学文、学工、学农、学军，也要批判资产阶级。"在教学内容上，文化课的主导地位被取消，过去长期使用的各种教材一律停止使用，选用为当时政治斗争服务的有关教材。

　　1973年2月，绿春县革委政工组制定了《关于绿春县中小学学制和课程设置的意见》，8月，云南省教育厅颁布了中学课设置方案，但仍然没有得到很好的贯彻执行，教学时间被大量的劳动时间所挤掉。

　　1976年粉碎"四人帮"后，各校广泛深入开展揭批"四人帮"破坏教育工作的罪行，着手纠正"文化大革命"时期的一些做法。特别是党的十一届三中全会以后，逐步建立健全各种规章制度，重视文化课的教学工作，把"以课堂为中心"的教学工作提上议事日程，根据各学校的教学实际，采取分班教学的方法，使广大的学生学有所得，大大提高了教学质量。1979年，初、高中毕业生的升学率为21.5%，1981年上升到28.8%，1984年跃到41.8%。1977—1979年，平均每年考取中等专业学校的学生约40人，大专院校的约10人。1980—1985年，平均每年考取中等专业学校的学生56人，比前阶段提高了40%，被大专院校录取的学生约12人，比前阶段提高了20%。高中录取分数线也在不断提高。

绿春县的中学教学工作，在正常的情况下都是以教学为中心。教师在向学生传授文化基础知识的前提下，普遍采用"启发式"教学方法，调动了广大学生的学习积极性和主动性。同时，学校还有目的、有组织地开展各种辅助性的教学活动，以丰富和巩固学生的知识。如，知识竞赛、智力竞赛、作文竞赛、歌咏比赛以及各种文娱、体育活动，举办各种学习园地，举办书画展览，建立科技小组。这些活动的开展，不仅促进了学生的全面发展，而且促进了教学工作的顺利进行。

思想品德课教育

绿春县的第一所中学开办到"大跃进"年代，贯彻上级关于教学"三结合"的原则，对课程进行了调整，增加了劳动时间及社会活动，加强了对学生的阶级教育和劳动观念教育，激发了学生的政治热情，使学生受到了一定的实际锻炼。1963年起，开展学习雷锋活动，大公无私，关心集体，助人为乐，拾金不昧……好人好事不断涌现。使学生在活动中受到共产主义思想和社会主义品德的教育。1965年后，学习雷锋活动带动了师生学习毛主席著作的活动，加上学校强调把阶级斗争、生产斗争和科学实验作为大课堂，师生联系实际，开展访贫问苦、忆苦思甜活动，请党、政、军部门的领导做报告，对学生进行革命传统教育和阶级教育。1966年下半年"文化大革命"开始后，学校停课闹革命，学业基本荒废。

1976年10月，中共中央粉碎了江青反革命集团，中学教育拨乱反正，逐步纠正了"左倾"错误，通过政治课，各科教学和共青团、少先队、班会等活动，对学生进行坚持四项基本原则与"四有"（有理想、有道德、有文化、有纪律）教育，开展"五讲四美三热爱"活动和学雷锋、树新风活动，还请司法部门的干部给学生讲法律常识，促使学校校风转变，特别是学习风气逐步向好的方向转变。但由于社会不良风气的影响，加上师生集中精力抓教学质量，一度放松了思想政治教育，在学生中出现了一些不讲社会公德，不守纪律，甚至违法的行为，使校风得不到根本转变。因此，对学生的思想政治教育急待改进，育人环境急需优化。

考试及考试评价

1978年以来，初级中学的教育教学始终围绕提高教育教学质量这个中心，加强管理，组织教学，提出"质量是生命线"。为了全面提高各学科的教学质量，1993年秋至1996年秋全县组织初中学生参加全州"历史、地理、生物、劳技"4门学科的统考。其中，1993年初二年级学生历史、地理全科课程合格率8.5%；1994年初二年级学生历史、地理全科课程合格率12%，比上年提高3.5个百分点；1995年初二年级学生历史、地理全科课程合格率31.3%，比上年提高19.3个百分点；1996年初二年级学生历史、地理、生物、劳技4门全科课程合格率38%，初三年级学生生物、劳技全科课程合格率19.3%。绿春一中、牛孔等中学创造条件为部分学生提供长明灯教室，以保证学生足够的学习时间；每年中考前，教研室组织毕业班教师研究中考对策，加强教学研究。建立平时考、毕业考、升学考制度，平时考有单元测验、期中考、期末考等。

毕业考主要以升学考试科目为主，除升学考试科目外，其余学科初二学年末全部结业。升学考试科目：1993年秋前，语文、数学、政治、英语总分各100分，物理、化学合为一卷满分100分，总分为500分；1994年秋开始，物理、化学分开，各为100分。1996年将体育列为中考科目，体育中考以校为单位进行，一般安排在每年的4～5月份举行，总分为45分，考核项目：跑、跳、投三项，中考总分提高到645分；1997年秋至2005年秋，体育中考分降为30分。这期间，1996—2000年，语文、数学、英语各为150分，中考总分为780分；2001—2005年，语文、数学、英语三科各降为120分，中考总分690分。音、体、美的特长生由专业教师个别辅导，参加全州的专业考试，合格后按中考文化分从高到低择优录取。

高中、中专升学考试，1978—1985年全州统一命题，1985—2005年全省统一命题。1978—1994年全县统一评卷，1995—2005年全州统一评卷，评卷工作严格按招生政策规定操作。

考试分数的高低是评价学校或教师教学好坏的尺度和学生升学的重要依据。1998年前，由于绿春县是边疆、少数民族地区、国家级特困县，加之中师、中专毕业生由于国家统一安排工作，广大农民的子女选择先就业、再深造的方向，于是，即使是品学兼优的尖子生也没能得到高等院校的系统教育，在一定程度上还是制约了劳动者素质的提高。另外，在这以前，教育行政主管部门按升学参考学生数和中考成绩排名奖励学校和任课教师，杜绝毕业班学生缺考。1998年，大中专招生制度改革，实行"并轨招生"，教育面临严峻的形势和挑战。这一年后，学校教育面向学生，坚持以人为本，并按上级初三毕业班学生实行分流的有关精神，准许初三学生可视自己的学习成绩，选择参加中考或提前分流到中等职业学校等接受职业技术教育。从此，初中毕业升学相当一部分学生开始转向升入普通高中，为发展高中、提高劳动者素质带来了转机，而且从1999年开始全县中考学生年均降至900人上下，这样，既减轻了学生家庭的经济负担，也让升入普通高中没有希望的学生创造了再学习或就业的机会，顺应了社会发展的需要。

表6-3-1　1991—2005年各中学中考成绩一览表

单位：分（科平均分）

时间（年）	一中	二中	绿春职中	戈奎中学	牛孔中学	大水沟中学	大黑山中学	半坡中学	骑马坝中学	平河中学	三猛中学	全县科平均分
1991	36.6	24.3	—	17.7	26.6	20.2	22.9	17.8	31.9	26.9	33.4	28.6
1992	42.6	22.8	—	20.3	27.1	21.7	24.9	26.1	31.4	27.3	33.4	30.8
1993	28.4	18.2	—	25.9	28.9	21.5	20.9	22.7	36.4	28.4	33.6	26.5
1994	44.9	20.7	—	25.2	27.2	25.2	20.7	23.1	30.1	28.5	23.3	26.9
1995	30.1	23.0	—	27.9	29.3	25.3	253	18.5	28.0	32.3	23.5	26.3
1996	43.6	32.7	—	58.5	50.8	30.3	32.4	22.0	48.9	41.5	41.5	40.2
1997	59.9	40.3	—	62.0	53.3	55.8	50.4	34.1	63.4	58.4	50.5	52.8
1998	56.3	37.3	—	57.6	53.0	40.6	47.9	30.2	55.7	56.3	55.6	49.1
1999	69.7	58.5	—	76.7	64.9	53.2	71.2	60.3	66.7	69.7	55.5	65

时间（年）	一中	二中	绿春职中	戈奎中学	牛孔中学	大水沟中学	大黑山中学	半坡中学	骑马坝中学	平河中学	三猛中学	全县科平均分
2000	81.9	57.8	50.4	88.0	95.0	67.5	72.9	73.3	76.5	107.4	95.4	85.5
2001	69.3	50.7	58.5	48.1	77	64.5	61.2	46.7	56.8	73.3	68.4	61.3
2002	55.8	57.4	49.0	43.5	68.1	55.5	46.1	54.7	47.6	63.3	62.6	54.9
2003	50.9	68.9	54.0	44.5	50.9	50.5	50.5	45.2	48.5	45.9	55.2	51.4
2004	56.4	56.9	44.8	45.2	54.6	51.3	56.5	60.0	48.7	61.2	59.7	54.1
2005	54.3	54.5	38.4	56.4	48.1	48.4	50.7	50.4	56	49.3	55.5	51.1

2000—2005年，绿春县初中毕业生参加中考及相关录取情况如下。

2000年，全县报名参加中考的人数为1035人。其中，少数民族考生有1018人，占98%；中专类考生667人，占64%；高中类考生368人，占36%。全县中考实考人数为1007人，总平均分435.2分，比1999年提高80.54分。个人总分最高达761分，比1999年提高16分。700分以上的考生有16人，比1999年增加13人。600—699分的考生有106人，比1999年增加27人。根据省、州、县下达的招生计划及指标，2000年，全县被省、州属中等专业学校录取161人（比1999年增加15人）。其中，省属中专17人，州属中专144人（民族师范普师专业45人、幼师专业8人、艺师音乐专业7人、艺师美术专业6人、体师专业4人；卫生学校13人；农业学校24人；财经学校37人）。普通高中共录取新生131人。其中，绿春一中招生100人，个旧一中招生3人，建水一中招生26人，送云南省民族中学1人，送中央民族大学附属中学1人。职业高中共录取新生153人。其中，绿春县职业中学招生100人，县外各职业中学招生53人。

2001年，全县报名参加中考的人数为914人。其中，少数民族考生有906人，占99%；中专类考生430人，占47%；高中类考生人484，占53%。根据省、州、县下达的招生计划及指标，2001年，全县被省、州属中等专业学校录取232人（不含电视中专、职工中专、职业中专及社会力量办学部分），比2000年增加71人。其中，省属中专79人，州属中专153人（民族师范普师专业40人、幼师专业6人、艺师音乐专业5人、艺师美术专业3人、体师专业8人；卫生学校9人；农业学校27人；财经学校40人；红河警校15人）。普通高中共录取新生179人（比2000年增加48人）。其中，绿春一中招生150人（含北京市第二十一中学8人），个旧一中招生3人，建水一中招生21人，送上海市青浦区高级中学5人。职业高中共录取新生170人（比2000年增加17人）。其中，绿春县职业中学招生150人，县外各职业中学招生20人。

2002年，全县报名参加中考的人数为880人。其中，少数民族考生有873人，占99%；中专类考生279人，占32%；高中类考生人601，占68%。根据省、州、县下达的招生计划及指标，2002年，全县被省、州属中等专业学校录取209人（不含电视中专、职工中专、职业中专及社会力量办学部分），比2001年减少23人。其中，州外中专78人，州属中专131人（民族师范51人；卫生学校15人；农业学校25人；财经学校40人）。普通高中共录取新生245人（比2001年增加66人）。其中，绿春一中招生200人，个旧一中招生5人，建水一中招生27人，送上海市青浦区高级中学5人，送开远一中6人，送云南师范大学附属中学1人，送中央民族大学附属中学1人。职业高中共录取新生120人（比2001年减少50人）。其中，绿春县职业中学招生100人，县外各职业中学招生20人。

2003年，全县报名参加中考的人数为813人。其中，少数民族考生有807人，占99%；中专类考生46人，占6%；高中类考生人767，占94%。根据省、州、县下达的招生计划及指标，2003年，全县被省、州属中等专业学校录取130人（不含电视中专、职工中专、职业中专及社会力量办学部分）。其中，州外中专52人，州属中专78人（师范44人），普通高中共录取新生304人。其中，绿春一中招生250人，个旧一中招生3人，建水一中招生33人，送上海市青浦区高级中学5人，送开远一中5人，送云南师范大学附属中学1人，送中央民族大学附属中学1人，送北京市第三十一中学6人。职业高中共录取新生110人。其中，绿春县职业中学招生100人，县外各职业中学招生10人。

2004年，全县报名参加中考的人数为910人。其中，少数民族考生有905人，占99.5%。根据省、州、县下达的招生计划及指标，2004年，普通高中共录取新生310人（比2003年增加6人）。其中，绿春一中招生250人，个旧一中招生1人，建水一中招生39人，上海市青浦区高级中学5人，开远一中6人，云南师范大学附属中学1人，中央民族大学附属中学1人，云南省民族中学1人，北京市第三十一中学7人。职业高中共录取新生105人（比2003年减少5人）。其中，绿春县职业中学招生100人，县外各职业中学招生5人。

2005年，全县报名参加中考的人数有958人（比2004年增加48人）。其中，少数民族考生有947人，占总数的98.85%。根据省、州、县下达的招生计划及指标，2005年，普通高中共录取新生574人（比2004年增加264人）。其中，绿春一中496人，个旧一中1人，建水一中52人，上海市青浦区高级中学5人，云南师范大学附属中学1人，开远一中20人。职业高中共录取新生115人。其中，绿春县职中104人，县外各职业中学招生11人。

体育课

1958—1960年，绿春中学除按体育教学大纲开设体育课外，还推行过"劳动与卫国体育制度"，进行过军事训练，三次派代表队参加县文教科举办的全县中小学生运动会，参加田径、篮球等项目的比赛。1962年后，中学体育器材、设备有所增加，活动内容逐渐丰富。"文化大革命"期间，先是体育停课，继而以军训和野营拉练及生产劳动代替体育，极少有正常体育活动和体育技能的培养。1977年后，才逐步恢复正常的体育教学。党的十一届三中全会后，贯彻教育部、国家体委联合颁布的《中小学体育工作暂行规定》，全县各中学，配备和充实了体育教师，添置了体育器材，活动项目日渐增多。

1978年后，学校体育课按照国务院颁发的《教学计划》执行，每周安排2节体育课，利用业余时间每天上课间操和眼保健操。1980年，绿春县第一中学指定为排球、田径两项省级三级训练网点中学。大兴小学也推行国家体育运动委员会颁布的《体育锻炼标准》，参加测验的学生130人，合格71人，达到锻炼标准的54.6%。1981年及1982年绿春县第一中学连续两年，获得了红河州"三好杯"排球比赛冠军；田径项目也有了新的突破，县运动员胡勇在投掷项目比赛中，连创红河州记录，并在云南省中学生运动会上获手榴弹投掷比赛第二名的好成绩。1981年及1982年，连续两年被评为省、州《国家体育锻炼标准》先进单位。1983年，在全县8所中学和2所小学开展"达标"锻炼活动中，参加达标的中小学生共2284人。通过检测，达标1609人，达标率70.4%；1985年，达标率81.8%。1977年、1980年、1982年、1984年，县文教局和县体委联合举办了四届中学生运动会，项目有篮球、排球、乒乓球和田径。参加运动会的运动员有200～300人。1986年后，全县中、小学继续贯彻德、智、体全面发展的教育方针，执行《学校体育工作条例》，推行《国家体育锻炼达标执行办法》，调整加强中小学体育教师队伍，开展体育锻炼达标活动。坚持上好每周2节体育课，每日2节课间操。每所学校每年举办1至2次体育运动会，绿春一中、大兴小学被设立为田径传统体育项目网点学校，坚持常年训练不间断。1997年，全县11所中学、10所乡级和34所村级完小开展体育锻炼达标活动，当年达标学校100%，达标率92%。2004年，调整重点传统项目布局，把原绿春一中、大兴小学的田径校点改为武术校点，绿春一中被设为排球网点学校，绿春二中被设为田径网点学校。2005年，全县所有中小学校均参加《国家体育锻炼标准》检测，努力培养学生的锻炼兴趣，全面提高学生的身体素质，逐步扭转了重智轻体的现象，全县达标学校100%，达标率100%。

表6-3-2　1969—2005年初中毕业生被中等专业学校
录取情况一览表

年份（年）	被录取人数（人）	年份（年）	被录取人数（人）
1969年前	7	1983	21
1970	11	1984	48
1971	7	1985	56
1972	34	1986	70
1973	56	1987	80
1974	83	1988	74
1975	87	1989	101
1976	82	1990	100
1977	21	1991	96
1978	28	1992	103
1979	15	1993	85
1980	21	1994	97
1981	30	1995	99
1982	26	1996	105
1997	106	2002	209
1998	157	2003	130
1999	146	2004	105
2000	161	2005	115
2001	232	合计	3004

说明：1970—1976年是推荐入学。

第四节　勤工俭学

1959年，绿春初级中学贯彻教育部关于《在学校中提倡勤工俭学的通知》的精神，师生开展劳动建校。1964年，建立了农业生产基地。1966—1968年，学校停课，勤工俭学停止。1971年，掀起"开门办学"的热潮，各中学与工厂、农村挂钩，参加生产队劳动，继而自办工厂、农场。1974年，全县10所中学都建立了农场，有学农基地49128平方米，林场3333平方米，还办了校办工厂1个，收获粮食3400千克，现金收入1750元，在校学生年人均收入0.98元。1975年，在学"朝农"（辽宁省朝阳农学院）的热潮中，绿春一中、向阳中学（今绿春二中）到大黑山办分校，开荒种地。五七大学、向阳中学（今绿春二中）、三楞中学（今大黑山中学）办起了砖瓦厂，收获粮食25744千克，现金收入3765元，在校学生年人均收入1.43元。1976年，向阳中学办起了粉笔厂，年产粉笔1.2万盒。到1976年，全县各中学所建砖瓦窑共9个，学农基地291970平方米，林场49328平方米，总收入14780元，在校学生人均收入达4元。1978年，批判"以干代学"，砖瓦厂停办。1980年，尚有粉笔厂1个，学农基地13998平方米，林场23997平方米，总收入1168元，在校学生年人均收入0.53元。1985年，全县10所中学，9所中学开展勤工俭学活动，总收入2000元，在校学生人均收入0.83元，低于全州水平。

20世纪70年代至80年代初，三猛中学、牛孔中学的勤工俭学成绩显著，多次被评为州、县的先进单位。1983年，三猛中学荣获云南省"勤工俭学先进单位"荣誉称号。

第五节　中学校选介

第一中学

创建于1958年8月，原名绿春初级中学（也称绿春中学），1971年增设高中部，1973年更名为绿春县第一中学，1978年被列为县属重点中学，是全县唯一的一所完全中学。1988年设立初中民族部，每年面向全县八乡一镇招收1个50人的少数民族初中班。2004年开始面向全县八乡一镇招收1个50人的高中预备班。

学校位于县城东面。东与牛洪村相连，南靠国防公路，西与大兴小学为邻。占地面积12998平方米，勤工俭学基地56994平方米，校舍建筑面积16000平方米，其中教学用房7860平方米。2005年，把大兴镇牛洪村委会驻地与学校下方（牛洪村独洪片区）共41862平方米土地，征用后与原大兴小学用地一并划归绿春一中，固定资产已达1100多万元。有理化生实验室、微机室、多媒体教室、语音室、音乐室、图书室、阅览室，设置了校园广播调频网。至2005年，办学规模已发展到31个教学班1826名在校学生，其中，初中部12个班共有670名学生，高中部19个班1156名学生，这是绿春一中办学以来班级和学生数最多的一年。在校少数民族学生占97.5%，其中哈尼族学生占95.3%。在职教职员工143人，其中具有高级职称的35人，中级职称的39人；具有本科学历的69人，专科48人；有专任教师125人，中共党员56人（预备党员2人），平均年龄35.8岁，平均教龄16.6年。

县第一中学的创办和发展，大体可以分为这样的几个时期。

创办时期　1958年上半年，蒙自专署文教科批准创办绿春中学，拨款1万元作为建校经费。7月，六村办事处文教科指派李满嶽等人开始进行招生工作，录取新生33人。8月19日正式开学上课，由李满嶽、段土萍两位老师担任教学工作，借用大兴小学的校舍开展教育教学工作。不久，蒙自专署文教科再派余永昌、罗文彩两位老师到校任教，学校负责人为余永昌。随后，学校搬到原县人民委员会大会议室上课。

1960年3月，为加强党对学校的领导，加强思想政治工作，县委组织部派戈献昌同志到校任党支部书记，11月校舍竣工，学校迁入现址。1961年7月，绿春中学首届毕业26人，其中12人被元阳中学（高中班）录取。1964年9月，学校附设简易师范班招生40余人。1965年8月，招收新生97人，在校学生达177人，其中，哈尼族学生78人，共有4个教学班，教职工12人。在这段时期里，校舍十分简陋，学校教学设备条件很差，但全校师生员工在党支部的领导下，师生自己动手，积极投入劳动建校运动中。教师积极钻研业务，认真教学，为绿春县第一中学的发展奠定了良好的基础。

"文化大革命"时期　十年的"文化大革命"给绿春县第一中学带来灾难。停课闹革命，政治运动一个接一个，学校的教学秩序被打乱，挫伤了广大教师的积极性。1971年，学校设立了高中部，虽然学生人数和教师数量不断增多，学校规模不断扩大，到1976年，在校学生达702人，13个教学班，教职工达34人，但教学秩序还不够正常，思想政治工作薄弱，"以干代学"的倾向严重，教师想教学生不爱学，因此，教学质量下降，贻误了一代人。

学校振兴发展时期　粉碎"四人帮"以后，特别是党的十一届三中全会以后，拨乱反正，继往开来，加强了学校班子的建设，端正了办学思想。坚持四项基本原则，积极贯彻党的教育路线、方针、政策，不断提高广大教师的思想觉悟。认真落实了党的知识分子政策，平反冤假错案，积极发展知识分子入党，调动了广大教师的积极性；建立健全各种规章制度；努力改善办学条件；加强和完善教研组织，不断提高教师的理论水平和业务水平，认真总结经验，努力提高教学质量；加强学生的思想政治工作，开展"学雷锋"、学习张海迪，"学英雄、树理想、讲纪律、比贡献""让青春闪光"等活动，学生的思想政治觉悟有了不同程度的提高，从而激发了学生学习文化科学知识的积极性。学校的校风、校纪、学风有了根本性的好转。十一届三中全会后，学校在各方面都有了新的发展，取得了新的成绩，7次受到州、县党委的表彰和奖励，8次受到州、县政府的褒扬，5次受到了省、州、县共青团组织的嘉奖。

1978年，学校荣获"红河州教育战线先进单位"的称号。

1982年，在高考中成绩突出，高考升学率与个旧一中并列全州第一，受到县委、县政府的嘉奖。学校团总支在开展精神文明活动中，成绩突出，受到团县委的表彰。1984年11月，经红河州检查组检查验收，绿春县第一中学达到国家教委和卫计委颁发的学校体育卫生工作"暂行条例规定"标准，获得了合格证书。1985年8月，学校生物教师谢永兰撰写的《从我的家谱看到蚕豆黄病》的论文，在云南省生物学会年会上宣读，受到同行的好评。1985年，在云南省中学生排球、田径调演比赛中，绿春县第一中学代表队分别获得排球第一名、田径总分第二名的好成绩。学校多次组队参加州、县举办的中学生运动会，在运动会中取得好成绩，2次夺得田径团体总分第一名，4次夺得男篮第一名，4次女篮第一名，100余人次夺得田径单项第一名。

绿春县第一中学，从创办至今，已有47年。建校47年来，学校共招生初中151个班，高中93个班，毕业学生达13042人，为边疆的经济建设和社会进步输送了一批又一批优秀毕业生。1999年1月，被评为县级"军地共建先进单位""双拥先进单位"；2001年12月，被评为红河州社会民主评议行风"先进单位"；2002年7月，被评为绿春县"先进集体""先进党组织"；2003年10月，被认定为云南省二级二等完全中学，12月被评为绿春县"文明单位"；2004年，被评为红河州文明学校，"哈尼族学校、家庭、社区一体化育人探索研究"被列为全国教育发展"十五"计划重点科研课题实验基地，同年3月被县委确定为实施"云岭先锋"工程试点工作单位。2004年，高中毕业生高考上线率比上年提高12个百分点，其中，陈来娘（理科高中毕业生）、白程波（文科高中毕业生）二位同学被重点大学录取，是1992年以来最好的高考成绩；中考全县600分以上有10人，其中，绿春县第一中学的初中毕业生有9人，占全县的90%。当年，学校被评为县级"先进集体"，县级"先进党支部"；2004年11月，还成功举办了"绿春一中建校46周年庆典"活动，共筹集"济困助学"奖励基金1269743.27元，在红河州教育系统内引起强烈反响；2005年2月，被绿春县委确定为第一批保持共产党员先进性教育活动的党组织，7月被评为县级"先进党组织""双拥先进单位"，2005年高考上线的有136人，上线率比上年提高24.7个百分点。

普及九年义务教育情况。2004年凡属绿春县第一中学招生范围内的小学毕业生，全部录取到初中部就读，入学率为100%，全校初中阶段在校生1068人，其中女生489人。在校学生辍学率为0。

第二中学

创建于1974年9月，时名为"向阳小学"，1975年升格为县属向阳中学。1982年5月，改称为"绿春县第二中学"。该校校址位于县城西面，坐落在县敬老院和大兴镇西哈腊衣村之间。是绿春县规模较大的一所初级中学，占地面积53328平方米，校舍建筑面积7578平方米。2005年有教职工113人（女教师29人）。专任教师101人，教师学历合格率97%。专业技术职务：高级教师16人，一级教师49人，二级教师27人，中学三级教师9人，高级工2人，中级工6人，初级工3人，医师1人。中共党员41人（女党员16人）。生源来自大兴镇辖区，初中适龄儿童入学率98%。学校现有26个教学班级，1515名学生（女生682名），其中住校生885人。

开办之初（1974年9月），首次招收两个初中班，110名学生。1975年，发展到两个年级，5个教学班（含一个文艺班），在校学生达260人。随后工宣队进驻学校，工人阶级占领学校阵地，在"四人帮"鼓吹的"宁要一个没有文化的劳动者"与"劳动越多越革命"等口号的影响下，学校开始走"开门办学"的道路，到县城103千米外的大黑山建立分校（劳动基地），同年学校开办了砖瓦厂，教学秩序被打乱。实际上形成了以劳动为主，学习为辅，颠倒主兼关系。1976年，学校又增办了一个粉笔厂，学校教学工作基本上是以干代学，体力劳动成为衡量学校一切工作的唯一标准。当时，学校评选先进教职工、三好学生的标准都是以体力劳动的好坏而定，劳动好就是思想好、学习好的表现。通过一个时期的劳动教学，学校的经济收入和粮食收入有所增加，为学校改善办学条件和师生生活做出了一些成绩，但师生的思想政治工作减弱了，教学工作受到了不同程度的影响。

粉碎"四人帮"以后，特别是十一届三中全会后，加强学校领导班子建设，强化学校管理，组织全校教职工认真学习邓小平同志在全教会上的讲话，进一步认识到教育在四化建设中的重要地位和作用。建立健全各种规章制度，学校领导分工明确，各负其责，互相协作，加强对教学工作的领导，健全教研组织，积极开展教研活动。继续开展"四好班级"和"争当三好学生"的活动，以及教职工中开展"小红旗"竞赛活动。建立学校正常的教学秩序，落实知识分子政策，积极发展知识分子入党，壮大党的队伍，调动广大教师的积极性。随着党的工作重点的转移，学校工作也转到了以教学为中心的轨道上来。学校坚持以课堂教学为中心，提高教学质量为重点，全面贯彻党的教育方针，学校工作取得了好成绩。

1978—1985年，学校组队参加了县上举办的四届中学生运动会，分别获得男篮两届第二名，女篮获得三届第三名和一届第二名，田径总分两届第一名和两届第二名的好成绩。

1980年，学生毕业率上升到76.7%，是建校以来，学生毕业率最高的一年，受到了上级的表彰。1982年3月，学校被评为"全县文明活动月"的先进单位。1983年及1984年两年时间里，有5名教职工光荣地加入中国共产党组织，5名学生分别被评为省、州两级的三好学生，学校工会组织的"振兴中华"读书活动受到省、州总工会的表彰和奖励。

1985年，毕业班有50人参加高中、中专升学统考，达到录取分数线的有30余人，各科成绩均分别列全县之首，其中政治、物理两科总平均分为全县之冠。学校被评为绿春县教育质量"先进单位"受到县委和政府的嘉奖。1998年、2002年分别被州教委、团州委授予"青年文明学校"、州级"文明学校"的称号。2003年中考均分全县第一名。2005年6月，被教育部批准为"普九"学校。8月，实现绿春县城区教育资源整合规划目标。目前，学校理化生电教仪器设备按国家二类标准予配备，藏书13000册。

大黑山中学

前身是绿春县五七中学、五七大学以及绿春县第二中学，创建于1972年，1982年5月后改称现名。

学校位于县城西南部，与县城相距103千米，校园建在大黑山乡坝沙河畔。学校群山环抱，景色优美，坝沙河从学校大门前流过，校园后面是国防公路，左右两侧是橡胶场的林带。校园占地面积24亩（未含学校所拥有的橡胶林地），建筑面积5538平方米。2005年有15个教学班，学生812名，教职工48名，其中专任教师45名。

建校以来，曾三迁校址，四更其名。1972年2月，开始筹建，4月开始上课，时名为绿春县五七中学，招收两个专业班；9月，首届初中学生招收一个班，学生50人。1973年，改校名为绿春县第二中学，校址设在现大黑山乡政府驻地。1974年9月，校址迁到绿春县橡胶场场部所在地，学校发展到3个初中班，143个学生。1975年7月，校名改为"绿春县五七大学"，新招3个班176名学生，在校学生达284人。1976年9月，学校第三次搬迁（搬到现址），同时，学校增设高中部，成为绿春县第二所完全中学。1977年初，师生搬迁到新校舍，8月，招收初中学生两个班110名，高中学生一个班41名学生，在校学生共有365人。1978年，校名恢复为"绿春县第二中学"，8月，高一班学生结业，高二班并入绿春县第一中学继续读高中，学校恢复为初级中学。1982年9月，大黑山公社中学并入大黑山中学。至此，校名改为"大黑山中学"。

从1972年建校至1976年间，由于学校三迁校址，师生劳动建校负担过重。特别是"四人帮"对教育的干扰破坏，学校的教学工作不能正常开展。从1974年开始，学校基本上是上午教学，下午劳动，晚间上自习，有时连上午的教学时间也保证不了。为了建校，全校师生上山伐木运料，师生们常常是清晨出发，夜幕归来，忍饥挨饿。为了建新校舍，师生们不辞艰辛，做出了自己应有的奉献。据统计，为了建盖坝沙河畔的校舍，师生们自己动手烧出砖块达50多万块，建盖了一幢长约150米的两层砖木结构楼房（教学楼），为国家节省了一大笔资金。

学校有一支思想政治和业务素质比较好的教师队伍，他们在异常艰苦的条件下，除带领学生积极参加建校劳动外，还不辞辛苦，努力学习，钻研业务；教学中精心设计、讲授，积极工作，耐心辅导，为提高教学质量而辛勤劳动，从而使学生学到了一定的文化科学知识。学校最先结业的1975届及1976届共74人，后来被各单位吸收参加工作的就有57人，这部分学生占结业学生总数的77%。

党的十一届三中全会后，广大教师被压抑多年的教学积极性得到了激发，认真钻研教学大纲（课程标准），研究教材，改进教学方法，精心编写教案，加强对学生的课外辅导，在师生的共同努力下，学校的教学工作取得了好的成绩。1979年，学校的初中毕业生参加高中、中专升学统考中，总成绩跨入全县第三名，个别科目的平均分跃居全县之首。

大黑山中学是一所具有悠久文化底蕴的农村初级中学。三十多年来，在各级党委、政府和教育主管部门的大力支持下，办学条件日趋改善，办学规模逐年扩大，师资力量不断壮大，学校管理不断完善，教育教学质量逐年上升，学校教学设施已初具规模。特别是实施九年制义务教育后，学校的软硬件建设得以不断加强，现有教学楼、理、化、生实验楼和师生综合宿舍楼各一幢，教学设施配套齐全，配置了电视、电脑和远程教育网络，首开了乡级中学信息网络课，藏图书10300万册，学生人均10册。理、化、生实验器材已按初级中学二级标准配置。学校不仅因地域因素和学校自身发展趋势，常被上级主管部门视作县级窗口学校而备受关注，更因为学校师生凭着自己良好的素质辛勤耕耘，从而成绩斐然。

近几年来，学校确立了"提高教育质量，培养合格人才"的办学目标，努力营造"教书育人、管理育人、服务育人、环境育人"的良好氛围。形成了"勤学善思、好问争优"的学风，"团结、进取、求实、创新"的校风和"教为人师、行为人范"的教风，树立了"以人为本"的教育管理理念，不断探索办学思路，确保在竞争中求发展，出效益。狠抓 "两基"巩固提高工作，正确处理普及与提高的关系；挖掘潜力，创造条件，积极推进校园文化建设，全面推进素质教育。学校先后被认定为"县级平安校园""县级文明学校"，荣获绿春县"教书育人先进集体"的光荣称号，党支部连续两年被评为"县级先进支部"，2名教师先后被评为"省级先进教师"，10名教师先后被评为"县级先进教师"。纵观学校发展史，可以让人们深信，这是一所孕育着蓬勃生机、充满无限希望的学校。

三猛中学

前身是"三猛小学附设初中班"以及"绿春县第三中学"。创建于1968年12月，次年（1969年）初，开始招生上课。1974年秋，建置为"绿春县第三中学"。1976年秋，改称为"三猛中学"。

学校位于绿春县境南部的三猛乡政府驻地——哈德，距县城54千米，占地面积24664平方米，校舍建筑面积7879平方米，固定资产579万余元。2005年有11个教学班，在校学生709人，教职工34人，教师学历合格率为100%。

1968年12月，由龙云和、李仲彩等开始筹办三猛小学附设初中班，是绿春县办得最早的一所公社小学附设初中班。1969年1月，三猛小学附设初中班正式招收学生85人，编为两个教学班，时名为"团结公社小学附设初中班"。行政上当时由公社文教办公室领导，当时有专职教师3人。1974年7月，绿春县第三中学筹备小组正式成立，王子恒主持学校工作。招收初一新学生107人，编为3个教学班，在校学生176人（共5个教学班），其中哈尼族学生171人，教职工10人，专任教师8人。1976年8月，绿春县第三中学的校名改为三猛公社五七中学，牟崇喜为学校负责人，在校学生达284人，6个教学班，有12名专任教师。1977年，在校学生292人，其中女学生占14.4%，结业生78人。1978年，学校改称三猛公社中学（简称三猛中学）。1981年，学校被县文教局列为县两所民族中学之一，校名为三猛民族中学。1982年，又恢复为原校名三猛中学。

学校从20世纪70年代到80年代初期，勤工俭学的活动开展得比较好，粮食收入2.7万元，学工学农总收入4000元，为改善办学条件，改善师生的生活，稳定学生思想，促进教学质量的提高做出了一定的贡献。

学校拥有理、化、生实验室，图书室藏量达10621册，设有图书室、微机室、职工之家、工会、年级组办公室等。微机室安装了美籍华人赞助的电脑26台和远程教育（模式三）配备的机子34台。学校全面贯彻党的教育方针，大力推进素质教育，深化学校内部管理制度，不断激活学校用人机制，教育教学工作取得了可喜成绩，同时，学校也荣获各种荣誉称号。据统计，1983年学校被云南省教育厅、财政厅、计委、经委授予"勤工俭学先进单位"称号；2003年，被评为县级文明学校；2004年，被评为"县级先进集体"；2005年，被评为"州级平安校园"。

"团结、拼搏、奋进"是三猛中学人的本质特色，三猛中学把昨天的办学成绩当作创造今天更加辉煌业绩的动力，朝着既定的目标阔步前进。

平河中学

坐落在位于县城东南的平河乡政府驻地——平河村平东新区的最东端，距县城66千米，是平河乡唯一的一所初级中学。平河中学的前身为创办于1969年8月的"平河小学附设初中班"，当年仅有两名教师，40名学生，50平方米的校舍。1980年8月，从当时的平河学区分设出来，正式更名为平河中学。2003年被命名为云南省26所边境窗口学校之一后，原校区的占地面积不能满足发展需要，于2004年整体搬迁至现址。占地面积为10190平方米，生均7.04平方米；教学办公用房3685.5平方米，学生食堂、宿舍楼2534平方米；实验室、图书室、功能教室用房2100.2平方米。物理、化学、生物实验仪器按初中Ⅰ类标准配备。有仪器柜45套，实验桌39套，实验室、仪器保管室13间。电教室、体艺室、计算机室、语音室和相应器材已配齐；有图书室182.38平方米，藏书5794册；学生用双人座课桌750套，双台床560多张。住校生1151人，其中女生553人。2005年有教师75人（少数民族教师51人），其中，专任教师71人，女教师29人；专任教师中，大学本科学历11人，专科学历58人，高中及以下学历2人；专业技术职务中，中学高级教师1人，中学一级教师9人，中学二级教师33人，中学三级教师24人，未评级4人。

教职工中，中共党员14人，共青团员19人。办学30余年来，共毕业学生67个班，培养初中生2737名，1000余人升入高中、中专、职高、技校等上一级学校学习。毕业学生中有多名成为省、州、县的领导干部，数十名走上县乡级主要领导的岗位，大多数人成为各行各业的主力军，为边疆民族地区的经济发展，为当地各族群众文化素质的提高做出了巨大贡献。

1993年，平河中学党支部从原平河乡教育党支部分离出来，组建了平河中学党支部。组建之初仅有3名党员，是各组室的骨干，发挥着模范带头作用。党支部从2001年起还设立了党员助学奖励基金，资助各个学年度中品学兼优的学生。由于党建工作开展得好，1997年、1999年、2000年、2003年四个年度被评为县级先进党组织，1999年、2001年和2003年被评为乡级先进党组织。

在各级党委政府的正确领导下，平河中学全面贯彻党的教育方针，努力推行素质教育，全面提高教育教学质量，本着"团结、勤奋、守纪、开拓"的教风，团结一心，努力拼搏，在学校管理、改善办学条件以及提高教育教学质量等诸方面都取得了显著的成绩，1995年、1997年、1998年、2002年、2004年中考获全县第三名，1999年、2001年获全县第二名，2000年获全县第一名；1997—2002年，连续6年被评为县级先进集体；1997年被评为县级文明学校，1998年被评为州级文明学校。2004年，"普九"经过省级验收。2005年，进行了校长公选制、教职工全员聘用制、绩效工资制为主的教育"三制"改革，到年底全面结束。

第七章
高中教育

第一节　发展规模

1971年7月2日，绿春县革命委员会政工组批转绿春中学工人宣传队、军人宣传队和学校革命委员会《关于绿春中学开办高中班招生工作的意见》，成立高中招生工作领导小组。通过考试与推荐，录取104名高中生，编为2个教学班。至此，结束绿春县读高中须到外县就学的历史。

1976年9月，绿春县五七大学设立普通高中部，当年招收高一新生41名，为绿春县的第二所完全中学。1977年，全县有完全中学2所，7个高中教学班级。同年秋，恢复高考制度，绿春县有7人被省内外大专院校录取，其中5人是绿春一中的毕业生，2人是在职教师。

1977年恢复高考后，绿春县第一中学高8班毕业生白波纽（大兴镇牛洪村委会阿倮那村人）、郭成有（大兴镇大寨村委会小新寨村人），是绿春县第一批哈尼族大学生，分别考入云南民族学院（今云南民族大学）政治系、中文系。

1978年，全县实行初中学生升学统考，录取高中学生119人，有高中在校学生266人。4月，根据云南省教育厅《关于贯彻（教育部关于办好一批重点中小学计划方案）的通知》精神，确定绿春一中为县重点中学。撤销绿春县五七大学的名称，恢复绿春二中校名。8月，绿春二中高中部撤并入绿春一中高中部。

绿春县从1971年开办高中到1982年，高中教育在稳步发展。1979年，绿春县高考升学率同内地市（个旧市）并列红河州第一名。1982年，绿春县高考升学率超过全州升学率平均水平，当年升入重点大学的2人，其中，何林同学被东南大学录取，熊辉同学被北京理工大学录取。

1983年，边疆民族地区办学条件同内地的差距逐渐拉大。绿春县的优秀高中教师纷纷转回内地，大专院校毕业生不愿意到边疆来，绿春县的高中教师严重短缺。为了解决这一问题，经县人民政府同意，1983年从外地招聘、录用了8名高中教师，红河州教育局针对边疆地区办学条件差的实际，在办学条件较好的个旧市第一中学和建水县第一中学分别开设民族高中班，招收边疆县的优秀初中毕业生入学。从20世纪80年代到90年代中期，绿春县每年中考时，大部分农村考生因为家庭经济困难，把报考中专作为首选，很少有人报考高中。学习成绩较好的城镇初中考生和少量家庭经济条件较好的农村初中考生都去个旧一中、建水一中或州民族中学等中学就读。很多初中毕业生宁可花高额借读费到内地学校，也不在本县就读。教师紧缺，较好的生源流失，绿春一中高中部的生源越来越少，1988年从原来每年招150名新生改为招100名。

1979年高中毕业生的升学率为21.5%，1981年上升到28.8%，1984年又跃到了41.8%。1977—1979年，平均每年考取大专院校10人。1980—1985年，平均每年被大专院校录取12人。高中录取分数线不断提高。1992—1996年，把所有填报了绿春一中高中志愿的考生都录取进来，还不满两个班（100人）。为了完成招生计划，绿春一中高中部只有降低录取分数线，有的年份甚至不要分数线，凡是无其他学校可去而愿意读高中的都可以就读。录取新生中最高分还达不到州内几所一级完全中学高中招生的最低录取分数线。1995年，经县人民政府批准，送30名初中毕业生到云南民族学院预科部代培学习。

1997年，绿春一中同北京市第三十一中学订立协议，其学籍保留在绿春县第一中学，高中毕业后，以绿春县第一中学应届高中毕业生身份回绿春参加高考。从当年起，北京市第三十一中学每年为绿春一中代培10名高中生。至2004年，北京市第三十一中学面向绿春县招收6届48名高中学生。其中，1997级10名，1998级9名，1999级10名，2001级8名，2003级7名，2004级6名。

2001年起，绿春县每年选派5名优秀初中毕业生到上海市青浦区高级中学就读高中。2001—2005年，上海市青浦区高级中学每年向绿春县招收5名高中学生（共25名），其学籍未保留在绿春县第一中学，以上海市青浦区高级中学应届毕业生身份在上海参加高考。

1998年，大中专招生制度改革，实行"并轨招生"。毕业生就业不再由国家分配，采取自由择业、双向选择的就业政策。从2001年起，绿春县不再分配中专毕业生就业。这样报考中专的初中毕业生越来越少，高中又"热"了起来。1999年起，绿春一中高中生源不足的状况有了根本好转，而且新生质量逐年上升。2000年起，读高中难的问题开始凸现出来。2004年，绿春县实现了"基本普及九年义务教育，基本扫除青壮年文盲"的目标。中共绿春县委、县人民政府开始着手解决高中教育的"瓶颈"问题。为了扩大高中规模，征用了绿春一中校园周边土地41862平方米，把绿春一中旁边的原大兴小学校园划归绿春一中使用，使绿春一中占地面积由原来的13065平方米增加到60967平方米；绿春一中初中部剥离出来并入绿春县第二中学，绿春一中变为高级中学（未更名为高级中学）。同时加大资金投入，进行基础设施建设和教仪教具配置，极大地改善了绿春一中的办学条件。2003年10月，被认定为云南省二级二等完全中学。2004年，招收高中新生5个班250人，同年高考中，有2名绿春一中高中毕业生考入重点大学（重点专业），其中，陈来娘同学被西安科技大学录取，白程波同学被云南财贸学院（今云南财经大学）录取。2005年，招收高中新生9个班450人，绿春一中高中在校学生由2003年的13个班689人，增加到2005年的19班990人。2004年，绿春一中实行向社会公开招聘教师，高中教师紧缺的问题正逐步得到解决。绿春县的高中教育进入了一个新的发展时期。

表7-1-1　1978—2005年升入高中、中专学生（人数）一览表

单位：人

年份	录取人数		年份	录取人数	
	高中	中专		高中	中专
1978	124	49	1992	91	109
1979	105	37	1993	78	95
1980	156	37	1994	84	105
1981	89	45	1995	132	105
1982	86	41	1996	121	111
1983	92	29	1997	133	111
1984	144	74	1998	131	168
1985	98	80	1999	135	154
1986	85	87	2000	131	172
1987	124	88	2001	179	234
1988	128	86	2002	245	222
1989	101	103	2003	307	130
1990	130	106	2004	310	110
1991	141	114	2005	497	10

注：1978—2005年中专录取人数中（2655人），含有高中起点升入中专的299人，初中起点升入中专的2356人。

第二节　学制　课程　教材

高中学制

绿春县第一中学1971年开办高中部，当年招高中新生两个教学班。高中学制两年。1976年9

月，绿春县五七大学设立的普通高中部，其高中学制也是两年。1981年3月，根据教育部、云南省教育厅等有关文件精神和新大纲要求，绿春一中高中学制由原来的两年制改为三年制。2005年，绿春县人民政府实施县城区教育资源整合，为积极发展高中教育，决定把绿春县第一中学改为只招高中学生的高级中学，并将初中部剥离出来并入绿春县第二中学。当年，在绿春县第一中学停招初中新生。

课程、教材和教学时间

1971年，高级中学（班）课程设置政治（毛泽东著作、时事政治）、语文、数学、物理、化学、音乐、体育、劳动等课程。1973年2月，绿春县革命委员会政工组提出绿春县中学课程设置意见，即《关于我县中小学学制和课程设置的意见》。该《意见》指出，高级中学（班）设置政治、语文、数学、物理、化学、地理、历史（高中一年级）、英语、体育，各年级（班）每周总课时不少于30节；高、初中每学年均以40周计算。1973—1977年，绿春县就按照云南省教育厅文件规定的执行。1978年，根据教育部《全日制十年制中小学教学计划（试行草案）》，高中设置10门课程，即：政治、语文、数学、物理、化学、英语、历史、地理、生物、体育。并开科目一般8—9门，高中每周以29节课计算。1988年增设劳动技术课。1998年增设信息技术课。每周38课时。教材采用全国统编教材。1981年4月，教育部文件规定，全日制中学设置13门必修课，与1978年规定相比，减少了农基课。课程按教学计划开设政治、语文、英语、数学、物理、化学、历史、地理、体育、音乐、美术、劳动等课程，开足课时，完成教学计划。1983年，全国普通教育工作会议后，对高中数学、物理、化学、生物、英语等学科的内容进行了适当调整，有的课程分为必修和选修，高中二年级后实行分科教学，即分为文科班和理科班教学。教材采用相应的全国统编教材。1991年起，绿春一中高中部参加全省普通高中毕业会考。普通高中会考由省教育厅统一科目、命题、评卷，由州、县招考办组织考试，每年举行两次会考（1月、6月各开考一次）。

至2005年，绿春一中高中部的课程全部按照新课程标准实施教学。

表7-2-1　1973年县革委会政工组制定的教学计划

课程＼部级	高中部			总课时
	一	二	三	
政治	2	2	—	—
语文	6	6	—	—
数学	6	6	—	—
外语	4	4	—	—
物理	4	4	—	—
化学	3	3	—	—
地理	—	—	—	—
历史	2			

部级 课程	高中部			总课时
	一	二	三	
农基	—	—	—	—
体育	—	—	—	—
音乐	—	—	—	—
美术	—	—	—	—
卫生	—	—	—	—
写字	—	—	—	—
自习	—	—	—	—
学工、学农	1	2	—	—
每周课时	30	29	—	—

表7-2-2　1973年教学计划（教育部试行草案）（3·2制，高中部分）

部级 课程	高中部			总课时	说明
	一	二	三		
政治	2	2	—	320	
语文	5/4	4	—	872	
数学	6	6	—	926	
外语	4	5	—	768	
物理	4	5	—	432	
化学	3	4	—	304	1.上课总时数系指除考试复习外的实际上课数。
地理	2	—	—	234	
历史	3	—	—	266	
生物	—	2	—	192	2.每学年实际上课34周计算。
体育	2	2	—	320	
音乐	—	—	—	100	
美术	—	—	—	100	
生理卫生	—	—	—	64	
并开科目	8	8	—	—	
劳动技术	4周		—		
每周课时	29	29	—	—	

表7-2-3 1981年国家教育部颁布的中学教学计划

课程	高中			总课时
	一	二	三	
政治	2	2	2	348
语文	5	4	4	1000
数学	5	5	5	1026
外语	5	5	4	932
物理	4	3	4	500
化学	3	3	3	372
历史	3	—	—	266
地理	—	2	—	234
生物	—	—	2	192
生理卫生	—	—	—	64
体育	2	2	2	384
音乐	—	—	—	100
美术	—	—	—	100
周学时	29	26	26	5554
选修课	—	4	4	240
劳技	4周			—

表7-2-4 1985年县一中教学计划

课程 \ 部级	高中			总课时
	一	二	三（理/文）	
政治	3	3	3	—
语文	6	6	5/6	—
数学	6	6	6	—
外语	5	5	5	—
物理	4	4	4/10	—
化学	4	5/0	—	—
地理	—	—	0/4	—
历史	3	—	0/4	—

部级 课程	高中			总课时
	一	二	三（理/文）	
生物	—	—	4/0	—
体育	2	2	2	—
音乐	—	—	—	
美术	—	—	—	
周课时	33	30	34/28	—

表7-2-5　1995年县一中高中部教学计划

	高中			总课时
	一	二	三（理/文）	
政治	2	2	2	—
语文	5	5	6	—
数学	4	4	5	—
外语	5	5	5	—
物理	4	4	4/0	—
化学	3	3	4/0	—
历史	2	2	0/4	—
地理	3	—	—	—
生物	—	3	—	—
生理卫生	—	—	—	—
体育	2	2	2	—
音乐	—	—	—	—
美术	—	—	—	—
选修课	—	—	—	—
劳技	1	—	—	—
周学时	31	30	28/24	—

表7-2-6　2003年县一中高中部教学计划

	高中			总课时
	一	二	三（理/文）	
政治	2	3	0/4	—
语文	4	5	6	—
数学	4	5	6	—
外语	4	5	6	—
物理	3	3	4/0	—
化学	3	3	4/0	—
历史	3	2	0/4	—
地理	3	—	0/2	—
生物	3		2/0	—
生理卫生	—		—	—
体育	2	2	2	—
音乐	1	—	—	—
美术	—	—	—	—
信息教育	—	2	—	—
劳技	1	—	—	—
周学时	32	30	30/30	—

第三节　会考　高考

会考

　　1983年，教育部印发文件提出"毕业考试要和升学考试分开进行，有条件的地方可按基本教材命题，试行初、高中毕业会考"。1990年3月5日，云南省教委下发《云南省一九九〇年普通高中会考考务工作实施办法》，规定云南省1988年秋季入学的高中学生开始试行普通高中毕业会考制度。同时规定，会考全科考试成绩及格及社会实践活动取得鉴定证书者，方可参加高考。同年4月4日，云南省教委下发《关于举行云南省一九九〇年初二年级历史、地理两科结业会考工作的通知》，同年5月11日，红河州教育局下发《关于初二年级历史、地理两科结业会考工作的通知》。1990—1995年，初二历史、地理举行省结业会考；1996年改为州结业会考，到2000年停止初二历史、地理、生物、劳技会考。

1991年11月，云南省教委《关于转发国家教委关于实施〈现行普通高中教学计划和调整意见〉和〈普通高中毕业会考制度的意见〉的通知》指出："我省是在1988年秋季入学的高中学生开始实施普通高中毕业会考制度的。1989年秋季入学的高中学生，会考科目安排为高一历史；高二地理、生物；高三政治、语文、数学、外语、物理、化学。即'1∶2∶6'方案。1990年秋季入学的高中学生，会考科目安排为高一地理；高二物理、化学、生物、历史、外语；高三政治、语文、数学。即'1∶5∶3'方案。"

1991年9月，云南省教委《关于颁发〈云南省普通高中毕业会考考试改革方案〉的通知》规定："我省普通高中文化课毕业会考分为考试课、考查课和学校考查课三种。考试课：语文、数学、外语、政治、历史、地理、物理、化学、生物；考查课：物理、化学、生物实验；学校考查课：体育、劳动技术、艺术。根据学校实际，自主安排考试科目：2、2.5、3年内考完。考试课每年1、6月下旬开考两次，每次科目全开，考查课每年6月一次。考试课每科可参加3次考试，考查课可参加2次，最后一次成绩为准。""普通高中学生思想品德表现（包括社会实践）合格会考考试课成绩及格以上，考查课合格，体育、劳动技术和艺术（音乐、美术）达到合格标准，由省教委统一颁发《云南省普通高中毕业证书》。"绿春县普通高中会考按省教委有关规定执行。

2002年起，高中政治会考实行开卷考试，其他科目会考仍然实行闭卷考试。2004年1月，云南省教育厅《关于进一步改革和完善普通高中会考的意见》规定：云南省的普通高中会考在分类指导、扩大学校自主权方面有重大改革：一级高完中从2001年秋季入学的学生开始，可由学校命题并组织语文、数学、英语考试；本校学生连续3年会考合格率在98%以上的科目，学校可申请单科免会考统考，连续3年全科合格率在95%以上的学校，可申请全科免会考统考；政治、历史、地理、物理、化学、生物仍实行全省统一会考；所有会考科目分高一、高二两年考完，语文、数学、外语高三教学内容不列入会考范围；增加信息技术课会考，并作为必考科目，进一步加强理化生实验考查；政治会考按云南省教育厅2002年要求实行开卷考试。从2004年6月会考开始，生物、地理、历史三学科考试时间调整为90分钟；信息技术课实行无纸化智能考试，计算机自动组卷、智能评分；英语、信息技术在会考基础上，逐步建立小学、初中、高中"一条龙"等级考试制度。凡代表云南省参加全国数学、物理、化学、生物、信息技术学科竞赛决赛，上述五个学科竞赛获省一、二等奖；获得国家科技发明奖的学生，对没有会考的科目可申请免考。对获得高中必修课会考全部科目成绩及格或单科合格的社会考生，分别由云南省教育厅颁发高中同等学力毕业证书或单科成绩合格证明。

表7-3-1　1991—2005年县一中高中会考情况一览表

年份	报考人数	全科合格人数	合格率（%）
1991	128	125	98
1992	139	139	100
1993	155	155	100
1994	141	105	74.5
1995	91	63	69.2
1996	70	53	75.7
1997	99	83	84
1998	95	94	99
1999	44	44	100
2000	107	80	75
2001	103	102	99
2002	106	91	86
2003	125	120	96
2004	180	173	96.1
2005	239	223	93.3

注：云南省1991年开始实施高中会考制度。1996年前各科考试成绩55分以上为合格，1997年后各科考试成绩60分以上为合格。

高考

1969—1977年，遵照毛主席关于"要从有实践经验的工人农民中间选拔学生"的指示，坚持选拔具有2年以上实践经验的优秀工农兵入学。应保证学生具有相当于初中毕业以上的实际文化程度，年龄在20岁左右，一般不超过25岁，未婚。要全面贯彻党的阶级路线，要注意成分，但不唯成分论，重在政治表现，坚持"自愿报名，群众推荐，学校复审"的招生办法。文化考查笔试为主，实行开卷考。大专院校考政治、语文、数学、理化四科，中等专业学校考政治、语文、数学三科。1969—1976年，绿春县籍学生，有76名学生进入大专院校学习，有367名学生进入中等专业学校学习。

1977年秋，恢复了正常的高考制度，全省统一命题。高考科目为：文史外语类考语文、数学、政治、史地（外语类考生加试外语）；理工农医类考语文、数学、政治、物（理）化（学）。同年后，中考、高考均实行闭卷考试。1978年起，高考由教育部统一命题。文史外语类考试科目是语文、数学、外语、政治、历史、地理；理工农医类考语文、数学、政治、物理、化学。同年高考，春、秋两季考试招生，招生专业语文、数学。1977年、1978年高考招生，对实践经验比较丰富，有成绩或确有专长的1966年、1967年高中毕业生，年龄可以放宽到30岁左右，婚否不限。1983年12月26日，云南省招生委员会、云南省教育厅《关于我省高等学校、中等专业学校招生实行"一条龙"的考试录取办法的通知》指出："自恢复统考以来，我省均实行大、中专分别报考、分别录取的招生办法。从一九八四年起，我省高等学校、中等专业学校招生实行'一条龙'的招生考试办法，八四年我省大专仍继续实行定向招生，中专名额仍定向分配到各地、州，实行'一条龙'招生，中等专业学校录取新生，也要分文科和理科两大类。"1984年，云南省高等学校、中等专业学校招生改革，实行"一条龙"招生考试办法，即统一报名，统一考试，根据考生所填报志愿，按本科、专科、中专顺序录取。1987年，云南省招生委员会决定，高等学校开始招收自费生。1988年，云南省教育厅决定，从本年入学的高中一年级开始，不再搞文理分科的教学，实行分科结业会考。1989年4月23日，云南省教育厅招生委员会办公室下发《关于做好今年标准化考试工作的通知》，中考、高考试卷分为主观题、客观题两部分，客观题一般为标准化试题。1990年10月，国家教委在《关于改革高考科目设置及录取新生办法的意见》中提出如下试行方案：第一组：政治、语文、历史、外语；第二组：数学、语文、物理、外语；第三组：数学、化学、生物、外语；第四组：数学、语文、地理、外语。1991年，湖南、云南、海南（简称"三南"）按此方案进行试点。1991年高考，云南省不实行文理分科考试，分为4个科目组。1990年3月5日，云南省教委下发《云南省一九九〇年普通高中会考考务工作实施办法》，规定云南省1988年秋季入学的高中学生开始试行普通高中毕业会考制度。同时规定，会考全科考试成绩及格及社会实践活动取得鉴定证书者，方可参加高考。1993年高考，又恢复为文、理、外、体、艺五个科类，考试科目为两组，文科组考政治、语文、数学、历史、外语，理科组考语文、数学、物理、化学、外语。每科150分，每组总分为750分。1995年，大、中专招生实行"并轨"，即不再按指令性和调节性计划分别确定最低录取分数线。2002年，经云南省人民政府同意并报经教育部批准，云南省普通高中毕业年级开始实施高考"3+X"科目设置改革。高考"3+X"科目改革方案主要内容是：高考科目设置实行"3+文科综合、理科综合"形式。"3"是指语文、数学、外语三个学科，这三个学科为各类考生必考科目；"文科综合"含政治、历史、地理，"理科综合"含物理、化学、生物。考试由教育部统一命题。根据教育部有关规定，高考考试科目中，语文满分为150分，考试时间为150分钟；数学满分为150分，考试时间为120分钟，数学暂时实行文理分卷，即参加"3+文科综合"的考生考文科数学，参加"3+理科综合"的考生考理科数学；外语满分为150分，考试时间为120分钟，外语科试卷含听力考核内容，所有参加高考的考生均须参加听力考试，听力部分占30分。"文科综合""理科综合"满分各为300分，考试时间均为150分钟。云南省高考科目设置采用"3+文科综合、理科综合"后，高等学校招生仍分为文、理、外、体、艺五类。其中报考外语类的考生原则上参加"3+文科综合"的考试，外语类考生另须参加省招生考试委员会办公室统一组织的外语口试考试；理工类院校的外语专业也可根据院校要求，参加"3+理科综合"考试，但考生也须参加外语口试。外语类考生外语口试成绩不计入高考总分，但作为学校录取的重要参考；报考体育类、艺术类的考生可根据自身情况参加"3+文科综合"或"3+理科综合"的考试。考试后，按语文、数学、外语、综合（文科综合或理科综合）四科成绩相加，形成考生高考文化成绩总分，满分为750分。由省招生考试委员会根据各录取批次的高校分科类招生计划和全省考生的高考考试成绩，划定各批次各科类的录取最低控制分数线。高等学校新生录取工作按考生高考文化成绩总分从高分到低分，德、智、体全面衡量，择优录取。

2005年，云南省在以往高考照顾加分录取的有关政策基础上，又出台了十三类考生在统考成绩总分的基础上可适当增加分数投档（只取其中最高一项分值），由学校审查决定是否录取的政策。这十三类考生分别是：① 按有关规定获得"省级优秀学生"称号的应届高中毕业生加20分；获得"省级三好生""省级优秀学生干部"号的应届高中毕业生加10分。② 高级中等教育阶段，思想品德方面有突出事迹的，受省部级以上表彰的应届高中毕业生加10分。③ 高级中等教育阶段，获得省级以上"青少年科技创新大赛"或"全国中学生学科奥林匹克竞赛"省赛区一等奖以上应届高中毕业生加20分。④ 高级中等教育阶段，参加重大国际体育比赛或全国性体育比赛取得前六名的、获"国家二级运动员"含以上称号认定的应届高中毕业生加20分，体育类考生不得加分。⑤ 边疆及执行边疆政策县的少数民族考生加30分、汉族考生加20分。但是，上述考生高中阶段在内地上学的相对减少10分。⑥ 云南省除白、回、纳西、彝、壮、满族和省外进入我省的少数民族以外的十九个少数民族在内地的考生加10分。⑦ 内地农村户口的彝、壮族考生加10分。⑧ 各州、市人民政府确定的内地高寒贫困山区的少数民族考生加20分。⑨ 在各州、市人民政府确定的内地高寒贫困山区工作10年以上，并且现仍在这些地区工作的教师子女，第一志愿报考师范院校的加20分。⑩ 归侨、归侨子女、华侨子女和中国台湾地区考生加10分；华侨农场的归侨职工子女，户口、上学在农场的加20分。⑪ 烈士子女加20分。⑫ 符合云南省农业人口独生子女奖励试点县政策的考生报考省内院校加20分。⑬ 新增自谋职业的城镇退役士兵、在服役期间荣立"三等功"的退役军人加10分；在服役期间荣立"二等功"含以上或被大军区以上单位授予"荣誉称号"的退役军人加20分。

2000—2005年，绿春县高中毕业生参加高考及相关录取情况如下：

2000年，全县有96人报考普通高等学校和中等专业学校。其中，少数民族考生有95人，占99%；报考文史类的有54人，占56%；报考理工类的有38人，占40%；报考艺术类的有1人，报考体育的有3人，分别占报考生总数的1%和3%。全县被高等院校和中等专业学校录取34人，比1999年增加13人，其中，本科生9人，比1999年增加7人，专科生14人（含保送蒙自师专的2人），比1999年增加7人，中专生11人，比1999年增加7人。2000年，绿春县报考高职班（高等学校高等职业技术专科班）的"三校生"［普通中专、职业高中（含职业中专）、技工学校毕业生］有7人，其中，医学类6人，文秘类1人。"三校生"中被昆明学院录取1人（秘书专业）。

2001年，全县有110人报考普通高等学校和中等专业学校。其中，少数民族考生有107人，占97%；报考文史类的有55人，占50%；报考理工类的有51人，占46%；报考外语类、体育类的各有2人，分别占报考生总数的2%。全县有108人参加普通高考（有2名同学因体检不合格而缺考），从参加考试的学生中被高等院校和中等专业学校录取27人，比2000年减少7人，其中，本科生9人，与2000年相同；专科生14人，与2000年相同；预科2人，比2000年增加2人；中专2人，比2000年减少9人。

2002年，全县有170人报考普通高等学校和中等专业学校。其中，少数民族考生有163人，占96%；报考文史类的有73人，占43%；报考理工类的有82人，占48%；报考外语类、体育类的各有4人，分别占报考生总数的2%；报考艺术的有7人，占报考总数的4%。全县有170人参加普通高考，从参加考试的学生中被高等院校和中等专业学校录取73人，比2001年增加46人，其中，本科生21人，比2001年增加12人；专科生24人，比2001年增加10人；预科15人，比2001年增加13人；中专13人，比2001年增加11人。

2003年，全县有185人报考普通高等学校和中等专业学校。其中，少数民族考生有182人，占98%；报考文史类的有81人，占44%；报考理工类的有93人，占50%；报考外语类的有4人，占2%；报考体育类的有2人，占1%；报考艺术的有5人，占报考总数的3%。全县有185人参加普通高考，从参加考试的学生中被高等院校和中等专业学校录取30人。其中，本科生5人，专科生20人，预科2人，中专3人。

2004年，全县有250人报考普通高等学校。其中，少数民族考生有244人，占97.6 %；报考文史类的有 97 人，占38.8 %；报考理工类的有123人，占49.2%；报考外语类9人，体育类8人，占报考生总数的3.2 %；报考艺术的有12人，占报考总数的4.8%。全县被高等院校录取80人，比2003年增加50人，其中，本科生29人，比2003年增加24人，上一本线且被录取的有2人；专科生39人，比2003年增加19人；本科预科12人，比2003年增加10人。

2005年，全县有333人报考普通高等院校，比去2004年增加83人。其中，少数民族考生有329人，占总数的98.8%；报考文史类的有136人，报考理工类的有160人，报考外语类的10人，报考体育（文）类的有11人，报考体育（理）类的有3人，报考艺术（文）类的有11人，报考艺术（理）类的有2人。全县普通高考上线人数136人，其中上一本线的有2人，二本28人，三本27人，一专16人，二专63人。被高等院校录取124人，比2004年增加44人，其中，本科17人；本科预科15人，专科77人；专科预科15人。

表7-3-2 1969—2005年学生被大中专院校录取情况一览表

年份	合计	高考录取人数			备注
		高中毕业升本科	高中毕业升专科	高中毕业升中专	
1969年前	7	7	—	—	—
1970	0	—	—	—	—
1971	4	—	4	—	—
1972	15	—	15	—	—
1973	10	—	10	—	—
1974	11	—	11	—	—
1975	13	—	13	—	—
1976	16	—	16	—	—
1977	45	5	2	38	—
1978	29	7	1	21	—
1979	35	13	—	22	—
1980	28	11	1	16	—

年份	合计	高考录取人数			备注
		高中毕业升本科	高中毕业升专科	高中毕业升中专	
1981	28	10	3	15	—
1982	37	11	11	15	—
1983	13	3	2	8	—
1984	30	2	2	26	—
1985	47	14	9	24	—
1986	37	11	9	17	—
1987	29	6	15	8	—
1988	30	12	6	12	—
1989	19	—	17	2	—
1990	15	3	6	6	—
1991	30	4	8	18	—
1992	13	—	7	6	—
1993	15	—	5	10	—
1994	14	—	6	8	—
1995	18	—	12	6	—
1996	19	5	8	6	—
1997	9	2	2	5	—
1998	16	1	4	11	—
1999	17	2	7	8	—
2000	34	9	14	11	—
2001	25	9	14	2	—
2002	58	21	24	13	—
2003	28	5	20	3	—
2004	90	41	49	0	—
2005	124	32	92	0	—
合计	1008	246	425	337	—

注：1970—1976年是推荐入学。

成人高考

随着经济社会的发展，各行各业的干部职工都涉及其学历以及能力的提升问题。参加自学考试以及通过参加成人高考到高校进修提升并获得大学文凭，都是两条重要的提升途径。

2000年，报考各级各类成人高等学校的有274人，比1999年增加213人。其中，文史类252人，理工类10人，西医类9人，艺术类2人。2001年，报考各级各类成人高等学校的有236人，比2000年减少38人。其中，文史类187人，理工类45人，西医类2人，艺术类2人。2002年，报考各级各类成人高等学校的有319人，比2001年增加83人。其中，文史类196人，理工类101人，西医类19人，艺术类3人。2003年，报考各级各类成人高等学校的有353人。其中，文史类255人，理工类75人，西医类19人，中医类的1人，艺术类3人。2004年，报考各级各类成人高等学校的有248人，比2003年减少105人。其中，专科起点升本科111人，高中起点升本科6人，专科131人（西医类28人、文科48人、理科26人、外语2人、高职21人），中专6人。2005年，报考各级各类成人高等学校的有428人，比2004年增加180人。其中，专科起点升本科254人，高中起点升本科10人，专科164人。

第八章
"普六""普九"教育

第一节　"普六""普九"工作进程

"普六"

　　普及教育是提高人口综合素质的基础性工程。1978年3月，绿春县革命委员会批准县文教局下发《关于切实抓好普及五年教育，努力提高教育质量的意见》，首次提出普及教育问题。1982年12月，绿春县第五届人民政府成立，贯彻执行《关于普及教育若干问题的决定》，加快了普及教育工作步伐。1984年5月，召开全县教育工作会议，会议的主题报告《明确重点，狠抓措施，加快绿春县普及初等教育步伐》中明确指出："1988年前基本实现普及初等教育"的目标，具体目标要求是：城区和各区中心完小以及少数条件较好的农村完全小学，执行教育部颁布的教学计划，普及六年制初等教育，乡以下乡村小学普及四年制初等教育。并成立普及教育检查领导小组，全面负责指导、督促、检查普及初等教育、多种形式办学、全面提高教育教学质量。为加快普及初等教育步伐，当年开办了35所半寄宿制高小。由于各级党委、政府重视，教育部门狠抓各项措施落实，城关镇（现大兴镇）于1985年实现普及初等教育，成为红河州首批普及初等教育的四个县和四十六个区镇之一。大兴镇实现普及初等教育，为全县推进普及初等教育奠定了良好的基础。1986年，《中华人民共和国义务教育法》颁布，全县掀起学习、宣传《中华人民共和国义务教育法》的高潮，加快了普及初等教育步伐。1990年，绿春县人民政府制定了《绿春县教育事业三年发展规划》（1990—1992），目标是：狠抓普及小学教育，不断提高"四率"：入学率达90.1%，巩固率达84%，毕业率达84.6%，普及率达63%，比1989年分别提高1.9%、6%、5.4%、7%；办好示范性小学和35所寄宿制学校；小学三年级以上开设劳动课，开办"6+1"班。扩大中学规模：初中从1989年65个班扩大到1992年的72个班，高中从8个班扩大到10个班，创造条件使二中、农中分设。充实教师队伍，改善办学条件，实现"一无两有"，即"一无"（无危房），"两有"（有教室、有课桌凳）。按国家教委二类标准配备实验仪器中学50%，中心完小50%。1992年配齐行政村以上五大件：数学教具箱、自然教具箱、教学挂图、风琴、球类。增加教育投入，措施是：提高认识，落实分级办学职责；加强思想政治工作，把坚定不移的政治方向摆在第一位；政府统筹，深化改革，政府实行"三教统筹""农科教结合"，平河乡为深化农村教育整体改革试点乡；加强师资队伍建设贯彻两条腿走路的方针，多渠道筹措办学经费。①保证"两个增长"，教育费附加全部用于教育。②民族机动金，边疆事业费中30%用于教育。③乡镇财力和超收分成中30%用于教育。④干部职工工资的1%作捐资助学，一定三年。⑤学校勤工俭学、预算外收入40%用于改善办学条件。⑥乡村新建、改建学校，可实行人均一次性全额集资。⑦集资捐资的表彰、奖励、使用管理。⑧完成校舍建设。⑨加强学校管理，提高教学质量。

"普九"

1991年，在普及初等教育取得一定经验的基础上，为积极稳妥地推进全县初等教育，大黑山乡为普及初等教育试点乡，并率先制定了《大黑山乡九年义务教育实施规划》。1992年，全县各乡镇以及县级的《九年义务教育实施规划》相继完成，总体要求是：到2000年，全县达到国家普及初等义务教育（小学）标准、国家普及初中义务教育（初中）标准。1993年，《绿春县九年义务教育实施意见规划》上报绿春县人大常委会审议。1994年，制定《绿春县实施九年义务教育方案》，提出2000年实现"普六"，2010年实现"普九"的目标。2000年，县人民政府将原定2010年"普九"调整为2005年"普九"。2002年初，绿春县委、县人民政府又按省政府要求制定《绿春县基本普及九年义务教育和基本扫除青年壮文盲实施方案的调整意见》，将实现"两基"的时间定在2003年底。

经过全县各族干部群众的共同努力，普及教育工作取得了良好的效果，成为红河州乃至云南省实现"两基"目标速度最快的一个典型县之一。1983年，城关镇（今大兴镇大兴寨等地，后来并入大兴镇）实现了普及小学教育，被云南省教育厅列入普及小学教育区（镇）的光荣册。1994年，骑马坝乡老普寨村通过扫盲验收，成为绿春县第一个基本无盲村。1997年，半坡乡"普六"通过验收。2000年，绿春县普及六年教育，通过云南省人民政府的复核验收。2004年，绿春县实现"两基"目标。

2004年4月，云南省人民政府公布绿春县为"基本扫除青壮年文盲县"；同年9月，绿春县"两基"工作顺利通过红河州人民政府复核验收；同年10月，云南省人民政府对绿春县实施"两基"进行检查评估，认为绿春县普及九年义务教育主要指标基本达到国家和省定验收标准，同意提请云南省人民政府报国务院认定。2005年2月，国务院确认绿春县为基本普及九年义务教育县。2005年末，绿春县共有完全中学1所，职业高级中学1所；初级中学9所，完全小学57所，初级小学88所，教学点159个；小学在校学生24765人，适龄儿童入学率99.15%，在校生年辍学率0.82%；初中阶段在校学生11613人，15周岁人口初等教育完学率99.02%，初中毛入学率98.47%，初中在校生年辍学率2.03%；17周岁人口中等教育完学率90.50%，青壮年非文盲率97.49%；小学生均占地面积25.68平方米，生均校舍面积5.31平方米；初中生均占地面积20.82平方米，生均校舍面积6.90平方米。

表8-1-1 1978—2005年小学教育基本概况一览表

时间（年）	学校数（所）	班数（班）	在校学生数（人）				招生数（人）	毕业生（人）	入学率（%）	教职工数（人）			
			总数	哈尼族	女学生	适龄儿童				总数	专任教师	少数民族	女教师
1978	583	1445	15226	12251	3620	13008	4082	1602	74.7	1100	1065	997	138
1979	561	1400	16318	12853	4732	13515	5845	1413	78.7	1229	1094	1004	171
1980	507	1260	14085	10959	3676	11513	4111	1286	63.9	1221	1180	849	288
1981	495	1053	15226	14551	4459	13038	5688	1050	71.25	1226	1120	847	300
1982	484	999	15393	14686	4449	13203	4804	848	67.69	1214	1097	850	285
1983	489	1131	17208	16382	5300	15237	5718	766	75.8	1183	1071	852	266
1984	492	1174	18484	17707	5635	18135	5283	1031	81.41	1178	1075	855	283
1985	485	950	20809	20079	7079	17807	5958	1323	88.26	1168	999	782	269
1986	454	909	20759	20258	6854	15456	4336	739	85.2	1152	1100	894	267
1987	449	940	21504	21010	7145	15796	4413	770	87.7	1173	1114	905	263
1988	427	913	21104	20705	7181	15273	3987	1157	90.5	1150	1113	925	255
1989	418	898	20204	19854	6978	14193	3963	1485	90.1	1162	1115	958	238
1990	412	893	20017	19601	7121	14121	4095	1598	89.07	1146	1091	968	231
1991	413	878	20027	19732	7412	16607	4165	1550	90.86	1142	1070	969	216
1992	414	878	20846	20586	7760	16724	4517	1695	91.2	1122	1050	971	210
1993	410	882	20958	20716	8012	17502	4756	1858	92.02	1117	1015	946	191
1994	413	883	21679	21444	8472	18853	4859	1761	92.69	1126	1020	762	194
1995	424	891	22153	21909	8907	19512	4532	1847	93.01	1117	1014	963	188
1996	366	906	22562	22382	9243	20735	4357	1841	94.02	1129	1029	971	194
1997	413	886	22978	22697	9477	20971	4700	1902	95.08	1171	1072	927	208
1998	407	878	23149	22944	9411	21466	4500	1993	95.63	1204	1079	1018	216
1999	408	881	23904	23656	11003	21582	3886	2279	96.1	1265	1180	1139	257
2000	411	887	24853	24420	11499	22425	4111	2593	97.62	1293	1217	1179	278
2001	347	855	25552	25102	12059	22720	4300	3107	98.51	1268	1191	1132	291
2002	315	811	25892	25657	12288	24225	4227	3508	98.51	1217	1143	1090	239
2003	310	820	25325	25055	12077	23382	3496	3607	99.14	1183	1111	1018	218
2004	315	822	25762	25477	12293	23597	3767	3436	99.14	1120	1054	1060	269
2005	304	804	24765	24494	11694	22739	3678	4193	99.15	1093	1028	992	246

表8-1-2 1978—2005年普通中学（含高中和职高）教育基本概况一览表

年度（年）	学校数（所）	教职工总数（人）	专任教师数（人）		学 生 数（人）								
			初中	高中	初 中					高 中			
					班级（班）	毕业生	招生	在校生	入学率（%）	班级（班）	毕业生	招生	在校生
1978	11	228	183	13	90	923	1297	3395	—	6	105	179	361
1979	11	224	145	15	72	806	966	2541	—	5	181	120	264
1980	11	225	122	15	55	660	929	2213	—	6	110	148	260
1981	11	223	114	15	51	624	886	2124	—	5	116	100	343
1982	11	208	109	16	49	566	731	1948	—	4	130	102	199
1983	11	228	127	10	49	492	819	1997	—	7	94	177	357
1984	11	246	102	29	53	417	919	2310	—	8	89	154	390
1985	11	237	132	10	62	449	1008	2574	—	11	86	219	510
1986	11	263	152	9	61	573	713	2525	—	10	152	141	468
1987	11	230	114	33	64	495	1080	2752	—	11	208	229	469
1988	11	258	138	33	71	543	786	3078	—	13	152	294	528
1989	11	351	149	34	80	817	1383	3458	—	15	123	272	565
1990	11	308	182	34	82	886	1274	3771	—	14	214	284	579
1991	11	316	202	33	85	817	1531	4006	28.5	15	141	330	643
1992	11	326	191	37	89	865	1424	4205	32.84	15	131	214	600
1993	12	350	213	39	96	930	1738	4571	38.69	15	170	262	590
1994	12	350	204	36	103	1081	1865	4674	41.77	15	197	297	514
1995	12	369	224	33	108	1173	1934	4886	42.89	14	99	289	557
1996	12	379	232	33	106	1330	2321	4879	45.43	10	128	243	521
1997	12	381	236	35	110	1345	1752	4742	46.18	13	100	193	442
1998	12	412	248	41	112	1387	1891	4760	46.38	14	148	211	446
1999	12	423	272	38	115	1313	1881	4801	45.46	13	126	245	496
2000	12	429	277	40	113	1335	1930	4950	43.88	14	104	227	562
2001	11	427	285	46	122	1351	2503	5928	59.69	11	136	261	540
2002	11	446	293	62	133	1597	2982	7102	70.11	13	154	326	699
2003	11	636	454	68	192	1943	5143	10365	95.63	29	148	397	932
2004	11	693	494	72	213	2258	4192	11723	97.85	31	199	352	1073
2005	11	746	545	72	2964	4418	4418	12928	98.47	36	324	593	1315

注：1978年、1979年村委会分别设有附设初中9所和4所。

第二节 "两基"攻坚

"两基"工作

1999年10月，全县戈奎、牛孔、大水沟、大黑山、平河、骑马坝、三猛七个乡（镇）通过"普六"检查评估验收，占全县总人口的78.59%；扫除青壮年文盲6103人，文盲率从1998年的31.7%下降到27.7%，下降了4个百分点；全县小学408所（含校点），在校生23904人，适龄儿童入学率达96.75%，巩固率96.32%，完学率41.75%，升学率73.41%。

2001年，为巩固提高"普六"成果，全面推进"两基"工作，制定了《绿春县基本普及九年义务教育和基本扫除青壮年文盲实施方案》，并认真组织实施。按照"两基"目标，全县各中学普遍增班增生，全县初中108个班，比2000年增加9个班，在校初中生5297人，比2000年增加909人；毛入学率由2000年的50.02%提高到59.69%，比2000年提高了9.67%。"普六"得到不断巩固，全县校内外适龄儿童23063人，入学22720人，入学率达98.51%，比2000年提高0.89%；在校小学生24359人，比2000年增加699人；7~12周岁残疾儿童入学率58.82%，比2000年提高2.12%；15周岁人口文盲率已降至4.6%。

2002年，实施"两基"工作进入攻坚阶段。为加快实施"两基"步伐，加强"两基"过程指导，精心组织实施"两基"工作，切实做好实施"两基"必备的档案材料，如期实现"两基"目标。2002年7月，召开全县基础教育暨"两基"工作会议，认真分析"两基"面临的形势和任务，明确"两基"目标；同年10月底，成立了绿春县教育局"两基"办公室，由县教育局党委书记、副局长李宝仕兼任办公室主任，各股室长为工作人员，下设材料组、宣传组、展室组、文印组等4个"两基"工作职能组，各工作职能组在实施"两基"工作领导小组领导下，职责明确，分工协作，积极工作；同年11月1~3日，绿春县人民政府分别在平河、戈奎、骑马坝、牛孔乡召开"两基"现场办公会议，落实戈奎中学、骑马坝中学、平河中学（搬迁）和牛孔乡漫洛河坝小学扩增校园建设用地151亩；同年12月8日，红河州人民政府在绿春一中阶梯教室召开绿春县"两基"现场办公会议，会议听取了绿春县人民政府和红河州人民政府调研组关于绿春县实施"两基"工作的情况汇报，并对绿春县推进"两基"攻坚做出安排部署。红河州人民政府在经费和师资上给予支持和保障，投入资金3350万元，解决初中教师120名；同年12月底，按照"两基"规划，绿春县人民政府组织人员对第一批实现"两基"的大兴镇、骑马坝乡、半坡乡进行检查评估，并通过县级验收。

"两基"巩固成果

2004年4月,云南省人民政府公布绿春县为"基本扫除青壮年文盲县";同年9月,"两基"顺利通过红河州人民政府的复核验收;同年10月,云南省人民政府对绿春县实施"两基"进行检查评估,认为绿春县普及九年义务教育的主要指标基本达到国家和省定验收标准,同意提请云南省人民政府报国务院认定。

2005年2月,国务院确认绿春县为"基本普及九年义务教育县"。为巩固提高"两基"成果,绿春县委、县人民政府及教育主管部门思想不松懈,工作力度不减弱,把"两基"工作放在"重中之重"的战略地位不动摇,进一步加强对"两基"工作的领导。按照国家、省、州有关文件精神和《绿春县人民政府关于巩固提高"两基"工作的意见》要求,站在事关民族兴衰和教育事业成败的高度,把"两基"巩固提高工作纳入全县经济社会发展的总体规划,增强使命感、责任感,做到"两基"机构不撤、人员不散、力度不减;进一步加大依法治教力度,认真落实依法治教工作,建立依法控辍保学责任制和义务教育阶段学生辍学责任追究制;不断完善行之有效的"控辍保学"措施,落实学校、年级、班主任各方责任,堵住学生流失的"闸门",保证学生"进得来、留得住、学得好";关心帮助贫困学生,以情劝学,以资助学,提高入学率,巩固率,控制辍学率。由于工作到位、措施有力、责任到人,"两基"巩固提高工作取得了良好的效果。同年10月,州人民政府组织人员对绿春县实施"两基"工作进行复查年审,检查复核组采取听、查、看等形式对绿春县"两基"巩固提高工作进行全面检查,并给予了充分肯定。

2005年,全县共有完全中学1所,职业高级中学1所;初级中学9所,完全小学57所,初级小学88所,教学点159个;小学在校学生24765人,初中阶段在校学生11613人;小学适龄儿童入学率99.15%,小学在校生年辍学率0.82%;15周岁人口初等教育完学率99.02%,初中毛入学率98.47%,初中在校生年辍学率2.03%;17周岁人口中等教育完学率90.50%,青壮年非文盲率97.49%;小学生均占地面积25.68平方米,初中生均占地面积20.82平方米,小学生均校舍面积5.31平方米,初中生均校舍面积6.90平方米。

第三节 "三免"及"两免一补"教育

"三免"

1978年,绿春县文教局对平河、半坡、骑马坝边境3个公社的小学生每人每月补助文具费0.5元,中学生每人每月补助生活费5元。从1980年4月起,小学生文具书籍费补助标准提高到每人每月1元,中学生生活补助费补助标准提高到每人每月10元。县境内所有瑶族和拉祜族中小学生,享受平河、半坡、骑马坝等3个边境公社学生同等的待遇。1984年，红河州财政局、红河州教育局联合下发《关于1984年半寄宿制高小学校数和经费分配计划的通知》，当年，开始对全县35所半寄宿制高小学生发放补助费，每人每月补助生活费5元。2000年起，平河、半坡、骑马坝3个乡中小学实行"三免"教育，即免文具费、杂费、科书费。

"两免一补"

2005年2月，对全县义务教育阶段农村家庭贫困的中小学生实行"两免一补"，即免杂费、科书费、补生活费。按照云南省2005年享受"两免一补"学生分配名额，当年绿春县有1.85万人享受"两免一补"，其中，小学学生1.28万人，初中学生5606人。至2005年底，全县累计补助教育经费465.6万元，扶持边境一线中小学生2.76万人。通过"三免"（免除学生文具费、杂费、科书费）教育的实施，扭转了边境沿线儿童因家庭贫困而上不了学或中途辍学的局面，有效地促进了绿春县"两基"目标的实现和"两基"成果的现固。

第四节　双语文教学

绿春县比较大规模且较为规范的民族文字试点教学工作，始于1984年。其指导思想是，贯彻党的民族政策，贯彻党的教育方针，在民族地区实施民族语文与汉语文相结合，实施民族语文教学渗透汉语文教学，同时汉语文教学渗透民族语文教学的双渗透教学思想，为普及民族初等教育服务，为提高教育教学质量服务，为开发和发展民族地区儿童少年智力服务。

哈尼、汉双语文教学

哈尼文和汉文双语教学工作，开始于20世纪50年代末60年代初期，先在戈奎乡、大兴镇的一部分学校（点）推行，后扩展到三猛乡、平河乡的一部分学校（点）开展双语文教学。之后，哈尼、汉双语文教学工作被停止将近30年。

1984年，省、州民委及教育厅（局）安排绿春县在80所全日制小学中推行哈尼、汉双语文教学，并要求有在校注册学生1663名，但到年底实办双语文小学58所，学生只有1475人。其主要原因是：首先，部分干部群众对哈尼、汉双语文教学工作的目的、意义等认识不到位；其次，一部分学生、双语文教师认为，汉语拼音与哈尼语文字拼音之间存在模糊不清的问题，增加了学生的课业负担，其实是汉语拼音与哈尼语文字拼音基础都没有打好所导致；再次，用于双语文教学的专业教师队伍数量不足且不稳定；最后，用于改善双语文实验学校办学条件的资金得不到及时有效保证等。到1985年底，哈尼、汉双语文实验学校由1984年的58所减少到53所，学生由1475人减少到1014人。到1986年6月，戈奎、大兴、三猛、平河四个乡（镇）的哈尼、汉双语文教学学校（点），已减少到8所8个教学班，149名学生。根据双语教学推行过程中出现的情况（问题），绿春县教育局、县民委总结经验，结合实际，向州教育局、州民委提出了调整教学规模的建议。绿春县先在大兴镇广吗、戈奎乡子雄两所全日制小学继续搞试点，待取得成功经验后，在全县推行哈尼、汉双语文教学；在不通晓汉语言，群众又乐于接受的地方用哈尼文进行扫盲。建议得到州教育局、州民委的批准，并在这两所双语文试点学校继续开展双语文教学活动。到1988年后，戈奎乡子雄试点学校取消双语教学，只有广吗双语试点学校开展双语文教学活动。

1988年，大兴镇广吗小学被认定为云南省的哈尼文、汉语文双语教学试点学校。广吗小学总结经验，不断探索，努力实践，走出了一条切合实际的双语文教学路子。教学中，广吗小学采用学前班单一的哈尼文教学模式，教学质量不断提高，入学率、普及率、巩固率得到巩固。成功的经验被省州相关部门认可。2005年，广吗小学共有学生103人，其中，学前班22人，一年级17人，二年级21人，三年级16人，四年级27人。哈尼文除了在全日制小学试点教学外，还积极开展用哈尼文扫盲，广吗村通过哈尼文扫除全村文盲425人，1995年，实现了"基本无文盲村"。

1984—2005年，先后在大兴镇、戈奎乡、三猛乡、平河乡等乡（镇），采用农民夜校的形式办哈尼文扫盲班275个，共有学员6137人，脱盲3017人。

表8-4-1 哈尼、汉双语文教学计划

年级　　　百分比	哈尼文	汉文
学前班	100%	学点汉语口语
一年级	50%	50%
二年级	30%	70%
三年级	20%	80%
四年级	10%	90%

彝、汉双语文教学

彝、汉双语文教学试点工作始于1993年，首先，红河州民委在牛孔乡纳卡小学开展彝、汉双语文教学试点，试点教学中，双语文教师认真钻研，努力探索，不断总结经验，后来推广到牛孔、贵龙村教学点。至2005年，教学点达3个，有346名学生；三个村的控辍保学工作有了新进展，教学质量逐年提高；通过彝文扫盲，三个村共扫除青壮年文盲302人，2003年三个村实现了"基本无文盲村"。

表8-4-2　彝、汉双语文教学课时比例表

学科 \ 学时比例	学前班	一年级	二年级	三年级	四年级	五年级	六年级
彝文	80%	60%	50%	30%	20%	5%	0%
汉语	20%	40%	50%	70%	80%	95%	100%

第五节　双语文教学实验学校选介

大兴镇广吗哈尼、汉双语文教改实验小学

广吗村与绿春县城隔河相望，直线距离不到两千米，但经济文化相对落后。1990年，全村有187户，人口1126人，全系哈尼族。人均耕地面积为533平方米，年人均经济收入不到1200元，是一个比较落后的哈尼族大寨子。全村有高中生3人，中师生3人，中专生3人，在读中专生1人，在外参加工作的有15人（3人已经退休，1人已经去世）。全村12周岁到40周岁的有691人，已经脱盲566人，脱盲率82%。

广吗小学于1964年开办，办学初教师1人学生20人。办学以来，每到招生季节，教师都要挨家挨户地做学生和家长的入学动员工作，但是适龄儿童入学率一直在30%。广吗小学原来属于初级小学，1991年升格为完全小学。1964—1984年，用汉语文教学。至2005年，用哈尼、汉双语文结合教学，学前班用哈尼文教学。有教师7人（代课教师2人，3个教师接受过哈尼文培训），有三个年级7个教学班（含一个哈尼文学前班），有学生191人，其中女生93人，适龄儿童入学率96.2%，巩固率98%，升学率92.9%。

1984年8月，广吗小学一名教师参加了在建水举办的哈尼文师资培训班学习，回校之后，怀着极大的热情以及高度的责任感，在群众中广泛宣传哈尼文的重要性及实用性。开始，群众大多持有怀疑的态度，经过不懈的宣传引导且亲自做示范，即在大庭广众面前熟练地写出哈尼文，把哈尼古歌歌词用哈尼文记录下来读给群众听，使广大人民群众认识到学习掌握哈尼文的实用性。1984年9月，新学年开学之际，在村学校用双语（哈尼语、汉语）进行教学，在村业余夜校用哈尼文进行扫盲，调动了广大人民群众和学生的学习积极性，村里出现了一个日校、夜校学习哈尼文的热潮，家长送子女上学的热情也提高。白苗秋同学，父亲去世早，一家五口人，靠母亲一个劳动力养家，过去学校老师三番五次做工作也入不了学。学校实行双语文教学实验以后，其母亲主

动把孩子送到学校，并说："双语文教学好，我宁愿苦一点，也不愿让孩子当睁眼瞎。"七岁的孩子杨平安放学回家以后主动教爷爷学写哈尼文等。当年学校的适龄儿童入学率达到了95%。1986年，红河州民委、红河州教育局、大兴镇党委政府、县教育局（大兴学区）先后投资3.1万元，人民群众投工献料（人均33元），约折合人民币2.4万元，总造价5万余元，建成了342平方米的砖混结构校舍，基本满足了教学之需要。

在双语文教学实验过程中，原红河州人民政府副州长王正芳、州人大常委会副主任孙敏初、州民委主任陈文兴，中央民族大学王尔松教授，以及县民委、教育局、学区领导，分别多次到过广吗小学进行考察，了解广吗小学开展双语文教学的进展情况，对广吗小学开展双语文教学实验工作给予现场指导，同时对广吗小学正在开展的双语文教学实验工作给予了鞭策与鼓励。在教学实验中，广吗小学不断总结经验，制订了《广吗小学哈尼、汉双语文教育、教学、教研工作计划》。1986年开办学前班，学前班以教授哈尼语（文）为主，兼学少量汉语。1～5年级双语文同步进行，其中，1～4年级每周安排2节哈尼语文课，5年级每周安排1节哈尼语文课。哈尼语文课教材，学前班使用红河州民委组织编写的《哈尼文课本》，1年级使用《哈尼、汉词汇对照》，2年级使用《哈尼谚语》，3年级使用《生产生活知识》，4、5年级使用《农村安全用电常识》。

双语文教学比直接用汉语教学效果好。研究表明，儿童在学习本民族文字材料时，总是需要把它转化成口语，需要在新的文字材料和已有确定意义的口语之间建立联系。这种联系必须是等值的，如果不等值他们就无法掌握和理解那些文字材料所潜含的意义。到了比较熟练掌握书面语言之后，口语的这种中介作用就消失了，就可以直接地从已有的书面语言去理解新的书面材料。汉族小学生由于口语与汉文字书面语一致，学习中接触到书面材料就可以借助口语的中介作用，建立等值联系，从而较快较好地理解汉文字材料。然而边疆少数民族（哈尼族）小学生没有汉语口语基础，无法借助口语的中介作用建立等值联系，理解和掌握汉文材料。这给边疆少数民族学生学习许多汉文表述的学科知识带来了困难，学生必须借助用本民族（哈尼族）口语作中介，建立等值联系。即将汉文材料读出来转换为汉语，再将汉语转成本民族（哈尼族）的口语。这样实施双语文教学就成为必然，学生在学习汉语文或用汉文表述的学科知识时，学生可以借助哈尼文给汉语注音、释义，哈尼文作为一个工具或桥梁，帮助学生理解和掌握课文段落大意、中心思想，培养学生的自学能力，大大减少学生在学习中的困难，从而提高了学习效果。双语文教学很受学生和家长的欢迎，增强了群众办学的信心。

广吗小学与规洞小学均属大兴学区同一层次的学校（同属于村委会学校管辖下的村小），并且与县城距离、风俗习惯、村民语音、经济文化及群众生活水平完全一致，所不同的是规洞小学用汉语进行教学，而广吗小学实施双语文教学实验。1986年7月20日，红河州人民政府副州长 高文华 到绿春县调研，要求广吗小学与规洞小学两校做对比教学实验。

哈尼、汉双语文教改实验成果 1985—1986学年度下学期，广吗小学与规洞小学两校一年级学生统测成绩统计如下。

表8-5-1 1985—1986学年度下学期
广吗小学与规洞小学一年级学生统测成绩一览表

学校名称	学生数	语文				数学			
		平均（分）	及格率（%）	最高（分）	最低（分）	平均（分）	及格率（%）	最高（分）	最低（分）
广吗小学	40人	44	32.5	84	12	67.8	80	97	27
规洞小学	14人	15.5	0	47	3	61	75.4	81	15.5
比较	—	+28.5	+32.5	+37	+9	+6.8	+4.6	+16	+11.5

表8-5-2 1990—1991学年度下学期广吗小学与规洞小学
1～4年级学生统测成绩一览表

学校名称	年级	学生数（人）	语文				数学			
			平均（分）	及格率（%）	最高（分）	最低（分）	平均（分）	及格率（%）	最高（分）	最低（分）
广吗小学	一	13	69.3	61.5	87	13.5	71.1	58	96	16
规洞小学	一	23	11	0	39	1	19.2	0	52	1
比较			+58.3	+61.5	+48	+12.5	+51.9	+56	+44	+15
广吗小学	二	20	52.2	40	93	26	66.6	30	89	37
规洞小学	二	19	39.1	38	61.5	17	50.6	35	92	19.5
比较			+13.1	+2	+31.5	+9	+16	−5	−3	+17.5
广吗小学	三	23	57.5	59.7	82	31	54.2	34.6	84.5	27
规洞小学	三	21	43.9	51	63	23	47.7	32.5	77	36
比较			+13.6	+8.7	+19	+8	+6.5	+2.1	+7.5	−9
广吗小学	四	15	60.5	73.7	69.5	47	69.6	80	84	51
规洞小学	四	24	49.4	68.5	74	25	57.7	75	75	12
比较			+11.1	+5.2	−4.5	+22	+11.9	+5	+9	+29

以上数据表明，广吗小学1～4年级各学科（语文、数学学科）整体教学水平（考试成绩）均高于规洞小学。其中，广吗小学2年级教师（班主任）是汉族教师，不懂哈尼语（文），上课及与学生日常生活中的交流均用汉语，学年末统测中未获得大兴学区的教学名次奖。其余一、三、四年级用双语文进行教学的各年级（班级、学科）教师，均获得了大兴学区的教学名次奖，有的教师获得了第一名或第二名的教学名次奖。

广吗小学毕业的学生参加小学升初中统考，学生考试成绩在大兴学区排名中都名列前茅。第一批哈尼文学前班学生于1993年小学毕业，参加当年绿春县小学升初中统考，学生考试成绩语文、数学两科总平均分均获得大兴学区第一名，受到了大兴镇党委政府及大兴学区的嘉奖。1994年4月3日，广吗小学毕业生白明里，参加绿春县举办的奥林匹克竞赛获得第一名，其辅导教师也受到了各级领导的奖励。

由于历史观念、民族习俗的影响，广吗村里青壮年妇女参加业余夜校学习的人很少，在农村哈尼族妇女作为农业生产的主要劳动力,其文化素质将直接影响着农村经济的发展和物质文明、精神文明、政治文明以及生态文明的建设。为改变妇女这种文化落后的状况,必须把扫除文盲特别是妇女文盲作为主攻方向。大家统一了认识,制定出下列措施抓好妇女扫盲工作。① 实行脱盲承包。每脱盲一人,由绿春县教育局给付脱盲补助费20元,以成效付酬。完成任务后,10%发给动员入学的村干部,10%作为灯油费,20%奖给脱盲学员,10%作为机动处理,其余作为扫盲教师报酬。② 强化报名措施。把应到扫盲班学习的学员名单向群众公布,规定报名时间,由村干部和教师共同分工负责动员妇女入学。同时还规定妇女学员不得中途退学,退学者必须缴纳脱盲教育费20元/人。③ 采用电影集会方式进行宣传教育。在电影集会中,学校教师积极配合村干部,宣传学习文化的意义,进一步提高广大群众对扫盲工作的认识。与此同时,学校教师认真做好有关扫盲的建档立卡工作。

经过宣传动员,1989年5月20日至24日,仅5天时间就有115名妇女报名参加学习哈尼文(编为三个班),占妇女总数的74%。开办了三个妇女扫盲班后,涌现出许多干部群众积极参加扫盲班学习的典型事例。如,白普斗一家7口人,有5人参加学习哈尼文;66岁的杨泽三,看到8岁的孙子杨平安学了一年哈尼文后能读会写,他高兴地对老师说:"哈尼文学得快、用得上,再办扫盲班时不要忘掉我。"后来他报名参加扫盲班学习哈尼文,还主动把三儿媳动员到扫盲班学习。白绍光的妻子卢明表(外村嫁入广吗村),生小孩不到两个月,当学校老师到家进行家访时未讲什么,但老师走出家门后追出来说"我也要学习哈尼文",之后婆婆帮其带小孩,她到学校进入扫盲培训班学习哈尼文。中年妇女李玉抽,其家处寨子边,男人经常外出打工,没人守家,学校教师没有去动员她参加扫盲培训班学习哈尼文,但她母亲得知后主动提出为女儿看家,让女儿安心去写哈尼文。

广吗小学以双语文教学为突破口,采取扫盲堵盲相结合,小学教育和夜校扫盲教育取得了较大的进步和发展。日校学习的学生和夜校扫盲班学习的学员,都能把学到的哈尼文运用于农业生产实际及日常生活中。学员杨秋龙外出打工,用哈尼文给老师写信,写打工的经历及收获等;白里农到浙江打工,不久,用哈尼文给家里写信,除了给家里报平安外还写其打工的收获及她的理想;杨鲁科是广吗村卫生保健员,平时打针发药更喜欢用哈尼文记账及写医嘱;老年学员白鲁三通读了《哈尼族四季生产调》《农业安全用电常识》《雷锋的故事》《哈尼文报》等通俗读物;许多学员以阅读哈尼文报刊和科普读物为荣,村容村貌有了大的改观,民风更加纯朴和文明,文化的力量进一步彰显。

1986年,绿春县教育局相关领导到广吗小学,调研双语文教学工作情况,60多岁的老生产队长白鲁三和50多岁的白普斗,当场在领导面前答题。白鲁三用哈尼文板书道:"我是广吗人,我的名字叫白鲁三……"白普斗也用哈尼文写了一首民谣。

Haqniq byuldeivq naolma hhaqmeil, Kaldeivq naollol hholkeeq seiqpaoq, Haqniq kuvqnuv sallul taol, Kalyol byuqma saolcaoq meeq.

这首民谣的大意是:"哈尼族的祖先诞生在出太阳的东方,哈尼六寨(指上绿春,即绿春县城附近)生活过得好,庄稼满地长得旺。"

广吗小学在认真搞好双语文教学实验的同时,业余夜校利用哈尼文扫盲也作为一项重要工作来抓。统一思想,统一招生,统一管理。1984年9月至2005年,先后举办了11期哈尼文扫盲班和一期农业技术培训班,参加学习的学员达496人次,经过绿春县教育局命题考核已脱盲425人,使全村文盲率从1984年的73.3%下降到18%,1995年成了无盲村。

第九章
职业技术教育

第一节　农业中学教育

初级农业中学

1960年2月至3月，绿春县的4个区联社分别在西哈腊衣（今绿春县变电站处）、平掌街、金岔河、密东洛马创办了4所初级农业中学。行政上由各区委直接领导，区委书记兼任校长。县、区拨给各区开办农业中学校费500元，由教育行政部门选派1至2名教师主持办学。

初级农业中学教育采取半天读书、半天劳动、农闲多学、农忙少学的办学形式。生活上，原则是学生自带口粮，由集体给予适当的伙食费补贴。学生来源于各区小学三年级以上的超龄生及已休学或退学回村社的部分学生，还有村社中部份通过夜校教育已经脱盲的青年。文化课设政治、语文、算术、农业常识等课程，有的学校还增设历史、音乐等课程，教学上采取理论联系实际、边教边学边干的方法。

表9-1-1 1960年7月初级农业中学基本情况一览表

项目 / 学校	学生数(人)			民族构成			校舍(间)			耕地(亩)						牲畜	
	小计	男	女	哈尼族	彝族	其他	教室	厨房	宿舍	水稻	旱稻	苞谷	白薯	花生	其他	牛(条)	猪(头)
西哈腊衣	31	29	2	26	3	2	1	1	1	12	—	3	19	7.3	1.1	—	4
平掌街	18	18		13	2	3	1	1	1	7	4	—	5	—	1.5	4	10
金岔河	28	24	4	20	4	4	1	1	3	5	22	10	4	1	5.6	1	15
密东洛马	25	23	2	23	—	2	1	1	3	—	—	26	—	—	2	—	—
合计	102	94	8	82	9	11	4	4	8	27	26	39	28	8.3	101.2	5	29

受当时各种条件的制约，除三区（今大黑山乡、半坡乡）初级农业中学坚持办到1962年8月外，其他三所农业中学均于1961年上半年先后停办。

1964年10月，三区区政府在罗马底附近的小金岔河谷开办三楞区初级农业中学。三楞初级农业中学（又称罗马底农中或龙巴农中），是三区区政府为发展本区农业生产，同时解决部分小学毕业生升学难的问题而举办的，学制三年，采用半农半读的办法。课程设置语文、数学、珠算、农村会计、农作物栽培、植物保护、兽医、木工技术、农业基础、音乐等。学校先后办有6个教学班，共招生130多人，校舍自盖。有水稻田3333平方米，旱稻地13332平方米；种植稻谷、大豆、花生、蔬菜、甘蔗、放养虫胶等作物。1965年起，国家供给学生口粮，每生每月补助伙食费9元，学生巩固率较高，随后，学生学习生活费用达到自给，学生衣物费达到半自给。1969年，该校并入朝阳公社（后称三楞公社，今大黑山乡）小学附设初中班。1965年11月，二区（今牛孔乡、大水沟乡）恢复平掌街初级农业中学。平掌街初级农业中学的再度办学，目的是为二区培训农村会计和民办小学教师。学制长短不一，依情而定，多则数月，少则半月，与此同时，学校还招收了10余人的农中学生，20世纪60年代末，学校停办。

绿春县的农职业技术教育虽然在20世纪60年代初就开办农业中学，但由于当时国民经济和人民生活都处在比较困难的时期，加之"文化大革命"的影响，一直处于时办时停的状态。1978年，党的十一届三中全会召开后，教育提到了优先发展的战略地位上，为了适应新形势下社会经济发展的要求，1983年8月，绿春县人民政府在离绿春县城7千米处的二号桥河坝（原县农机培训站），开办绿春县农业中学。

县民族职业高级中学

绿春县民族职业高级中学的发展历经了三建两迁的三个发展阶段。1983年8月，在二号桥河坝（原县农机培训站）创建学校，当年招收首届农学专业学生30名，编为一个班，生源由高中、中专升学统考后，依据考生自愿择优录取，在校期间，国家供给粮食和伙食费，学制三年，设置文化课和相关专业课。毕业后国家不包分配，但招工招干时专业对口的给予优先录用。行政上由县教育局统一领导和管理，由许万明负责学校工作，有4名专任教师。

随着办学规模的不断扩大，绿春县农业中学于1987年7月搬迁到绿春二中校园内。绿春二中与绿春县农业中学实行一套班子、两块牌子、两种性质的管理模式办学。1992年9月，学校更名为绿春县农职业技术中学。1995年3月，再次更名为绿春县民族职业高级中学。

绿春县民族职业高级中学与绿春二中合并办学的过程中，由于两校的办学形式和培养目标各异，加之，校舍拥挤，活动场地不足，难于形成规模。因此，经绿春县人民政府申请，搬迁到现址。学校的搬迁新建工程，于1996年被云南省计委列入云南省贫困县职业中学扶贫基建投资项目，并于1996年破土动工，1997年7月竣工验收。1997年9月5日搬迁，学校占地面积3.2万平方米，其中建筑面积3206平方米、运动场1820平方米。2002年5月13日，被云南省教委认定为云南省合格职业高级中学。

绿春县民族职业高级中学始终坚持以"围绕绿春的经济发展为目标，服务于绿春的经济开发项目，为绿春的经济建设培养实用型技术人才"为办学宗旨，坚持走"立足本地、面向市场、以长为主、长短结合、以短养长、内引外联、协调发展和职教与普教联办，义务教育渗透职业教育"的办学发展路子，不断拓宽办学领域。1997年9月至2005年，先后招收职业初中班12个班（2004年秋季因"普九"停招）；2005年，再次恢复招收职业初中班，计2个班120名学生。1999年秋，经云南省教育厅批准开办成人干部中专、中师函授班。招生"乡镇经济管理"和"普通师范"函授专业班；2000年，由联办转为自办；2002年5月13日，被云南省教委认定为云南省合格职业高级中学；2002年，开始实行春秋两季招生，不断扩大生源。2004年秋季，举办综合高中（课程设置及教学管理与普通高中一致），确保职高生能取得双学历（职高、普高）和三保险（参加职大、普高考试和就业），拓宽升学或就业的门路。2005年9月，建立了云南民族大学绿春职中函授站，并招收了首届汉语言文学专业本科函授生36人。

2005年，有教职工43人，其中，女职工14人，中共党员19人（女党员4人）；专业技术人员34人，其中，中学高级教师8人，中学一级教师13人；大学本科毕业7人，专科毕业22人，中师中专毕业5人。在校学生共有224名，6个教学班。绿春县民族职业高级中学已拥有30台教学用电脑，并投资17万元购置学生电工电子设备一套，投资2万元购置家电维修设备一套。结合当今社会一技难保终生的特点，坚持"以人为本"的教育思想，注重培养学生各方面素质的提高，抓住学校实验实习场地发展的契机，以实际、实用、实效为目的，课堂教学实行"开放实用性教学"新模式和"一二一"学习培养目标。"一二一"学习培养目标，即培养学生遵守学校的规章制度；加强文化专业课的学习和技能的培养；培养学生的兴趣爱好特长。让学生学有所长，学有所得，学有所用，增强学生的竞争能力，以更好地适应社会发展的需求。由于把握了社会需求的脉搏，虽然就业形式低迷，但职高毕业生仍然不愁出路，在竞争中一路绿灯，如鱼得水，毕业生就业率达96%。

办学22年来，学校始终坚持以"围绕绿春经济发展目标，服务于绿春的经济开发项目，为绿春经济建设培养实用型技术人才"为办学宗旨，坚持走"立足本地、面向市场、以长为主、长短结合、以短养长、内引外联、协调发展和职教与普教联办，义务教育渗透职业教育"的办学发展路子；先后开设农学、牧医、林果茶、电工、建筑、财会、乡村医士、家电、电钳、电工电子、服装、保安、体育、成人干部中专中师函授、本科函授、职业初中、"3＋1"班等专业，36个教学班（其中职业初中7个班）；为社会输送了1200余人职高毕业生，各种短期培训36期，受训人数达2253人。

进入21世纪，学校领导集体继承先辈优良的办学传统，以业已所取得的办学成就为基础，理顺思路，强化管理，对症下药，提出了"抓住机遇，深化改革，加强学校管理，提高办学效益"的办学思路，"立足当地，面向市场，办出特色，服务社会""培养一生，脱贫一户"的办学目标，坚持"以人为本"的教育思想，注重"内强素质，外树形象"，强调"先成人，后成才"的育人准则。积极倡导和强化"严谨求实、敬业创新"的校风；以抓师德能力，优化"严教善导、灵活实效"的教风；争做四有新人，激化"尊师守纪、勤奋实践"的学风；以倾心投入，淡泊名利，强化"励精图治、勤政务实"的领导作风。

县民族职业高级中学的教材、课程及专业设置　专业课教材先后使用四川教育出版社、云南教育出版社、重庆出版社发行的1989年成都版职业高中教材，云南教育出版社、云南大学出版社、四川教育出版社、重庆出版社发行的1990年昆明版职业高级中学教材，以及高等教育出版社发行的2002年第一版的专业基础课程教材和校本教材《农村实用技术读本》。课程设置：语文、数学、政治、物理、化学、体育、音乐、信息技术、英语、种植和养殖等。先后开设农学、牧医、林果茶、电工、建筑、财会、乡村医士、家电、电钳、电工电子、服装、保安、体育、成人干部中专、中师函授、本科函授、职业初中、"3＋1"班、综合高中等专业。

表9-1-2　1983—2005年县民族职业高级中学
办学基本情况一览表

时间	班级	专业	招生人数	学制（年）	班主任	备注
1983年	一班	农学	31	三	李龙成	—
1984年	二班	农学	30	三	杨智德	—
1985年	三班	牧医	25	三	陈捌拾	—
1987年	四班	林果茶	35	三	李龙成	—
1988年	五班	牧医	30	三	陶雄剑	—
1989年	六班	建筑	36	三	王孝宏	与建筑公司联办
1990年	七班	财会	42	三	王连昌	与财政局联办
1991年	八班	乡村医士班	47	三	苏春华	与卫生局联办
1991年	九班	家庭经营管理	23	三	杨智德	
1992年	十班	家电维修	21	三	刘贵明	
1993年	十一	体育	37	三	段建华	
1994年	十二	林果茶	56	三	杨智德	与开远交通职中联办
1995年	十三	家电维修	57	三	刘贵明	与个旧铁路职中联办
1996年	十四	服装制作	22	二	李保荣	与云锡职中联办
1996年	十五	电钳	42	二	杨兴武	与云锡职中联办
1997年	十六	服装制作	23	二	白云梅	与云锡职中联办

时间	班级	专业	招生人数	学制（年）	班主任	备注
1997年	十七	电工电子	47	三	王伟山	与云锡职中联办
1997年	十八	保安	38	三	段建华	与云锡职中联办
1998年	十九	电工电子	28	三	王伟山	与云锡职中联办
1998年	二十	服装制作	23	二	卢迎梅	与云锡职中联办
1999年	二十一	电工电子	33	三	王伟山	—
1999年	二十二	服装制作	32	二	胡静红	—
2000年	二十三	电工电子	32	三	李吓科	—
2001年	二十四	电子电器	37	三	杨才云	—
2002年	二十五	电子电器	57	三	王伟山	—
2003年	二十六	电子电器	47	三	李吓科	—
2003年	二十七	电子电器	47	三	李伟山	—
2004年	二十八	电子电器	54	三	杨核规	—
2005年	二十九	电子电器	51	三	李伟山	—
2003年	综合1	综合高中	31	三	陶雄剑	—
2004年	综合2	综合高中	13	三	德金福	—
2005年	综合3	综合高中	32	三	杨正昌	—

注：1. 1988—1991年招"3+1"班学生；2. 三年制职业初中班1997年开始招生，2004年停招。

第二节　民族师范教育

绿春县的民族师范教育始于1964年，到1985年，先后招收学生和培训在职教师1600多人次，为绿春县的民族教育事业的发展做出了贡献。

绿春中学简师班

1964年秋，根据绿春县师资不足的实际情况，绿春县文教科委托绿春中学开办了简易师范班，招收县内各区初小、高小毕业生共40余人，学制两年，学生伙食费由国家开支，结业后返回原区任民办教师。其设置的课程有政治、语文、算术、珠算、音乐、体育、美术等。1965年秋，招生第二届简易师范生，40余人。1966年初，由于学生流失过多，将两个班合并为一个班46人，计划于当年7月毕业。由于受"文化大革命"的影响，这批学生一直拖延到1969年初才被"上山下乡"。后来，通过招考教师的方式，绝大多数学生成了绿春县的公办教师。

大黑山五七中学师范班

为适应绿春县民族教育发展的需要，1972年9月，县文教组在县属五七中学（大黑山）开办了师范班，学制一年，面向全县招生，要求学生必须是高、初中结业生，由各公社教办室选拔推荐。实行"社来社去"的原则，国家不包分配，结业后由各学区统一安排担任民办教师。在校期间由国家供给口粮、伙食费，享受国家助学金待遇。

1972年、1973年和1976年先后招生三届（三个班），147名学生。课程设政治、语文、数学、音乐、体育、写字、劳动等，教材均由任课教师自编自授。语文课着重讲授语文基础知识，汉语拼音；数学课侧重讲授算术理论，以及部分初中教材知识内容。结业前，三个班学生先后分别到大水沟、老柏寨、嘎处等中心学校实习，实习时间15～20天。三届学生共结业144人（3人中途退学）。大多数结业生通过招考教师的方式，被吸收为绿春县的公办小学教师。

向阳中学师训班

1977—1978年，绿春县文教局师资培训组，借用向阳中学（今绿春县第二中学）的校舍开办小学师资培训班。师训班学员是由各公社教办室选拔推荐的民办教师，每期师训班学习期为三个月，每期学员为30余人。师训班教师分别是：邹庚禄（县文教局师资培训组组长）、李有湘（语文教师）、范国兴（数学教师）、封爱华（汉语拼音、普通话教师）等。课程设置：政治、语文、数学、音乐、体育、写字等，教材均由任课教师自编自授。语文课着重讲授语文基础知识，汉语拼音；数学课侧重讲授算术理论，以及部分初中教材知识内容。

县民族教师进修学校

"文化大革命"时期，在"读小学不出村"的口号下，村村寨寨办学校，造成师资紧缺，连少数初识字的人员也充当教师，严重影响了绿春县民族教育事业的发展和教学质量的提高。

1972年，绿春县革命委员会文教组设立师资培训组。1973年3月至1978年，先后借用绿春一中、向阳中学、大兴小学等学校的校舍，对公、民办教师和新吸收的教师进行培训，至1978年共培训教师404人次。1979年3月，在文教局师资培训组的基础上，建立了绿春教师进修学校，让业务素质偏低的公办、民办教师分期分批地离职进修，提高教师的业务素质。后来，又承担教师的教材教法过关考试、中师达标考试等辅导工作。1980年，学校更名为绿春县民族教师进修学校。校址在绿春县城西，占地面积2333平方米，校舍建筑面积2000平方米，教职工13人。学制按培训对象和培训目标而定，长则两年，短则半月。课程设置语文基础、数学、汉语拼音、音乐、体育、教育学、心理学。教材有自编和引进两种，引进的有南京晓庄师范以及辽宁师范的语文、数学等课本，教学中，联系实际适当拓宽加深。1983年后，主要是辅导小学教师教材教法过关考试和中师达标。

1979—1985年，共举办教师培训班25期，学员达981人次。绿春县民族教师进修学校遵循教育发展的规律和特点，以"了解中小学教师、研究中小学、服务中小学"为办学宗旨，积极探索各种行之有效的培训模式，多层次、多渠道、多形式开展教师继续教育工作。1997年9月，与红河州民族师范学校联办49人的普师班；2000年，学校被提升为云南省二级教师进修学校，先后与云南广播电视大学、四川师范大学联合开办成人高等学历教育进修班（2000年设立云南电大成人高等教育学历教育办学点）。两个办学点先后招收函授生410名（已毕业145人），招收本科函授生137人。通过与省内外高等学校联合办学，提升了中小学教师的学历教育层次，深受中小学教师及社会各界的欢迎。2002年，经过红河电大评审，报经云南电大批准，春季在绿春县民族教师进修学校开办"开放教育"大专班。

绿春县民族教师进修学校自开办以来，既立足于教师业务素质的培训提高，也注重拓宽办学路子和提升自己的办学格局，为绿春县民族教育事业的发展做出了积极贡献。2005年，学校占地面积4332平方米，建筑面积2668平方米，有教职工29人，其中专任教师20人，外聘教师15人。专、兼职教师中，具有本科学历的11人；高级职称15人、中级职称20人；参加过国家级骨干教师培训的1人，参加省级骨干教师培训的2人。在专、兼职教师中，具有一批能承担高级学历考前辅导任务的中学高级教师，又具有一批熟悉中小学管理教学工作的中学一级教师和小学高级教师。教育教学设施逐步实现现代化，学校工作业绩得到各级党委、政府和上级教育主管部门的肯定，集体和个人曾多次受到表彰奖励，其中，学校党支部多次被评为县级先进党支部；学校被评为县级先进集体和文明学校；在校学员中受云南电大表彰25人；云南省教育厅表彰1人；教师受云南电大表彰4人；在云南省民族贫困地区中小学教师综合素质培训中，成绩突出，被评为优秀组织者2人（厅级表彰）。

绿春县民族教师进修学校的办学，理论联系实际，灵活多样。课程设置依据培训、教育对象使用自编的校本教材及教育部指定的成人教育课本，严格规范教育教学管理，遵循教师发展的规律和特点，以"了解中小学、研究中小学、服务中小学"为办学宗旨，紧紧联系社会经济发展实际，积极探索各种行之有效的培训模式与方法，变单一的培训模式为多元化的教育教学体系，发挥了教师进修学校的职能作用。

表9-2-1　2001—2005年县民族教师进修学校
师资培训基本情况一览表

年度			2001	2002	2003	2004	2005
教师状况	总计（人）		1536	—	1651	1635	1712
	本科（人）		49	—	72	—	107
	专科（人）		295	—	604	—	723
	中师以下（人）		1120	—	—	—	—
培训情况	学历进修	总计（人）	407	—	—	—	—
		本科（人）	—	—	16		237
		专科（人）	—	—	423		298
	晋级培训（人）		1638	1472	1136	1043	—
	骨干教师培训	总计（人）	17	31	—	—	—
		省级（人）	—	9	10	7	—
		州级（人）	17	—	11	6	—
		县级（人）	—	22	—	—	—
	专业知识培训	总计（人）	4	30	7	—	—
		省级（人）	—	—	7	10	—
		州级（人）	—	—	—	37	—
		县级（人）	—	—	—	—	—
	校长岗位培训	省级（人）	—	—	4		
		州级（人）	—	—	24	3	—

表9-2-2　1986—2005年县民族教师进修学校培训中小学教师
基本情况一览表

时间	培训内容	培训形式	培训人数	完成（%）	备注
1986年3月至4月	中小学教师"普通话水平测试"培训	短期	93	—	—
1987年6月至7月	小学教师"小学教师基本功"培训	短期	45	—	—
1988年6月	小学教师"教材教法过关考试"培训	短期	76	—	全部过关
1989年3月	小学教师"中师自学考试"（函授）《教育学》考前辅导	短期	78	—	全部过关

时间	培训内容	培训形式	培训人数	完成（%）	备注
1990年6月	小学教师"一师一校基本功"培训	短期	45	—	—
1991年3月至4月	小学教师"综合素质"培训	短期	105	—	学校教师分批下乡
1992年6月	小学教师"教学常规"培训	短期	68	—	—
1993年2月至5月	小学教师"教师技能考核"培训	短期	102	—	学校教师分批下乡
1994年7月	小学教师"自然课实验"培训	短期	45	—	—
1995年3月	小学校长"校长资格"培训	短期	49	—	—
1996年6月	中小学劳技课教师培训	短期	65	—	—
1997年3月	小学教师综合素质培训	短期	78	—	—
1998年2月	小学高段语文教师培训	短期	98	9.14	—
1999年3月	新教师试用培训	短期	104	9.55	—
2000年2月	义教工程小学自然课教师培训	短期	65	5.88	—
2001年6月	成人高考辅导	短期	106	9.29	—
2002年6月	图书管理员培训	短期	48	4.34	—
2003年2月	中小学教师综合素质培训	短期	342	20.54	—
2003年8月	新课程理念小学课程行动策略	短期	339	20.48	继续教育
2004年2月	小学教师技能考核	短期	154	9.33	—
2004年2月	探究教学的学习与辅导	短期	305	18.49	继续教育
2004年6月	小学教师计算机培训	短期	240	4.55	继续教育
2004年8月	课程改革与问题解决教学	短期	374	22.68	继续教育
2005年2月	小学教师计算机培训	短期	150	8.9	继续教育
2005年2月	小学教师自然实验课培训	短期	68	4.03	—
2005年2月	新课程教师行为的变化	短期	241	14.3	继续教育
2005年6月	小学教师计算机培训	短期	150	8.9	继续教育
2005年8月	新课程教师行为的变化	短期	405	20.03	继续教育
合计	—	—	4194	—	—

表9-2-3 县民族教师进修学校培养具有专、本科学历的学员
基本情况一览表

招生时间	招生数（人）	专业	学历层次	毕业时间	毕业生数（人）	发证院校
1997年9月	49	汉语言文学	中师	1999年7月	49	红河州民族师范校
2000年5月	109	小学教育	专科	2003年7月	104	云南广播电视大学
2001年5月	22	汉语言文学	专科	2004年7月	22	中央广播电视大学
2001年5月	53	小学教育	专科	2005年3月	53	中央广播电视大学
2002年7月	86	小学教育	专科	2005年3月	86	中央广播电视大学
2002年8月	65	小学教育	专科	2005年9月	65	中央广播电视大学
2003年2月	68	汉语言文学	本科	2006年3月	—	中央广播电视大学
2003年8月	42	汉语言文学	本科	2006年9月	—	中央广播电视大学
2003年2月	46	小学教育	专科	2006年3月	—	中央广播电视大学
2003年8月	16	小学教育	专科	2006年9月	—	中央广播电视大学
2004年2月	19	小学教育	专科	2007年3月	—	中央广播电视大学
2004年8月	21	小学教育	专科	2007年9月	—	中央广播电视大学
2004年11月	95	汉语言文学	本科	2007年12月	—	四川师范大学
2005年9月	42	行政管理	专科	2008年7月	—	中央广播电视大学

第三节 五七大学

在"学朝农"（辽宁省朝阳农学院）、"农业学大寨"（山西省昔阳县大寨）的热潮中，根据1975年6月，红河州党委传达的中央及云南省委的指示精神，绿春县文教局于1975年7月，将绿春县第二中学改称为绿春县五七大学，校址在大黑山。学员经各公社大队选拔、推荐入学，学员文化程度高低不一，从初识字到高中文化的都有。学制长短不一，多则一年，少则半年，实行社来社去的原则。学习期间，国家供给口粮，发给伙食费。教材多为教师自编自授，课程分为文化课与专业课。文化课设政治、语文、数学、物理、化学、生物、音乐、体育、珠算等；专业课，则根据不同的专业进行设置。教学上采取理论联系实际，边学边干的方法，如公路测量班，由教师带领学生实测大黑山到三楞的乡间公路，公路全长20千米；电工班学员由教师带领到大水沟公

社的八富、宋壁一带去参加建设农村小水电站工作，在实践中学习；师范班结业前到附近的中心小学去实习；建筑班学员学习打砖坯、烧砖、盖校舍、打桌椅；农技班建立实验基地，从选种、种植、施肥、管理、防治病虫害、异花授粉等，还为学校缝蚊帐、被套，给学生缝衣服。

1972年4月至1977年8月，学校先后招收了师范、电工、测量、农技、建筑、缝纫等6个专业13个教学班级，共招收567人，结业368人。

五七大学电工班

1972年，为适应当时农村小水电站建设的需要，首届招生50人，学制半年。因学校条件差，生活艰苦，流失人数多，结业时只有24人。专业课由李福生老师和刘美琼（农水系统选派）担任，教材自编自授，内容为小水电站建设、管理和电工知识，教学以实践为主。同年10月结业。

1974年，招收第二届电工班，由李福生老师负责专业课教学。教材以《农村电工手册》为主，学制一年，以大黑山电站为实习场地。1975年8月，结业学员30人。

五七大学测量班

1972年4月，招收测量班学生50人，学制半年，主要教学内容有数学、测量基础知识，实践操作。实测大黑山到三楞的乡间公路，以20千米的路段进行实际操作培训。由于学习、生活条件差，教材是专任教师自编自授，测量仪器多为教师自制，到10月结业时，只有20余人。1976年9月，招收第二届水工测量班学生18人，学制一年。由吕玉富、马奇锐两位老师负责，课程设置几何、测量等专业课。1977年7月，结业8人。

五七大学农技班

1974年9月，招收农技班50人，学制一年。这个班是由文教、农水两家合办，文教局选派2名文化课教师担任，专业课教师由农水部门选派朝匡鲁担任。课程设政治、植物学、植物栽培学、植物保护、育种学、化肥、农药使用等，教材由专任教师编选讲授，有实验基地1333平方米，试验品种有花生、杂交玉米等。1975年8月，有47名同学结业。1976年9月，招收第二届农技班学生50人，后因专业课教师调走，缺乏教材，教学了一个学期，报请县文教局、农水局，同意之后停办。

五七大学建筑班

1975年9月，招收第一届建筑班学生60人，开设木工、泥工、制砖等专业。由徐文明老师负责木工，杨炳成老师负责泥工，何鲁皮、朱生六两名老师负责打砖烧砖。教学以边教边学、现场实践为主，学生以掌握一项专业技术技能为标准，考核合格发给结业证书。结业原则是：学会一种专业技术技能者就结业，先后分3批结业。在办班期间，建筑班师生一同建盖了面积1946.36平方米的教学楼、厨房、厕所，学生在实践中学到了不少技术与本领。1976年，招收第二届建筑班30人，学制、教学内容、教学方法及结业原则与前一届相同。学生比上一届少，但教学效果比上一届好，教学质量比上一届高，主要是专业教师从实践中探索总结了一套结合农村学生实际的教学规律、教学方法和经验。该专业结业的学员，多数人成了绿春县农村房屋建筑、打家具的骨干力量。

五七大学缝纫班

1975年9月，招收第一届缝纫班，因无专业课教师，多数学生流失，剩下的并入次年招生的班级进行学习。1976年9月，招收第二届缝纫班学生20余人，学制一年，课程设置：裁剪、缝纫两门专业课。1977年8月，结业18人，他们已基本掌握剪裁、缝纫两门专业技术，后已成为农村的裁缝专业能手。

表9-3-1　五七大学各专业班基本概况一览表

专业名称	招生时间（年）	班数	招生人数	结业人数	学制（年）
师范	1972、1973、1976	3	147	144	1
电工	1972、1974	2	100	54	0.5～1
测量	1972、1976	2	68	37	0.5～1
农技	1974、1976	2	100	47	1
建筑	1975、1976	2	90	49	1
缝纫	1975、1976	2	60	18	1
合计	—	13	565	349	—

第四节　农业大学

1975年6月，在"农业学大寨""学朝农"的热潮中，绿春县委根据1975年6月红河州党委传达的中央及云南省委的有关指示精神，决定在县城西阿迪村附近的"苦摸山"上（现绿春县中波站处），创办"绿春县农业大学"。同年11月，举行开学典礼。校长由县委书记兼任，学员为来自全县各公社、大队的社员。采取推荐和选拔的方式录取，首批学员50人，分为两个班，农技班30人，兽医班20人。学制两年，实行"社来社去"的原则。国家供口粮，每人每月发给伙食费9元，专业课教师由农林局选派，文化课教师由教育部门选派，设农学、兽医两个专业班。文化课设政治、语文、数学、体育、音乐；农技专业课设病理学、植物栽培学、气象学、育种学、果树栽培学；兽医专业课设内科、外科、传染病防治、诊疗、饲养、管理、选种育种等。教材由教师根据学员的实际情况自编。采取理论联系实际，边教边学边干的教学方式。农技班进行玉米杂交试验，亩产玉米750千克；兽医班到城关镇兽医站实习。1977年6月，1人因事退学外，其余49人结业。

第五节　专业训练班（校）

文艺班

为培养基层文艺活动骨干，同时也为绿春县宣传队（绿春县文化工作队）输送人才，1975年8月，绿春县文教组在向阳中学（今绿春县第二中学）开办文艺专业班。学生从当年全县应届小学毕业生中选拔，定学制三年，招生54人（编为向阳中学5班）。学习期间由国家发给助学金，其他待遇与中学生相同。专业设置文化课与专业课，文化课设政治、语文、数学、体育等。专业课教师由县宣传队选派，文化课由向阳中学教师担任。行政上由向阳中学统一管理。1976年8月，招生45人（编为向阳中学8班）。1977年初，该专业班停办，学生根据其意愿分别插入全县各中学继续读初中。

少体班

为培养绿春县初级体育人才，1975年9月，绿春县文教组在绿春县大兴小学开办少年体育训练班。学生由当年全县应届小学毕业生中选拔录取，非城镇户口学生，国家每人每月发给伙食费，其他待遇与中学生相同，学制三年。招生54人，其中女生12人，编为一个文化班，三个专业班（即篮球，排球、乒乓球），行政上由大兴小学统一领导。课程分文化课与专业课，文化课设政治、语文、数学、物理、化学、外语等；专业课设田径、篮球、排球、乒乓球等。采取上午教学文化课，下午进行体育训练。

1976年9月，招生38人，其中女生8人。1978年7月，首届少体班学生毕业，录取高中13人，录取中等专业学校5人，吸收参加工作13人。1978年8月，该专业停办。第二届少体班学生，分别插入全县各中学就读初中。当年在少体班训练过的学生，多数成为所在单位的体育活动骨干。

林业技术培训班

1965年3月，创办林业技术培训班亦称林业中学，由绿春县林业局主办，目的是为培训农村虫胶辅导员，发展绿春县的虫胶产业。校址在大水沟乡东沙村委会勒得村，学生来自适于产虫胶地区的农村，招生30余人，学制三年。办学形式为半工半读，即：上午读书，下午劳动。开设专业课和文化课，由林业局选派2名专业课教师，由教育部门选派1名文化课教师。专业课主要传授虫胶放养、采胶、胶树管理等技术，文化课教材为《农民识字课本》。师生共同开垦虫胶地1332

多平方米，种植虫胶寄生树三叶豆，培育自然林中的牛勒巴树、火绳树、鹌鹑树等虫胶寄生树。通过学习，学生学到一定的专业技术和文化知识。1967年11月，林业技术专业班学生提前结业，学校停办。

卫训班

1971年，卫生系统根据上级有关指示精神开办卫训班，目的是为绿春县培训、提高卫生人员的业务素质。校址在绿春县制药厂处（现绿春县疾控中心、农业局、林业局、气象局为邻），校含建筑面积425.6平方米。教员由卫生系统聘任，学员为基层医务工作者和新吸收参加卫生工作的高、初中毕业学生，学制不一，长短结合。课程依情况而设置，多少不等，教材多由任课教师自编自授。教学既重理论，更重实践。

卫训班先后招收和培训了初级护理班3个，中级医士班、中西医结合班、药物改革管理提高班各1个，共5期6个教学班，100名学员。

表9-5-1 卫训班基本概况一览表

时间（年）	期数	培训班名称	专职	兼职	小计	学员数（人）	毕业	结业	学制（月）	开设课程（门）
1971	1	初级护理班	2	3	5	30	28	—	8	9
1973	2	初级护理班	1	2	3	15	15	—	4	—
1973	2	中级医士班	2	4	6	15	14	1	24	13
1978	3	中西医结合班	1	—	1	13	13		8	—
1980	4	初级护理班	1	3	4	15	15	—	12	7
1981	5	药改管理提高班	—	2	2	12	12	—	1	—

"3+1"专业班和"6+1"专业班

1988年9月，各普通中学开设专业班或专业课：在大黑山中学开办橡胶专业班，由县教育局、城乡社队企业局、林业局联办；平河中学开办畜牧兽医专业班及草果专业班，由县教育局、农牧局联办。绿春一中开办建筑专业班；绿春二中开办茶叶专业班；牛孔中学开办大豆、花生专业班；大水沟、半坡中学开办紫胶专业班；戈奎中学开办杉木专业班；骑马坝中学开办香蕉专业班；三猛中学开办蔬菜专业班。专业课教师从乡镇农科站、林业站、兽医站抽调到所在地学校任，每周1~2节课，教学理论联系实际，重在到田边地头实践。

按照相关农科教统筹有关精神，结合绿春实际情况，全县各普通中学和部分小学分别举办了"3+1"和"6+1"班，即初中、小学毕业后，未能升学的初中、小学毕业生，再留下一年继续学习，依据当地产业特点，进行实用技术的教育与培训，培训项目主要是种植和养殖等。小学三年级以上开设劳动课，以全面提高劳动者素质，促进当地经济社会的发展。

中央农业广播学校绿春分校

1984年10月，由绿春县人民政府牵头，绿春县农业局、教育局、财政局、劳动人事局等六个单位，联合成立中央农业广播学校绿春分校领导小组，并成立中央农业广播学校绿春分校，由时任副县长马柄华兼任校长，农业局林鸿昌任专职副校长并主持工作。第二期（绿春县为第一期）招收学员66人（正式学员56人，旁听生10人），学制三年。开设农学、农经、畜牧三个专业。以学员自学为主，辅以教学大纲、教师讲稿和自测题发放给学员学习。其中，37人获得中央农业广播学校发放的中专毕业证书，10人获得红河州分校发放的初专毕业证书。

1985年招收第三期（绿春县为第二期）学员70名，并设农经、畜牧和乡镇企业经济管理三个专业。

普通中学橡胶专业班

1985年8月，绿春县人民政府决定由林业局、教育局、乡镇企业局合作，在大黑山中学开办橡胶专业班，学制一年，学生来自大黑山、半坡两个区的历届初中结业生共35人，学习期间国家供应口粮补助，发给伙食费，结业后回原籍。课程设专业课（气象学、橡胶栽培学、植物基础、病虫害防治与植物保护）和文化课（政治、语文、数学、体育、音乐）。专业课教师由县林业局和县乡镇企业管理局选派，文化课教师由大黑山中学教师兼任。于1986年秋结业，为本县橡胶产业发展培养了一批初级专业技术人才。

普通中学畜牧兽医专业班

1988年8月，绿春县人民政府决定由县农牧局、县教育局合作，在平河中学开办"2＋1"畜牧兽医专业班。其目的是让完成初二学业的学生分流，学习一年畜牧兽医专业课程，让学生具备初级畜牧兽医专业水平。"2＋1"专业班所需的专业课教材、实习实验经费等由县农牧局提供，同时县农牧局还安排一名畜牧兽医专业人员，作为"2＋1"畜牧兽医专业班的专业课教师，文化课教师由平河中学教师兼任。畜牧兽医专业课程设在平河中学两个初二年级班级中。1989年8月，经考核两个初二年级班级的学生，获得了初级畜牧兽医专业合格证书。

1989年9月，在总结"2＋1"畜牧兽医专业班办班经验的基础上，在平河中学开办"3＋1"畜牧兽医专业班。专业班学生有34人，是已经完成初中三年学业的平河乡籍学生。"3＋1"畜牧兽医专业班所需的专业课教材继续由县农牧局提供，实习实验经费等比1988年的"2＋1"畜牧兽医专业班投入的更多。专业课教师除保证县农牧局安排来的畜牧兽医专业人员外，县教育局招聘一名畜牧兽医专业教师到平河中学任教，"3＋1"畜牧兽医专业课师资力量大大加强，文化课教师继续由平河中学教师兼任。在课程安排上，文化课与畜牧兽医专业课各占50%。1990年8月，经考核"3＋1"畜牧兽医专业班34名学生，全部获得了初级畜牧兽医专业合格证书。

表9-5-2　2005年职业学校一览表

学校名称	建校时间	校址	最初概况			2005年概况			校长	备注
			班级	学生人数	教职工人数	班级	学生人数	教职工人数		
绿春县民族职业高级中学	1983年9月	绿春县城	1	30	5	8	332	44	陆康	职高生284人，职初生48人。
绿春县民族教师进修学校	1979年3月	绿春县城	1	45	5	8	349	29	方春云	本科2个班，专科6个班。

第十章
成人教育

第一节　机构设置及扫盲工作

　　1958年，在工农业生产"大跃进"的高潮中，绿春县建立扫盲指挥部，由时任县委副书记洪大明亲自挂帅，办公室设在县文教科，由马普恩负责，各区（今各乡、镇）建立扫盲指挥组，由分管文教工作的区委副书记任组长，区文教助理员和区中心学校校长为组员，负责日常工作。乡级（今村委会）建立扫盲辅导站，由小学教师做具体工作。1960年，绿春县建立工农业余教育委员会，由县委、人委（即人民委员会，今县人民政府）、县武装部、县妇联、团县委、县文教科等单位的负责人组成，由时任县委副书记陈国俊任主任，办公室设在文教科，由 龙云和 负责处理办公室日常工作，各区中心完小所属学校负责做好这项具体工作。1963—1977年，由县文教部门配备一名干部专管全县业余教育工作。其中，1963—1971年，由童家昌负责；1972—1974年，由郑朝明负责；1975—1977年，由何文亮负责。1978年，绿春县文教局设立业余教育办公室，由何文亮任办公室主任。1979年，各学区（今各乡镇中心完小）配备一名扫盲专干，负责组织实施各学区内的业余教育工作。1981年12月，绿春县人民政府在政府机关中设立职工教育办公室，郑志孔负责这项工作。1982年，绿春县文教局任命何里甲为业余教育办公室主任，配备工作人员1人。1983年5月，绿春县设立职工教育管理工作委员会，由时任副县长王佐臣任绿春县职工教育管理工作委员会主任，郑志孔任副主任，职工教育管理工作委员会有10名委员，并设立相应的办公室开展工作。1984年，绿春县文教局任命李立本为业余教育办公室副主任。1985年，任命李谷昌为绿春县教育局业余教育办公室副主任。1989年，绿春县教育局业余教育办公室改称绿春县成人教育股（简称成教股）。2003年，绿春县成人教育股改称绿春县职业教育与成人教育股（简称职成股），职成股股长先后由李九鸿和施福寿担任。

1987年，制定并实施《扫盲奖励办法》，对扫盲工作中成绩突出的单位和个人给予表彰奖励，教学因地制宜，采取分期分批集中或夜校方式开展扫盲工作，并针对不同地区聚居的各少数民族的实际情况，采用汉文、哈尼文、彝文、瑶文等几种文字进行扫盲（县民委同时也给予大力支持）。全县共办85所夜校（班），有学员2049人。比1986年增加24个班，学员比1986年多654名。与此同时，继续在全县11所全日制小学中进行哈、汉双语教学试点工作，其中，大兴学区（今大兴镇中心完小）的广吗小学学前班教学试点工作，取得了较好的经验。1993年，借助1990年开展"国际扫盲年"之契机，绿春县把扫盲工作列入各级党委政府的重要议事日程，当年12月下旬，召开了全县扫盲工作会议，并先后制定实施了《绿春县十年扫除文盲规划》《关于补助农村成人教育活动经费的实施细则》《绿春县扫盲奖励试行办法》《关于加强绿春县扫盲工作的意见》等文件，全县九个乡（镇）均配备成人教育专干，总经费投入2.68万元（省级拨款8600元，乡镇筹集2万元），从人力、物力、财力等方面切实保障农村成人文化技术教育，扫盲工作取得了可喜的成绩。同年，全县共办扫盲班65个，学员1721人，脱盲1229人（女432人），在州下达的指标基础上超额完成29人，文盲率控制在48.6%以下。1994年，县、乡两级贯彻《云南省（扫除文盲工作条例）实施条例办法》，抓紧抓实农村成人教育工作，戈奎乡、三猛乡、半坡乡等地开办了乡属机关家属妇女扫盲班，全县办扫盲班达87个，学员2205人，脱盲1814人，文盲率降至46.7%，比1993年下降1.9个百分点。骑马坝乡老普寨村通过扫除文盲工作检查，成为绿春县第一个基本无盲村。

1995—1997年，扫盲成果得到不断巩固和提高。1995年及1996年，全县分别办扫盲班93个和105个，分别有学员2490人和2774人，分别脱盲2189人和2191人，文盲率分别降至46.1%和43.7%。1997年，扫盲办班发展到171个，在班学员4995人，脱盲4360人，比1996年翻了一番，文盲率下降到37.5%，比1996年下降了6.2个百分点，是下降幅度最大的一年，扎实推进了全县的"普六"工作进程。1998年及1999年，全县扫盲工作稳步发展。扫盲班分别为201个和216个，学员5654人和6785人，分别脱盲5099人和6103人，文盲率已分别下降到31.7%和27.7%。

2000年，是"普及六年义务教育"的关键年，为顺利通过省人民政府"普六"评估验收，全县共开办扫盲班296个，学员达9029人，脱盲8020人，文盲率降至21.3%。2001年，各乡（镇）学区改称乡（镇）教管办，同时各乡（镇）教管办不再设乡（镇）扫盲专干，各乡（镇）教管办的扫盲工作由其乡（镇）教管办分管副主任兼管，县教育局成职教股也加大了工作力度，并为全面推动绿春县的"两基"工作，制定了《绿春县基本普及九年义务教育和基本扫除青年壮文盲实施方案》，通过认真组织实施，当年15周岁人口文盲率已降至4.6%。办扫盲班492个，学员10685人，脱盲10230人，文盲率降至17.7%。2002年，全县办扫盲班335个，学员11560人，脱盲10026人。2003年，全县办扫盲班258个，学员8326人，脱盲7849人，文盲率降至3.49%，实现了基本扫除青壮年文盲的工作目标。2004年及2005年，绿春县进一步加强和巩固"普六"及扫盲成果，分别举办扫盲班64个和49个，分别有学员1080人和925人，扫除青年壮文盲分别是495人和518人，文盲率分别降至3.24%和2.51%。

表10-1-1　1958—2005年业余扫盲教育工作

办班基本情况一览表

项目 数目 时间	扫盲班			业余高小		
	班数	学员数 （人）	累计脱盲数 （人）	班数	学员数 （人）	毕业数 （人）
1958年	—	23192	13510	—	—	—
1959年	—	23436	300	—	—	—
1960年	—	22242	1200	—	—	—
1961年	—	—	—	—	—	—
1962年	—	—	—	—	—	—
1963年	13	440		—	—	—
1964年	86	3262	—	—	—	—
1965年	116	3142	1066	4	33	—
1966年	227	5291	—	—	—	—
1967年	—	—	—	—	—	—
1968年	—	—	—	—	—	—
1969年	—	—	—	—	—	—
1970年	—	—	—	—	—	—
1971年	450	10000	—	—	—	—
1972年	130	3661	—	—	—	—
1973年	152	3401	—	—	—	—
1974年	171	3060	—	—	—	—
1975年	393	10542	1250	147	3156	—
1976年	473	13961	87	—	—	—
1977年	91	2390	122	2	33	—
1978年	80	1561	106	2	33	30
1979年	8	280	124	—	—	—
1980年	46	960	—	—	—	—
1981年	32	653	—	1	3	—
1982年	47	733	—	1	3	—
1983年	61	1393	16	1	3	3
1984年	61	1235	322	—	—	—
1985年	82	1560	157	6	94	—

续表

时间	扫盲班			业余高小		
	班数	学员数（人）	累计脱盲数（人）	班数	学员数（人）	毕业数（人）
1986年	21	280	2010	—	—	—
1987年	23	307	2317	—	—	—
1988年	26	328	2645	—	—	—
1989年	24	314	2959	—	—	—
1990年	28	422	3381	—	—	—
1991年	30	562	3943	—	—	—
1992年	35	633	4576	—	—	—
1993年	65	1229	5805	—	—	—
1994年	87	1814	7719	—	—	—
1995年	93	2189	10008	—	—	—
1996年	105	2191	12319	—	—	—
1997年	171	4360	15389	—	—	—
1998年	201	5099	18689	—	—	—
1999年	216	6103	24089	—	—	—
2000年	296	8020	32109	—	—	—
2001年	492	10230	42339	—	—	—
2002年	335	10026	52365	—	—	—
2003年	258	7849	60214	—	—	—
2004年	64	495	60709	—	—	—
2005年	49	518	61227	—	—	—

注：① 1961年、1962年、1967年、1968年、1969年、1970年共6年的县业余扫盲教育工作办班情况资料缺失，1958—1977年累计扫除文盲人数未予统计。② 1978—2005年，共办2345个业余扫盲教育班，累计扫除文盲61227人。③ 2005年全县青壮年文盲有2533人，青壮年文盲率降至2.51%。

表10-1-2 2003年业余扫盲教育工作
办班基本情况一览表

单 位	班数	人数	单 位	班数	人数
东德	3	138	骑马坝	3	80
龙丁	2	93	的松	1	10
瓦那	4	161	哈育	2	50
马宗	2	68	独家	1	11
迷克	2	93	窝子村	1	15
阿迪	3	127	倮模	1	11
岔弄	2	66	地房	1	8
大寨	2	60	喳洛	1	10
牛洪	1	37	哈巩	1	7
老边	3	92	骑马坝乡小计	12	202
大兴镇小计	26	1018	机关	2	60
半坡	3	150	土嘎	1	39
东沙	3	140	河坝	2	70
牛托洛马	3	140	中拉小学	1	18
二甫	1	30	新纳卡	1	18
半坡乡小计	10	460	纳卡	2	60
贵龙	2	60	三猛乡小计	33	1396
牛孔	2	60	大水沟	3	100
下阿谷	2	65	龙埔	2	62
麻木树	1	23	东沙	2	70
龙丁	1	28	牛倮	1	42
上处边	1	31	牛直	4	150
作明	1	20	八富	2	79
龙洞	1	30	大角马	2	59
东沙	1	20	宋壁	1	30
牛巩	2	40	大水沟乡小计	17	592
生马	1	20	嘎处	2	80
龙土	2	50	老佰寨	1	44
摸东	1	20	撮洛	2	60
牛孔乡小计	28	751	搬布	1	23

单 位	班数	人数	单 位	班数	人数
桐朱	5		三楞	2	64
巴东	5		戈兰	2	35
巴卡	3		罗布角	2	50
哈德	2		拉龙	2	50
扒别	3		大黑山乡小计	17	556
腊姑	7		戈奎	6	310
巴德	4		子雄	4	108
塔普	4	247	托牛	6	115
加梅	6	225	新寨	5	178
埃倮	7	123	折东	3	82
哈鲁	8	236	东哈	4	141
俄马	6	90	大头	5	149
俄普	5	93	平河	4	145
戈奎乡小计	48	1300	东斯	10	253
略马	6	186	车里	8	190
咪霞	8	251	平河乡小计	67	2051
东角	7	263	总计	258	8326
东批	7	213			

第二节　扫盲学校（班）

识字班

1953年春，金智祥在大水沟乡扭直村，李荣森在大黑山乡卧马村，发动群众自己动手，用空房作教室，木板竹篱当桌凳，分别在两所学校办起了冬学识字班，有学员53人，晚上学员们点燃松明灯学习，师生利用节假日种玉米、花生、山稻等农作物，种植农作物所得的经济收入主要用于解决学习所需费用。教师自编乡土教材，自制教学用具。学员经过3年的业余学习，大部分学员认识100余个汉字，达到半脱盲的标准，学会100以内加减法的简便计算。同年秋，大水沟乡大龙潭村，读过"老学"的识字人孙维华，在当地公办学校老师的指导下，也办起了冬学识字班，有学员18人。绿春驻军3981部队的民族工作组成员，在半坡东沙等边境村寨，除了宣传党的民族政策，为边民群众做好事，同时也在边境村寨办过青年识字班，组织农民青年学习文化，对贯彻执行党的民族政策、安定边民、民族团结、发展生产起到了积极的促进作用。1954年秋，孙克昌在大兴镇大兴寨，王志忠在大兴镇老边村，分别利用业余时间办起青年识字班各一个，共有学员50人。1957年3月，绿春驻军3981部队民族工作组成员，在三猛区通俗、巴卡村，分别办各一个青年识字班，共有学员54人，其中女学员19人。通过一年多的学习，大部分学员认识300多个汉字。同年秋，在戈奎、戛处、作落角马、大田、磨盘、马大、半坡等哈尼族村寨，先后办起了青年识字班。

教师们利用当地各民族群众节假日，组织识字班学员开荒种地，采摘木耳等勤工俭学活动，解决学员学习所需的书籍、笔、墨、纸张等费用。学员们学习积极性很高，既学习文化又开展文娱体育活动。戈奎乡牛洞村吴其六等学员，每天晚上打着火把步行两千米去识字班学习。由于坚持不懈，刻苦学习，思想政治及文化水平都有了很大的提高。后来，吴其六还当上了乡长（今村委会主任）。

表10-2-1　1953—1957年冬学识字班
办班基本情况一览表

学校名称	学员人数	开办时间	教师姓名	备注
扭直	28	1953年3月	金智祥	—
卧马	25	1953年3月	李荣森	—
大兴寨	15	1954年9月	孙克昌	—
老边	35	1954年9月	王志忠	—
马场	21	1956年	李何六	民办教师
戈奎	32	1957年9月	龙云和	—
嘎处	36	1957年	金智祥	—
作落角马	16	1957年	李家和	民办教师
磨盘	21	1957年	李福春	民办教师
大田	20	1957年	曹文安	民办教师
马大村	12	1957年	李乔顺	民办教师
半坡村	21	1957年	杨兴荣	民办教师
大龙潭	18	1957年	孙维华	民办教师
全县合计	303	—	—	—

哈尼文扫盲

1958年7月10日至8月10日，红河哈尼族自治州边委，在元阳县城开办哈尼文师资培训班。绿春县派小学教师邵习良、李荣森，以及从建水县新招收来的教师共计80余人；绿春县级机关所属单位派普有妹、白绍初等20余人，总计100余人参加培训学习。同年8月中旬，在绿春县城（大兴小学）举办一期县级哈尼文培训班，全县小学教师和部分县属机关干部共120余人参加培训学习。同时，在戈奎乡开展用哈尼文扫盲试点工作。同年9月，绿春县全面开展用哈尼文扫盲推广工作。在县扫盲指挥部统一领导下，绿春县组织全县小学教师（120人），下乡干部、解放军民族工作组的成员，还有部分在校读书高小学生，共计350人，组成绿春县的用哈尼文扫盲工作队伍。哈尼文扫盲工作队员，深入到乡村、工厂、矿山、机关和修筑公路工地等，开展群众性学习哈尼文扫盲运动。

各级党委把用哈尼文扫盲工作列为中心工作之一，时任县委副书记洪大明亲自指挥，以身作则积极带头学习哈尼文，推动了用哈尼文扫盲工作的开展。全县90%以上的青壮年都动员组织参加学习，大家学习哈尼文的热情很高，经过两个多月的学习，13510人达到脱盲标准。

哈尼文是20世纪50年代，国家为哈尼族新创设的一种拼音文字。哈尼文有其严密的科学性，其特点是易学、易记，如果不经常使用当然很快就忘记。许多学员也包括部分老师，过去没有基础（没有基本的哈尼文化功底，作为其学习运用哈尼文的土壤，有了工具却不会使用工具）。在推动用哈尼文扫盲工作中，采取突击培训师资，突击扫盲，后续的巩固提高工作跟不上，辅助读物很少，学用不能很好地结合，因此，脱盲后时间不长部分学员又复盲。

1964年，中央民族学院（今中央民族大学）教师李永燧、姬家发及绿春县干部马普恩，在藤条河两岸哈尼族聚集地再次进行调研，选定戈奎乡的普朵轰马村作为试点村，开办哈尼文试验小学。绿春县派哈尼族教师毛军田，配合哈尼文调研组的同志进行试验，招收半日制小学生40人，青少年扫盲班60余人（占全村青少年总数的73.8%），于1965年9月13日正式开学。同年，省民委拨款5000元，建盖一幢132平方米土木草顶结构的校舍。在教学中，一、二年级以《哈尼文读本》为语文教材，三年级开始学习汉语文，算术课采用普通小学校的教材，学生（学员）的学习积极性很高。通过一年的教学，部分学生（学员）能用哈尼文写信、开便条。1966年下半年，开展民族研究、调查工作的同志先后调回原单位，普朵轰马村哈尼文的试验推广工作停止。

1984年，绿春县恢复哈尼文试验推广工作，分别在大兴学区（今大兴镇中心完小）的广吗、窝迷、四角、东德等哈尼族村寨，开展用哈尼文扫盲工作。1985年，对学员经过测试（考试），有203人达到脱盲验收标准。

政治夜校

1959年，绿春县举办各种类型的"红专"学校，要求各级党组织做规划、展宏图，个人制定学习计划，人人树雄心、立壮志。鼓励个人努力学习，走自学成才的道路，在鼓足干劲力争上游，多快好省地建设社会主义总路线的指引下，绿春县掀起大办"红专"学校的热潮，全县组织23463人到各级各类"红专"学校学习。1960年，绿春县的"红专"学校改为政治夜校，教学内容与政治斗争、生产斗争和科学试验紧密地结合。

为了办好政治夜校，绿春县采取了以下措施动员组织学员入学。① 加强领导，大力开展宣传工作。要求各级党委把政治夜校列入党委的重要议事日程，由一位副书记分管教育工作，定期收集汇报，定期进行检查。在宣传教育中，鼓励群众脱掉文盲帽，不当睁眼瞎。教育群众认识"科学是个宝，没有文化学不了"的前途美景教育。通过各种形式的教育活动，提高了人民群众的认识，激发了广大人民群众的学习积极性。1960年，全县有青壮年文盲24714人，组织参加学习的有22242人，占青壮年文盲总数的90%。② 大力培训师资，建立县、区、乡三级培训网。绿春县人民群众的文化基础普遍较差、师资缺乏，采取多种形式，大力培训师资成了当务之急。1959年至1960年，县、区、乡三级共培训民师1373人次。与此同时，绿春县还培训了业余学校的民师1237人，平均每18个学员有一个民师。③ 组织高速脱盲组。为达到分期分批脱盲，1960年，组织共产党员、共青团员、农村基层干部、民兵和青年积极分子等参加的200多个高速脱盲组，共3000人参加突击学习，他们每天除生产、工作外，坚持学习2小时，经过半年的突击扫盲，多数学员识字1000多个，有1500多人脱了盲。④ 因地制宜、因陋就简、勤俭办学。农村中，政、文、技三结合的夜校，大部分设在农村小学中，借用学校教室、黑板、桌凳、教具。也有设在生产队仓库里的夜校，教师自制教具，学员自带凳子。在教学中，有的利用沙盘练写字，用生字卡片、见物识字等多种形式进行教学。⑤ 建立检查评比制度。根据红河州委指示，绿春县建立每年一次的交叉检查评比制度，每年组织两次区与区、乡与乡之间的交叉评比活动。1960年，新寨乡（今平河乡新寨村委会）被评为扫盲先进单位，出席了云南省召开的文教群英会，受到云南省委和省人民政府的表彰奖励。

1963年，绿春县文教科在腊姑乡（今三猛乡腊姑村委会）扫盲试点。时任绿春县文教科科长王子恒，经常深入到腊姑乡指导工作。在乡党支部的领导下，腊姑乡扫盲工作从一校一班48人，发展到1964年的一校两个班，4个识字组共176人，参加学习的青壮年占全乡青壮年人数的54%。1963年3月，骑马坝小学为解决女青年入学难的问题，举办晚班进行扫盲，招收学员105人（大部分是女性青少年）。学员每天晚上自带油灯到学校，学习1～2小时，经过3年的学习，大部分学员脱了盲。夜校学员白马琼、白红芬被绿春县宣传队吸收参加工作。1963年12月2日，县文教科下发《关于开展农民业余教育工作的意见》，要求各地办好试点，培训好师资，扎扎实实一校一校地办好，提出识字1500个，并做到：会说、会读、会写、会用的才算脱盲。据当年统计，绿春县举办业余学校扫盲班13个，有学员440人。到1966年，发展到227个班，在校学员达5291人，扫除文盲达1066人。1971年9月，云南省在昆明召开教育工作会议。会议要求继续开展批修整风，在四五期间实现普及小学五年教育，有条件的地方普及七年教育，要求农村大力开展扫盲工作。绿春县及时传达了会议精神，全县开办政治夜校450所，有近万人参加学习。1973年4月，贯彻国务院西南片会议（即成都会议）精神后，绿春县出现了村村寨寨办小学，队队举办政治夜校的高潮。如，三猛公社（今三猛乡）巴德大队欧的村，全村58个青壮年都参加政治夜校学习，妇女干部马居杯积极带头，全家5人除小孩外，其余4人都参加了政治夜校学习。骑马坝公社（今骑马坝乡）哈渣村政治夜校有学员50余人，他们在学校里既学习毛主席著作，又学习文化，还学唱歌、跳舞，劲头很大。如，学员李玉明在政治夜校脱盲后，很快学会了裁剪缝纫技术，成了当地的裁缝师傅。1976年，绿春县共有青壮年45869人，其中文盲35037人，占青壮年总数的76.38%；半文盲7081人，占15.4%。举办政治夜校473所，组织13561人参加学习，占青壮年总数的39.8%，共扫除文盲1397人。

业余学校（扫盲班）

1979年7月3日，绿春县人民政府召开农村业余扫盲工作座谈会，团县委、县妇联、县总工会、县文教局等单位负责人和各公社扫盲专干共15人参加会议。根据中央"调整、改革、整顿、提高"的方针，以及"积极稳妥、因地制宜、量力而行、讲求实效"的指导思想，制订了绿春县"六五"期间业余教育的规划和措施，绿春县的业余教育重新走上了稳步发展的轨道。

牛孔公社依期大队白林谷生产队（今牛孔乡依期村委会白林谷村），有39户196人，原有青壮年91人，业余学校开办后，白林谷生产队95%的青壮年参加了业余学校学习。到1980年，共招收4个班，学员93人，结业76人，占青壮年总数的81.3%。杨收福、施龙等学员，被送到全日制中学继续深造学习，通过参加绿春县教师招考考试，成了绿春县的公办教师。

三楞公社撮洛大队（今大黑山乡撮洛村委会），全大队有251户，1531人，其中青壮年文盲有242人，1980年举办4所业余学校，设5个教学班，组织146人参加学习。经过一年的学习，学员学完了省编扫盲课本第一册，学习较好的学员能看懂短文、简单的书报、杂志，会写一般的应用文，能进行100以内的加减运算和珠算验算。

1983年，大兴公社马宗大队（今大兴镇马宗村委会），先后在波衣、落马（上、下两个村子）和马宗等村，办起了业余扫盲班5个，共组织142个青壮年参加学习，占全大队青壮年文盲364人的39%。

到1985年，绿春县共办起业余学校76所，参加学习的学员达1565人，扫除文盲897人。

农民业余高小班

1965年，绿春县举办业余高小班4个，共有学员33人。

1974年，贯彻云南省召开的教育工作会议精神，绿春县掀起大办政治夜校的高潮，农村实行评政治工分，很多生产队自行规定，少年儿童不入学的，参加生产队劳动不计工分；青壮年不参加政治夜校学习的要扣劳动工分。因而，已脱盲的青壮年和学校流失的学生，大多数进入政治夜校继续学习。到1975年，全县共举办业余高小班147个，在校学员有3156人。骑马坝公社坝嘎村（今骑马坝乡坝嘎村），举办一所政治夜校，1969年有30个青壮年进入扫盲学习班，由于他们长期坚持学习，循序渐进，逐步升级，到1978年止，有25人达到初中文化程度，有5人分别被商业、工交、医疗等单位吸收参加工作。这个村子有了一批有文化的人，掌握了一定的科学技术，改变了原来不会做豆腐、不会种蔬菜，以及种田不施肥、不会用化肥的落后面貌，对发展生产，改善群众生活起到了积极的推动作用。

大兴公社阿迪上寨（今大兴镇阿迪上寨），哈尼族女青年李然梭、李鲁标等3人，从1978年开始进入扫盲班学习，每天晚上到校学习2个小时，持之以恒，到1983年7月，通过考试达到高小毕业文化程度，其中两人参加1983年的小学升初中考试，有一人被绿春县第二中学录取。

扫盲学校（班）的课程设置与教材

1954年以前，绿春地区没有业余扫盲教育专用教材，由任课教师结合当地的生产生活实际和学员们的要求，选教一些常用汉字和本地的村名、地名、农活名、农具名、农作物名等，认识字的读法和写法，算术主要以珠算为主（珠算的一些简便计算方法）。1954年，使用云南省编的《农民识字课本》，还设置数学、唱歌等课程。1958年，绿春县用哈尼文扫盲，同时使用《哈尼文读本》。1963年，绿春县文教科结合县内实际，编写了一本乡土扫盲教材，作为县扫盲教材，共30课，教材中有常用汉字1500余字。同年，腊姑乡（今三猛乡腊姑村委会）教师和试点工作组同志，结合本乡实际编写了《农民识字课本》一册，共28课，有汉字227个，在本乡使用。

1973年，绿春县文教组和自读毛主席著作办公室，抽调郑朝明编写绿春县业余扫盲课本一册。课本内容有马克思、恩格斯、列宁、斯大林、毛泽东等著作的选段，绿春的主要山脉、河流、村寨、农活、农具等名称以及农作物名称，共有40课，常用汉字1500个。

第三节　职工教育学校（班）

干部文化班

绿春地区和平协商土地改革运动结束后，各单位从农村青年积极分子中吸收了一批民族干部。为了使他们尽快地适应工作的需要，绿春工委于1957年7月15日至10月20日，在县城原大兴小学校址举办第一期民族干部文化班。由各单位选派的民族干部共40人，其中，男26人，女14人，由魏维喜、姚孔亮、李荣森3位负责培训工作。主要采用云南省编《农民识字课本》一、二、三册，以及《小学算术课本》一、二、三册。开设语文、算术、政治、唱歌等4门课程。通过3个月的学习，学员基本达到识字1000多字，能看懂简短通俗的读物，能写简单的书信和便条，学习较差的学员也认识70多字。学员基本学会并能掌握100以内的进位加法和退位减法的运算，以及元、角、分，斤、两、钱，丈、尺、寸等进率的换算。学员郭苗诺通过这次学习打下了自学的基础，在工作中能坚持自学，不断提高自己的文化水平，后被送云南民族学院（今云南民族大学）深造，结业后被云南民族学院留校。

1962年，县委党校先后举办了三期文化培训班，主要是培训国家机关干部、事业单位职工以及乡社干部共100人。

表10-3-1　1963年干部文化班语文检测成绩一览表

时间 \ 数目 \ 项目	学员人数	识字数							能写文章字数				
		总数	平均数	100至200	200至300	300至400	400至500	500以上	50以下	100至250	300至350	400至450	500以上
入学前	72	8431	117	48	13	3	3	5	2	—	—	—	—
结业时	72	101376	1408	—	—	2	5	65	13	14	15	5	25

表10-3-2　1963年干部文化班算术检测成绩一览表

时间 \ 数目 \ 项目	学员人数	数的概念	整数				小数				会用百分比
			加法	减法	乘法	除法	加法	减法	乘法	除法	
入学前	72	63	56	19	7	0	—	—	—	—	—
结业时	72	72	72	71	60	30	72	71	58	23	5

表10-3-3　1963年干部文化班珠算检测成绩一览表

时间 \ 数目 \ 项目	学员人数	数的概念	整数				小数				备注
			加法	减法	乘法	除法	加法	减法	乘法	除法	
入学前	72	27	27	12	1	0	—	—	—	—	指全体及格人数
结业时	72	72	72	60	32	18	72	60	32	11	

初中文化补课班

　　"文化大革命"给学校教育造成了十分严重的后果，致使这期间各级各类学校的一部分毕业生无法正常毕业。根据中共中央国务院《关于加强职工教育工作的决定》和全国职工教育管理委员会、教育部、国家劳动总局、全国总工会、共青团中央的联合通知，结合《关于切实搞好青壮年职工文化技术补课工作》的精神，绿春县从1982年起进行"双补"工作。绿春县商业局、牛孔中心商店、县虫胶厂、农机厂等单位，先后举办了脱产、半脱产或业余初中文化补习班。全县有28个单位的220名职工到各种补习班学习补课，不少职工利用业余时间积极自修（补习初中文化课）。

　　1982年8月，绿春县职教办举行首次初中文化补课考试。全县有全民所有制职工2966人（不包含教师），应补817人。报名考试的有34个单位270人，实考人数170人。考试结果三科及格的1人，占0.5%；两科及格的16人，占8.4%；一科及格的26人，占10%；各科得零分的6人，占3.2%。同年10月，红河州职教办和红河州教育局联合下发《关于1983年举行职工初中文化补课合格考试》的通知，绿春县职教办和文教局及时做了研究，并向绿春县人民政府做专题报告，成立领导小组，设立考务办公室，开展组织、宣传、动员工作。1983年，全县有全民所有制职工（除教育系统的和省、州企业职工外）3252人，其中双补对象有1321人。同年2月5日至6日，在绿春一中举行第三次考试，共有29个单位，249人报考，实考人数137人，其中报考单科的67人，实考44人，及格29人，占实考人数的65.67%；报考双科的有41人，实考26人，及格6人，占实考人数的23.1%；报考三科的32人，实考16人，及格2人，占实考人数的12.5%。

表10-3-4　1983年职工初中文化考试成绩一览表

科目 成绩 项目	报考人数	实考人数	及格人数	及格率（%）	最高分	最低分	平均分
语文	114	66	53	80.3	89	18.5	66
数学	50	28	4	14.3	93	2	33
物理	13	7	4	57.1	93	19	52.7
化学	16	10	5	50	84	25	54.3
历史	20	8	5	62.5	81	41	61.5
地理	22	11	4	36.4	74	30	53.7
卫生	9	7	5	71.4	70	37	56.4
合计	249	137	80	—	—	—	—

业余高中班

1960年，在狠抓业余教育的高潮中，根据职工的要求，在绿春县委的领导下，绿春县文教科在人民银行二楼会议室举办县属机关职工业余高中班，招收县级机关单位中具有初中文化水平的青年干部职工20人。业余高中班每个星期上两晚上的课，开设语文、数学、政治、物理、化学等课程，聘请张仲均、姜正兴、马毓仁为兼职教师，由时任绿春县邮电局局长的张仲均负责。坚持学习一年多的时间，由于主要负责人张仲均到西安大学学习，没有人组织管理而停办。

中师函授

1980年，绿春县小学教师队伍中，中师毕业以上文化程度的教师只占教师总数的36.8%。为尽快提高绿春县小学教师的文化素质和学历（中师）达标率，1980年11月6日，县文教局决定，县民族教师进修学校从1981年3月起开办中师函授班。

对中师函授班的学员，采取加强基础理论和基本技能的学习和训练，不断改进教育教学方法，提高教育教学质量成了当务之急。通过函授学习，使学员在文化程度方面基本上能达到中师毕业文化水平，胜任小学的教育教学工作；要求学员能坚持每周自学6小时以上，并积极参加校本部的面授和（各学区）小组学习活动，力争学以致用，遵守学校的规章制度。按校本部的安排，实行开学、放假、考试制度，三年完成所开设科目的课程学习任务，考试合格者发给中等师范学校毕业证书，享受同等学力的待遇。县民族教师进修学校函授部开设语文、数学、教育学、心理学、小学语文及小学数学教材教法等课程，使用辽宁省中师函授教材；招收具有初中毕业以上文化程度，思想进步、身体健康、能长期坚持自学的在职教师和教育行政干部共125名。

中师函授班，于1981年3月开学。由县文教局业教办负责主抓这项工作，教师进修学校副教导主任担任面授学习辅导组组长，各学区由教导主任负责管理（各学区）小组的学习工作，各学区还聘请兼职辅导教师1人。每学期期中、期末，由教师进修学校召集学员到校本部进行面授（辅导）并组织考试，平时由各学区辅导教师进行辅导，开展学习讨论活动。

后因辅导工作跟不上，经费不到位，教材不足，上级不承认其学历等原因，学员逐渐减少。到1984年，读完二年的有26人，读完三年的19人，同年秋，绿春县中师函授班停办。

党政干部正规化理论教育

为了提高党政干部的政治思想和文化素质，绿春县组织党政干部系统地学习哲学、政治经济学、科学社会主义、中国革命和经济问题等基础理论。在绿春县委的统一领导下，实行统一领导、统一教材、统一计划、统一考试。

1984年，集中地抓宣传、组织、发动工作，分期分批地组织学习《辩证唯物主义》等课程。同年6月、8月、10月、12月，分四次组织县属机关的党政干部参加红河州委组织的统一考试，参加人数255人，及格235人，及格率达92.15%。

函授大学

1979年3月，云南师范大学招收业余函授大学本科生，绿春县首批报考的有75人（中文专业），录取学员25人（中文专业），期间先后淘汰10人，2人在毕业前调离绿春县。1984年7月，何里甲、李满狱、魏希周、江映云、汤家诚、高鹏程、杨善鸿、刘云成、卢保和、张维龙、马奇锐、李红星、王德光、封爱华14人取得云南师范大学本科毕业证书。

1982年8月，云南民族学院（今云南民族大学）业余函授大学中文专科招生，绿春县报考22人，录取7人，学制3年。1985年，7人经过考核，成绩合格，获得大学专科毕业证书。

1985年，西南师范大学（今西南大学）业余函授大学思想政治教育专科录取2人（入学1人），昆明工学院（今昆明理工大学）业余函授大学物理教育本科录取2人。云南师范大学函授大学，在绿春县录取27人，其中，中文专业10人，数学专业6人，历史专业8人，化学专业3人。之后，参加函授学习的人数逐年增多。

电大（广播电视大学）

1983年，云南广播电视大学招生，绿春县报考4人，录取1人，全脱产到昆明经济管理学校学习，学制3年，于1986年毕业回原单位工作。1984年报考5人，录取2人，全脱产到省电大红河州分校（蒙自）学习，党政干部管理基础理论专业，学制2年，1986年毕业回原单位工作。1985年招生3人，学制、地点等与1984年招生录取的相同。

高等教育自学考试

绿春县从1983年下半年开始，组织高等教育自学考试，1983—1985年，共组织了6次考试，271人参加自学考试，39人取得1~8科单科合格证书。1986年，许鲜明、杨贵华（绿春一中教师），分别获得高等教育自学考试大学英语专业专科毕业证书。

表10-3-5　1983—1985年高等教育自学考试成绩一览表

科目　　成绩　　项目	人数	其中			
		合格 1~4门	合格 5~6门	合格 7~8门	合格 9门以上
中文	1	1	—	—	—
英语	5	2	3	—	—
哲学	3	2	—	1	—
法律	5	3	2	—	—
党政	20	15	5	—	—
金融	1	1	—	—	—
统计	4	4	—	—	—
合计	39	28	10	1	—

2000年，全县参加云南省高等教育自学考试的有233人次，报考专业有19个，报考509科次，获得单科合格证书35张，有2人获得大学专科毕业证书。参加红河州中师自学考试的有41人次，报考94科次，获得单科合格证书44张，7人获得中师毕业证书。

2001年，全县参加云南省高等教育自学考试的有222人次，报考13个专业，报考383科次，获得单科合格证书46张（不含下半年），5人获得大学专科毕业证书。

2002年，全县参加云南省高等教育自学考试的有222人次，报考13个专业，报考383科次，获得单科合格证书46张（不含下半年），5人获得大学专科毕业证书。

2003年，全县参加云南省高等教育自学考试的有109人次，报考13个专业，报考368科次，获得单科合格证书36张（不含下半年），5人获得大学专科毕业证书。

2004年，全县参加云南省高等教育自学考试的有161人次，报考13个专业，报考382科次，获得单科合格证书69张，11人获得大学专科毕业证书。

2005年，全县参加云南省高等教育自学考试的有　155人次，报考15个专业，报考335科次，5人获得大学专科毕业证书。

第十一章
学校体育·卫生·文艺

第一节　学校体育与卫生

　　绿春县解放后，学校的体育、卫生、健康教育等工作，一直以毛泽东同志关于"发展体育运动，增强人民体质""身体好、学习好、工作好"和"使受教育者在德育、智育、体育方面都得到发展"的思想为指导，贯彻国家有关体育、卫生、健康教育工作的方针政策，逐步完善教学内容，改进教学方法。

体育

　　1954年，绿春县在学校中组建体育运动委员会，推行教育部、卫计委颁布的少年广播体操。1956年前，县内体育运动设施设备较缺乏，全县21所学校均无规范的篮球场，也无相关标准体育运动器材。从1957年起，中心学校配备篮球圈（当时因县内无条件，需到个旧、建水等地购买），并因地制宜开展学校体育活动。嘎处小学、骑马坝小学、俄浦小学等学校自行开辟简易篮球场，动员师生挖沙坑，制作单双杆、木手榴弹及爬杆等体育设备设施，积极开展学校体育活动，丰富体育课教学内容。有的学校教师还组织学生开展爬山、游泳等课外体育活动，开辟学校第二体育课堂。1959年，全县中、小学校有篮球场69块，县文教科对有的学校配备部分体育器材，举行过全县性学校田径、篮球竞赛3次。1963年，绿春县执行中共中央《全日制小学暂行工作条例》和《全日制中学暂行工作条例》（试行草案），县内各学校结合边疆、民族等特点，开展多种多样民族学生爱好的体育活动，如木柴刀枪、木制手榴弹等军事训练活动等。到1965年，学校广泛开展体育活动，尤其是三楞区（今大黑山乡）哈巩小学等学校开展的学校体育活动较好，被评为县级"五好学校"。1973年，骑马坝公社（今骑马坝乡）在农村小学中积极开展民族民间体育活动，当年六一儿童节时在公社所在地的中心小学，举行小学生体育运动会，设立篮球、拔河、接力、体操、跳高、跳远、炸碉堡、过独木桥、投掷、射击等体育比赛项目。1975年9月，县文教局在大兴小学附设少体班，面向全县招收爱好体育且文化基础较好的小学毕业生54人。次年，又招收一个少体班，学生38人。大兴小学附设少体班学制为三年，文化课设置与普通初级中学相同，开设的体育专业课有篮球课、排球课、乒乓球课等，上午学习文化课，下午学习专业知识并进行专业训练，培养体育骨干，向县外学校输送体育学生。

1976年开始，县文教局从每年教育经费中划拨1%用于购置学校体育设施设备，学校体育场地、体育器材逐年有所改善。1977年，县文教局转发教育部《关于在学校大力开展爱国卫生运动的通知》，在全县中、小学进一步开展爱国卫生运动。同年，大兴小学组建课外武术队，经短期训练，在县城大礼堂（今双拥广场处）进行一次汇报表演。1978年起，全县中、小学贯彻执行教育部、国家体委、国家卫生部《关于加强学校体育、卫生工作通知》和教育部、国家体委《中小学体育工作暂行规定》（试行草案）、《国家体育锻炼标准条例》，积极开展"两课"（体育课和运动训练课）"两操"（早操和课间操，课间操又分课间广播体操以及课间用眼卫生保健操）"两活动"（课外体育活动和运动竞赛活动）。1980年，县文教局、县体育运动委员会在大兴小学推行《国家体育运动标准》的试点工作。同年，大兴小学开始定期为学生检查身体，建立学生健康档案。当年暑假期间，县一中集中培训30名体育教师。是年11月，在县城举行绿春县第二届中学生体育运动会。1981年，大寨民族小学开始推行《国家体育运动标准》，开展学生体能测试。1982年，绿春县贯彻实施全国《体育工作暂行规定》《卫生工作暂行规定》等，县政府成立学校体育卫生工作领导小组，由时任副县长范保征任组长，召开全县体育卫生工作会议，认真组织学习《1979年全国体育卫生工作会议纪要》和国家《体育工作暂行规定》《卫生工作暂行规定》，研究实施办法。县文教局体委、县卫生局联合下发《关于加强学校体育卫生工作的意见》的文件，规定各中学、大兴小学要成立体育卫生领导小组，由一位学校领导分管学校体育卫生工作，并把该工作列入学校议事日程，定期或不定期举行小型学校运动会，组织传统项目的校代表队；还规定不重视体育卫生工作的单位（学校）不能被评为先进集体，体育成绩不及格的学生不能被评为三好生、毕业时不发毕业证书等；要求有条件的学校要建立学生健康档案，定期或不定期对学生身体健康状况进行检查，制定各种卫生制度，经常进行检查评比；县文教局把体育卫生工作列入议事日程，研究教学工作、召开校长工作会议、撰写年终总结、分配经费等；每年从教育经费中划拨一定经费，用于学校体育卫生事业发展。同年10月，县文教局、体委、卫生局联合召开学校体育卫生工作会议，传达红河州学校体育卫生工作会议精神，总结两年来学校体育卫生工作经验。在会上，县一中校医务室介绍开展学校卫生工作经验，县二中体育教研组介绍因地制宜搞好达标测验经验，大兴小学体育教研组介绍连续两年达标率保持在60%以上的经验。与此同时，县文教局和县体委选择大兴小学作为试行"国家体育锻炼标准"的试点，县文教局拨专款2000元用于大兴小学添置垫子、秒表、单杆、山羊、拔河、跳高、爬竿等体育器材。当年，大兴小学体育达标率67%、比1981年提高3.3%，六年级一班41名学生全部考入初中，学校被评为省、州两级推行《国家体育运动标准》先进单位。同年11月，县文教局、县体委联合举行第三届中学生运动会，27人打破绿春县第二届中学生运动会的单项纪录。是年，县城培训了48名小学体育教师，还选派部分体育教师参加省、州举办的运动会。1981—1982年，绿春县中学生在参加省、州举办的中学生运动会中，男子排球代表队连续两届获得红河州中学生"三好杯"冠军；女子篮球代表队连续两年保持红河州中学生甲级队的荣誉；县投掷运动员胡勇以红河州田径运动员的身份，参加云南省中学生运动会比赛，获得男子少年乙组手榴弹第三名和铁饼第五名的好成绩；学生朱鲁里参加红河州田径（1500米竞走）赛中获第8名、参加云南省田径（1500米竞走）赛中获第9名。

1983年，在全县8所中学和2所小学开展"达标"锻炼，参加"达标"锻炼学生2284人，测验合格1609人，达标率70.49%。1985年，达标率81.8%。1986年后，全县中、小学继续贯彻德、智、体全面发展的教育方针，执行《学校体育工作条例》，贯彻《国家体育锻炼达标执行办法》，调整加强学校体育教师，积极开展体育锻炼达标活动。坚持每周2节体育课，每日2节课间操。每所学校每年举办1～2次体育运动会，在县一中、大兴小学设立州级田径传统体育校（点），常年训练不间断。1997年，全县11所中学和44所完全小学开展体育锻炼达标活动，55所中小学达到中小学生体育锻炼合格标准，全县中小学生达标率92%。1999年前，因条件限制，每隔两年举行一次全县性中小学生运动会。同年冬季开始，恢复每隔两年举行一次全县性的中小学生体育运动会的惯例。2001年实施课程改革后，全面推进素质教育，各学科《教学大纲》改为《课程标准》，体育课《教学大纲》改为《体育与健康课程标准》，各年级体育课课本改为《体育与健康》。2004年，调整州级田径传统体育校（点）点布局，把原县一中、大兴小学的州级田径传统体育校（点）改为州级武术校（点），再将县一中设立州级排球传统体育校（点），县二中设立州级田径传统体育校（点）。2005年冬季，召开绿春县第五届中小学生运动会。同年，全县11所中学和44所完全小学学生体育锻炼达到合格标准，全县中小学生达标率100%。

表11-1-1　第一届至第四届中学生运动会成绩一览表

时间（年）	届次	项目	团体比赛名称	第一名
1977	第一届	篮球、排球	田径、女篮、女排	绿春一中
		乒乓球、田径	乒乓球、男篮、男排	少体班
1980	第二届	篮球、田径	男篮、女篮、田径	绿春一中
1982	第三届	篮球、田径	篮球、田径	绿春二中
			女篮	绿春一中
1984	第四届	篮球、田径	田径、男篮、女篮	绿春一中

表11-1-2　1980—1985年部分中小学校体育达标情况择年统计表

单位：%、人

	1980年			1981年			1982年			1983年			1984年			1985年		
	参加人数	合格人数	达标率	参加人数	合格人数	达标率	参加人数	合格人数	达标率	参加人数	合格人数	达标率	参加人数	合格人数	达标率	参加人数	合格人数	达标率
绿春一中	—	—	—	—	—	—	—	—	—	535	374	69.9	567	432	76.2	525	388	73.9
绿春二中	—	—	—	—	—	—	—	—	—	337	197	58.5	328	274	83.5	—	—	—
三猛中学	—	—	—	—	—	—	—	—	—	93	56	60.2	99	78	78.8	—	—	—
戈奎中学	—	—	—	—	—	—	—	—	—	53	31	58.5	—	—	—	—	—	—
大水沟中学	—	—	—	—	—	—	—	—	—	78	51	65.4	68	49	72	—	—	—
大黑山中学	—	—	—	—	—	—	—	—	—	104	65	62.5	106	65	61.3	—	—	—
平河中学	—	—	—	—	—	—	—	—	—	114	62	54	146	93	63.7	—	—	—
牛孔中学	—	—	—	—	—	—	—	—	—	148	77	52	—	—	—	—	—	—
大寨民族小学	—	—	—	—	—	—	—	—	—	153	106	69.3	170	126	74.1	—	—	—
大兴小学	130	71	54.6	162	105	64.8	321	215	68.9	669	590	88.2	762	663	87	730	721	98.8
合计	130	71	54.6	162	105	64.8	321	215	68.9	2284	1609	70.4	2246	1780	79.3	1255	1109	88.4

卫生

1957年起，绿春县各学校注重开展卫生教育活动，搞好学校集体卫生和学生个人卫生，每周组织开展1次大扫除活动，教师定期或不定期督促教育学生勤换洗衣服，定期洗澡、理发以及剪指甲，发动学生开展除"四害"（"四害"指苍蝇、蚊子、老鼠、蟑螂）、灭疾病活动。卫生部门派出有关医疗技术人员到学校给学生种牛痘等。

1971年，绿春县第一中学建立校医室，开展对师生进行防病治病工作，配备专职校医1人，校医室有价值1000余元的药品和医疗器械。1975年，绿春县贯彻执行省教育局、省卫生局转发的国家文教部、国家卫生部《关于进一步加强中小学卫生教育的几点意见》，加强对县内各中小学学生卫生知识教育，在中学（初中段）开设青春期生理卫生课（课程为《生理卫生》），小学《自然常识》课程中含有生理卫生方面的知识点。1978年9月，在向阳中学（今绿春县第二中学）建立校医室，校医室有价值约1000元的药品和医疗器械。1982年，在全县各中学、重点小学及有条件的小学校，建立健全环境卫生检查评比制度、学生健康卡片登记制度，以及近视眼和其他疾病防治制度。天天坚持做广播体操、眼保健操，积极上好体育课，适时开展课外体育活动，定期用药喷洒教室、宿舍、公共厕所以及其他公共区域，预防传染病等措施。1984年3月，绿春县大兴小学建立校医室，校医室有价值约500元的药品和医疗器械。到1985年，云南省教育厅、体委、卫生厅、民委，根据教育部、体委、卫计委和国家民委的要求，组建云南省学生体质健康调查研究小组，分别到县一中、大兴小学以及大寨民族小学，对3所学校的哈尼族学生进行全面的体质健康调查。之后，县一中、大兴小学被确定为省级观察校点。

1990年，国家教委、卫计委联合颁布《学校卫生工作条例》，是年，从小学一年级到六年级开设《卫生与保健》。1992年12月，云南省人民政府印发《云南省实施〈学校卫生工作条例〉办法》，把学校卫生工作纳入法制化管理。各学校在改善办学条件硬件建设中，加强体育卫生设施配置，坚持学校卫生工作与校园绿化、美化、净化相结合，与防疫、防病相结合，部分学校还组织开展对入学新生进行体检，中学建立学生健康档案，每年定期监测健康指标。1995年，在初一和初二开设《健康教育》。1996年起，县内各中学陆续建立心理咨询室或青少年心理健康教育辅导中心，接待学生咨询，对学生开展心理健康教育，或以年级为单位开展心理健康教育讲座。2001年，县教委加强对学校的环境卫生、教学卫生、饮水卫生、心理卫生、卫生保健、食堂卫生，在食品卫生方面要求做到不购腐烂变质和"三无"食品、半成品要检查是否超过有效期，购回物品要生熟分开加工、隔离存放，加工食品须熟透，不加工销售馊饭菜、过期食品，不购进、加工四季豆和野生菌，食品用具每餐用完后做到"一刮、二冲、三消毒、四漂洗、五保洁"等；在个人卫生方面要求做到养成良好卫生习惯、按期体检、合格上岗，不穿拖鞋上班、工作时穿工作服、戴工作帽，洗澡、洗衣服、勤剪指甲、上班时不戴手表、首饰等；在食堂环境卫生方面要求做到生产、加工、销售食品处必须冲洗干净，存放架、厨柜、门窗等应保持清洁，食堂值班部门负责打扫、每周大扫除一次，经常进行灭鼠、灭蝇等。从此，多数学校形成比较规范、完善的卫生工作运行体系。2003年，全国多个省发生"非典型性肺炎"（以下简称"非典"），而绿春县属非疫区，但县委、县政府高度重视，县教育局制定《绿春县教育系统防控"非典型性肺炎"实施方案》，全县各直属校（园）、乡镇中小学也结合各校实际制度实施方案，县教育局组成检查组对县内所属中小学、幼儿园预防控制"非典"情况适时检查指导，开展晨检、喷洒消毒药水、隔离发热病人、搞好学校环境卫生等。2005年，学校开设《体育与健康》，初中年级每周3课时，高中年级每周2课时。同年，举办绿春县全球基金艾滋病项目师资培训，各学校举行禁毒防艾宣传，组织广大师生员工参加预防艾滋病知识测试。

第二节　学校文艺活动

　　1958年后，绿春县各学校积极组织学生开展唱歌、跳舞、玩游戏活动，丰富学校的文化生活。1973年，骑马坝公社（今骑马坝乡）在农村小学开展文艺活动，成立文艺宣传队（自编自演）。当年的六一儿童节，在公社所在地的骑马坝中心小学举行学校青少年文艺汇演，演出歌舞"红太阳照边疆""三个老奶夸政治夜校"，以及对口词"农业学大寨""标点符号的用意"等50多个节目，还举行丰富多彩的游园活动。1974年，大兴公社（今大兴镇）学校共建立11支文艺宣传队队员170人，排练节目40余个，其中自创节目20个。同年，骑马坝小学文艺宣传队在节假日和"八一"建军节，跋山涉水到各大队和二甫连队开展慰问演出。到1975年，全县学校共建立文艺宣传队173支，队员2089人，有农村故事员52人，宣讲267场次。同年8月，县文教局在向阳中学（今绿春二中）开办文艺班，先后招生两届两个班共95人。

　　1976年，在绿春县城举行第一次大、中、小学生综合文艺汇演，参加汇演的有10个公社学校、2所中学、1所大学的学生，共13支文艺代表队（多数是"红小兵"）、282个队员参加演出，邀请工农兵评论员6人、工作人员62人，共350人。此次共演出节目219个，其中用少数民族语言移植演唱、清唱的样板戏片段节目53个，经评审委员会认真评选，评选出68个优秀节目，并分别颁发奖状和奖品。

　　1977年1月15日至2月15日，县文教局在县城培训机关、农村文艺骨干16人；同年，在全县机关、学校、农村共建立文艺宣传队216支，共有2784人，演出节目1773个。这年，通过各种途径全县学校共培训文艺骨干160人。

表11-2-1　1977年学校文艺活动开展情况一览表

项目 人次 单位	文艺宣传队数 （支）	队员数 （人）	节目数 （个）	创作目数 （个）	演出场数 （场）	观众人数 （人）	培训骨干数 （人）
大兴公社	30	483	388	91	69	31870	43
戈奎公社	26	387	233	—	51	1295	52
牛孔公社	36	463	—	—	—	—	34
大水沟公社	11	78	72	20	4	2500	—
三猛公社	18	305	267	—	—	—	—

单位 项目 人次	文艺宣传队数（支）	队员数（人）	节目数（个）	创作目数（个）	演出场数（场）	观众人数（人）	培训骨干数（人）
半坡公社	21	308	230	—	58	4650	31
骑马坝公社	28	327	—	—	44	10630	—
平河公社	26	397	583	72	241	49840	—
合计	196	2748	1773	183	467	100785	160

　　1985年，组建绿春县大兴小学文艺宣传队，长期坚持活动，排练节目。除每年在学校举行文艺晚会或文艺竞赛演出外，还在县城大礼堂（设在今双拥广场处）向学生家长、县属机关干部群众汇报演出，每逢节假日对驻军部队进行慰问演出。

　　1989年元旦开始，县一中每年都在新年来临之际举办迎新文艺晚会，在县城的大礼堂或东仰体育馆，向学生家长、县属机关干部群众等汇报演出。此后，该项活动一直延续不断。1989—2005年，共举行文艺汇演34场（次）。

第十二章
希望工程与教育对口帮扶

第一节　希望工程

　　希望工程是由中国青少年发展基金会，于1989年10月发起并组织实施的一项社会公益事业。其宗旨是根据政府关于多渠道筹集教育经费的方针，从社会集资，建立希望工程基金，以民间救助方式，资助贫困地区失学儿童，继续学业，改善贫困地区的办学条件，促进贫困地区基础教育事业的发展。其实施的范围是中国农村贫困地区，重点是中国西部地区的国家级、省级贫困县；目标是改善办学条件，消除失学现象，配合政府完成普及九年义务教育。

　　1997年，上海市青浦区援建大兴镇阿迪"青春希望小学"；1999年，援建牛孔乡中拉青春希望小学；2000年，援建平河乡甲岩小学教室等综合楼。

　　2000年，实施"东部地区学校对口支援西部地区学校工程"和"大中城市学校对口支援本省（自治区、直辖市）贫困学校工程"。对口支援绿春县的东部地区是上海市青浦区，云南省对口支援绿春县的城市有个旧市和开远市。上海市支援的项目包括援建学校、赠送教学用品、资助贫困学生、培训干部教师、派遣支教教师等。2001年，援建平河乡东普北崧小学教学综合楼；至当年，共援建学校4所。2002—2005年未实施希望工程。

表12-1-1　1997—2001年实施希望工程投资情况一览表

单位：万元

援建学校	建设项目名称	总投资	其中上海投入	项目开始时间	项目完成时间
大兴镇阿迪"青春希望小学"	教学楼、学生宿舍	75	26	1997年	1998年4月
牛孔乡中拉"青春希望小学"	教学楼、学生宿舍和食堂	87	25	1999年	2000年7月
平河乡甲岩小学	教室综合楼	7	2	2000年	2001年3月
平河乡东普北崧小学	教室综合楼	6	2	2001年1月	2001年4月
三猛乡牛波村上海新华路街道希望小学	—	—	2	—	2000年12月
戈奎乡则龙村上海田林街道希望小学	—	—	2	—	2001年2月
戈奎乡巴达村上海陆跃民希望小学	—	—	2	—	1999年8月
骑马坝乡老街子上海伟燕希望小学	教学楼	—	2	—	1999年4月
牛孔乡尼马村上海方冀达希望小学	—	—	2	—	1999年11月
牛孔乡的沙村上汽销售总公司希望小学	—	—	2	—	2002年3月
大黑山乡罗马底村上汽销售总公司希望小学	—	—	2	—	1997年8月
大黑山乡阿巴巴的村上海海心希望小学	—	—	2	—	1997年8月
大黑山乡二甫村上汽销售总公司希望小学	—	—	2	—	1999年1月
大兴镇俄批村上汽销售总公司希望小学	—	—	10	—	2000年6月
大水沟乡团山村上海曹安街道希望小学	—	—	2	—	1999年8月
戈奎乡埃倮福和希望小学	—	—	20	—	1998年8月
大水沟乡八户福和希望小学	—	—	20	—	1998年2月

第二节　教育对口帮扶

上海市青浦区教育对口帮扶

2000年，国家实施"东部地区学校对口支援西部贫困地区学校工程"和"西部大中城市学校对口支接本省贫困地区学校工程"，上海市徐汇区、长宁区、奉贤区、青浦区对口帮扶红河州，在人力、物力、财力上给予积极支持。

上海青浦区派出支教教师和讲师团到红河州进行支教和巡回讲学。上海市青浦区教育对口支援绿春县支教时间最短5个月（第一批支教时间是2000年3月至2000年7月），最长2年（第三批支教时间是2002年9月至2004年7月），多数年份（批次）为一年。2002—2004年，上海青浦区支教教师向绿春县捐款15000元、资助贫困学生70余人，捐赠钢琴1台、电脑1台、衣物4161件、JVC数码摄像机1台、数码照相机1部、刻录机1台，还援助教学软件、光盘、教学书籍和学生学习用品等。第四批23名上海赴红河州支教教师除完成教学任务外，还开展调查研究，撰写调查报告、教科研论文、教学设计和支教心得，所撰写的文章于2004年5月被红河州教育学会汇编成册，取书名《支教的足迹》。该书收录的文章既有现代教育理念和先进的教育教学方法，又具有边疆、民族地区的教育教学特色。

表12-2-1　2000—2005年上海市青浦区对口帮扶绿春县
支教教师基本情况一览表

姓名	性别	原上海学校、职务，返上海后的学校、职务	支教学校	支教所任职务、学科	支教时间
刘明	男	青浦实验中学德育教导主任 青浦实验教育集团校长	绿春一中	副校长	2000.3—2000.7
郁雄文	男	青浦逸夫学校教导主任 青浦维实小学书记	大兴小学	副校长	2000.3—2000.7
曹伟华	男	青浦维实小学教导主任 青浦维实小学副校长	大兴小学	副校长	2000.3—2000.7
许伟明	男	青浦淞泽学校副教导主任 青浦练塘镇副镇长	绿春二中	副校长	2000.3—2000.7

续表

姓名	性别	原上海学校、职务，返上海后的学校、职务	支教学校	支教所任职务、学科	支教时间
沈秋其	男	青浦徐泾小学教导主任青浦徐泾小学校长	大寨小学	副校长	2000.3—2000.7
何彩虹	女	青浦金泽中学教导主任青浦金泽中学副校长	绿春二中	教务副主任、初二物理	2000.8—2001.7
顾连方	男	青浦沈巷中学政教主任青浦佳信学校校长	绿春二中	副校长、初二语文	2000.8—2001.7
赵庆华	女	青浦二中教师青浦一中教师	绿春二中	校长助理、初三英语	2000.8—2001.7
朱金林	男	青浦二中政教主任青浦二中副校长	绿春一中	副校长、政治	2001.8—2002.7
沈光前	男	青浦徐泾中学教导主任青浦徐泾中学副校长	牛孔中学	副校长、语文	2001.8—2002.7
吴利民	男	青浦尚美中学副校长青浦初等职校书记	牛孔中学	副校长、政治	2001.8—2002.7
高峰	男	青浦实验小学教导主任青浦区科委信息产业发展科科长	牛孔中心小学	副校长、社会	2001.8—2002.7
江永清	男	青浦淞泽学校小学教导主任青浦淞泽学校总支委员	牛孔中心小学	副校长、数学	2001.8—2002.7
姚雪华	男	青浦重固中学教导主任青浦东湖中学书记	牛孔中学	副校长、初二数学	2002.8—2004.7
秦峥毅	男	青浦职校教导主任青浦夏阳成校校长	绿春一中	副校长、初二物理	2002.8—2004.7
杨爱国	男	青浦香花中学教导主任青浦珠溪中学副校长	牛孔中学	副校长、初一数学	2002.8—2004.7
孟菊根	男	青浦维实小学副书记青浦维实小学副书记、副校长	牛孔中心小学	副校长、五年级语文	2002.8—2004.7
邹勇	男	青浦朱家角小学工会主席青浦香花小学校长	牛孔中心小学	副校长、五年级数学	2002.8—2004.7
蔡兴华	男	青浦环城中学教导主任青浦金泽成校书记	绿春二中	副校长、初二英语	2004.8—2005.7
周丕鸿	男	青浦崧泽学校德育教导主任青浦崧泽学校教学管理部主任	绿春一中	政教副主任、初二数学	2004.8—2005.7
马洪元	男	青浦区毓秀学校教师青浦区毓秀学校教师	绿春二中	教务副主任、初三化学	2004.8—2005.7

姓名	性别	原上海学校、职务，返上海后的学校、职务	支教学校	支教所任职务、学科	支教时间
陆继军	男	青浦区博文学校教师 青浦区博文学校教师	绿春一中	教务副主任、初一数学	2004.8—2005.7
周明	男	青浦区东方中学教师 青浦区教育局职成科教师	绿春二中	教务副主任、初二语文	2004.8—2005.7
金朝林	男	青浦区金泽中学副校长 青浦区教育局基教科教师	绿春二中	副校长、初二数学	2005.8—
陆斌	男	青浦毓华学校副校长 青浦毓华学校副校长	绿春一中	副校长、高一化学	2005.8—
刘桂秋	男	青浦区毓秀学校教师 青浦区毓秀学校教师	绿春二中	政教副主任、初二数学	2005.8—
陆卫东	男	青浦区第一中学教师 青浦区少体校教师	绿春一中	教务副主任、初三英语	2005.8—
李惠华	男	青浦区豫英实验学校教导主任 青浦区教育局德育科教师	绿春二中	教务副主任、初二物理	2005.8—

2002年3月中旬至6月中旬，县教育局选派5名中小学校长或学校后备干部到上海市青浦区所属相关中小学接受挂职培训（第一批），其中，县一中副校长白友红挂职上海市青浦区高级中学校长助理，戈奎中学校长白永华挂职上海市青浦区赵巷镇中学校长助理，平河乡中心小学校长李加福挂职上海市青浦区华新镇中心小学校长助理，三猛乡中心小学校长张春华挂职上海市青浦区赵巷镇中心小学校长助理，平河中学教导主任白文宽挂职上海市青浦区华新镇中学校长助理。2002—2005年，县教育局每年选送5名校长、副校长或学校后备干部到上海市青浦区所属相关中小学接受挂职培训，接受挂职培训期间，受训教师培训费以及正常食宿费用全部由上海市青浦区教育局承担，时任绿春县中小学校的校长或副校长多数都接受过上海青浦区所属相关中小学校的挂职培训。

2001—2005年，上海市青浦区高级中学面向绿春县每年招收5名高中学生（民族、城乡、男女不限），绿春县籍学生在上海市青浦区高级中学学习期间，不交学费、住宿费，根据学生家庭困难程度，每月分别给予90元、120元、130元、160元不等的生活补助费，高中毕业后，以上海市青浦区应届高中毕业生身份在上海市参加高考。

个旧、开远教育对口帮扶

2000年12月28日，绿春县教委与个旧市教委签署了《绿春县教委接受个旧市教委对口援助项目工作意见》，其内容包括中小学教学管理，课程标准与教材、素质教育测试研究，以及中小学教学设备援助等。

2001年3月，绿春县教委选派5名中小学教导主任到个旧市各对口学校挂职锻炼（为期一个月），其中，牛孔中学教导主任何宏瑛挂职个旧市云南锡业公司第一中学，戈奎中学教导主任卢伟发挂职个旧市第一中学，骑马坝乡中心完小教导主任白忠荣挂职个旧市绿春小学，大水沟乡中心完小教导主任钱发保挂职个旧市云南锡业公司第二小学，大黑山中心完小教导主任张荣海挂职个旧市和平小学。同年3月中旬，个旧市教委选派教师分别到绿春县城和骑马坝乡，进行课程标准、新课改课程的培训。同年4月下旬，个旧市派中学教师9人到绿春县指导中考研讨，县教委选派30名小学教师、20名中学教师参加个旧市组织的教师"六项技能"培训，个旧市向戈奎中学、大黑山中心完小、骑马坝中心完小分别赠送一台电脑。

2002年开始，红河州教育局调整对口支援地区，由原个旧市教委调整开远市教委对口支援绿春县中小学校。2003年11月，开远市教育局援助绿春县教育局人民币1.12万元、衣物4711件、作业本1843本、文具3248件、图书650册、玩具689件、鞋子192双、书包84个，开远市人民路小学赠送大寨民族小学电脑1台、书信340封。2005年8～9月，开远市对绿春县职业高级中学李则仁、三猛中学熊绍喜、大兴小学何元红、大寨民族小学李继琼、牛孔乡东沙小学卢文培训45天。同年，开远市出资25万元援建绿春县牛孔乡黄连山开远希望小学。

第十三章
教学研究

第一节　教育科研管理机构

机构沿革

县教育教研机构　1957年3月，绿春县成立教研机构，抽调1名工作人员负责教研工作。1961年，因原教研机构工作人员人事调动，教研工作也随之停止。1965年5月，县文教科恢复教研组，配备组长1名、教研员2名。同年，受"文化大革命"冲击，教研工作未正常开展。1972年，县革命委员会文教组恢复教研组，配备组长1名、教研员2名。1975年8月，县文教组调整教研组组长，配备专职教研员2名。1978年8月，县文教组再调整教研组组长，配备教研员5名。1981年4月，县文教局教研组改名为县文教局教研室，配备教研室主任1名、副主任1名、教研员8名。1993年3月，县教研室隶属于县教育委员会的独立事业单位，经费从1999年5月起实行独立核算，其名称由县教育委员会教研室更名为县教育科学研究室，一直沿用至2005年。

中小学教育教研机构　1998年，全县各中学、学区（乡教育管理办公室、中心完小）均成立乡级、校级教研室（组），各学区（乡教育管理办公室、中心完小）配备专职教研员1名，中学则由教导（教务）主任或相关教研组长兼任。2005年，经县编制委员会批准，县一中增设常设机构的教科室，配备专职教研员2名。

表13-1-1 1957—2005年县教育科学研究室负责人统计表

单位：人

年度	教研机构名称	总人数	专职人员	负责人姓名及职务	
				主任	副主任
1957—1961年	绿春县人民委员会文教科教研组	1	1	汤庆萱（组长）	
1965—1966年	绿春县革命委员会文教科教研组	3	2	邹庚禄（组长）	
1972—1975年7月	绿春县革命委员会文教局教研组	3	2	闫竹仙（组长）	
1975年8月—1978年7月	绿春县革命委员会文教局教研组	3	2	李子恕（组长）	
1981年4月—1983年2月	绿春县人民政府文教局教研室	8	8	李满嶽	郭为祖
1983年3月—1984年10月	绿春县人民政府文教局教研室	8	8	姜正兴	邹庚禄
1984年10月—1986年	绿春县人民政府教育局教研室	10	10	姜正兴	邹庚禄
1987年	绿春县人民政府文教局教研室	11	11	姜正兴	邹庚禄
1988年	绿春县人民政府文教局教研室	18	18	姜正兴	邹庚禄
1989年	绿春县人民政府教育局教研室	18	17	施祥宝	邹庚禄
1990年	绿春县人民政府教育局教研室	15	14	施祥宝	陆永斌
1991年	绿春县人民政府教育局教研室	12	11	施祥宝	陆永斌
1992—1993年	绿春县人民政府教育局教研室	12	11	施祥宝	陆永斌 段光瑞
1994年	绿春县人民政府教育局教研室	11	10	施祥宝	陆永斌
1995年	绿春县人民政府教育委员会教研室	9	8	施祥宝	陆永斌
1996年	绿春县人民政府教育委员会教研室	10	9	施祥宝（8月）卢诚春（9月）	卢诚春（1~8月）

年度	教研机构名称	总人数	专职人员	负责人姓名及职务	
				主任	副主任
1997年	绿春县人民政府教育委员会教研室	10	9	卢诚春	—
1998年	绿春县人民政府教育委员会教研室	11	10	卢诚春	—
1999—2000年	绿春县人民政府教育委员会教科室	12	10	卢诚春	—
2001年	绿春县人民政府教育委员会教科室	12	10	王本宏	—
2002年	绿春县人民政府教育局教科室	11	9	张能荣	—
2003年	绿春县人民政府教育局教科室	11	9	张能荣	李批龙（7月起）
2004年	绿春县人民政府教育局教科室	12	10	张能荣	李批龙陈永建
2005年	绿春县人民政府教育局教科室	16	14	张能荣	李批龙陈永建

主要职责

绿春县教育局教育科学研究室是教育主管部门领导下的负责教学研究和对中小学幼儿园的教学业务进行管理的机构，负责指导中小学、幼儿园的教学和研究工作，业务上接受红河州教育局教育科学研究所、云南省教育厅教育科学研究院的指导。

县教育科研机构职责 负责制定所辖区域内教育科研发展的规划，总结教育教学经验，宣传、推广、应用教育科研成果；承担本地教育改革和发展的历史、现状、规律、趋势、政策、法规及教育改革中的重大理论问题和实际问题的研究，为本地教育决策服务；承担普通高中、义务教育阶段、学前教育阶段的教材的使用和开发、教学方法和手段、学生的学习规律、学习方法的研究；组织指导、检查、评价本县普通高中、义务教育阶段、学前教育阶段的教育教学业务工作；研究教育教学理论和教材教法，指导校本课程教材的开发；培训本县教育科研人员，并参与教师培训工作；组织开展各种形式的教育教学研究活动，组织教育教学改革实验，推广教育科研成果，总结教育教学经验。

中小学教育科研机构职责 研究基础教育教学理论、中小学教材教法；组织本校教师学习教育理论和教育科研知识，组织本校教师开展教育科研活动；推广教育科研成果，开展教学改革实验，研究解决教育教学实践中存在的实际问题。

第二节 教育科学研究

县教研机构建立后，全县中小学教学研究工作，围绕贯彻教育方针和学校教育教学，开展教材和教法钻研与研究，重视教学改革研究。

教学改革研究

1955—1957年，县教研室重点学习与推广苏联的教育教学经验，全新接受苏联教育教学理念，提倡正规化办学，利用假期组织小学教师参加教育学讲座，在大兴小学、瓦那小学等学校对学生评价推行"五级记分制"，课堂教学模式重点体现课堂教学的五个环节，即苏联的"课堂教学的五个环节"。由于师资缺乏，普遍采用复式教学，从班级编排，座位排列，两级、三级、四级搭配的语文、算术等学科教学，从备课、上课、课外活动及批改学生作业等环节入手，不少学校总结培养"小先生""小助手"以及使用小黑板等手段，帮助教师抓好教学并及时完成教学任务。当时，骑马坝小学教师聂映典采用的四级复式教学成效较好，其经验在全县范围内进行推广，并在云南省召开的教研会上交流发言。同时，贯彻教育部"大力推广以北京语音为标准音的普通话"的指示，利用寒暑假组织全县中小学教师学习汉语拼音方案。

1958—1960年，重点围绕"教育必须为无产阶级政治服务，教育必须同生产劳动相合"的方针，各校在教学中突出政治，讲解课文加强对学生的思想政治教育。部分学校脱离教材搞劳动教学，以干代学，存在"劳动好，就是好学生"倾向。1961—1966年，围绕贯彻《全日制中小学工作暂行条例》、学习毛泽东主席在春节座谈会上的讲话等内容开展教学研究活动，研究如何减轻学生的过重负担，组织调查组到大兴小学进行调查，研究问题，提出改进意见。此外，围绕加强以阶级斗争为中心的思想政治教育，开展"少而精""启发式"的教学方法研究，发动全县教师人人写文章，探讨"教"与"学"矛盾的关系及处理办法。时任县文教科科长王子恒率教研员到三猛乡腊姑小学蹲点，其他教研员把面上好经验总结传送到腊姑小学，并通过《文教简报》向全县介绍推广学习。1963年，县文教科组织教学经验交流会，在会上交流"我对语文教学的体会""一堂数学课的教学""我对复式教学的体会""我县怎样对学生进行思想品德的教育""我的业余自修""我们学校的群众工作"等10余篇教研文章。1967—1972年上半年，教学研究工作处于停滞状态。

1972年下半年至1975年，着重研究用毛泽东思想统帅社会主义文化课，研究的指导思想是坚持开门办学，专题研究"如何上好社会主义文化课"，在《文教简讯》上交流探讨。此外，还尝试理论与实践相结合，师生走出课堂，与工厂、农村社队挂钩，请有经验的农民、工人、医生、技术员、会计给师生讲工农业生产技术课，与师生一道搞种植、嫁接果木等试验取得良好成效，但在"文化大革命"期间，"以干代学"减少了课堂教学时间，致使教学质量下降。1976—1980年，培训口算、珠算、笔算"三算"教师，绿春县选派2名教师到昆明学习"三算"和"汉语拼音基本式"教学，组织一批教师到个旧、建水等地学习"三算"教学经验，这些教师培训结束返岗后，用10天时间培训一批低年级数学教师。1976年9月，在大兴小学一年级两个班试行"三算"教学法实验，并在全县各乡镇中心小学一年级教学班中试行，但农村学校多数学生不易学懂，除大兴小学两个教学班试行三年外，其他学校一年后先后停止试行。1977年8月，中共十一大后，建立和恢复了正常的教学教研活动秩序，建立全县各学区（中小学）规章制度、中小学招生考试制度，恢复和健县、区、乡、校四级教研组织，形成教研活动常态化、制度化、专题化，并注意教学研究的广泛性、群众性、针对性和灵活性。每次教研活动做到有目的、有要求、有重点，落实时间、地点、内容、人员。1979年8月，开展全县中小学教材研讨活动，中学教师统一集中在县一中进行研讨，小学教师统一集中在各学区分年级进行研讨，研讨时间15～20天。1981—1985年，进一步健全县、区、乡、校四级教研网，重点研究"如何把学校工作转移到以教学为中心，提高教学质量轨道上来"的问题。1986—1999年3月，教研室工作主要是教研和电教两个方面。2000—2005年，全县教研工作围绕提高教育教学质量开展教育教学研究。

教学方法研究

1981年，恢复县、区、乡、校四级教研组织机构后，县教研室分中学组和小学组，以小学教研工作为主，一个学期开展1～2次以学区为单位的教研活动，根据学校规模的大小建立学科教研组和年级教研组，通过教研活动帮助教师过好教材教法关，提高教学水平和能力。教研围绕针对各学区、各学校教学中存在的问题进行专题研究，互相观摩，互相交流，共同提高。各级教研组组织教师学习教学大纲，研究教材中的重点和难点，制订教学计划，组织教师集体备课、听课、上好课，确保课堂45分钟的质量。

教材教法研究

1981年，县教研室结合边疆民族地区特点，围绕"根据绿春县小学教师的文化、业务状况研究，提出今后的培训意见；民族学生的学习特点及教学中应注意的几个基本问题：在教学中处理好汉语言和民族语言之间的关系，提高教学效果的问题；民族地区的识字教学和作文教学；民族地区数学应用题的教学问题；小学自然和中学理化生教具配备情况调查及使用情况问题"等方面专题研究，其中，牛孔学区提出"结合彝族学生特点，进行汉语拼音教学的研究"，大兴小学提出"结合民族特点，进行阅读教学的研究"，大寨族小学提出"如何提高哈尼族学生说汉话的能力和识字能力的研究"。研究文章在县教研室创办的《教学参考》上发表，县教研室编写《汉语会话》课本（上、下两册），上册有33课，7个练习；下册有32课，7个练习，这套课本共有4602个字，单词（词组）40个，句子280句，短文4篇。1982年，全县9个学区和大兴小学中心教研组和学科教研组结合实际，积极开展教研活动。各学区中心教研组每个学期开学初，以学区或大队为单位分期分批集中各年级各科教师进行教材教法研究，时间2～3天，邀请有教学经验并对教材比较熟悉的教师进行辅导，再集体研究教学目的、教学要求、教学重点难点及基础知识，统一制订学期教学计划。同年，各学区、各大队开展观摩教学活动，观摩教学活动以大队或学校为单位开展较多，以学区为单位开展活动较少，全年开展观摩教学活动182次，参加活动教师2400人次。同时，结合观摩教学活动，开展拼音、识字、讲读、阅读、作文教学等方面专题研究，对低年级进行10以内加减法的教学和数学应用题教学方法研究。

1983年1月，小学统编教材发行后，县教研室根据全县教师队伍状况，组织小学教师进行文化课测验，测验内容主要是小学统编语文和数学1～10册的知识，试卷分小学语文和小学数学两卷，试题难易度属于中等偏上水平。

表13-2-1 1983年小学教师文化知识测验成绩统计表

科目	参考人数（人）	平均分（分）	及格人数（人）	及格率	80分以上（人）	10分以下（人）
语文	1093	47.6	330	30.19%	28	11
数学	1097	59.93	558	50.9%	253	10
备注	两科总平均分53.78分，两科及格409人（占37.49%）					

同年，县教研室和进修学校举办2期小学语文、数学教材骨干教师班培训班，培训人数80人，主要是对参加教材教法过关考试的教师进行辅导，编写中小学教材辅导材料。各学区（校）用通过培训这些教师来辅导其他参加教材教法过关考试的教师，重点指导学习《教学大纲》和《小学应知应会提纲》以及流通教材和有关学习资料的辅导。辅导培训一直持续到1985年。

表13-2-2 1983—1985年中小学教师教材教法过关考试成绩一览表

单位：人

名称	应考教师	实考教师	合格人数	合格率	备注
小学教师	1033	1022	943	92.13%	缺考11人
初中教师	89	89	84	94.4%	—
高中教师	5	5	5	100%	—

表13-2-3 1986年中小学教师普通话考核成绩统计表

单位：人

卷名	参考人数	笔试	笔试合格	口试	口试合格	总合格	合格率
甲卷	91	91	82	91	82	82	90.1%
乙卷	894	894	730	894	730	730	81.6%
合计	985	985	812	985	812	812	85.5%

学科教学研究

1982年9月开始，县教研室以大兴小学和大寨民族小学为教研基地，分别以大兴小学和大寨民族小学一年级（一）班为实验班，开展教学方法改进实验。大寨民族小学实验班，探索在教学中恰当使用哈尼族语言教学以提高哈尼族学生识字能力，主要采取：教师上课坚持用普通话教学、要求哈尼族学生用汉语回答教师的提问；加强组词、扩句的训练，要求学生每天学会说一句汉语。在方法上采取分散识字，集中巩固（生字偏旁部首归类，结合课文内容搞生字开花，扩大识字量）。经一个学期的实验，教师用普通话讲课学生能听懂，多数哈尼族学生能用汉语回答教师的提问，学生识字量增多。第一册282个生字，经县教研室命题测验，全班40名学生28名识270个以上的字，12名学生识220个以上字，全班学生平均识250个生字。大兴小学实验班开展学生口算能力改进实验，主要采取口算小卡片进行练习，平均每周两张卡片，每张卡片20道试题。教学方法采用三算中的补数法，使20以内的进位加法和退位减法准确率提高、速度加快。补数法首先让学生熟记两个数加起来等于10的五组数，例如，2和8、3和7、4和6、5和5、9和1。进位加法是进位减补，退位减法是退位加补，此法始终围绕10转，以10为轴心，加中有减，减中有加，使进位加法和退位减法化为10以内的加减法。同理可证，对于多位数的加减法也是适用的，它的思维程序比凑10法和数数法少。经一个学期实验，80%以上的学生在一分钟内能完成20道加减法题目，还有12名学生能口算100以内的加减法题目。学期末统考，全班48名数学及格47名，数学平均分92.2分，全班数学平均分比同年级其他3个对照班高12分。

1987年2月，州委讲学组在绿春县举办讲学活动，全县155名教师参加活动。同年，县教研室重点推广小学的"注音识字，提前读写"引进实验，以大兴小学作为主要试点学校，3年后成为日常教学方式。1989年，县教育学会及其下属小学语文学会、小学数学学会成立，县一中开展"数学教法"教改实验，并逐步正常化、规范化。同年，在大寨小学进行邱学华尝试教学法移植应用实验，不久实验自行停止。1991年，省教育厅教研室教研员王万喜到绿春县调研省编小学数学教材实验教学情况，举办"数学应用题"讲座，参训小学教师200余名。同年，全县各小学开始实施云南省编数学教材实验教学，县教研室督促指导全县中小学教师学习各学科《教学大纲》和"教学计划""教学内容"等教材教法方面的研究。教研活动从立足校内、县内相互交流逐步发展为向外地学校借鉴，全县上千名中小学教师参加、观摩省州举办的高（初）中课堂教学大赛、说课比赛及教学研讨会。1993年，开始试用初中九年义务教育教材。1996年，在绿春县举行红河州边疆协作区小学语文教学研讨会。1997年，县教育局派教师到个旧等地参观考察后，在县一中开设"学法指导课"，但未在全县铺开，坚持9年停止。同年，主要贯彻落实《云南省教学常规》。1998年，在大兴小学引进"目标教学法"移植实验。次年，在大兴小学、大寨小学等学校开展"目标教学法""愉快教学法""异步教学法"移植实验，不久停止。同年，在绿春县举行红河州幼儿教育研讨会。2001年，县二中开展数学学科"分层次教学"试点，不久因人员被调动后停止实验。2002年，在绿春县举办红河州边疆协作区中学英语教学研讨会、红河州化学学会年会。2003年，在绿春县举办红河州生物学会年会。2004—2005年，分别组织绿春县小学语文课堂教学竞赛、绿春县小学数学课堂教学竞赛活动，累计参赛选手10名、观摩教师258名。

学科竞赛研究

1982年，县教研室除组织参加红河州举办的有关学科竞赛外，还组织小学生开展书法、汉语拼音、数学应用题等竞赛以及中学生古文竞赛，由各学区教导主任或教研员到县教研室统一评阅、评奖。小学、初中、高中各学科知识竞赛中，先后荣获国家级三等奖、省级一等奖、州级一等奖等荣誉。1986—1987年，根据省州教育部门关于"中学教师应具备大专毕业及以上学历，小学教师应具备中等师范学校毕业及以上学历，不合格者参加教材教法过关考试"的要求，县教研室积极组织开展小学教师教材教法培训和教材教法过关考试。至1993年，累计136名教师获得"专业合格证"。1988年，县教研室、县教师进修学校共同举办体育教师培训班期。1990—2003年，县教研室、县教师进修学校，共同举办小学校长或中小学教导主任培训班6期，还举办小学自然学科教师、文艺骨干教师、一师一校师资培训班，小学教师"五项"基本功（即简笔画、普通话、粉笔字、钢笔字、毛笔字）培训班，累计受训教师5100余人次；组织4名教研员到省外学习考察、42名中小学校长参加省州校长岗位培训，6名中学教师参加州级英语骨干教师培训。2004—2005年，教育改革进一步深入，教研工作围绕教育改革研究如何更新教育观念、改革教育体制、改革教育方法及如何适应新课标的要求等，红河州边疆六县（河口县、屏边县、金平县、元阳县、红河县、绿春县）教研室组成科研联合体，也对义务教育阶段教育思想、教育方法、教育评价研究，加强各协作县教研成果交流。

教育科研成果

1988年，绿春县第一次举办教师教学论文竞赛，当年共参赛论文93篇。1997年，教师撰写的教学论文"小议边疆少数民族学生阅读能力差的成因和对策"获省级一等奖，2名教师的"下水作文"获省级一等奖（把写作比作游泳，要教会别人游泳，教者自己必须会游泳；教者会游泳，也不能只站在岸上指挥，要教运动员游泳，教练必先下水示范，"下水作文"也由此引申过来）。1998年，县二中州级重点课题"边疆少数民族地区农村初级中学大面积提高教学质量的研究报告"，以及县一中、大兴小学等校的州级一般课题"目标教学""如何开展生物课外活动""一师一校现状调查主要问题、成因分析对策研究"等相继开题，同时还组织部分学校承担"云南省重读辍学项目研究"有关子项目数据提供和部分研究工作。2000年前，县教研室主要是落实教学常规，重点抓小学，联系初级中学的教学研究工作。2000—2004年，普及六年义务教育后，进一步落实教学常规，鼓励教师以教学中的问题为研究对象撰写教学论文，参加省州组织的教师课堂教学、学生学科知识竞赛，负责小学、初中教育教学研究，联系高级中学。2004年起，在抓好义务教育阶段学校教研工作的同时，开始参与高中教育教学研究、指导和评估工作。

表13-2-4　2001—2005年教师论文获奖情况一览表

年度	获奖总篇数	最高奖项
2001	41	—
2002	117	州级一等奖4篇
2003	114	州级一等奖12篇
2004	58	省级一等奖1篇，州级一等奖10篇
2005	29	省级一等奖1篇，州级一等奖10篇

第十四章
教育经费与设备设施

第一节　教育经费

　　中华人民共和国成立前，绿春县内私塾教育经费由学生学费（包括粮食、盐巴、鸡鸭、银圆等）支付。大兴寨、骑马坝、纳卡小学经费由学田、庙产、街税、派款支付。新中国建立后，把教育经费纳入国家财政预算。

经费来源

　　1955年起，全县教育经费主要由省、州政府下达指标，地方财政拨款，县教育部门统管，每年制定计划专款专用。预算外收入实行学校自收自支。1985年，县政府印发《关于搞好集资办学的通知》，对校舍建设做出规定："农村小学校舍的建盖和修理，课桌椅添置，由乡社群众集资解决。""上级下拨修缮基建款，主要用于县属学校和各区中学。"1986年7月，颁布《中华人民共和国义务教育法》，明确规定"国家用于义务教育的财政拨款的增长比例，应当高于财政经常性收入的增长比例，并按在校学生人数平均的教育费用逐年增长"。1990年，县委、县政府制定《绿春县教育事业三年发展规划》《绿春县分级办学分级管理的规定》，提出"改善办学条件"目标：实现"一无两有"（即无危房、人人有教室、人人有课桌椅）；按国家教委二类标准配备教仪中学50%，中心小学50%；1992年配齐行政村以上五大件：数学教具箱、自然教具箱、教学挂图、手风琴、球类。提出贯彻两条腿走路办学方针和多渠道筹措办学经费措施：保证"两个增长"，教育附加费全部用于教育；民族机动金，边疆事业费中30%用于教育；乡镇财力和超收分成中33%用于教育；全县干部职工工资的1%用作捐资助学，一定三年；学校勤工俭学、预算外收入

40%用于改善办学条件；乡村新建、改建学校，可实行人均一次性全额集资。从此，校舍建设、教学设备购置等办学经费的来源，除主要依靠财政拨款以外，还有群众集资、社会捐赠、学校服务区内群众集资、投工献料等，谓之"吃拼盘"。1995年9月，《中华人民共和国教育法》颁布，规定"各级人民政府教育经费财政拨款应当高于财政经常性收入的增长比例，并按在校学生人数平均的教育费用逐步增长，保证教师工资和生均公用经费逐年增长"。1997年，实施世界银行中国贫困省教育贷款项目。1998年，绿春县被列为"国家贫困地区义务教育工程"项目县，实施"国家贫困地区义务教育工程"项目。2000年，省政府决定对边境沿线行政村以下小学生实行免杂费、课本费和文具费的"三免费"教育，全县共6个行政村的小学生受益，2001年扩大到半坡、平河2个边境乡全部中小学生享受"三免费"教育。同年，绿春县被列为第二期"国家贫困地区义务教育工程"和"中小学危房改造工程"项目县。2004年起，实施国家西部地区"两基"攻坚农村寄宿制学校建设工程，全县教育投入大幅增长。2005年，全县教育经费收入包括教育事业费拨款、其他教育经费拨款（如退休费用）、城市教育费附加、农村教育事业费附加、地方教育附加费、事业收入（如学费、杂费）、校办产业、勤工俭学、社会服务收入，社会捐、集资收入，基建拨款和其他收入。

表14-1-1　1958—2005年教育经费预算比例统计表

年度	财政预算总支出（万元）	县财政预算教育经费（万元）	教育经费占财政总支出（万元）	全县中小学生总数（万人）	生均教育经费数（元）	全县总人口数（人）	人均投入
1958	145.63	5.68	3.9	0.52	11.02	71372	0.8%
1959	100.71	9.28	9.2	0.55	16.9	72880	1.27%
1960	148.03	16.44	11.1	0.45	36.26	73234	2.24%
1961	88.25	9.11	10.3	0.25	36.3	73881	1.28%
1962	52.95	10.04	18.96	0.12	83.18	77925	1.29%
1963	74.98	9.92	13.2	0.14	71.83	84858	1.17%
1964	73.09	11.05	15.1	0.25	43.82	88364	1.25%
1965	93.06	13.72	14.7	0.51	27.12	101912	1.35%
1966	116.53	18.11	16.5	0.94	19.35	103007	1.75%
1967	116.53	17.71	15.1	0.88	20.2	101767	1.74%
1968	83.13	17.5	21	0.9	19.34	105007	1.67%
1969	98.6	21.03	21.3	0.95	22.13	110316	1.91%
1970	111.69	19.07	17	1.09	17.51	113491	1.68%
1971	139.44	30.98	22.2	1.36	22.84	116474	2.68%
1972	210.11	44.4	21.1	1.88	23.68	120176	3.7%
1973	236.3	56.8	19.8	1.94	29.27	124829	4.55%
1974	255.59	62.2	24.3	2.19	28.35	128918	4.82%
1975	296.72	65.09	21.9	2.46	26.46	132854	4.90%

年度	财政预算总支出（万元）	县财政预算教育经费（万元）	教育经费占财政总支出（万元）	全县中小学生总数（万人）	生均教育经费数（元）	全县总人口数（人）	人均投入
1976	294.83	69.83	23.7	2.5	27.92	137032	5.10%
1977	304.58	74.09	24.3	2.09	35.45	140784	5.26%
1978	381.21	82.02	21.5	1.94	42.25	144920	5.66%
1979	533.27	103.64	19.4	1.89	54.95	154948	6.68%
1980	754.49	139.09	18.4	1.63	85.34	157190	8.85%
1981	631.78	152.31	24.1	1.73	88.30	156740	9.72%
1982	601.3	175.4	29.2	1.73	101.15	158736	11.05%
1983	757.7	213.2	28.1	1.91	111.61	158274	13.47%
1984	919.1	258.4	28.1	2.06	125.25	160579	16.06%
1985	900.9	296	32.9	2.32	127.44	163146	18.14%
1986	1366.8	352.5	25.8	2.2816	154.50	166078	21.22%
1987	1418.9	356.5	25.1	2.3787	149.87	169656	21.01%
1988	1750.4	492.0	28.1	2.3655	207.99	173368	28.38%
1989	1851.0	511.2	27.6	2.3097	221.33	176382	28.98%
1990	2022.7	502.8	24.9	2.3209	216.64	180370	27.88%
1991	2198.0	546.0	24.8	2.3390	233.43	182882	29.86%
1992	3008.0	660.0	21.9	2.4450	269.94	185377	35.60%
1993	3810.0	863.0	22.7	2.4939	346.04	187909	45.93%
1994	4231	1259.9	29.78	2.5839	1637.45	189932	66.33%
1995	4548	1228.3	27.01	2.6482	1717.39	192229	63.90%
1996	6090	1831.4	30.07	2.7179	2240.70	194800	94.01%
1997	6261	1939.5	30.98	2.7278	2295.26	196298	98.80%
1998	6365	2376.4	37.34	2.7463	2317.66	197553	120.29%
1999	8313	2690.4	32.36	2.8209	2946.93	198751	135.37%
2000	9868	3337.0	33.82	2.9241	3374.71	200973	166.04%
2001	11803	3743.2	31.71	3.0831	3828.29	202070	185.24%
2002	11040	3567.4	32.31	3.2169	3431.88	210000	185.4%
2003	12771	4642.9	36.36	3.4611	3689.87	205115	226.36%
2004	16725	5055.3	30.23	3.5358	4730.19	206791	244.46%
2005	22430	6047.1	26.96	3.5829	6260.29	207972	290.77%

经费使用

绿春县教育经费使用原则是地方财政拨款、教育主管部门统管、专款专用。预算外收入包括事业收入和校办产业、勤工俭学、社会服务收入等，60%用于改善学校办学条件，40%用于改善职工福利待遇。

建县前（原六村办事处成立前），墨江县的扭直、卧马、三楞3所学校，除国家发少数民族学生文具、书籍补助费外，还发给学生生活补助费，补助率80%以上，向个别学生还发冬衣补助费或棉衣。1955年，用于学生文具、书籍补助1000元。1956年，用于学生文具、书籍补助费800元，生活困难学生补助费100元。1965年，根据"民办公助"原则，国家用教育经费给予民办教师生活补助，每人每月按所评定的9元、12元、15元三个等级发给民办教师生活补贴。1966年，因"文化大革命"，停止对边疆少数民族学生的补助。到1972年，恢复少数民族学生的补助费。当年，拨给全县少数民族学生生活补助费7万元，并列入正常的教育经费，采取困难多补助多、困难少补助少的办法。1973年，县革委文教组制定下发《关于少数民族学生补助费的补助项目和补助办法》，明确补助项目有文具书籍费、伙食费、晚班灯油费、冬衣补助费、住校生被褥生活用具费及其他特殊费用。补助办法是书籍、文具每学期补助1次，每学年共补助2次，也可由学校购买科书和文具发放给学生的方式补助；伙食费和晚班灯油费，可根据在校学生的实际情况评定等级逐月补助；冬衣补助每年1次，冬季发给住校生的被服、生活用具等，可由学校在补助范围内适量购置部分被褥、蚊帐、棉衣、面盆借给学生使用，学期末收回。

表14-1-2 1973年少数民族学生生活补助费分配表

单位：元

单位名称	小学	中学	合计
大兴公社	3860	1140	5000
牛孔公社	5200	2800	8000
戈奎公社	1800	2600	4400
三楞公社	3000	600	3600
骑马坝公社	4480	3020	7500
二猛公社	2400	2900	5300
平河公社	5200	4800	10000
绿春一中	—	7000	7000
绿春二中	—	3500	3500
县留机动数	6000	6000	12000
合计	33840	36160	70000

1978年，县文教局对全县边沿三个区（平河区、半坡区、骑马坝区）学生进行文具、书籍及生活费补助，小学生每人每月补助文具、书籍及生活费0.5元，中学生每人每月补助文具、书籍及生活费5元。当年，全县教育经费总支出82.02万元。从1980年4月起提高补助标准，小学生每人每

月补助提高到1元，中学生每人每月补助提高到10元。对县内其他地区的瑶族和拉祜族学生，享受边沿三个区学生的同等待遇。1984年，县文教局根据红河州财政局、红河州教育局《关于1984年半寄宿制高小学校数和经费分配计划的通知》，开始对全县35所半寄宿制高小的学生发放生活补助费，每人每月补助生活费5元。1985年，全县教育经费占全县财政总支出的32.9%，全县中小学教师工资和各项补助工资共229万元，占全年教育经费总数的77.4%，学生人均教育经费127.44元。当年，全县教育经费支出296万元。2005年，全县教育经费支出6047.1万元。当年，全县累计投入"三免费"教育经费465.6万元，扶持边境一线中小学生2.76万人次。

表14-1-3　1958—2005年教育经费开支统计表

单位：万元

年度	拨款总数	小学教育经费	幼儿教育经费	少数民族教育经费	基本教育建设	其他经费
1958	5.68	—	—	—	—	—
1959	9.28	—	—	—	—	—
1960	16.44	7.98	—	—	—	—
1961	9.6	7.4	—	0.8	0.5	0.1
1962	9.8	6.62	0.24	—	—	—
1963	9.33	6.48	0.13	—	—	1.88
1964	11.05	—	—	—	—	—
1965	13.72	—	—	—	—	—
1966	18.1	—	—	—	—	—
1967	17.7	—	—	—	—	—
1968	17.5	—	—	—	—	—
1969	21.03	—	—	—	—	—
1970	19.04	—	—	—	—	—
1971	30.26	24.4	—	—	—	—
1972	44.41	37.51	—	—	—	—
1973	55.1	42.37	—	—	0.35	3.58
1974	61.03	49.51	—	—	—	—
1975	61.3	34.57	—	—	5.5	16.77
1976	73.07	42.52	—	—	1.5	8.26
1977	73.18	39.34	—	—	18.00	2.64
1978	79.28	53.94	—	—	15.26	21.42
1979	107.65	69.15	—	2.29	8.80	—

续表

年度	拨款总数	小学教育经费	幼儿教育经费	少数民族教育经费	基本教育建设	其他经费
1980	147.9	106.25	—	3.12	6.3	—
1981	162.4	119.38	—	3.99	3.38	7.99
1982	187.24	114.76	—	7.11	17.20	16.18
1983	231.33	126.36	3.6	4.00	16.00	38.2
1984	271.09	155.38	2.99	10.68	21.09	29.26
1985	325.9	217.89	3.04	3.66	4.00	41.32
1986	352.5	—	—	—	—	—
1987	356.5	—	—	—	—	—
1988	492	—	—	—	—	—
1989	511.2	—	—	—	—	—
1990	502.8	—	—	—	—	—
1991	546	—	—	—	—	—
1992	660	—	—	—	—	—
1993	863	—	—	—	—	—
1994	1259.9	769.5	8.8		20	189.7
1995	1228.3	738.1	7.2		23	200.8
1996	1831.4	951.3	11.9			581.3
1997	1939.5	1291.3	15.1			232.8
1998	2376.4	1382.2	20.4			479.7
1999	2690.4	1441.5	19.9			653.3
2000	3337.0	1753.6	26.4	—	—	953.3
2001	3743.2	2111.5	32.1	—	95	749.7
2002	3567.4	2427.3	54.5	—	—	228.8
2003	4642.9	2400.4	64.6	—	—	1009.7
2004	5055.3	2745.2	91.0	—	—	832.5
2005	6047.1	2973.8	94.8	—	—	204.2

表14-1-4　1980—2005年教育经费支出情况统计表

单位：万元

年度	工资	补助工资	职工福利	退休用费	民族生补助	公务费	设备购置	房屋修缮	业务费	其他经费	总计
1980	61	16.3	2.2	—	8.1	14.3	5.9	12.8	5.1	13.4	139.1
1981	73.9	26.6	5	—	10.0	12.0	4.0	14.0	4.3	2.5	152.3
1982	88.9	20.7	2.6	—	8.7	12.0	12.6	18.4	4.1	7.4	175.4
1983	88.1	26.4	4.7	0.1	9.7	15.6	21.6	39.0	6.2	1.8	213.2
1984	102.2	60.1	7.8	0.4	13.3	14.3	12.6	25.1	18.1	4.1	258.0
1985	141.3	72.4	6.6	1.4	15.3	15.3	6.6	23.6	8.1	5.4	296.0
1986	—	—	—	—	—	—	—	—	—	—	—
1987	—	—	—	—	—	—	—	—	—	—	—
1988	—	—	—	—	—	—	—	—	—	—	—
1989	—	—	—	—	—	—	—	—	—	—	—
1990	—	—	—	—	—	—	—	—	—	—	—
1991	—	—	—	—	—	—	—	—	—	—	—
1992	—	—	—	—	—	—	—	—	—	—	—
1993	—	—	—	—	—	—	—	—	—	—	—
1994	707.3	—	—	62.6	39.3	93.3	7.5	26.8	—	238.3	1175.1
1995	498.0	—	—	60.1	7.0	78.1	8.3	28.7	—	576.7	1256.9
1996	710.3	—	—	—	6.4	124.6	4.1	445.1	—	470.6	1831.4
1997	764.2	—	—	—	7.8	125	19.8	285.3	—	634.0	1939.5
1998	697.6	602.8	117.4	157.8	10.8	96.1	23.8	497.5	74.2	98.4	2376.4
1999	865.7	645.4	119.1	195.3	37.6	85.1	26.0	648.2	36.6	31.4	2690.4
2000	1075.9	650.6	117.2	229.6	60.9	115.1	34.4	932.8	61.8	48.7	3327.0
2001	1462.1	828.8	109.5	303.9	31	125.9	24.1	781.4	27.4	49.1	3743.2
2002	1613.8	895.2	60.9	337.5	76.8	102.2	36.8	338.9	73.8	31.5	3567.4
2003	1527.2	1171.1	134.7	357.9	20.8	110.3	109.7	1071.6	37.7	101.9	4642.9
2004	1810.1	1503.0	55.1	423.9	100.9	187.8	83.1	753.2	33.0	105.2	5055.3
2005	1740.9	1502.1	150.2	434.8	260.6	173.9	27.1	1587.1	44.3	126.1	6047.1

注：1986、1987、1988、1989、1990、1991、1992、1993共8年的资料缺失。

表14-1-5　1978—2005年教育经费投入一览表

年度	总投入（万元）	财政投入（万元）	财政投入占	其他投入（万元）	其他投入占
1978	82.02	82.02	100%	—	—
1979	103.64	103.64	100%	—	—
1980	139.09	139.09	100%	—	—
1981	152.32	152.32	100%	—	—
1982	176.2	176.2	100%	—	—
1983	213.2	213.2	100%	—	—
1984	258	250.3	97%	7.7	3%
1985	296	296	100%	—	—
1986	372	352.2	97.76%	19.5	2.24%
1987	356.2	356.2	100%	—	—
1988	605	492	81.32%	113	18.68%
1989	579.9	511.2	88.15%	68.7	11.85%
1990	604.5	502.8	83.18%	101.7	16.82%
1991	700.2	546	77.98%	154.2	22.02%
1992	717.6	660	91.97%	57.6	8.03%
1993	905.3	863	92.35%	69.3	7.65%
1994	1324.6	1179	89%	145.6	11%
1995	1310	1224	93.44%	86	6.56%
1996	1898	1580	83.25%	318	16.75%
1997	2446	1534	62.71%	912	37.29%
1998	2501	1665	66.57%	836	33.43%
1999	2786	2477	88.91%	309	11.09%
2000	3771	2867	76.03%	904	23.97%
2001	4046	3016	74.54%	1030	25.46%
2002	3450.9	2790	80.85%	660.9	19.15%
2003	4642.9	3898	83.96%	744.9	16.04%
2004	5055.3	4290	84.86%	765.3	15.14%
2005	6047.1	4568	75.54%	1479.1	24.46%

第二节 教育设备设施

校舍建设

中华人民共和国成立前，绿春县内私塾或学堂，除大兴寨和骑马坝学堂是庙宇或公产外，多数校舍和课桌等都是私有财产。

1952—1956年，全县学校校舍除大兴小学是庙宇瓦房外，其余校含皆为茅草房，学校桌、椅、床等多数是竹制（竹器）。1955年，省、州拨款给绿春县（原称六村办事处），在四区的嘉禾街和一区的戈奎、俄浦、迷克等地建校，所需费用多数由国家拨款，其余由群众投工献料建盖而成，建盖土木结构（草顶）校舍，面积约735平方米。1956年下半年，投资2.5万元，在大兴小学建盖第一幢土木结构（基墙、砖柱、瓦顶）校舍，建筑面积640平方米，工程于1957年7月竣工。1958年，经蒙自专署批准拨款1万元，筹建绿春中学。1964年，全县共修建校舍2300平方米，添置课桌椅540套。1969—1973年，调动全县中小学师生和广大群众开展劳动建校。1973年，筹建绿春县第二中学。1972年，骑马坝公社学校师生投工献料折合资金3.5万元，修建校舍面积2250平方米，自制简易课桌椅326套；大水沟公社牛红、坡底2个自然村群众投工投劳折合资金7000元，合建土木结构草顶校舍面积100平方米，添置课桌椅15套。1973年，平河公社群众投工投劳折合资金2万余元，共修建学校29所，添置课桌椅275套，还添置黑板、办公桌等。1978年前，党的十一届三中全会后，党中央重视边疆民族教育事业，国家和省、州逐年增加教育发展资金投入教育发展资金。1979年，县文教局投资7万元，在大兴小学建盖全县第一幢钢混结构教学楼。1982年，县文教局贯彻落实中央《关于普及教育若干问题的决定》，对全县中小学校舍进行一次全面普查，建立校舍档案，制定1982—1983年修缮校舍制度和措施，首次把"改善办学条件"列入《绿春县中小学教职工岗位责任制考核奖励办法》。同年，群众投工献料新建小学6所，排除危房小学185所，总面积1.6万平方米。1983年，县文教局投资5万元，在牛孔中学建立农村中学中心实验室，面积409平方米。1982—1984年，红河州教育局向绿春县直拨基建投资款30万元，重建牛孔中心小学、平河中心小学、大水沟中心小学3所混合结构校舍，其中，牛孔中心小学面积1056平方米、平河中心小学面积973平方米、大水沟中心小学面积400平方米，总建筑面积2429平方米。到1985年，据不完全统计，全县共投工献料折合资金14.5万元，全县有各级各类学校495所，校舍总面积7.8万平方米。建成钢混结构校舍建筑学校25所，其中，中学6所，面积6043平方米；教师进修学校钢混结构校含2000平方米。钢混结构校舍多数是中学及区（镇）中心小学和部分边境线上的小学校，其余乡、村学校皆为茅草房，遇有大风袭击，草顶就被刮去或掀倒，个别学校每年修换多次。当时，乡村学校修建多数靠群众投工献料，国家仅补助小五金费及其他象征性补贴。1990年，县委、县政府制定《绿春县教育事业三年发展规划》《绿春县分级办学分级管理的规定》，提出"改善办学条件"目标：实现"一无两有"（即无危房、人人有教室、人人有课桌椅）；按国家教委二类标准配备教仪中学50%，中心小学50%；1992年配齐行政村以上五大件：数学教具箱、自然教具箱、教学挂图、手风琴、球类。1992—1997年，世界银行中国贫困省教育贷款项目在绿春县实施，项目计划总投资916.71万元，其中，世界银行贷款450.71万元（折合84.5万美元）；国内配套资金466万元。国内配套资金中，中央和省级补助63万元，州级补助100万元，县级补助80万元，乡村多渠道集资223万元，实际投资1032.93万元。该项目涉及大黑山中心小学、戈奎中学等70所中小学；新建、扩建、大修校舍2.31万平方米，采购课桌椅9920单人套，购置图书11.95万册，配置教学仪器169套，培训教师1085人次，购置微机1台，复印机1台，北京吉普车1辆。1998年，绿春县被列为"国家贫困地区义务教育工程"项目县，实施"工程"项目16个，资金总额978.5万元。"工程"项目按照省"一次规划，分步实施"的要求，对国家贫困地区义务教育工程做出详细规划，并通过多方论证分析，听取方方面面意见，选定上报全县9个乡镇16所学校作为贫义工程项目，其中，小学15所，中学1所。"工程"内容规划新建、扩建校舍面积9964平方米，其中，小学9160平方米，中学804平方米；购置课桌椅3430单人套；配备达标实验设备16套；图书61681册；培训校长16人，教师117人。该项目的实施，使全县小学在校生数由项目实施前1997年的22978人增加到2000年的24853人，增长1875人；生均校舍面积由1997年的3.6平方米增加到2000年的4.37平方米；适龄儿童入学率由1997年的95.08%提高到2000年的97.62%，提高2.54%；小学六年级完学率由1997年的37.86%提高到2000年的46.19%，提高了8.33%。1998—2000年，绿春县实施第一期"国家贫困地区义务教育工程"项目，项目学校有县二中、大兴镇阿迪小学、牛孔乡漫洛河坝小学等16所中小学。项目总投资978.5万元，其中，中央补助专款391.4万元，州财政配套专款117.4万元，县乡财政配套专款62.7万元，非财政配套资金15.6万元，干部群众投工献料折合资金391.4万元。2001年，绿春县被列为第二期"国家贫困地区义务教育工程"和"中小学危房改造工程"项目县，项目总投资152.43万元，其中，上级补助123.7万元，自筹资金28.73万元。全县排危改造工程项目5个、5所中小学，排除危房4605平方米，占危房总面积1.12万平方米的（小学1.05万平方米，中学670平方米）41.17%；改造危房面积2674平方米，占总危房面积的23.91%。2001—2002年，实施第二期"国家贫困地区义务教育工程"项目，涉及县二中学生宿舍、半坡中学学生宿舍、半坡龙塘小学教学楼、牛孔中学教学楼、骑马坝中学教学综合楼、大黑山中学教学楼、大兴小学综合楼、三猛中学学生宿舍、大水沟中学教学楼、大水沟格芽小学教室10个单体项目工程，规划总面积9779.9平方米，规划总投资543.1万元，其中，中央专款260.65万元，省级专款121.79万元，州级配套（含"两基"专款）501.16万元。配发11所中小学校课桌椅1000单人套，每套88元，总投资8.3万元。2001年，对325所中小学校791名贫困学生发放助学金12.9万元，人均163元，主要用于贫困学生的科书和文具费支付；配发12所中小学校图书9642册（由省工程办采购配套）；配发2所小学教学仪器2套；按规划培训师资73人次，实际组织培训632人次，其中，培训中小学校长8人次，投资8.6万元。10所项目学校，在校学生数由项目实施前2001年的4151人增加到

2002年的5707人，增长1562人，其中，初中生1230人；撤并4所小学教学点；7所在校初中学生辍学率由2000年的8.9%下降到2005年的3.27%。2001—2005年，绿春县实施第二期"国家贫困地区义务教育工程"项目，项目学校有县一中、大兴小学、半坡乡龙潭小学等22所中小学。项目总投资983万元，其中，中央补助专款656万元，省级财政配套专款262.4万元，州级财政配套专款64.6万元。

表14-2-1　2001—2004年中小学危房改造工程项目投资完成情况一览表

单位：万元

总投资	中央专款	省级专款	州级专款	县级专款	其他
464.95	109.5	83.57	26.48	—	245.4

表14-2-2　2004年改造危房（D级）情况统计表

单位：平方米

合计	教学及教学辅助用房	生活服务用房	备注
6938	5237	1701	

2004—2005年，绿春县实施国家西部地区"两基"攻坚农村寄宿制学校建设工程，项目总投资1550万元，其中，中央专项资金1454.5万元，省级配套资金95.5万元。项目学校有县二中、大水沟中心小学等12所中小学。土建项目13个，总建筑面积1.69万平方米，购置教学设施设备109.6万元。

表14-2-3　1979—2005年中小学占地和校舍面积一览表

年度	学校占地面积（亩）			校舍面积（万平方米）		
	中学	小学	合计	中学	小学	合计
1979	—	—	—	1.63	4.21	5.84
1980	148.11	514.56	698.67	1.39	4.77	6.16
1981	182.11	565.3	747.41	1.36	4.95	6.31
1982	193.11	551.1	744.21	1.43	5.28	6.71
1983	110.35	546.7	657.05	1.65	5.64	7.29
1984	176.28	509.7	685.98	1.55	5.77	7.32
1985	176.04	471.0	647.04	1.67	6.04	7.71
1986	167.2	589	756.2	1.516	6.4203	7.9363
1987	174	604	778	1.9241	6.626	8.5501
1988	128	634	762	2.1886	6.8321	9.0207
1989	155.45	681.2	836.65	2.3099	7.1457	9.4466
1990	153.5	628.6	782.1	2.3246	7.4062	9.7308
1991	137.5	712.68	850.18	2.3304	7.3513	9.6817
1992	180	822.6	1002.6	3.0409	6.8046	9.8455

年度	学校占地面积（亩）			校舍面积（万平方米）		
	中学	小学	合计	中学	小学	合计
1993	180	840.6	1020.6	3.0409	6.8046	9.8455
1994	182.9	878.3	1061.2	3.1514	7.4246	10.576
1995	172.9	861.1	1034	3.2453	7.8344	11.0797
1996	173	875	1048	3.3527	8.2170	11.5697
1997	205	845	1050	3.6606	8.3121	11.9727
1998	205	938	1143	3.6252	8.7560	12.3812
1999	208	1019	1227	3.7359	9.4624	13.1983
2000	219	1052	1271	3.7283	10.8590	14.5873
2001	223.57	971.48	1195.05	3.6449	10.9173	14.5622
2002	224.31	960.30	1184.61	3.6613	11.4644	15.1257
2003	341.14	925.16	1239.3	6.2215	11.9200	18.1415
2004	345.33	929.25	1274.58	6.6258	12.4730	19.0988
2005	345.33	953.51	1298.84	7.6363	13.1533	20.7896

教学设备

　　1952—1958年，全县中小学教学设备条件较差，区（镇）中心小学也只有闹钟、直尺、简单的几幅挂图、篮球等教具，县城小学的教具和教学仪器也残缺不全。从1959年起，县教育局从教育经费中列出一定比例经费购置中小学校教学器材和图书，重点中小学侧重配备成套。1985年，县教育局设立电教室，与县教研室合署办公，由1名教研室副主任兼任电教室主任，负责全县电化教学的组织、指导等工作，并负责全县中小学的教具教仪配置工作。县教育局电教室内有收录机、电视机、录放像机等电器设备，价值约2.5万元，配有电教员2人。同年，县一中建盖面积960平方米的实验楼（三层楼），配备价值5万元的教学仪器，配有专职电教员1人。区（镇）中心完小和区（镇）级中学也逐年添置教具和教学实验仪器。1987—1990年，在县一中开办首个电化教学实验班，配备教具有收录音机1台、幻灯机1台、投影仪1台。1996年8月，县教育局电教室从教研室划分出来，实行独立办公，电教员从原来的2人增加到3人，专门负责管理全县中小学校的电教教仪工作。各乡镇中小学校都相应配备教学仪器和电教设备，配有专职电教教仪管理员各1人。1998年，实施第一期"国家贫困地区义务教育工程"项目后，全县村委会以上的中小学都陆续配备VCD、电视机。2003年，实施"世行贷款"和"贫义工程"项目，进一步加大对普通电教设备的投入，购置一批收录机、投影仪和音响设备，村级小学以上学校和中学都配备投影仪和收录机，窗口学校有音响设备1套。2004年，向全县30所中小学配置播放设备，村级小学以上学校和全县10所中学配备电视机和DVD播放机。2005年，全县中小学共有67个光盘播放点。

表14-2-4　1983—2005年县教育局电教室工作人员
基本情况一览表

姓名	性别	民族	出生年月	籍贯	学历	职务	职称	起止
田有祥	男	汉族	—	建水	高中	—	—	1983—1988
陆永斌	男	哈尼	1957年	绿春	大专	主任	中一	—
李福生	男	汉族	—	建水	大学		中一	—
李孝义	男	汉族	1955年	绿春	中师	主任	中一	—2004
沈梦华	女	汉族	1958.11	建水	大专		小高	—2005
白正发	男	哈尼	1956.11	绿春	大专	—	政工师	2000—
李伟	男	哈尼	1964.11	绿春	大专	主任	中高	2002—
王绿洲	男	哈尼	1958.9	绿春	大专	副主任	小高	2003—

普通教学仪器

1998年，实施国家贫困地区义务教育工程，县一中、二中按中学一类配备，乡镇中学按中学二类配备教学仪器，乡（镇）中心小学按小学一类配备教学仪器。图书配备中学生人均25册，小学生人均15册。2003年，投入教学仪器、图书的配备资金156.74万元（世行贷款），其中，投入教学仪器设备105万元，图书配备51.74万元。国家贫困地区义务教育工程投资51.18万元，为157所小学按其办学规模分别配备Ⅰ、Ⅱ、Ⅲ类自然仪器，为10所中学、1所职业中学配备Ⅰ、Ⅱ理科教学仪器；投资19.5万元，向小学配备图书17.36万册，学生人均占有册数达到"普六"要求，年内增加中小学图书1.13万册。国家贫困地区义务教育工程按Ⅱ类标准还向16所小学和1所中学配备音、体、美电教设备器材。2004年，向11所中小学新配备图书1.32万册，向10所中学配备139件体育器材和140件理、化、生实验教学仪器。2005年，实施第二期国家贫困地区义务教育工程，分发初中Ⅰ类物理、化学、生物实验仪器，弥补平河中学、三猛中学实验仪器。发放远程教育卫星接收设备26套和中小学教学光盘420片。

信息技术教育

1997年，县一中投资12万元，其中省补助4万元、县补助4万元、学校自筹4万元，购置微机18台，设立一间简易计算机教室，并在高中部试开计算机教学课。同年9月至1999年8月，县一中同石屏县职业中学联办一个微机专业班，为县农业银行、县人武部、县政府办公室等单位干部职工进行微机操作培训，共5期130人次。2000年，实施红河州高中（完中）计算机教室建设项目，县一中设立县内第一间标准计算机教室。2003年，省委、省政府向县民族职业中学划拨资金14万元，用于购置微机；州委、州政府连续三年，每年向县一中划拨信息技术教育发展资金3万元；县财政和学校每年各投资3万元，总投资41万元，建立县一中29台计算机教室和县民族职业中学26台计算机教室。县一中和县教师进修学校自筹资金49.5万元，建立3间计算机教室，购置计算机93台和多媒体设备3套，正常开展信息技术教育课和举办微机培训班。县一中在高二年级4个班中每周开设1节信息技术教育课，初中每个班开设信息技术教育课。同时，每周一、二、三、五晚自习时间（两小时），组织教师培训计算机基础操作。县民族职业中学除在各班级中开设信息技术教育课外，还开办微机培训班。大兴小学自筹资金购买微机，加强培训。县电教室组织教师参加州级计算机辅助教学说课大奖赛，获三等奖2人、鼓励奖2人。2004年，新增6所中小学安装计算机教室，累计全县中小学计算机254台，生均比112∶1。同年，8所中小学教师参加全县计算机辅助教学说课大讲赛，其中3人推荐参加红河州第三届计算机辅助教学说课大奖赛。2005年，全县共有初级中学计算机教室11间、小学1间，累计培训教师957人次。

远程教育

1999年，实施国家"明天女教师"远程教育建设项目，在大兴小学和大寨民族小学建成全县第一批远程教育点。2000年，实施滇沪帮扶工程，建成县教育局电教室、县一中、县职中、大水沟中学4个单位"白玉兰远程教育"播放点。2002年，实施二期国家贫困地区义务教育工程远程教育项目，全县建成55个中小学远程教育播放点。2004年，全县建成29个二期国家贫困地区义务教育工程远程教育接收点、4个云南省远程教育示范点、33个地面卫星接收站。

第十五章

教育督导

第一节　教育督导机构

机构沿革

1989年3月，绿春县根据《中华人民共和国教育法》《中华人民共和国教育督导暂行规定》《云南省教育督导规定》和省、州政府"县级以上政府应在其教育行政部门建立督导机构，配备督导人员"的规定，成立县教育局教育督导室，机构规格为股所级，核定编制1名（主任）。1989年3月至1997年8月，实有在岗人员1名，由牟崇喜任主任；1997年9月至2000年8月，实有在岗人员1名，由王立堂任主任；2000年9月至2003年6月，实有在岗人员2名，杨炳成为主任、熊光荣为工作人员；2003年7月至2005年9月，实有在岗人员2名，孙彦辉为主任、熊光荣为工作人员。

2005年10月，根据《云南省教育督导规定》，经县委第37次常委扩大会议研究，撤销原县教育局教育督导室，成立县政府教育督导室，属县政府的常设机构，机构规格为正科级，与县教育局合署办公，核定人员编制3名，其中行政编制1名、事业编制2名。人员从县教育局时有编制中调剂，设专职督导室主任1名（正科级），工作人员2名。同年，实有在岗人员4名，其中，陶德然为主任，孙彦辉为督导办主任，熊光荣、高碧为工作人员。

主要职责

1989年3月成立时，县教育局教育督导室主要职责是：承办教育督导日常工作，组织对中小学以及幼儿园教育教学的督导评估和检查验收工作，宏观督导各学校贯彻落实党的教育方针、政策和教育目标等工作情况。2005年10月机构改革后，县政府教育督导室主要职责是：统筹规划、组织实施全县教育督导工作，制定教育督导的指导性文件和工作制度；对被督导对象贯彻执行教育法律、法规、规章和方针、政策的情况进行督导，做出督导结论，提出奖惩建议或者其他处理建议；对全县普及义务教育、扫除文盲及其巩固提高工作进行督导；对全县实施素质教育工作进行督导；对全县学校的办学方向、办学水平和办学效益进行督导；参与组织协调专项教育评估工作；对教育工作中的重大问题进行调查研究，向县政府及其有关部门和上一级教育督导机构报告和反映情况，提出意见和建议；履行法律、法规、规章规定或者县政府确定的其他职责。

第二节 教育督导评估

县政府教育督导的主要范围是普通中小学教育、幼儿教育及其他有关的教育工作。进入20世纪90年代末，教育督导工作的重点是普及九年义务教育和扫除青壮年文盲教育。教育督导工作主要由教育督导人员实施。教育督导人员又称为督学，可以是专职的，也可以是兼职的。督学应当符合国家规定的政治和业务条件，并接受必要的培训，要具有先进的教育理念、教育评价理论与技术、丰富的教育教学实践经验，由县级政府或者政府的教育行政部门认定，并颁发督学证书。督导人员在进行督导活动时，可以列席被督导单位的会议和活动，要求被督导单位提供与督导事项有关的文件并汇报工作，还可以对被督导单位进行现场调查。督导任务完成后，督导人员应当向县级政府、教育行政部门以及上级督导机构报告督导结果，提出意见和建议，并可以向社会公布。

"普六"督导评估

1994年，根据《绿春县实施九年义务教育方案》，全县实施普及六年义务教育（以下简称"普六"）工作。1997年9月，县政府检查评估验收半坡乡。1998年9月，县政府检查评估验收大兴镇。1999年9月，县政府检查评估验收骑马坝乡、大黑山乡、大水沟乡、牛孔乡、平河乡5个乡。2000年7月，县政府检查评估验收三猛乡；同年9月，绿春县"普六"工作通过省政府的评估验收。

"普九"督导评估

全县"普六"工作验收后，县委、县政府根据2000年红河州教育三级干部会议对绿春县普及九年义务教育（以下简称"普九"）工作提出的新要求，经过反复调研论证，在认真算清《绿春县基本普及九年义务教育和基本扫除青壮年文盲实施方案》（以下简称"两基"方案）的"人口账、普及账、教师账、校舍账、资金账"等基础上，县政府于同年底重新调整原《绿春县实施九年义务教育方案》（以下简称"方案"），将原定于2010年实现普"普九"的时间调整到2005年，并经县政协协商、县人大常委会审议通过，2001年4月报省、州政府批准。2002年初，县委、县政府按省定2003年实现"两基"的要求，对原《方案》再调整和规划，出台《"两基"方案的调整意见》，重新规划"两基"方案。2002年9月，大兴镇、半坡乡、骑马坝乡3个乡镇通过州政府的评估验收。2003年9月，牛孔乡、大水沟乡、大黑山乡、平河乡、三猛乡、戈奎乡6个乡通过州政府的评估验收。同年10月，省政府对绿春县依法进行"两基"工作检查、复核、评估，但因全县教育起步晚、基础差，尤其是初中阶段毛入学率未达到"80%以上"的指标要求，未得到验收，直至2004年9月通过省政府的评估验收。

表15-2-1 绿春县普及九年义务教育评估验收过录表（小学部分：表一）妇2003—2004学年度

普及程度

分类					
序号	项目	指标要求	细项		

单位	1 适龄儿童入学率（98%以上 "普六"县95%以上 未经批准不入学或者辍学的已依法处理）							2 在校学生辍学率（2%以下 "普六"县3%以下）			3 残疾儿童入学率（市(区)80%左右,县60%左右 县城和集镇50%以上 "普六"县±1%）				4 15周岁人口中初等教育完成率（98%左右（±1%）"普六"县95%以上）			5 15周岁人口中文盲率（1%左右（±0.5%）"普六"县5%左右（±0.5%））	
	适龄儿童人数	已入学人数	%	隔年招生人数	未入学人数 计	经批准免缓学人数	未批准人数	学年初在校学生人数	学年内辍学生人数	%	适龄残疾儿童人数	已入学人数	%	特殊教育校点数	15周岁人口数	受完小学教育人数	%	文盲人数	%
合计	23597	23361	99.00	187	236	88	148	25892	306	1.18	128	91	71.09	0	3222	3132	97.21	24	0.75
大兴	5065	5008	98.87	—	57	21	36	5642	55	0.97	16	12	75.00	0	689	676	98.11	0	0
戈奎	2233	2200	98.52	33	33	11	22	2352	36	1.53	11	7	63.64	0	305	290	95.08	4	1.31
牛孔	3240	3204	98.89	—	36	13	23	3295	56	1.70	9	5	55.56	0	469	462	98.51	6	1.28
大水沟	2052	2030	98.93	—	22	8	14	2382	32	1.34	20	16	80.00	0	303	297	98.02	2	0.66
大黑山	2435	2422	99.47	—	13	6	7	2457	3	0.12	31	21	67.74	0	280	276	98.57	2	0.71
半坡	1341	1137	99.70	21	4	2	2	1346	0	0	10	8	80.00	0	140	138	98.57	0	0
骑马坝	1259	1259	100	—	0	0	0	1562	21	1.34	8	5	65.50	0	193	190	98.45	0	0
三猛	2700	2661	98.56	25	39	15	24	3024	44	1.46	17	13	76.47	0	391	372	95.14	5	1.28
平河	3272	3240	99.02	108	32	12	20	3832	59	1.54	6	4	66.67	0	452	431	95.35	5	1.11

表15-2-2 绿春县普及九年义务教育评估验收过录表（小学部分：表二）

2003—2004学年度

教师校长

序号	6			7				8			9			10	
项目	教师编制配备率			教师学历和取得专业合格证书的合格率				新补充教师学历合格率			校长任职条件合格率			校长岗位培训合格率	
指标要求	95%			90%以上，"普六"县85%以上				95%以上			95%以上			95%以上	
达标情况 单位	按编制应有教师数	实有教师数	%	合格总人数	其中学历合格人数	其中获得专业合格证书人数	%	1990年以来新补充教师人数	其中学历合格人数	%	校长总人数	符合任职条件人数	%	经岗位培训合格人数	%
合计	1168	1111	95.12	1051	1019	32	94.60	501	501	100	57	57	100	57	100
大兴	288	288	100	266	266	—	92.36	88	88	100	11	11	100	11	100
戈奎	92	88	95.65	83	83	—	94.32	35	35	100	5	5	100	5	100
牛孔	160	160	100	152	152	—	95.00	84	84	100	7	7	100	7	100
大水沟	95	95	100	88	87	1	92.63	37	37	100	5	5	100	5	100
大黑山	111	111	100	110	101	9	99.1	73	73	100	7	7	100	7	100
半坡	61	61	100	57	55	2	93.44	36	36	100	5	5	100	5	100
骑马坝	92	92	100	88	77	11	96.70	37	37	100	4	4	100	4	100
三猛	117	93	79.49	89	86	3	95.70	63	63	100	6	6	100	6	100
平河	152	123	80.92	118	112	6	95.93	48	48	100	7	7	100	7	100

表15-2-3　绿春县普及九年义务教育评估验收过录表（小学部分：表三）

2003—2004学年度

教育质量

分类	11 按国家和省的课程计划开设课程 市（区）98%以上，农村90%以上，重点扶持县85%以上			12 在校学生品德评定合格率 合格人数占在校学生数的99.8%以上			13 毕业班学生毕业率 市（区）98%以上 农村90%以上			14 毕业班学生体育合格率 90%以上		
单位	学校数	按计划开课校数	%	在校学数	品德评定合格人数	%	学年初毕业班学生数	实际毕业人数	%	毕业班参评人数	按小学生体育合格标准合格人数	%
合计	57	57	100	25586	25586	100	3471	3426	98.70	3338	3284	98.38
大兴	11	11	100	5587	5587	100	518	801	97.92	792	786	99.24
戈奎	5	5	100	2316	2316	100	345	345	100	342	328	95.91
牛孔	7	7	100	3239	3239	100	416	416	100	410	402	98.05
大水沟	5	5	100	2350	2350	100	412	412	100	406	366	90.15
大黑山	7	7	100	2454	2454	100	285	276	96.84	283	268	94.70
半坡	5	5	100	1346	1346	100	184	175	95.11	183	180	98.36
骑马坝	4	4	100	1541	1541	100	186	186	100	184	184	100
三猛	6	6	100	2980	2980	100	400	400	100	396	382	96.46
平河	7	7	100	3773	3773	100	425	425	100	420	388	92.38

表15-2-4 绿春县普及九年义务教育评估验收过录表（小学部分：表四）

2003—2004学年度

办学条件：校舍

序号	15 生均占地面积达标率				16 生均校舍建筑面积达标率			17 教学用房达标率		18 院墙、校门、运动场地、厕所、水源、旗杆合格率						19 危房率		
指标要求	市（区）、县85%以上 重点扶持县80%以上				市（区）90%以上、县85%以上、重点扶持县80%以上			同左		同左 %						2%以下 新增危房在一年内排除		
项目/单位	学校数	合格校数	%	生均占地面积（m²）	合格校数	%	生均校舍面积（m²）	合格校数	%	院墙	校门	运动场地	厕所	水源	旗杆	校舍建筑总面积（m²）	危房面积（m²）	%
合计	57	56	98.25	23.95	57	100	4.63	47	82.46	80.70	82.46	89.47	94.74	100	100	119200	8851	7.43
大兴	11	11	100	16.14	11	100	4.18	9	81.82	72.73	72.73	81.82	81.82	100	100	23518	1378	5.86
戈奎	5	5	100	10.13	5	100	3.59	4	80.00	80.00	100	100	100	100	100	8308	743	8.94
牛孔	7	7	100	32.30	7	100	4.38	6	85.71	71.43	71.43	85.71	100	100	100	14544	300	2.06
大水沟	5	4	80	31.47	5	100	4.71	4	80.00	80.00	80.00	100	100	100	100	10814	250	2.31
大黑山	7	7	100	42.90	7	100	5.99	6	85.71	85.71	85.71	85.71	85.71	100	100	15016	1818	12.11
半坡	5	5	100	31.90	5	100	5.55	5	100	80.00	80.00	100	100	100	100	7475	887	11.87
骑马坝	4	4	100	14.92	4	100	5.59	4	100	100	100	100	100	100	100	9043	1547	17.11
三猛	6	6	100	23.52	6	100	4.00	5	83.33	83.33	83.33	83.33	100	100	100	11879	1008	8.49
平河	7	7	100	20.15	7	100	4.85	6	85.71	85.71	85.71	100	100	100	100	18603	920	4.95

表15-2-5 绿春县普及九年义务教育评估验收过录表（小学部分：表五）2003—2004学年度

办学条件：设备

分类		办学条件：设备																
序号		20			21					22			23			24		
项目		课桌椅配备率			图书配备率					教学仪器配备率			文体器材配备率			劳动课设施配备率		
指标要求		100%			市（区）90以上，县85%以上，重点扶持县80以上					同左			同左			同左		
达标情况 单位	在校学生数（人）	课桌椅数（单人套）	%	学校数	配备合格校数	%	生均图书册数（以县计）		配备合格校数	%		配备合格校数	%		配备合格校数	%		
合计	25762	25762	100	57	55	96.49	8.91		55	96.49		53	92.98		55	96.49		
大兴	5624	5624	100	11	11	100	10.37		11	100		10	90.91		11	100		
戈奎	2317	2317	100	5	5	100	9.07		5	100		5	100		5	100		
牛孔	3300	3300	100	7	7	100	8.38		7	100		7	100		7	100		
大水沟	2295	2295	100	5	4	80	8.20		4	80		4	80		4	80		
大黑山	2504	2504	100	7	7	100	7.00		7	100		6	86.71		7	100		
半坡	1348	1348	100	5	5	100	6.90		5	100		5	100		5	100		
骑马坝	1561	1561	100	4	4	83.33	13.06		4	83.33		4	100		4	83.33		
三猛	2974	2974	100	6	5	100	7.50		5	100		5	83.33		5	100		
平河	3839	3839	100	7	7	100	8.08		7	100		7	100		7	100		

表15-2-6 绿春县普及九年义务教育评估验收过录表（小学部分：表六）
2003—2004学年度

分类		教育经费																			
序号		25						26			27			28						29		30
项目		财政对教育的拨款						年生均教育事业费			财政拨发的年生均公用经费			城乡教育事业费附加						多渠道筹措义务教育资金开展勤工俭学		教职工工资
指标要求		逐年增长，增长比例高于财政经常性收入增长比例						逐年增长			逐年增长			依法足额征收，并做到专款专用，使用合理						正常开展		按时足额发放
达标情况		财政经常性收入比上年增长率（%）			财政对教育的拨款比上年增长比例（%）			年生均教育事业费数（元）			生均事业费支出的公用经费数（元）			城市			农村			上年度		是否按时足额发放
	单位	2000年	2001年	2002年	2000年	2001年	2002年	2000年	2001年	2002年	2000年	2001年	2002年	应征数（万元）	实征数（万元）	实征率（%）	应征数（万元）	实征数（万元）	实征率（%）	捐集资（万元）	勤工俭学总收入（万元）	生均勤工俭学收入（万元）
	合计	4.40	9.90	8.70	30.00	5.80	1.00	655.90	772.70	749.00	34.70	44.02	47.70	17.36	17.36	100	147.10	139.40	94.80	49.70	45.60	17.60
	大兴	2.06	6.36	14.40	14.10	6.55	5.06	630.50	841.00	883.00	33.40	48.78	54.75	—	—	—	26.80	24.70	92.20	10.00	10.70	18.96
	戈奎	14.00	21.74	23.21	22.20	23.55	24.90	550.50	585.10	650.00	34.20	39.00	47.60	—	—	—	15.00	14.90	99.30	3.00	3.60	15.30
	牛孔	-3.70	-19.00	4.56	22.60	31.48	6.50	636.10	792.00	808.00	40.80	43.10	47.50	—	—	—	20.00	19.90	99.50	6.00	5.90	17.91
	大水沟	4.55	0	-38.70	12.10	14.72	18.60	514.30	560.00	661.00	32.00	3710	40.20	—	—	—	15.30	14.40	94.10	4.00	3.80	15.95
	大黑山	2.90	5.20	13.20	21.20	10.90	12.60	575.60	608.80	650.00	28.50	30.30	34.60	—	—	—	14.30	13.40	93.70	6.00	4.30	18.00
	半坡	50.30	-48.6	15.20	11.80	35.00	16.00	647.60	780.00	834.00	30.10	60.40	175.10	—	—	—	6.80	6.50	95.60	4.50	2.40	18.00
	骑马坝	13.92	-23.17	22.92	16.2	23.08	7.53	620.00	670.00	1068.00	31.00	35.00	156.00	—	—	—	8.9	8.30	93.30	4.00	2.80	18.00
	三猛	29.60	-10.90	-10.10	20.30	9.30	30.70	422.40	485.90	520.00	22.30	27.16	32.24	—	—	—	18.50	18.40	99.50	7.00	5.60	18.50
	平河	-0.43	-0.20	-10.70	20.70	21.73	21.40	559.20	601.80	689.0	30.70	41.60	156.00	—	—	—	21.50	18.90	87.90	18.90	6.50	17.00

序号30 教职工工资：足额发放

表15-2-7　绿春县普及九年义务教育评估验收过录表（初中部分：表一）

2003—2004学年度

	普及程度														
	1 适龄少年入学率 98%以上 "普六"县95%以上 未经批准不入学或者辍学的已依法处理						2 在校学生辍学率 市（区）3%以下 县3%左右（-0.5%）			3 残疾少年入学率 市（区）80%左右（1%）县60%左右（1%）			4 17周岁人口中初级中等教育完成率 市（区）95%以上 县90%左右（-0.5%）		
	13-15周岁人口数	初中阶段在校学生数	%	未入学人数 计	经批准缓学人数	未经批准人数	上学年初在校学生总数	学年内辍学学生人数	%	适龄残疾少年人数	已入学人数	%	17周岁人口数	完成初级中等教育人数	%
合计	9969	9533	95.63	436	173	263	6277	132	2.10	75	50	66.67	3348	2811	83.96
大兴	2230	2159	96.82	71	28	43	1857	32	1.72	9	6	66.70	668	602	90.12
戈奎	916	871	95.09	45	16	29	394	9	2.28	8	5	62.50	312	250	80.13
牛孔	1429	1358	95.03	71	29	42	728	13	1.79	5	4	80.00	537	440	81.94
大水沟	908	864	95.15	44	17	27	595	15	2.52	5	3	60.00	343	275	80.17
大黑山	878	838	95.44	40	15	25	550	14	2.55	19	12	63.20	280	238	85.00
半坡	486	468	96.30	18	8	10	462	8	1.73	5	4	80.00	168	145	86.30
骑马坝	612	588	96.08	24	9	15	490	9	1.84	4	3	75.00	211	190	90.00
三猛	1122	1066	95.01	56	24	32	517	15	2.90	13	8	61.54	348	279	80.17
平河	1388	1321	95.17	67	27	40	684	17	2.49	7	5	71.43	481	392	81.50

表15-2-8 绿春县普及九年义务教育评估验收过录表（初中部分：表二）

2003—2004学年度

教师校长

	5 教师编制配备率 95%以上			6 教师学历和取得专业合格证书的合格率 80%以上				7 新补充教师学历合格率 95%左右（-1%）			8 校长任职条件合格率 95%以上			9 校长岗位培训合格率 95%以上	
	按编制应有教师数	实有教师数	%	合格总人数	其中 学历合格人数	其中 获得专业合格证书人数	%	一九〇年以来新补充教师人数	其中学历合格人数	%	校长总人数	符合任职条件人数	%	经岗位培训合格人数	%
合计	458	454	99.13	482	427	1	94.27	291	287	98.63	11	11	100	11	100
大兴	121	121	100	114	114	—	94.21	42	40	95.24	3	3	100	3	100
戈奎	37	36	97.30	34	34	—	94.44	33	32	96.97	1	1	100	1	100
牛孔	55	54	98.18	50	50	—	92.51	33	33	100	1	1	100	1	100
大水沟	44	44	100	41	41	—	93.18	27	27	100	1	1	100	1	100
大黑山	39	39	100	36	36	—	92.31	22	22	100	1	1	100	1	100
半坡	27	27	100	26	26	—	96.30	21	21	100	1	1	100	1	100
骑马坝	35	35	100	31	30	1	88.57	30	30	100	1	1	100	1	100
三猛	46	46	100	45	45	—	97.83	40	39	97.50	1	1	100	1	100
平河	54	52	96.30	51	51	—	98.08	43	43	100	1	1	100	1	100

表15-2-9　绿春县普及九年义务教育评估验收过录表（初中部分：表三）

2003—2004学年度

教育质量

	10 按国家和省的课程计划开设课程 市（区）98%以上，农村90%以上，重点扶持县85%以上			11 在校学生品德评定全校率 合格人数占在校学生数的99.8%以上			12 毕业班学生毕业率 市（区）98%以上 农村90%以上			13 毕业班学生体育合格率 90%以上		
	学校数	按计划开课校数	%	在校学生数	品德评定合格人数	%	学年初毕业班学生数	实际毕业生人数	%	毕业班参评人数	按中学生体育合格标准合格人数	%
合计	11	11	100	6145	6145	100	1741	1710	98.22	1704	1638	96.13
大兴	3	3	100	1825	1825	100	571	541	94.75	541	520	96.30
戈奎	1	1	100	385	385	100	94	94	100	94	91	96.81
牛孔	1	1	100	715	715	100	190	190	100	190	181	95.26
大水沟	1	1	100	580	580	100	181	181	100	181	170	93.25
大黑山	1	1	100	536	536	100	159	159	100	155	147	94.84
半坡	1	1	100	454	454	100	104	104	100	102	99	97.00
骑马坝	1	1	100	481	481	100	150	149	99.33	149	142	95.30
三猛	1	1	100	502	502	100	122	122	100	122	120	98.36
平河	1	1	100	667	667	100	170	170	100	170	168	98.82

绿春县教育志

表15-2-10　绿春县普及九年义务教育评估验收过录表（初中部分：表四）

2003—2004学年度

办学条件：校舍

学校	学校数	14 生均占地面积达标率 市(区)、县85%以上 重点扶持县80%以上			15 生均校舍建筑面积达标率 市(区)90%以上、县85%以上，重点扶持县80%以上			16 教学用房达标率 同左		17 院墙、校门、运动场地、厕所、水源、旗杆合格率 同左 (%)						18 危房率 2%以下 新增危房在一年内排除		
		合格校数	%	生均占地面积(m²)	合格校数	%	生均校舍面积(m²)	合格校数	%	院墙	校门	运动场地	厕所	水源	旗杆	校舍建筑总面积(m²)	危房面积(m²)	%
合计	11	8	72.73	25.71	9	81.82	7.03	11	100	100	100	100	100	100	100	62215	0	0
大兴	3	2	67.00	20.18	3	100	8.81	3	100	100	100	100	100	100	100	19284	0	0
戈奎	1	1	100	25.97	0	0	4.70	1	100	100	100	100	100	100	100	3616	0	0
牛孔	1	1	0	6.28	0	0	4.51	1	100	100	100	100	100	100	100	5311	0	0
大水沟	1	0	0	11.91	1	100	7.19	1	100	100	100	100	100	100	100	6094	0	0
大黑山	1	1	100	19.17	1	100	7.38	1	100	100	100	100	100	100	100	5992	0	0
半坡	1	1	100	34.17	1	100	8.84	1	100	100	100	100	100	100	100	4312	0	0
骑马坝	1	1	100	14.50	1	100	7.62	1	100	100	100	100	100	100	100	3662	0	0
三猛	1	0	0	27.76	1	100	5.31	1	100	100	100	100	100	100	100	5228	0	0
平河	1	1	100	72.12	1	100	7.61	1	100	100	100	100	100	100	100	8656	0	0

表15-2-11　绿春县普及九年义务教育评估验收过录表（初中部分：表五）

2003—2004学年度

办学条件：设备

	在校学生数（人）	19 课桌椅配备率 100%		20 图书配备率 市（区）90以上，县85%以上，重点扶持县80以上				21 教学仪器配备率 同左		22 文体器材配备率 同左		23 文体器材配备率 同左	
		课桌椅数（单人套）	%	学校数	配备合格校数	%	生均图书册数（以县计）	配备合格校数	%	配备合格校数	%	配备合格校数	%
合计	8849	8849	100	11	11	100	11.42	11	100	11	100	11	100
大兴	2237	2237	100	3	3	100	11.55	3	100	3	100	3	100
戈奎	770	770	100	1	1	100	10.00	1	100	1	100	1	100
牛孔	1178	1178	100	1	1	100	11.67	1	100	1	100	1	100
大水沟	841	841	100	1	1	100	10.26	1	100	1	100	1	100
大黑山	812	812	100	1	1	100	11.76	1	100	1	100	1	100
半坡	456	456	100	1	1	100	15.35	1	100	1	100	1	100
骑马坝	570	570	100	1	1	100	10.46	1	100	1	100	1	100
三猛	848	848	100	1	1	100	10.62	1	100	1	100	1	100
平河	1137	1137	100	1	1	100	11.99	1	100	1	100	1	100

表15-2-12　绿春县普及九年义务教育评估验收过录表（初中部分：表六）
2003—2004学年度

	24 财政对教育的拨款（逐年增长，增比比例高于财政经常性收入增长比例）						25 年生均教育事业费（逐年增长）			26 财政拨拨发的年生均公用经费（逐年增长）			27 城乡教育事业费附加（依法足额征收，并做到专款专用，使用合理）						28 多渠道筹措义务教育资金开展勤工俭学（正常开展）			29 教职工工资（按时足额发放）
	财政经常性收入比上年增长比例（%）			财政对教育的拨款比上年增长比例（%）			年生均教育事业数（元）			生均事业费支出的公用经费数（元）			城市			农村			上年度			是否按时足额发放
	2000年	2001年	2002年	2000年	2001年	2002年	2000年	2001年	2002年	2000年	2001年	2002年	应征数（万元）	实征数（万元）	实征率（%）	应征数（万元）	实征数（万元）	实征率（%）	捐集资（万元）	勤工俭学收入总入（万元）	生均勤工俭学收入（万元）	
合计	4.40	9.90	8.70	30.00	5.80	1.00	919	1014	1030	65.6	73.4	74.4	17.36	17.36	100	147.1	139.4	94.80	21.3	18.40	28.70	
大兴	2.06	6.36	14.40	5.40	10.60	25.10	1009	1010	1020	53.4	58.5	63.22	—	—	—	26.80	24.70	92.20	2.60	8.60	39.83	
戈奎	14.00	21.74	23.21	11.44	20.09	22.68	1176	1178	1180	42.8	49	53.30	—	—	—	15.00	14.90	99.33	1.20	0.90	22.84	
牛孔	-3.7	-19.00	4.56	16.00	25.36	21.87	829	830	835	45.8	48	50.00	—	—	—	20.00	19.90	99.50	0	1.60	22.00	
大水沟	4.55	0	-38.70	12.10	14.72	18.60	583.7	670	707	41.1	43.6	53.95	—	—	—	15.30	14.40	94.10	0.90	1.20	20.10	
大黑山	2.90	5.20	13.20	22.60	25.50	34.50	817.9	820	825	43.5	45	48.0	—	—	—	14.30	13.40	93.70	2.00	1.30	23.60	
半坡	50.30	-48.60	15.20	26.90	27.00	28.00	984.5	940	1260	43.5	75.2	264.57	—	—	—	6.80	6.50	95.60	0.60	1.00	21.60	
骑马坝	13.92	-23.10	22.92	19.60	19.80	43.00	675	810	1102	42.6	44.4	270.00	—	—	—	8.90	8.30	93.30	1.81	1.10	22.40	
三猛	29.60	-10.90	-10.10	9.60	10.00	10.50	857	860	865	45.4	48.1	53.63	—	—	—	18.50	18.40	99.50	3.50	1.20	23.20	
平河	-0.43	-0.20	-10.70	20.45	21.30	22.98	967	1085	1136	48.3	80.1	27.00	—	—	—	21.50	18.90	87.91	3.60	1.50	21.90	

表15-2-13 绿春县扫除青壮年文盲评估验收过录表（表一）

				1										2					3		
	青壮年总人数			青壮年（1949年10月1日后出生，年满15周岁以上）非文盲率							扫除文盲程度		近三年脱盲人数	青壮年脱盲人员复盲率					15周岁人口中文盲率		
				非文盲人数			非文盲率			剩余文盲数			抽样情况								
	计	农业人口	非农业人口	计	农业人口	非农业人口	计 %	农业人口 %	非农业人口 %	具有学习能力的	丧失学习能力的		应抽考人数	实考人数	参考率 %	不合格人数	复盲率 %	上年15周岁人口数	其中:文盲人数	文盲率 %
合计	111785	103492	8293	107888	99614	8274	96.51	96.25	99.77	3609	288	28276	27887	24138	86.56	987	4.09	3184	35	1.10
大兴	23608	18650	4958	23009	18051	4958	97.46	96.79	100	476	123	4335	4255	3639	85.52	155	4.26	663	9	1.36
戈奎	11282	11022	260	10740	10482	258	95.20	95.10	99.23	512	30	3790	3790	3250	85.75	157	4.83	318	4	1.26
牛孔	16549	16168	381	16005	15624	381	96.79	96.71	100	532	12	3701	3616	3081	85.20	149	4.82	510	7	1.37
大水沟	11041	10592	449	10562	10121	441	95.66	95.55	98.22	451	28	2262	2261	1938	85.20	64	3.30	323	3	0.93
大黑山	7998	7646	325	7773	7421	352	97.19	97.06	100	186	39	1900	1878	1615	86.00	57	3.50	280	2	0.71
半坡	5123	4436	687	5001	4316	685	97.60	97.29	99.70	119	3	1823	1798	1589	88.40	49	3.10	161	0	0
骑马坝	7654	7321	333	7539	7206	333	98.50	98.40	100	94	21	2248	2245	2162	96.30	54	2.50	179	0	0
三猛	13515	13059	456	12971	12522	449	95.97	95.89	98.46	538	6	4157	4031	3441	85.36	149	4.29	358	5	1.40
平河	15015	14598	417	14288	13871	417	95.16	95.02	100	701	26	4059	4013	3423	85.30	154	4.50	392	5	1.28

表15-2-14 绿春县扫除青壮年文盲评估验收过录表（表二）

乡镇	乡级达标 乡镇数(个)	乡级达标 达标数(个)	乡级达标 达标数(%)	村级达标率 行政数(个)	村级达标率 达标数(个)	村级达标率 达标数(%)	乡级成人文化技术学校办学面 乡镇数(个)	乡级成人文化技术学校办学面 办学乡镇数(个)	乡级成人文化技术学校办学面 办学面(%)	村级成人文化技术学校办学面 行政村数(个)	村级成人文化技术学校办学面 办学行政村数(个)	村级成人文化技术学校办学面 办学面(%)	乡级成人文化技术学校办学条件 有独立校舍校数	乡级 有专职管理人员教师宿舍数	乡级 有实验实习场地校数	村级成人文化技术学校办学条件 有独立校舍校数	村级 有专职管理人员教师宿舍数	村级 有实验实习场地校数	上年乡(镇)成技校年培训 期	上年乡(镇)成技校年培训 人	上年村成技校年培训 期	上年村成技校年培训 人	脱盲人员培训 近三年 培训人数	近三年 %	脱盲人员培训 其他年 培训人数	其他年 %
合计	9	9	100	83	78	93.98	9	9	100	83	78	93.98	0	0	0	78	78	78	136	8789	261	15928	26941	96.61	5617	50.14
大兴	1	1	100	13	13	100	1	1	100	13	13	100	0	0	0	13	13	13	3	265	36	2674	4119	95.02	900	50.20
戈奎	1	1	100	8	7	87.50	1	1	100	8	7	87.50	0	0	0	7	7	7	25	1300	25	1300	3605	95.12	605	50.00
牛孔	1	1	100	12	12	100	1	1	100	12	12	100	0	0	0	12	12	12	7	375	41	3041	3522	95.14	900	50.05
大水沟	1	1	100	9	8	88.89	1	1	100	9	8	88.89	0	0	0	8	8	8	28	1680	30	1271	2160	95.49	564	50.60
大黑山	1	1	100	8	7	87.50	1	1	100	8	7	87.50	0	0	0	7	7	7	20	1200	22	936	1819	95.74	384	50.30
半坡	1	1	100	6	6	100	1	1	100	6	6	100	0	0	0	6	6	6	6	132	19	580	1754	96.74	223	50.80
骑马坝	1	1	100	8	8	100	1	1	100	8	8	100	0	0	0	8	8	8	6	200	14	530	2136	96.00	573	50.20
三猛	1	1	100	8	7	87.50	1	1	100	8	7	87.50	0	0	0	7	7	7	28	2240	41	3505	3960	95.26	730	50.00
平河	1	1	100	11	10	90.90	1	1	100	11	10	90.90	0	0	0	10	10	10	13	1397	33	2091	3866	95.25	738	50.40

表15-2-15　绿春县扫除青壮年文盲评估验收过录表（表三）

	机构人员		经费											
	12	13	14			15			16			17	18
	机构	乡镇成人教育管理人员	农民教育经费			农村教育费附加			职工教育经费			自筹经费	人口普查与教育统计数据情况
	乡镇成立成人教育机构数（个）	乡镇配备人员总数	全乡镇上年教育经费支出（万元）	农民教育经费（万元）	占教育经费支出的比例（%）	全乡镇上年征收教育费附加（万元）	农村教育费附加用于扫盲（%）	占教育费附加总额的比例（%）	县乡镇上年职工工资总额（万元）	职工教育经费（万元）	占职工工资总额的比例（%）	金额（万元）	另附材料说明
合计	9	9	3767.40	76.10	2.02	139.40	14.10	10.11	5698.00	88.32	1.55	5.60	—
大兴	1	1	1051.33	20.98	2.04	24.70	14.17	10.12	722.89	19.78	1.56	1.00	—
戈奎	1	1	300.84	5.94	2.02	14.90	14.09	10.06	280.57	7.53	1.53	0.6	—
牛孔	1	1	456.77	9.10	2.07	19.90	14.07	10.07	446.60	11.92	1.52	0.65	—
大水沟	1	1	235.94	5.58	2.01	14.40	14.10	10.10	292.12	7.72	1.51	0.60	—
大黑山	1	1	333.78	6.67	2.06	13.40	14.10	10.04	336.00	9.14	1.55	0.65	—
半坡	1	1	148.67	4.61	2.01	6.50	14.15	10.20	205.00	5.44	1.51	0.39	—
骑马坝	1	1	328.14	6.55	2.06	8.30	14.10	10.05	288.72	7.74	1.53	0.41	—
三猛	1	1	342.67	6.67	2.02	18.40	14.08	10.05	342.04	9.25	1.54	0.60	—
平河	1	1	509.25	10.01	2.03	18.90	14.07	10.05	367.06	9.79	1.52	0.70	—

表15-2-16 绿春县"普九"及扫盲县（市、区）基本情况（Ⅰ）

甲	乙	自然情况				经济情况			学校数（个）		学生数（人）		专任教师（人）			
		人口总数（万人）	农业人口数（万人）	乡镇数（个）	行政村数（个）	年人均国民生产总值（元）	年人均财政收入（元）	农民人均纯收入（元）	小学	初中	小学	初中	小学专任教师数		小学专任教师数	
													合计	其中民师数	合计	其中民师数
	乙	L1	L2	L3	L4	L5	L6	L7	L8	L9	L10	L11	L12	L13	L14	L15
全县总计	01	20.32	17.74	9	83	1156	42	828	57	11	25762	8849	1111	0	454	0

调查数据：①小学实有教学班822个，初中实有教学班163个。②小学实有代课教师48人，初中实有代课教师1人。

表15-2-17 绿春县九年义务教育普及程度（Ⅱ）

甲	乙	适龄儿童少年入学情况				在校生辍学率		毕业率		15或17周岁人口受教师情况		
		小学入学率（%）	小学女童入学率（%）	初中阶段入学率（%）	残疾儿童少年入学率（%）	小学（%）	初中（%）	小学（%）	初中（%）	15周岁人口文盲率（%）	15周岁人口初等教育完成率（%）	17周岁人口初等教育完成率（%）
	乙	L1	L2	L3	L4	L5	L6	L7	L8	L9	L10	L11
2001年	01	98.51	98.38	59.69	62.44	1.99	2.10	100	96.51	—	—	—
2002年	02	98.51	98.09	70.11	74.00	1.48	3.27	99.94	100	—	—	—
2003年	03	99.00	98.94	95.69	69.46	1.18	2.10	98.70	98.22	0.74	97.21	83.96

调查数据：（1）13～15周岁人口总数，2001年为9026人，2002年为9133人，2003年为9969人。
（2）初中阶段在校学生数，2001年为5388人，2002年为6403人，2003年为9533人（含职业初中班学生684人）。
（3）验收当年17周岁人口总数为3348人；17周岁人口中完成初中毕业的2811人，其中初中毕业1625人，结业0人，读满规定年限0人，经过非正规教育完成相应学业或达年限的469人，尚在初中就读的有717人。
（4）视力残疾儿童少年入学率为70.83%，听力残疾儿童少年入学率64.71%，弱智儿童少年入学率69.75%。

表15-2-18　绿春县师资水平情况（Ⅲ）

甲	乙	教师学历符合规定要求的比例(%)	专任教师符合各类规定要求的人数（人）					实施义务教育后补充的教师学历符合国家规定的比例(%)	校长接受岗位培训的比例(%)
			合计	取得中专（高中）学历的	取得大专以上学历的	取得专业合格证书的	1986年底以前任教满20年现已评聘职务的		
		L1	L2	L3	L4	L5	L6	L7	L8
小学	01	54.6	1051	837	182	32	0	100	100
初中	02	94.27	428	—	427	1	0	98.63	100

表15-2-19　绿春县师资水平情况（Ⅳ）

甲	乙	生均图书册数（以县计）	校舍生均占有量（平方米）	教学仪器按不同类别学校标准要求的配齐率(%)	中小学校舍危房率(%)
		L1	L2	L3	L4
小学	01	8.91	4.63	96.49	7.43
初中	02	11.42	7.03	100	0

注：L4亦可填写中小学校舍合计比例。

表15-2-20 绿春县扫盲情况（Ⅵ）

甲	乙	青壮年人口总数（人）	青壮年人口中文盲人数（人）	青壮年人口非文盲率（%）	普及初等教育时间	基层单位扫盲情况					扫盲人员巩固情况		成人教育学校情况			
		L1	L2	L3	L4	乡镇验收合格数	乡镇验收合格率（%）	行政村验收合格数	行政村验收合格率（%）	近三年脱盲人数	巩固率（%）	乡镇农民文化技术学校数	办学面（%）	村农民文化技术学校数	办学面（%）
						L5	L6	L7	L8	L9	L10	L11	L12	L13	L14
总计	01	111785	107888	96.51	2000	9	100	78	93.98	—	—	9	100	78	93.98

表15-2-21 绿春县扫盲经费情况（Ⅶ）

甲	乙	地方财政补助数（万元）	教育事业费列支数（万元）	教育费附加中开支数（万元）	乡村自筹数（万元）	脱盲人均开支经费数（元）
		L1	L2	L3	L4	L5
总计	01	30	60.8	14.10	5.6	110.05

表15-2-22 绿春县教育经费情况（V-1）

甲	乙	教育经费总支出数（万元）	人均教育经费总支出数（元）	财政对教育的拨款数（万元）	比上年增长比例（%）	财政经常性收入数（万元）	比上年增长比例（%）	教育总支出中财政拨款所占比例（%）	财政支出数（万元）	财政对教育的拨款占财政支出的比例（%）	年生均教育事业费数（元）	
											小学	初中
		L1	L2	L3	L4	L5	L6	L7	L8	L9	L10	L11
2000年	01	3337	166.04	3333.1	30	680	4.4	99.88	9768	34.12	655.89	919.19
2001年	02	3743.2	185.24	3528.2	5.8	755	9.9	94.26	11803	28.29	722.68	1014.23
2002年	03	3767.4	185.4	3565.5	1	827	8.7	94.6	11040	32.3	749.77	1030.9

表15-2-23 绿春县教育经费情况（V-2）

甲	乙	教育事业费支出中公用经费数（万元）	公用经费占教育事业费支出的比例（%）	生均事业费支出的公用经费数（元）		生均公用经费实际支出数（元）		农村教育费附加征收数（元）		城市教育费附加征收数（元）		其他税费征收数（元）		集资捐资数额（万元）	教职工工资是否按时发放
				小学	初中	小学	初中	小学	初中	小学	初中	小学	初中		
		L12	L13	L14	L15	L16	L17	L18	L19	L20	L21	L22	L23	L24	L25
2000年	01	123.9	6.3	34.72	65.63	84.13	189.15	101.74	18.33	12.2	12.2	0	0	42	是
2001年	02	159.2	6	44.02	73.49	62.23	157.79	107.88	6.2	12.6	12.6	0	0	9	是
2002年	03	176.3	5.9	47.77	74.40	124.59	163.77	147.1	139.4	17.36	17.36	0	0	71	是

办学水平督导评估

从2005年开始，根据《云南省教育厅关于开展中小学督导评估工作的意见》《云南省全日制普通初级中学督导评估方案》《云南省全日制普通小学督导评估方案》，参照《云南省全日制普通初级中学督导评估工作手册》中的27项C级指标100项评价要素、《云南省全日制普通小学督导评估工作手册》中的26项C级指标86项评价要素、《云南省幼儿园督导评估方案（试行）》中的32项C级指标88项评价要素，采取"听、看、查、访"等方式，对全县中小学、幼儿园的办学水平分三年一轮进行逐一督导评估，客观分析存在困难和问题，提出改进思路和措施，总结推广成功经验和做法。

第十六章 教师

第一节 教师队伍

塾师

六村地区（以下均称"今绿春县"）从嘉庆二十三年（1818年）到光绪三十一年（1905年），一些土官、头人和富裕人家，从元江、石屏、建水等地聘请汉族先生来为其子女担任塾师，这些塾师多数仅有初小文化程度，没有经过专业师范教育训练，有少数是土官头人的师爷（秘书）兼任，教书为附带兼任。嘉庆二十三年（1818年），六村地区（今绿春县）范庭碧在骑马坝村兴办第一所私塾。道光二十八年（1848年），在纳卡村创办私塾1所，白愿培任塾师。咸丰六年（1856年），依期曼洛村创办私塾1所，董公培任塾师。同治三年（1864年），贵龙村创办私塾1所，苏福林任塾师。光绪十年（1884年），牛孔村创办私塾1所，白愿培任塾师。光绪二十八年（1902年），在阿倮普施（哈尼语村名，即今大兴镇大兴寨）创办私塾1所，张博甫任塾师。光绪三十一年（1905年），大兴镇龙丁创办1所私塾，李忠者任塾师。民国时期（1912—1949年），先后在扭直、土嘎、嘎处、岔弄、恰洞、瓦那等22个村寨开办私塾，塾师皆从外地聘请而来。从嘉庆二十三年（1818年）到民国三十七年（1948年），在绿春县任塾师或先生80余人。

教师

1952年，红河县政府派杨克、孙荣、王志良、许水昆、白明章5名教师，墨江县派金智祥、李荣森2名教师到绿春县开办学校。1953年，红河县政府增派孙克昌、李诚、邵习良、杨鼎和、姚孔亮、聂映典、李顺巧、王梅芬、李文升、杨辅义、张英11名，墨江县政府增派杨敏到绿春任教，他们除开办学校外，还配合民族工作队，组织民兵搞好联防，清剿土匪，争取外逃人员回乡，宣传党的民族政策，组织群众生产、生活，开展访贫问苦等工作。1954年，红河县政府派何里甲、童金星、李培端、龙云和，红河哈尼族自治州政府派李立本到直属区（今绿春县半坡乡）任教。当年，全县共有教师20名。1955年4月，蒙自专署选派魏维喜、魏从贵、张永富、林尚余、解文卿、俞延贵、汤庆萱、毛增云8名到绿春县任教。是年，全县共有教师27名。1956年，蒙自专署从蒙自、建水举办的小学教师短训班中分配22名，从绿春县内吸收3名充实到教师队伍。当年，全县共有教师50名。1957年，蒙自专署文教科从蒙自师范、建水一中、元阳中学、开远中学、红河中学、石屏一中等学校应届中师、高中、初中毕业生中选配32名到绿春县任教，全县教师71名，其中，专任教师69名，女教师19名，少数民族教师16名（占总教师数的22.5%），本地哈尼族教师8名。1958年7月，到建水县招收具有初中文化程度以及部分具有小学文化程度的社会青年80余人，充实到全县教师队伍中。同年8月，开办绿春县初级中学，蒙自专署文教科派余永昌、罗文彩教师，从昆明师范毕业生中分配4名（其中初师2人、中师2人）到绿春县中学任教。当年，全县教师120名，其中，专任教师115名，女教师30名，少数民族教师19名（占教师总数的15.8%），哈尼族教师7人。1959年，国家统一从昆明师范、滇南大学、蒙自师范、元阳师范、建水中学、曲溪中学等校毕业生中，分配58名到绿春县任教。是年，全县中小学教职工180名，其中，小学教职工173名（其中专任教师168人、女教师50人、少数民族教师35人）；中学教职工7名，其中，专任教师4人（少数民族教师1人）。1962年9~10月，全县中小学教师在大兴小学集中学习，精简下放小学教师34名，调整17名到商业、工交等单位工作。同年，全县中小学教师114名，其中，小学教师131名，少数民族教师37名（占教师总数的28.2%）；中学教师13名（其中女教师1名）。1965年，全县新增办小学25所，吸收出村民师25名，全县中小学（公、民办）教职188名，其中，哈尼族教师32人（占教师总数18.8%）。1966年，新增民办学校215所，累计民办教师227名，全县教职工总数453人，其中，专任教师431名，女教师46名，少数民族教师242名（占教职工总数的54.8%），哈尼族教师232名（占教职工总数的53.9%）。1971年，从弥勒、建水等县招收教师200名，全部充实到全县401所学校。当年，全县教职工858名，其中，小学教职工806名，中学教职工52名；中小学女教师129名；中小学专任教师770名；民办教师889名（占教师总数的48.3%），少数民族教师389人。截至1976年，全县教职工1285人，其中，小学教职工1117名，中学教职工168名，民办教师584名（占教师总数的45.4%），少数民族教师991名。1978年初，全县共有中小学教师1328名，其中，专任教师1243名，民办教师和代课教师788名（占专任教师总数的63.4%）；女教职工182名（占教职工总数的13.70%），少数民族教职工1054名（占教职工总数的79.37%）；大专以上教师26名（仅占教职工总数的1.96%）。1978—1980年，县文教局从县内外吸收录用4批中小学教师839名，其中，1978年12月录用45名；1979年4月录用248名，同年12月录用221名；1980年9~12月录用325名。期间，民办教师转公办教师264名，清退民办教师560名。1980年12月后，无民办教师。1984—1985年，从县外招聘、录用中学教师9名。

表16-1-1 1952—1985年小学教职工基本情况一览表

单位：人

| 年度（年） | 教职工数 | 民办教师 | 女教师 | 少数民族教师 | | 专任教师 | 大专毕业 | 中师高中毕业 | 初师初中毕业 | 小学毕业 | 党员 | 团员 |
				合计	哈尼族							
1952	7	—	—	2	—	7	—	—	—	7	—	—
1953	12	—	3	3	2	12	—	—	—	12	—	—
1954	20	—	3	4	2	18	—	1	3	14	—	2
1955	27	—	3	5	2	26	—	5	7	14	—	6
1956	50	—	10	14	2	50	—	4	16	30	2	11
1957	71	—	19	16	7	71	—	11	43	17	3	27
1958	120	—	30	19	7	115	—	14	62	39	3	31
1959	173	—	48	36	7	172	—	31	92	49	3	27
1960	176	—	50	35	7	186	—	34	92	42	7	59
1961	162	—	46	35	5	161	—	41	75	45	14	57
1962	131	—	49	37	9	130	—	53	73	2	16	31
1963	148	—	16	38	9	132	2	57	71	2	14	46
1964	147	3	39	41	9	132	1	62	59	5	17	44
1965	176	25	40	65	32	160	1	61	77	22	17	45
1966	441	27	44	242	209	431	1	—	—	14	39	—
1967	380	197	44	—	—	404	1	—	—	—	14	39
1968	360	199	—	—	—	405	1	—	—	—	—	—
1969	433	249	—	—	—	432	1	—	—	—	—	—
1970	561	313	—	—	—	394	1	—	—	—	—	—
1971	806	389	129	538	—	770	1	—	—	—	—	—
1972	941	534	135	673	—	911	2	69	368	474	31	71
1973	898	534	124	660	—	861	1	53	312	496	46	105
1974	1038	660	144	811	—	1061	1	82	409	570	61	166
1974	1038	660	144	811	—	1061	1	82	409	570	61	166
1975	966	584	129	765	—	936	—	113	330	493	56	169
1976	1117	750	128	950	—	1096	—	123	453	520	52	214
1977	1073	760	144	892	—	1070	—	102	474	494	46	206
1978	1100	756	139	949	—	1090	—	142	450	498	44	206
1979	1129	485	176	963	—	1034	1	243	851	—	49	218

续表

| 年度（年） | 教职工数 | 民办教师 | 女教师 | 少数民族教师 | | 专任教师 | 大专毕业 | 中师高中毕业 | 初师初中毕业 | 小学毕业 | 党员 | 团员 |
				合计	哈尼族							
1980	1221	—	320	876	733	1180	1	434	597	148	33	300
1981	1226	—	310	905	—	1120	1	425	615	79	37	285
1982	1214	—	295	926	755	1097	1	413	601	82	36	298
1984	1178	—	287	935	738	1075	2	387	603	84	42	262
1985	1163	—	278	935	754	1026	2	369	549	80	71	223

表16-1-2　1958—1985年中学教职工基本情况一览表

单位：人

年度	教职工总数	女教师	少数民族教师	民办教师	专任教师	大专毕业以上	中师高中毕业	初师初中毕业	党员	团员
1958	2	—	1	—	2	—	2	—	—	1
1959	7	—	1	—	4	1	2	2	—	2
1960	8	1	1	—	4	4	2	3	1	2
1961	11	1	—	—	8	4	2	3	1	4
1962	13	1	—	—	7	5	3	1	2	1
1963	12	2	—	—	7	7	—	—	1	5
1964	12	2	—	7	7	—	—	—	1	4
1965	12	2	1	—	7	5	2	—	1	
1966	12	2	—	—	7	5	2	—	1	4
1967	12	2	—	—	7	—	—	—	—	—
1968	12	2	—	—	7	—	—	—	—	—
1969	29	—	—	—	24	—	—	—	1	1
1970	25	—	—	—	30	24	4	5	2	5
1971	52	—	—	—	44	—	—	—	—	—
1972	58	20	—	—	42	18	17	—	5	4
1973	76	19	18	—	62	18	19	—	9	15
1974	89	19	21	—	71	27	36	8	12	14
1975	126	27	41	7	91	28	45	18	16	26
1976	168	31	71	27	120	29	46	30	20	40
1977	236	41	110	49	152	27	87	36	27	54

续表

年度	教职工总数	女教师	少数民族教师	民办教师	专任教师	大专毕业以上	中师高中毕业	初师初中毕业	党员	团员
1978	228	43	105	32	153	26	88	41	25	56
1979	231	41	106	28	140	26	114	15	13	35
1980	225	31	101	—	137	32	105	20	23	62
1981	208	38	97	—	124	30	94	18	20	63
1982	208	36	97	—	125	32	93	20	22	74
1983	210	34	106	—	127	38	89	31	21	57
1984	208	—	97	—	121	48	73	31	24	54
1985	213	33	115	—	123	51	63	31	39	51

表16-1-3 1960—1985年已故教职工基本情况一览表

姓名	性别	民族	籍贯	文化程度	职务	出生年月	参加工作时间	死亡时间	死因
李自文	男	汉族	建水	初中	教师	—	1959年	1960年	病故
戴兆淦	男	汉族	昆明	大学	教师	—	1954年	1968年	非正常死亡
黄贵祥	男	汉族	建水	中师	教师	—	1962年	1973年	非正常死亡
吴鲁才	男	哈尼族	绿春	高小	支书兼校长	—	1956年	1978年	非正常死亡
李咀保	男	哈尼族	绿春	初中	教师	—	—	1978年	因公而死
高光荣	男	汉族	绿春	初中	教师	—	—	1982年	病故
李文彩	男	彝族	绿春	初中	民师	—	—	1982年	因公而死
卢文有	男	哈尼族	绿春	初中	教师	1945.4	1965年	—	病故
李忠保	男	哈尼族	绿春	初中	教师	1962.8	1980年	—	服毒死亡
孙克昌	男	彝族	绿春	初中	教师	1917.8	1952年	—	病故
王群英	女	哈尼族	绿春	初中	教师	1947年	1963年	—	病故
黄灿然	男	哈尼族	绿春	初中	教师	1963.8	1980年	—	病故
龙羊六	男	哈尼族	绿春	初中	教师	—	1971年	—	病故
李咀保	男	哈尼族	绿春	初中	教师	—	—	1978年	因公而死
高光荣	男	汉族	绿春	初中	教师	—	—	1982年	病故
李文彩	男	彝族	绿春	初中	民师	—	—	1982年	因公而死

1989年，从湖南等地招聘初中教师7名。2000—2003年，红河州人事部门统一招聘后，分配到绿春县小学教师37名、具有大专以上学历的初中教师120名（实际到任114名）。2004年，县政府批准县一中可到县外招聘高中教师。到2005年底，全县有中小学专任教师1724名，其中，高级中学教师78名（普通高中教师43名、职业高中教师35名），初级中学教师545名，小学教师1078名，幼儿园教师23名。

表16-1-4 1978—2005年教职员工构成情况一览表

单位：人

| 年度 | 教职工数 | 民办教师数 | 女教工数 | 少数民族 | | 专任教师 | | | | | | 党员 | 团员 |
				合计	哈尼族	合计	本科毕业	专科毕业	中师中专毕业	高中毕业	初中以下		
1978	1328	788	182	1054	—	1263	14	12	254	13	950	69	26
1979	1453	513	217	1004	—	1257	14	27	361	14	841	62	253
1980	1451	—	351	977	733	1322	10	33	525	16	738	56	362
1981	1449	—	407	1002	—	1249	10	31	509	13	689	57	348
1982	1429	—	331	1023	755	1229	15	33	482	11	688	58	355
1983	1436	—	308	1010	727	1208	15	39	479	10	665	57	355
1984	1449	—	287	1032	738	1029	15	50	425	41	678	66	316
1985	1426	—	311	1050	754	1151	15	53	432	37	614	110	274
1986	1415	—	345	1042	789	1261	33	44	405	262	517	146	300
1987	1426	—	329	1153	935	1281	28	52	430	257	514	166	214
1988	1429	—	325	1181	941	1304	29	81	441	250	503	164	217
1989	1538	—	333	1212	1089	1321	31	75	518	258	439	196	227
1990	1479	—	343	1254	1116	1322	40	101	531	195	455	189	230
1991	1468	—	337	1297	1151	1294	44	112	558	159	421	198	177
1992	1458	—	325	1282	1164	1287	40	121	575	143	408	191	139
1993	1477	—	334	1275	1130	1276	40	129	611	194	302	195	124
1994	1486	—	338	1373	1158	1269	39	142	615	129	344	185	196
1995	1486	—	341	1382	1167	1283	37	141	654	130	321	204	141
1996	1439	—	351	1401	1213	1324	36	165	657	128	338	220	285
1997	1584	—	371	1445	1265	1374	32	200	711	160	271	249	165
1998	1650	—	375	1536	1226	1400	33	230	737	156	244	254	172
1999	1722	—	358	1470	—	1523	31	275	848	136	233	345	345
2000	1753	—	399	1516	—	1563	35	314	894	144	176	345	345

年度	教职工数	民办教师数	女教工数	少数民族		专任教师						党员	团员
				合计	哈尼族	合计	本科毕业	专科毕业	中师中专毕业	高中毕业	初中以下		
2001	1712	—	385	1498	—	1536	39	327	890	128	152	376	360
2002	1685	—	381	1494	—	1515	45	372	937	111	50	373	358
2003	1842	—	447	1534	—	1651	73	544	878	156	—	402	387
2004	1839	—	449	1426	1284	1638	94	655	744	145	—	444	—
2005	1886	—	405	1644	1329	1724	141	863	650	70	—	488	—

表16-1-5　1986—2005年教育系统退休教职工基本情况一览表

姓名	性别	民族	籍贯	学历	参加工作时间	退休时间	退休时职级	家庭住址
王顺全	男	汉族	建水	—	1951.7	1990.8	主任科员	建水
李立本	男	彝族	蒙自	初中	1950.8	1986.10	小学高级	蒙自
何琼珠	女	汉族	建水	—	1951.8	1986.1	主任科员	建水
沈梦华	女	汉族	建水	大专	1976.8	2005.1	中学一级	建水
张秀英	女	汉族	弥勒	—	1959.8	1984.12	副主任科员	弥勒
刘世文	男	汉族	弥勒	初中	1969.1	2002.6	主任科员	弥勒
冯惠源	男	汉族	上海	初中	1969.3	2002.6	主任科员	上海
杨发文	男	汉族	石屏	—	1974.9	2005.1	高级工	石屏
杨鼎和	男	汉族	绿春	—	1952.2	1985.2	副主任科员	绿春
李寿琼	女	哈尼族	开远	—	1988.2	2005.1	中级工	绿春
白玉福	男	哈尼族	绿春	中专	1965.1	2000.3	—	绿春
陈六顺	男	哈尼族	绿春	中专	1965.1	2000.3	—	绿春
李忠才	男	哈尼族	绿春	中专	1967.2	2001.1	—	绿春
李阿才	男	哈尼族	绿春	中专	1970.2	2004.9	—	绿春
李胡梅	女	哈尼族	绿春	中专	1965.10	1999.10	—	绿春
杨玉宝	男	哈尼族	绿春	中专	1965.10	1998.1	—	绿春
李文忠	男	哈尼族	绿春	中专	1969.12	2000.3	—	绿春
黑玉保	男	哈尼族	绿春	中专	1971.7	1998.11	—	绿春
刘德兴	男	哈尼族	绿春	—	1968.8	1999.11	副主任科员	绿春
邵惠仙	女	彝族	绿春	高中	1979.3	2005.10	主任科员	绿春
高朝培	男	哈尼族	绿春	初中	1958.8	1988.12	主任科员	绿春

姓名	性别	民族	籍贯	学历	参加工作时间	退休时间	退休时职级	家庭住址
刘德兴	男	哈尼族	绿春	一	1968.8	1999.11	副主任科员	绿春
邵惠仙	女	彝族	绿春	高中	1979.3	2005.10	主任科员	绿春
高朝培	男	哈尼族	绿春	初中	1958.8	1988.12	主任科员	绿春
李如映	女	汉族	红河	初中	1969.1	2000.3	主任科员	建水
孙培光	男	汉族	绿春	初中	1971.11	2005.1	主任科员	建水
黄伙忠	男	哈尼族	绿春	初中	1977.8	2003.11	主任科员	绿春
朱德福	男	哈尼族	绿春	初中	1965.4	1995.8	副主任科员	绿春
李金斗	男	哈尼族	绿春	初中	1972.7	1999.11	副主任科员	绿春
车世培	男	汉族	石屏	中专	1961.7	1994.8	主任科员	建水
张菊仙	女	汉族	石屏	中专	1971.12	1992.9	副主任科员	建水
卢批收	女	哈尼族	绿春	初中	1967.12	198.9	小学高级	绿春
杨学真	男	哈尼族	绿春	小学	1966.9	1999.11	小学高级	绿春
刘素珍	女	汉族	石屏	中专	1969.1	1999.11	主任科员	石屏
郭建玲	女	哈尼族	蒙自	中专	1971.11	2000.11	主任科员	蒙自
杨佩芬	女	汉族	弥勒	中专	1974.7	2004.9	主任科员	弥勒
周兴全	男	汉族	建水	中专	1967.9	1999.11	主任科员	建水
毕云仙	女	汉族	绿春	中专	1973.8	1999.11	主任科员	上海
洪如珍	女	彝族	建水	初中	1971.12	1993.10	副主任科员	建水
付厚华	女	汉族	四川	初中	1979.3	2004.10	副主任科员	绿春
任兰芬	女	汉族	弥勒	初中	1974.12	1997.5	主任科员	绿春
倪秀琼	女	汉族	建水	初中	1969.3	1994.12	副主任科员	建水
张云芬	女	哈尼族	绿春	初中	1971.12	2005.10	主任科员	绿春
叶永英	女	汉族	建水	初中	1971.11	1993.9	副主任科员	建水
魏维喜	男	汉族	建水	中专	1955.1	1995.11	主任科员	建水
黄农安	男	哈尼族	绿春	小学	1970.8	2001.10	主任科员	绿春
白黑普	男	哈尼族	绿春	小学	1972.6	1999.11	副主任科员	绿春
白从山	男	哈尼族	绿春	初中	1971.11	2002.1	副主任科员	绿春
高金福	男	哈尼族	绿春	中专	1969.1	2005.10	主任科员	绿春
白黑才	男	哈尼族	绿春	中专	1969.1	2002.1	主任科员	绿春
王志忠	男	哈尼族	绿春	小学	1954.9	1985.8	主任科员	绿春
李月仙	女	彝族	红河	中专	1957.1	1989.8	主任科员	红河

姓名	性别	民族	籍贯	学历	参加工作时间	退休时间	退休时职级	家庭住址
李翠清	女	汉族	建水	高中	1975.9	2004.9	主任科员	建水
杨德智	男	哈尼族	绿春	大专	1963.8	1996.8	主任科员	绿春
艾凤珍	女	汉族	建水	初中	1959.9	1991.9	主任科员	建水
黄巧仙	女	汉族	建水	初中	1969.1	1993.10	副主任科员	建水
吴明安	男	哈尼族	绿春	初中	1969.3	1999.11	主任科员	绿春
赵老二	男	哈尼族	建水	初中	1965.3	1999.11	主任科员	绿春
施成禄	女	彝族	绿春	初中	1975.8	1995.10	副主任科员	绿春
朱文华	男	哈尼族	绿春	初中	1965.1	1997.11	主任科员	绿春
刘秀珍	女	汉族	建水	初中	1969.1	1994.9	副主任科员	建水
田玉珍	女	汉族	建水	初中	1971.11	1994.9	副主任科员	建水
吴树荣	女	汉族	蒙自	初中	1980.9	1999.10	副主任科员	建水
施阿从	女	彝族	绿春	初中	1965.8	1993.10	副主任科员	绿春
普元能	女	彝族	绿春	小学	1980.9	1999.11	副主任科员	绿春
谢么德	男	哈尼族	绿春	初中	1979.9	2000.11	主任科员	绿春
陈兰山	男	哈尼族	绿春	初中	1969.2	1999.11	主任科员	绿春
白伙普	男	哈尼族	绿春	初中	1965.9	1997.11	主任科员	绿春
李有发	男	彝族	绿春	中专	1963.12	1996.9	主任科员	绿春
高绍良	男	汉族	绿春	初中	1969.1	2004.9	主任科员	绿春
倪永兰	女	汉族	绿春	—	1975.9	1999.11	副主任科员	绿春
兰福山	男	彝族	绿春	初中	1971.7	1999.11	副主任科员	红河
楚翠芳	女	汉族	建水	初中	1971.12	1994.7	副主任科员	建水
王慧春	女	汉族	石屏	中专	1971.12	1999.11	副主任科员	石屏
牟崇喜	男	汉族	建水	中专	1957.7	1998.5	中学高级	建水
杨善鸿	男	彝族	绿春	大学	1969.4	2004.8	中学高级	绿春
倪素英	女	汉族	建水	初中	1959.7	1994.1	—	建水
孙金元	女	彝族	绿春	初中	1958.9	1989.2	—	绿春
王立福	男	汉族	建水	中专	1965.12	2000.3	—	建水
罗玉明	男	彝族	绿春	初中	1965.3	1995.1	小学高级	绿春
李云德	男	哈尼族	绿春	中师	1965.9	2001.11	小学高级	绿春
方玉福	男	彝族	绿春	中师	1965.9	2001.11	小学高级	绿春
武光华	男	汉族	弥勒	中师	1971.11	2002.12	小学高级	弥勒

姓名	性别	民族	籍贯	学历	参加工作时间	退休时间	退休时职级	家庭住址
李自云	男	傣族	绿春	中师	1968.10	2004.9	小学高级	绿春
谭炳禄	男	汉族	弥勒	中师	1971.8	2005.11	小学高级	弥勒
白风英	女	哈尼族	绿春	—	1975.10	2003.1	高级工	弥勒
白金然	男	哈尼族	绿春	—	1965.9	2004.10	—	绿春
常泳昌	男	汉族	开远	—	1959.8	1994.10	副处	开远
段万发	男	汉族	建水	大学	1959.8	1993.12	中学高级	建水
方家明	男	汉族	建水	—	1968.9	1999.12	中学一级	建水
高耀周	男	汉族	建水	—	1957.9	1992.10	中学高级	建水
黑皮保	男	哈尼族	绿春	—	1971.11	2004.10	中学一级	绿春
姜正兴	男	汉族	建水	—	1957.9	2005.12	中学高级	建水
孔凡英	女	哈尼族	绿春	—	1975.11	2005.12	高级工	绿春
李崇忠	男	哈尼族	绿春	—	1961.8	1995.12	中学一级	绿春
李春雄	男	哈尼族	绿春	大专	1967.8	2001.1	中学一级	绿春
李秀莲	女	汉族	玉溪	—	1954.7	1989.9	中职	玉溪
李玉珍	女	哈尼族	绿春	—	1972.2	1989.9	中级工	绿春
李泽波	男	哈尼族	绿春	—	1970.6	2000.2	高级工	绿春
李长囡	女	彝族	绿春	—	1985.2	2005.12	高级工	绿春
彭祥生	男	哈尼族	绿春	—	1971.11	2004.10	中职	绿春
汤家诚	男	汉族	建水	—	1959.9	1998.11	中学高级	建水
薛兆珍	女	汉族	建水	—	1965.8	1995.12	中学高级	建水
杨润泉	男	汉族	弥勒	—	1969.1	2005.12	中学一级	弥勒
周云梅	女	汉族	建水	—	1973.3	1994.10	高级工	建水
邹润铨	男	汉族	建水	—	1965.8	1995.10	中学高级	建水
孔秀华	女	汉族	建水	初中	1962.1	1994.6	—	建水
高琼芬	女	白族	绿春	初中	1992.1	1996.9	—	绿春
胡秋芬	女	哈尼族	绿春	高中	1969.1	2004.9	—	建水
施克文	男	彝族	绿春	—	1963.9	1996.9	—	绿春
李战者	男	彝族	绿春	—	1969.3	2001.1	—	绿春
张阿福	男	哈尼族	绿春	—	1969.8	2001.9	小学高级	绿春
张阿红	男	哈尼族	绿春	—	1971.12	2001.1	—	绿春
杨铁新	男	彝族	绿春	—	1979.12	2004.9	—	绿春

续表

姓名	性别	民族	籍贯	学历	参加工作时间	退休时间	退休时职级	家庭住址
陈勇	男	哈尼族	绿春	—	1971.12	2004.9		绿春
施二好	男	彝族	绿春	—	1972.4	2005.11		绿春
童文玉	男	彝族	绿春	—	1971.12	2004.9		绿春
徐文明	男	汉族	绿春	—	1959.9	1994.9		绿春
李忠山	男	哈尼族	绿春	—	1971.12	2002.1		绿春
陈红绍	男	哈尼族	绿春	—	1967.7	2001.1		绿春
杨诚	男	哈尼族	绿春	初中	1967.8	2000.12		绿春
卢寿松	男	彝族	绿春	初中	1972.9	2005.11		绿春
陈处者	男	哈尼族	绿春	高中	1965.12	1993.9		绿春
张克者	男	哈尼族	绿春	初中	1971.11	2001.1		绿春
王先觉	女	哈尼族	绿春	中专	1975.7	2003.11		绿春
孙桂英	女	汉族	建水	初中	1980.9	2002.12		绿春
吴来格	男	哈尼族	绿春	大专	1966.6	1998.9		绿春
段建华	男	汉族	绿春	中专	1969.1	1999.11		绿春
朱锋	男	哈尼族	绿春	初中	1969.1	2004.10		绿春
李金明	男	彝族	绿春	—	1969.3	2001.10		绿春
依奇生	男	傣族	绿春	—	1975.5	2004.9		绿春
李红芬	女	傣族	绿春	—	1971.8	1994.9		绿春
李伟斗	男	哈尼族	绿春	—	1993.10	2005.11		绿春
白初梭	女	哈尼族	绿春	小学	1969.1	1999.12	七级职员	绿春
马娘黑	男	哈尼族	绿春	高中	1966.1	1997.11		绿春
李衣胜	男	彝族	绿春	初中	1965.8	1998.9		绿春
李松根	男	汉族	绿春	初中	1971.11	1999.11		绿春
姜槐	女	汉族	绿春	初中	1980.9	1999.11		绿春
李窝嘎	男	哈尼族	绿春	初中	1973.4	1999.11		绿春
马普黑	男	哈尼族	绿春	高中	1979.4	1999.11		绿春
张衣才	男	哈尼族	绿春	中专	1968.3	2000.11		绿春
杨晓山	男	汉族	绿春	初中	1970.7	2001.1		绿春
李来周	男	哈尼族	绿春	初中	1971.11	2005.11		绿春
陈则秋	男	哈尼族	绿春	—	1980.7	1994.9		绿春
陶国民	男	汉族	弥勒	—	1971.11	1998.8		弥勒
李国政	男	汉族	河南	—	1959.8	1998.1	中学高级	蒙自

姓名	性别	民族	籍贯	学历	参加工作时间	退休时间	退休时职级	家庭住址
徐家德	男	汉族	弥勒	—	1971.12	2005.11	中学一级	弥勒
白阿迷	女	哈尼族	绿春	—	1974.9	1999.3	高级工	绿春
白永俊	男	哈尼族	绿春	—	1967.8	2001.1	中学高级	绿春
赵文贵	男	汉族	建水	—	1968.9	2004.9	—	建水
许然鲁	男	哈尼族	绿春	—	1969.2	1999.12	中学高级	绿春
龙凤芬	女	彝族	建水	—	1974.9	2004.1	高级工	建水
王惠芬	女	汉族	开远	—	1979.9	2005.11	中学一级	昆明
王凤金	女	汉族	建水	—	1975.12	1998.9	高级工	建水
毛增云	男	汉族	个旧	中专	1955.12	1992.7	—	个旧
杨天祐	男	汉族	弥勒	初中	1956.8	1989.1	—	弥勒
章元富	男	汉族	建水	中专	1959.8	1991.7	—	建水
钟明贤	男	汉族	建水	中专	1960.8	1994.5	—	建水
李美兰	女	彝族	石屏	初中	1959.8	1991.7	—	建水
李有湘	男	彝族	建水	中专	1959.8	1994.8	—	建水
张有云	男	傣族	弥勒	中专	1959.8	1995.1	—	弥勒
白学智	男	彝族	建水	初中	1959.8	1996.8	—	建水
杜孟媛	女	汉族	开远	初中	1957.11	1992.7	—	开远
郑家源	男	汉族	建水	初中	1958.8	1991.7	—	建水
陈素芬	女	汉族	建水	初中	1970.8	1996.2	—	建水
马树珍	女	回族	弥勒	初中	1959.8	1991.7	—	弥勒
杨美琳	女	汉族	个旧	初中	1961.7	1992.7	—	个旧
杨春泽	男	汉族	建水	中专	1958.8	1994.8	—	建水
沈丽华	女	汉族	建水	初中	1959.8	1984.6	—	建水
范桂兰	女	汉族	建水	初中	1971.11	1994.8	—	建水
白万和	男	哈尼族	绿春	中专	1965.12	1997.10	—	绿春
柴玉发	男	汉族	建水	中专	1967.9	1997.10	—	建水
孙玉芬	女	哈尼族	绿春	大学	1969.9	1996.8	—	建水
胡秀芬	女	哈尼族	绿春	中专	1968.9	1998.9	—	上海
陈荣华	男	汉族	弥勒	中专	1969.1	2001.12	—	昆明
车静若	女	汉族	石屏	中专	1970.10	1998.9	—	石屏
欧运安	男	汉族	建水	中专	1968.9	1999.10	—	建水
苟光琴	女	汉族	绿春	中专	1971.11	2004.3	—	昆明

姓名	性别	民族	籍贯	学历	参加工作时间	退休时间	退休时职级	家庭住址
张桂华	女	汉族	建水	初中	1972.3	1995.3	—	建水
李丽收	女	哈尼族	绿春	初中	1969.9	1999.10	—	建水
徐丽琼	女	汉族	绿春	中专	1969.1	2001.10	—	江城
陈惠琳	女	汉族	绿春	中专	1971.12	2003.10	—	建水
白素仙	女	傣族	建水	中专	1973.12	2001.9	—	建水
钟金莲	女	汉族	绿春	初中	1973.2	2001.9	—	绿春
李明都	女	哈尼族	绿春	中专	1976.9	2003.10	—	上海
李家才	男	哈尼族	绿春	—	1965.8	1999.11	—	绿春
马玉福	男	哈尼族	绿春	—	1969.9	2000.3	—	绿春
王龙嘎	男	哈尼族	绿春	—	1965.12	2000.3	—	绿春
岳和明	男	彝族	弥勒	—	1971.11	2002.1	—	弥勒
王先发	男	哈尼族	绿春	—	1971.11	2001.12	—	绿春
何热九	男	哈尼族	绿春	—	1974.8	2005.11	—	绿春
普利嘎	男	哈尼族	绿春	—	1972.9	2005.11	—	绿春
李秋龙	男	哈尼族	绿春	—	1973.12	2005.11	—	绿春
曹秀琼	女	汉族	景洪	—	1971.11	1993.1	—	景洪
高素萍	女	汉族	建水	—	1974.10	1994.9	—	建水
郭玉福	男	哈尼族	绿春	—	1966.3	1996.9	小学一级	绿春
李和柏	女	哈尼族	开远	—	1969.6	2000.12	小学二级	开远
夏天寿	男	汉族	弥勒	—	1969.6	2000.12	小学一级	弥勒
黄金元	男	哈尼族	绿春	—	1965.12	2000.12	小学一级	绿春
王欧才	男	哈尼族	绿春	—	1965.9	2001.12	小学一级	绿春
李阿伍	男	哈尼族	绿春	—	1971.1	2001.9	小学二级	绿春
郑章德	男	哈尼族	绿春	—	1970.7	2001.9	小学一级	绿春
李春山	男	哈尼族	绿春	—	1973.12	2004.9	小学一级	绿春
郑阿兴	男	哈尼族	绿春	—	1970.11	2004.9	小学一级	绿春
李俄嘎	男	哈尼族	绿春	—	1969.7	2004.9	小学一级	绿春
朱琼芬	女	汉族	弥勒	—	1972.9	2005.11	小学一级	弥勒

第二节　教师教育

思想政治教育

中华人民共和国成立后，党和政府十分重视知识分子的培养工作，关心教师的进步和成长，通过组织政治学习，参加重大政治运动接受教育和锻炼、表彰先进等途径，提高教师思想觉悟。县委县政府利用寒（暑）假，每年至少组织1次全县教师学习党的路线、方针和政策，开展民族政策教育。1956年，六村办事处（以下皆称"绿春县"）实行和平协商土地改革，抽调龙云和聂映典、魏维喜、解文卿、李文升、童金星、李立本、张永富等8名教师参加土改工作，其他教师也利用课余时间和假期积极学习和平协商土地改革政策。魏维喜被评为土改工作模范，县委吸收魏维喜、龙云和2名教师加入中国共产党，其他4名青年教师加入共产主义青年团。1958年3月，全县教师到县城驻军部队营部集中参加整风学习，开展历时3个月的反右斗争和肃反运动。在"大跃进"中，全县教师和部分高年级学生投入兴修水利、大战钢铁、种高产"试验田"和哈尼文扫盲等群众运动。1962年4月，绿春县选送6名小学党员校长到红河哈尼族彝族自治州地委党校学习，学习毛主席的《实践论》《矛盾论》和刘少奇的"两种教育制度"和"两种劳动制度"的理论，学习省委关于边疆民族教育工作的有关政策。1964年5月，全县中小学教师集中在县城大兴小学，采取对党员教师领导干部"洗手洗澡，检查下楼"，对非党员教师评功摆好等形式，进行社会主义教育。1966年，"文化大革命"开始至结束，经历"大批判""清理阶级队伍""划线站队""整党整团""批林批孔"等运动，广大教师频繁受到冲击。1977年起，全县范围内普遍开展揭、批、查"四人帮"罪行，边揭、批、查，边进行拨乱反正。重提"学习文化、钻研业务"，摆正德、智、体三育位置，坚持按教学规律办事、坚持学校工作以教学为中心等。1978年，党的十一届三中全会后，党的知识分子政策得到较好的落实，彻底平反冤假错案，组织学习"实践是检验真理的唯一标准"，肯定了17年的教育成绩，1983年，组织教师认真学习《邓小平文选》，重点学习"关于坚持实事求是的思想路线、关于建设有中国特色的社会主义理论、关于社会主义精神文明的建设、关于加强和改革教育工作"。1984—2005年，每年开展一次年终总结评比，从教职工个人到单位，回顾总结当年来的工作经验和存在的问题，评选出先进集体和先进工作者，逐级评选，逐级召开表彰大会。

组织建设

1957年，精简下放教师18名，调整到其他单位工作3名。1962年，对1958年从社会上吸收来的仅有小学文化程度教师调整下放17名。1983年6月，云南省教育厅印发《关于中小学教师教材、教法工作的意见》（以下简称"意见"），意见要求，2～3年内要切实抓好中小学教师进修教材、教法工作。1984年，通过对教师教材教法考试（考核），不合格、不能胜任教育教学工作的调整到其他部门工作的有28名。此后，未开展大规模教师调整、下放或调动到其他部门的工作。1996年4月，云南省人民政府颁布《中小学教师继续教育的规定》。1998年，绿春县在广大中小学教师中宣传动员继续教育工作。1999年1月，从组织培训"邓小平教育思想专题"开始，推动中小学教师继续教育培训。中小学教师继续教育的内容主要包括思想政治教育和师德修养、专业知识的更新与扩展、现代教育理论与实践、教育学研究、教育教学技能训练和现代教育技术、现代科技与人文社会科学知识等，考核成绩作为教师职务聘任、晋级的依据之一。同年9月，中华人民共和国教育部颁布《中小学教师继续教育规定》，规定中小学教师继续教育的原则和方法。县教委也结合实际制定《绿春县教师队伍建设方案》，明确近期和中、长期具体工作目标，由县成职股和教师进修学校承担继续教育培训工作。2002—2005年，全县中小学教师继续教育采取"校本培训"模式，形成"以乡镇为培训站、以学校为培训点、全体教师主动参与、针对学校实际和教师需要而开展自主培训活动"的工作格局，新课程改革教师培训主要是专家讲座、名师示教、课后说课、专家评课、互动交流，小学班主任培训主要是理论讲座、经验借鉴、现场示范、互动交流，校长任职资格培训主要采取专家讲座、理论学习、问题研究、课题研修、交流评比、成果展示，教师综合素质培训采取自修、反思、实践，集中培训主要采取教师自修、研究性学习、行动研究、交流共享、成果展示等。

培训提高

中华人民共和国成立后，县委、县政府采取在职、离职、函授、中师自学考试等途径，抓好教师队伍的学历提高培训工作。1952年，红河县政府选送孙国初、杨鼎和到蒙自短师班学习。1956年，绿春县选送张永富、李立本到蒙自师范干训班学习，选送姚孔亮等4名教师到红河中学进修学习1年。1961年，选派7名小学教师到蒙自师范学校离职进修学习3年。1962年，选送王兴福到昆明师院离职进修。1963—1964年，选送7名教师和10名小学行政干部到蒙自师范进修学习。1972年，县文教组设立师资辅导组，在五七大学开办简师班，培训50名教师，各公社成立师资辅导站，配备师资辅导员1名，并在贫管会的领导下，分片进行定期辅导。1973年，县师资辅导组在县一中培训小学教师60名，培训时间半年。1978年，县师资辅导组在向阳中学培训小学语文、数学、自然常识课教师94名。当年，全县高中专任教师10名，其中，大学本科学历7名，占高中专任教师总数的70%；初中专任教师152名，其中，大学专科学历27名，占初中专任教师总数的17.76%；小学专任教师1098名，其中，中师学历79名，占小学专任教师总数的7.19%。1979年，开办县民族教师进修学校，负责对小学教师的业务培训。至1985年，县民族教师进修学校对小学教师采取分期、分批以及长短班结合的方式分专业进行培训辅导，培训教师1385人次。1980年，县教育局在县一中开办1个英语教师培训班，参训人员23名，培训时间为一年半，结业后分配到各中学和重点小学任教。1981—1982年，县文教局在县民族教师进修学校培训小学行政干部2期，参训人员83名，每期培训时间15天。1983—1985年，县教育局对全县高中及其以下学历的中小学教师进行文化补习或教材教法过关考试，部分原高中学历教师通过教育学、心理学等科目考试后获中等师范毕业证书，初中及其以下学历中小学教师基本通过教材、教法过关考试。此外，组织中小学教师参加云南省统一组织的教材、教法过关考试，对于少数教材、教法考试未过关的教师，由县劳动人事部门负责调整到其他单位，中小学教师教材、教法过关考试合格人数及比例为小学应考教师1033名，实考1023名，合格943名，合格率92.13%；初中应考教师89名，合格84名，合格率94.4%；高中应考教师5名，合格5名，合格率100%。1986年，县一中许鲜明、杨贵华通过参加全国成人自学考试获得英语专科毕业证书；同年4月，全县教师参加全省普通话笔试考核，此后每年都对专任教师进行普通话培训或考核，要求文科教师达到二级乙等以上、理科教师达到三级甲等以上。1998年，启动全县中小学教师继续教育考试，并将考试考核成绩作为教师晋级的重要依据之一。2000年，县民族教师进修学校设立云南电大红河分校办学点，主要招收教师高中、中师以下学历者上大学专科。2002年，开办中央电大远程教育专升本（本科班），并同四川师范大学联办汉语言文学本科班；同年3月，选派30名小学教师到蒙自师专参加为期5个月的英语学科专业培训，培训普通话教师4人次。2001—2005年，全县专科以下学历培训1381人次，短期骨干教师培训104人次（省级17人次、州级17人次、县级70人次），校长岗位培训31人次（省级4人次，州级27人次），参加教育学科专业知识培训省级17人次，选送9名教师到上海、开远异地人才交流（中学5人、小学4人）。截至2005年末，县民族教师进修学校（电大红河分校办学点）大专生毕业330名；全县1724名中小学教师中，大学本科学历141名，占8.18%；大学专科学历863名，占50.06%；中师中专学历650人，占37.70%；高中学历以下70人，占4.03%。高中、初中、小学各级教师学历合格率分别是53.40%、94.25%、93.73%。

表16-2-1　1989—2005年教育系统各类专业技术人员结构统计表

单位：人

年度	合计	高职	中职	初职	年度	合计	高职	中职	初职
1989	1135	8	106	1021	1998	1455	11	272	1172
1990	950	8	99	843	1999	1511	12	303	1196
1991	1280	7	93	1180	2000	1558	16	439	1103
1992	1264	6	81	1177	2001	1614	20	533	1061
1993	1332	4	122	1206	2002	1600	22	635	943
1994	1313	4	105	1204	2003	1579	44	835	700
1995	1387	6	158	1223	2004	1677	50	929	698
1996	1476	7	185	1284	2005	1659	78	935	646
1997	1395	9	118	1268	—	—	—	—	—

注：1987年开始进行绿春县教育系统教师职称改革，1987年12月首次认定中小学、幼儿园教师专业技术职务。

"高职"指具有副高级职称的中小学、幼儿园教师专业技术职务，即指具有中学高级教师职称和小学中学高级教师职称的中小学、幼儿园教师专业技术职务。"中职"指具有中学一级教师职称或小学高级教师职称的中小学、幼儿园教师专业技术职务。"初职"指具有中学二级教师、中学三级教师或小学一级教师、小学二级教师、小学三级教师职称的中小学、幼儿园教师专业技术职务。

第三节　教师待遇

中华人民共和国成立前，塾师薪金由学生缴纳的学费——谷米、盐巴、鸡鸭、银圆等支付，学堂教师薪金由庙产、学田、街捐或派款支付，薪酬没能及时有效保证。中华人民共和国成立初期，教师工资实行工分工资制，县内教师最高月工分130分，折合人民币34.84元；最低月工分75分，折合人民币18.7元；平均工资26.35元。

教师工资

1956年工资改革，改为定级工资制，根据德才表现及资历、职务评定级别，执行11种工资区类别，每一种工资区类别中，小学教师工资10个级别，中学教师工资12个级别。在第四种工资区类别中，小学三级教师月工资74元，中学五级教师月工资75元，当时县内教师最高定为6级、金额52元，最低10级、金额32元，人月均工资34.85元，比改革前的26.35元月增资8.5元。1963年9月，进行工资调整，57.2%的教职工得到晋级，73%的教职工增加工资，教师月工资最高5级、金额61.5元，最低11级、金额29.5元，相对于其他行业，教师工资属低资状态。1972年、1977年、1980年3次调整工资后普遍有所增加，其间，1978年全县43%的教职工提高一级工资。1980年起，中小学教师担任班主任的发班主任津贴，按所任班主任班级学生数量来核发，其中，中学每月按5元、6元、7元三等发放，小学按每月4元、5元、6元三等发放。1982年，全县40%的教职工提高一级工资。1983—1985年，中共中央、国务院对中小学进行工资改革，增加中小学教师工资，县内中小学教师在原工资的基础上进行套级，改革后的工资分为基础工资、职务工资、工龄工资、地区补贴、教龄津贴、粮（物）价补贴等，小学教师基础工资加职务工资每月最高105元、最低月58元，每月人均工资74.4元，中学教师基础工资加职务工资每月最高125元、最低64元，月人均工资76.22元，小学教师人均工资与1956年同比增加1.32倍，中学教师人均工资与1958年同比提高49.9%。1985年7月，县内开始执行教龄津贴，教龄满5年的，从第六年起每月享受3元的教龄津贴；教龄满10年的，从第11年起每月享受5元的教龄津贴；教龄满15年的，从第16年起每月享受7元的教龄津贴，教龄满20年的，从第21年起每月享受10元的教龄津贴（10元封顶）。1987年，中小学、幼儿园教师职称改革，实行教师职务工资制度，中小学、幼儿园教师月平均工资接近当地公务员平均工资水平。1989年10月起，提高中小学班主任津贴，建立中小学教师超课时酬金制度。1990年起，用6年时间把部分"双肩挑"中小学教师（中小学校中担任学校党政领导职务的教师称为"双肩挑"教师）的家属吸收为合同制工人。1994年，按照国务院办公厅、云南省人事厅、云南省教育委员会《关于印发高等学校、中小学、中等专业学校贯彻〈事业单位工作人员工资制度改革方案〉三个实施意见的通知》，县教育系统进行工资改革，明确规定1993年9月30日前任职的，增加的工资从1993年10月1日起执行，属于人事部、国家教委《中小学贯彻〈事业单位工作人员工资制度改革方案〉的实施意见》和《中等专业学校贯彻〈事业单位工作人员工资制度改革方案〉的实施意见》的实施范围的正式职工，此次工资套改后的职务等级工资（技术等级工资或等级工资）标准提高10%。学校教师实行正常履职每两年晋升一个工资档次的制度。1999年，执行国家人事部、财政部有关文件精神，提高中小学教师工资，并从1997年7月1日起执行工资标准提高10%，对1997、1998年度考核均为称职（合格）以上的人员，从1998年10月1日起正常晋升一个档次的工资。2000年3月，对1998、1999年度考核均为称职（合格）以上的人员，从1999年10月1日起正常晋升一个档次的工资。2001年12月，国家实行中小学教师先调标后升档，对2000、2001年度考核均为称职（合格）以上的人员，从2001年10月1日起正常晋升一个档次工资，中小学教师工资标准提高10%。2004年3月，执行省、州对2002、2003年度考核均为称职（合格）以上的人员，从2003年10月1日起正常晋升一个档次的工资标准。2005年底，全县幼儿园、小学、中学教师月平均工资为1493.5元。

教师职称

1987年职称改革前，绿春县教育系统享受小学三级以上待遇的小学教师和享受五级以上待遇的中学教师有20名，其中，享受三级教师待遇的小学教师是 龙云和、王春舜、牟崇喜、李满狱、姜正兴、魏维喜、郭为祖、童金星、汤庆萱、何里甲（1984年调离教育单位）、李仲彩（1982年调离教育单位），享受五级教师待遇的中学教师是邹润铨、路宏图、薛兆珍、姜泽兴、段万发、石慧珍、胡家武、谢永兰、高耀周。

1987年职称改革后至2005年间，全县教育系统被评定为中学高级教师职称的共95名，其中，县一中分别是 石慧珍、邹润铨、段万发、薛兆珍、高跃周、汤家成、孔祥烈、范元昌、杨善鸿、李宝仕、龙裔超、李优核、陈景华、李家安、王本宏、张辅宝、白友红、苏春华、吕继明、李德元、彭晋宝、罗长有、杨美玲、李波初、王立堂、张顶明、林崇雁、郑秋萍、龙明伟、杨祥元、朱琼仙、陈炳和、闰美琼、张自林、岳宝葵、杨元族、姜成平、陈炳喜、李然里、李波然、杨会生、张波秋、白芸枚、师泽；县二中分别是牟崇喜、赵成华、王春舜、李国政、白永俊、赵文贵、许然鲁、孙琼莲、龙学光、杨智德、石玉祥、沙石衡、钟仕龙、胡曙辉、聂洪宽、李建忠、白成勇、王建林、徐伟；县民族职业高级中学有姜泽新、李智平、刘贵明、陆康、杨兴武、李保荣、杨核规；县进修学校分别是胡家武（高级讲师）、方春云、周定翔、张培、白嘎波、陈克保、白静；县教育科学研究室分是姜正兴（小学中学高级教师）、李批龙、马处保；县电教室的李伟；牛孔中学有江普黑、杨正昌、普云柱、白秋后；大黑山中学有李黑贵、曹玉顺、李红星、罗存德、钟文、白玉明；三猛民族中学的普错牛、石毛俊；平河中学的张常福、李云生。

教师住房

1993年及以前，在绿春县的中、小学校（幼儿园）的布局和建设中，一般要考虑生活区的布局和建设，生活区内建有教职工住宅（属于公房），教师以及家属就安排在公房里住宿、生活。1994年，绿春县实行职工住房改革，推行其他行业职工或买公房，或集资建房，而县政府认为中小学教职工参加住房改革条件不具备，除少数面临退休内地支边教师参加建水干休所的集资建房外，既不出售学校公房，也无地让其他教职工集资建房。1996年、2002年，县教委建盖2幢教职工福利房，仅县教研室少数教师受益，其间，2001年，县教委在一中、二中等少数学校建盖一批教职工住房。2004年，县教育局建盖第3幢职工住房，仅县教研室和电教室的教师参加集资。县政府在城东新区征用土地中划出31330平方米，投资275万元，建设"园丁小区"住房，其中，B1、B2、B3幢住宅楼建筑面积7034.4平方米，户均面积97.7平方米；A1幢住宅楼建筑面积1314平方米，户均面积109.5平方米；同时启动第二期工程。2005年，教职工住宅建筑面积1.06万平方米，使用面积7453平方米，居住面积5324平方米，教职工家庭人均居住面积5.01平方米，实有住户180户，有成套房户数81户，成套率45%，教职工缺房63户（占总户数的9.63%），等房结婚大龄青年教职工17人。

第十七章

人物名录

第一节 参政教师

县委委员与党代表教师

县委委员教师 中共绿春县第一届委员会（1964.02—1966.05）中无教师委员，第二届委员会（32名委员，1971.06—1976.10）中的县委委员教师是童家昌（时任文教科业余教员），第三届委员会（21名委员，1980.12—1984.07）中的县委委员教师是胡益清（时任县一中校长），第四届委员会（1984.07—1987.04）中无教师委员，第五届委员会（21名委员，1987.04—1990.03）中的县委委员教师是张有泉（时任大兴小学党支部书记、校长），第六届委员会（由23名委员和2名候补委员组成，1990.03—1993.03）中的教育系统候补委员是陈米杰（时任县教育局副局长），第七届委员会（1993.03—1998.02）中无教师委员，第八届委员会（26名委员，1998.02—2003.03）中县委委员教师是杨美玲（女，时任县一中物理教师），第九届委员会（33名委员，2003.03—2006.06）中的教育系统委员是朱文学（时任县教育局局长）。

县党代表教师 中共绿春县第一届委员会（1964年2月）代表大会中的教师代表有张永富、钟世洲、刘福祥、俞廷贵，第二届委员会（1971年6月）代表大会中的教师代表有钟世洲、钟明贤、闫竹仙、方春云、张云祥、李立本、张永红，第三届委员会（1980年12月）代表大会中的教师代表有张菊华、胡益清、张永红、姜正兴、张有泉、何伟能，第四届委员会（1984年7月）代表大会中的教师代表是常永昌、路宏途、李子恕、张有泉、李崇忠、魏维喜、王立福、徐文明、周兴全、郭玉福、孙美英（女），第五届委员会（1987年4月）代表大会中的教师代表有江启明、范元昌、李优核、杨善忠、陈景华、谭炳禄、李永明、卢平智、施汝安、魏维喜、杨学昌、孔繁强、刘顺珍（女），第六届委员会（1990年3月）代表大会中的教师代表是张维龙、杨美琳、陈米杰、刘世文、江普黑、王立堂、杨学昌、杨善中、李生斗、谭炳禄、王荣春，第七届委员会（1993年3月）代表大会中的教师代表有何开文、王丽波（女）、卢平智、苟光琴（女）、魏维喜、李玉芝（女）、李初斗、郑阿兴、李成发、范元昌、彭跃忠、李来波、李普黑、谭炳禄、胡秋芬（女），第八届委员会（1998年2月）代表大会中的教师代表有李优核、何开文、李宝仕、丁立章、方春云、卢平智、施妹（女）、李龙普、李来波、罗跃芬（女）、曹福兴、白中和、杨德刚、李波黑、马欧然、张常福、王绿洲、卢康、李生斗、白静（女）、朱文学、李成发、李玉芝（女），第九届委员会（2003年3月）代表大会中的教师代表是朱文学、张辅宝、李玉芝（女）、李红星、熊光荣、普云柱。

州党代表教师 绿春县出席中共红河哈尼族彝族自治州第一届代表大会的教师代表是胡益清（时任县一中校长），绿春县出席中共红河哈尼族彝族自治州第二届代表大会的教师代表是路宏途（时任县一中副校长），绿春县出席中共红河哈尼族彝族自治州第三届代表大会的教师代表是陈米杰（时任县教育局副局长），绿春县出席中共红河哈尼族彝族自治州第四届代表大会中无教师代表，绿春县出席中共红河哈尼族彝族自治州第五届代表大会代表是张常福（时任县二中校长）。

人大常务委员和人大代表教师

据《绿春县人民代表大会志》所查，1～4届县人民代表大会常务委员会委员和代表名单均空缺，也无其他资料中可查证。

县人大常务委员教师 绿春县第五届人民代表大会（1980年12月）教育系统教师常务委员有李喝杯（女）、陈欧嘎、胡迎祥（县人大常委会副主任），第六届教师常务委员有张谊宝、李批额，第七届（1987年3月）教师常务委员是何开文，第八届（1990年3月）教师常务委员是杨妙荣（1992年3月，八届三次人大会议上被选为县人大常委会副主任），第九届（1993年3月）无教育系统教师常务委员，第十届（1998年2月）教师常务委员是杨善鸿，第十一届（2003年3月）教师常务委员是张辅宝。

县人大代表教师 绿春县第五届人民代表大会（1980年12月）教育系统中的教师代表有胡迎祥（第五届县人大常委会副主任、第六届县人大常委会主任、第七届县人大常委会副主任）、陈欧黑、陈欧嘎、彭祥生、李喝杯（女）、何开文、杨汝惠（女）、李波黑、张菊华（女，县人大五届二次会议上被终止代表资格），第六届人民代表大会（1984年5月）教育系统中的教师代表有张谊宝、石慧珍（女）、李拉者、江普黑、李批额、何开文、李月仙（女），第七届人民代表大会（1987年3月）教育系统中的教师代表有魏希周、石慧珍（女）、张慧英（女）、施汝安、白正发、卢诚春、范文者、周继强，第八届人民代表大会（1990年3月）教育系统中的代表有杨妙荣（1993年3月任县人大副主任）、石慧珍（女）、孔祥烈、何信华、施汝安、李岸波、李顺才、马斗格、段光瑞、卢平智、周继强，第九届人民代表大会（1993年3月）教育系统中的教师代表是李优核、李寿康、卢诚春、白安金、卢平智、杨学昌、李皮黑、何宏瑛、高从山、张常福，第十人民代表大会（1998年2月）教育系统中的教师代表有杨善鸿、杨友慧、李献波、马欧然，第十一届人民代表大会（2003年3月）教育系统中的教师代表有张辅宝、张常福、朱文学。

州人大代表教师　绿春县出席红河哈尼族彝族自治州第三届人民代表大会教师代表（1965年11月27日县第三届人民代表大会第一次会议选举产生）是郭为祖，绿春县出席红河哈尼族彝族自治州第五届人民代表大会教师代表（1980年12月31日县第五届人民代表大会第一次会议选举产生）有胡迎祥、白永俊，绿春县出席红河哈尼族彝族自治州第六届人民代表大会教师代表（1988年3月31日县第七届人民代表大会第一次会议选举产生）是王丽波（女），绿春县出席红河哈尼族彝族自治州第七届人民代表大会教师代表（1993年3月21日县第九届人民代表大会第一次会议选举产生）是李寿康，绿春县出席红河哈尼族彝族自治州第九届人民代表大会教师代表（2003年3月15日县第十一届人民代表大会第一次会议选举产生）是李静兰（女）。

省人大代表教师　绿春县出席云南省第五届人民代表大会（1977.12—1983.04）的教师代表是李批额。

政协常务委员和委员教师

县政协常务委员教师　政协绿春县第四届委员会开始，教育系统中的教师政协常务委员有胡家武、魏希周等7人，其中，政协绿春县第四届委员会教师常务委员、第五届委员会副主席是胡家武，政协绿春县第五届委员会教师常务委员、第六届委员会副主席是魏希周，政协绿春县第六届委员会教师常务委员为严藩，政协绿春县第七届委员会教师常务委员（后任县政协祖国统一联谊民族委员会副主任）是何信华，政协绿春县第七届、第八届委员会教师常务委员是杨汝飞，政协绿春县第九届、第十届委员会教师常务委员是吕继明、冯慧源。

县政协委员教师　政协绿春县第一届（1961年11月）委员会教师委员有张永富，政协绿春县第二届（1963年9月）委员会教师委员有张永富、将朝贵，政协绿春县第三届（1965年11月）委员会教师委员有张永富，政协绿春县第四届（1980年12月）委员会教师委员有胡家武、谢小萍（女），政协绿春县第五届（1984年5月）委员会教师委员有胡家武、魏希周、谢小萍（女）、李云德、金智祥、冯慧源、常泳昌、陈源、薛兆珍（女）、白阿然，第六届（1987年3月）委员会教师委员有魏希周、严藩、李云德、冯慧源、薛兆珍（女）、常泳昌、白阿然，政协绿春县第七届（1991年3月）委员会教师委员有何信华、杨汝飞（女）、冯慧源、薛兆珍（女）、常泳昌、白阿然、李云德、杨详元、严藩，政协绿春县第八届（1993年3月）委员会教师委员有杨汝飞（女）、冯慧源、薛兆珍（女）、常泳昌、黄金元、白阿然、王丽波（女）、李云德、杨样元、严藩、吕继明（红河州第八届政协委员），政协绿春县第九届（1998年2月）委员会教师委员有刘世文、李寿康、黄金元、岳宝葵、吕继明、白阿然、李云德、张能荣，政协绿春县第十届（2003年3月）委员会教师委员有王本宏、陈炳喜、白成秋、陆康、苏拾金。

州政协委员教师　政协红河州第五届绿春县教育系统中的教师委员有卢批收（女）、杨善鸿，政协红河州第六届教师委员有卢批收（女）、杨善鸿，政协红河州第七届教师委员有卢批收（女）、何信华、彭晋宝，政协红河州第八届教师委员为吕继明，第九届教师委员是吕继明（续任），政协红河州第十届教师委员是吕继明（续任）。

第二节 优秀教师选介

国家（省部）级优秀教师

卢平智

卢平智，男，哈尼族，中师毕业文化，生于1950年9月，中共党员，云南省绿春县人，1979年3月参加工作，小学高级教师、绿春县民族教师进修学校党支部书记。1979年4月至1979年11月，在平河乡中心完小东角村委会学校任教；1979年12月至1981年2月，在平河乡中心完小东批村委会学校任校长；1981年3月至1983年7月，在平河乡中心小学任校长；1983年8月至1984年7月，在平河乡中心完小任教导主任；1984年8月至1990年5月，在半坡乡中心完小任校长兼文卫党支部书记；1990年6月至1996年1月，在牛孔乡中心完小任校长；1996年2月至2003年3月，在大兴镇中心完小任校长兼党支部书记；2003年4月起在绿春县民族教师进修学校任党支部书记。

1980年，被评为绿春县"先进教师"；1981年，分别被评为红河州"先进教师"、绿春县"先进教育工作者"；1982年，被评为绿春县"社会主义精神文明积极分子"；1985年，被评为绿春县"先进教师"；1987年，被评为绿春县"双文明先进个人"、绿春县"优秀共产党员"；1987—1988年，在排除中小学危房工作中，因成绩显著受到县委、县政府的表彰；1988年、1989年，连续两年被中共绿春县委员会授予"优秀共产党员"称号；1989年，荣获云南省"劳动模范"称号；1990—1994年，被评为绿春县总工会"工会积极分子"；1992年，荣获"中国改革勋章"1枚；1994年，被评为绿春县"优秀党务工作者"；1996年，被评为红河州"扫盲工作先进个人"；1997年，被评为绿春县"优秀共产党员"；2005年，被评为绿春县"优秀党务工作者"。卢平智是中共绿春县第五届、第七届委员会代表，是绿春县第八届、第九届人民代表大会代表。

李静兰

李静兰，女，哈尼族，出生于1959年11月，中师文化，1977年7月参加工作，2002年7月加入中国共产党，小学高级教师，绿春县机关幼儿园园长。1988年9月，被云南省教育厅、共青团云南省委授予"优秀辅导员"称号；1990年6月，被团中央《辅导员》杂志社授予"全国学赖宁活动优秀指导者"称号。

许 静

许静，女，彝族，1972年12月出生，1992年7月参加工作，大专文化，中共党员，小学高级教师，系云南省元阳县人。

杨美琳

杨美琳，女，汉族，生于1941年7月，中共党员，系云南省石屏县陶村人，1961年7月毕业于元阳初级师范班，同年9月参加工作，先后在洒马小学、巴东小学、巴德小学、东斯小学、新寨小学、松东小学、大兴小学任教，1985年兼任大兴小学工会主席。

她长期从事小学班主任工作，热爱学生，关心学生，为人师表，呕心沥血，认真做好学生思想政治教育和教学工作，在大兴小学任教期间，所任教班级多次被学校评为"三好班级"。1983年，她被评为全国"优秀班主任"。

朱布红

朱布红，男，哈尼族，1963年10月出生，云南绿春人，中共党员，大学本科学历。1983年参加工作，从事教育教学工作14年，后历任绿春县戈奎乡党委副书记、书记，中共绿春县委常委、宣传部部长，中共绿春县委常委、办公室主任，中共绿春县委副书记，红河州纪委派出第八纪工委书记，中共绿春县委副书记、绿春县人民政府县长，红河州移民开发局党组书记、局长，红河哈尼梯田世界文化遗产管理局党组书记、局长。

"无论做什么工作，都要在自己的能力范围内做到最好。"这是朱布红的励志格言。他始终干一行、爱一行、钻一行、精一行，从事教育工作的14年里，从绿春县最边远的3乡之一骑马坝乡学区（骑马坝乡中心完小）任教开始，先后任骑马坝乡中心完小副校长兼骑马坝村委会学校校长，半坡中学教导主任、校长，绿春县教育局教育股股长。朱布红在14年从教生涯中，始终秉持"爱心育人、勤俭办学"的理念，深深扎根在边疆教育教学工作一线，"没有条件创造条件也要上"，带领广大师生自力更生，艰苦创业，特别是在半坡中学任教的5年里，他一边做群众思想工作、一边抓"两基"教育，一边解决校舍紧张难题、一边解决师生温饱问题，一边克服"出行难"困境、一边破解"留人难"问题……在他的努力下，在校学生人数由原来的109人增加到280人，自建新增学生宿舍面积450平方米、教室2间100平方米、教师厨房12间144平方米，开辟勤工俭学基地1666平方米，教育教学环境及硬件设施明显得到改善，办学规模不断扩大，为半坡乡实现"两基"奠定坚实基础，曾多次被评为州级、县级优秀教师和优秀教育工作者。1993年9月，被国家教委（教育部）、人事部（人社部）评为全国优秀教师，并被授予"全国优秀教师奖章"。

张常福

张常福，男，哈尼族，1961年10月生，大专文化，中共党员，1980年9月参加教育工作，系云南绿春县人，中学高级教师。

1980年9月至1984年8月在大黑山完小罗布角小学任教，1984年9月至1985年8月在大黑山完小三楞小学负责教导工作，1985年9月至1987年9月在大黑山完小大黑山小学任教导主任（主持学校工作），1987年10月至1992年4月任大黑山完小教导主任，1992年5月至2001年2月任平河中学校长兼党支部书记，2001年3月起任绿春二中校长兼党支部书记。张常福的事迹收录于《红河荣耀》中。他是中共绿春县第七届、第九届党代表，绿春县第九届、第十一届人民代表，中共红河哈尼族彝族自治州第五届党代表。1997年、1998年连续两年被县委评为优秀共产党员；1999年9月，被评为红河州优秀教师；2001年9月，被评为全国优秀教师；2002年9月，荣获"红烟园丁奖"。

张庆云

张庆云，男，哈尼族，1969年4月出生，中共党员，1989年7月参加工作，大专文化，云南省绿春县人，小学高级教师。

省（厅局）级优秀教师

丁立章

丁立章，男，汉族，1958年11月出生，1978年4月参加教育教学工作，大专文化，小学高级教师，中共党员，云南省建水县人。1993年8月至1996年2月任绿春县教育局人事股股长，其间，1994年9月，被云南省人民政府、云南省教育厅评为"优秀教育工作者"。

郭为祖

郭为祖，男，哈尼族，生于1939年10月，1984年加入中国共产党，系云南省红河县宝华乡人。1957年7月，毕业于红河县初级中学，同年9月参加工作，先后在绿春县骑马坝、平河、哈德、大兴等乡镇学校（学区）任教员（或教导主任），后任绿春县教育局工会副主席。他在工作中密切联系群众，多种形式办学，在普及小学教育、提高教学质量等方面做出较好成绩。1964年，被评为云南省"五好教师"。

金智祥

金智祥，男，汉族，云南墨江县人，1925年2月生，1950年3月参加工作。1950年3月至1956年8月，在墨江县下雅竜、洛渴、骂尼街、扭直小学任教；1956年9月至1977年11月，在墨江县、绿春县嘎处小学任教；1977年12月至1986年9月，在绿春县向阳中学（绿春县第二中学）任教，同年9月退休。

金智祥以严谨的治学态度和认真负责的工作作风开办学校、教书育人，赢得校领导、学生以及学生家长的好评。1993年9月，被云南省教委、云南省人事厅等单位授予"金智祥同志在教书育人的岗位上辛勤耕耘三十年以上，为人民教育事业做出了贡献"荣誉称号；1995年10月，被中共云南省委、云南省人民政府授予"为云南边疆的解放和建设做出了贡献"荣誉称号。金智祥是中国人民政治协商会议绿春县委员会第五届、第六届委员会委员。

罗建文

罗建文，男，汉族，云南个旧人，1983年8月至1987年8月任绿春县农业中学教导主任。1985年9月，被评为省级先进教师。

李来波

李来波，男，哈尼族，1957年12月出生，1976年7月参加工作，中专文化，小学高级教师，中共党员，云南省绿春县。1988年8月至1995年7月任平河学区党支部书记、校长。1994年3月，被云南省政协、云南省教育厅授予"民族教育特别奖"。

李文保

李文保，男，汉族，生于1939年4月，系云南省石屏县城关镇人。1856年8月，在建水短师班结业后，被分配到六村办事处任教，曾在老边小学、大兴小学、哈德小学任教，后调至县委组织部工作。他一贯认真负责教育教学工作，密切联系群众，积极带领学校师生开展勤工俭学，为发展绿春教育事业做出积极贡献。1960年，分别被评为绿春县“教师标兵”和云南省“先进教师”；同年4月，出席云南省文教群英会。

李孝义

李孝义，男，哈尼族，生于1955年2月，1973年9月参加工作，1991年6月加入中国共产党，云南省绿春县人。1975—1987年，先后在绿春县骑马坝中学、绿春县大兴小学任教，小学高级教师；1987年10月，调入绿春县教育局电教室工作，2004年7月病逝。

1974年9月至1975年7月，李孝义被派遣到蒙自师范学校读书深造，成为一名优秀化学老师。1987年，调入绿春县教育局后负责电化教育工作，在教育教学过程中，积极运用投影、幻灯、录音、录像、广播、电影、电视、计算机等现代教育技术，传递教育信息，在促进绿春教育教学改革、提高教育教学质量中做出积极贡献。1987年，被评为绿春县“先进教育工作者”；1988年，被评为绿春县“先进教育工作者”、红河州电化教育“先进工作者”；1989年，被评为红河州电化教育“先进工作者”；1991年，被评为红河州电教（教仪）“先进工作者”；1997年，被评为云南省“先进教育工作者”。

李云德

李云德，男，哈尼族，生于1947年11月，系云南省绿春县骑马坝乡莫洛村人。1960年毕业于骑马坝小学，1965年参加工作，先后在骑马坝乡咱倮、托河等小学任教，他工作认真负责，在普及小学教育、提高教学质量、改善办学条件等方面做出良好成绩。1972年2月，被评为县级先进教师；1980年2月，被评选为云南省先进教师，出席云南省劳模表彰会；1982年，参加云南省组织的赴京参观团到北京、上海等地参观考察。

李有发

李有发，男，彝族，生于1941年1月，系云南省绿春县大兴镇倮德村人，1962年8月元阳县高中肄业，1963年12月参加绿春县教育工作，先后在瓦那、俄浦、三猛、倮德、哈巩等学校任教员（或教导主任、或校长）；1984年，被评为县级先进教师；1985年，被评为云南省“少儿先进工作者”。

聂映典

聂映典，男，汉族，生于1933年冬月，1949年8月在元江县因远地区跟随其老师参加游击队当战士，1956年2月加入共青团团员，1953年参加教育工作，先后在浪提小学、元江县牛街小学、大羊街小学、骑马坝小学任教员。

聂映典长期在艰苦的环境里坚持教育教学工作，特别是1954—1957年在骑马坝小学任教期间，在学校条件较差、社会环境不安定等艰苦环境中，他一个人坚持4个年级（4个教学班）的教育教学工作，任劳任怨，一个人进行四级复式数学，教育教学成绩受到当地群众好评，并多次受到上级有关部门的表扬。1957年初，被评为云南省“模范教师”，出席云南省模范教师表彰会。1985年病故。

徐建萍

徐建萍，女，哈尼族，1970年6月出生，1989年7月参加工作，大专文化，小学高级教师，系云南省建水县人。1999年5月，被云南省人民政府、云南省教育厅授予"劳动教育先进奖"。

杨善鸿

杨善鸿，男，彝族，1947年11月生，系云南绿春县人，1969年4月参加工作，大学学历，中共党员，中学高级教师。历任小学民办教师、绿春一中教师，绿春一中教导副主任、教导主任、副校长、校长，绿春县教育局副局长（主持工作）。

杨善鸿爱岗敬业，乐于奉献，当民办教师期间，为开办略马小学，他亲自上山砍木料、割茅草。到绿春一中任教后，利用一个暑假时间一个人走偏牛孔乡30多个村寨，开展学生家庭情况调查。1984年前，只有高中学历的杨善鸿，主动参加云南师大函授部中文专业学习，期间，他基本上到凌晨一点钟才休息、早晨六点钟就起床，边学边教，边教边学，曾多次获得"优秀学员"称号。1987年，他担任县一中教导主任后，接受州、县教研室和学校在绿春一中搞电教试点班的任务，率有关教师进行电教实验3年。

杨善鸿全面贯彻党和国家的教育方针，积极探索办学路子，推进教育教学改革，努力改善办学条件，在教育管理、学校建设方面做出较好成绩。杨善鸿以他高尚的道德品质，忘我的敬业精神，用自己全部的青春年华和聪明才智培养了大批社会主义事业的建设者和接班人，他多次被评为县级优秀教师、优秀教育工作者，是政协红河州委员会第五届、第六届委员，绿春县第十届人民代表大会常务委员会常务委员。1995年，被评为红河州"民族团结进步先进个人"；1998年9月，被评为云南省"优秀教师"。

杨学真

杨学真，男，哈尼族，小学毕业文化，生于1949年10月，云南省绿春县人。1966年9月参加工作，先后在绿春县广吗双语文实验小学任教（或任校长）、绿春县民族教师进修学校任教，小学高级教师。1999年11月退休。

杨学真多次到省、州及相关高等学府参加过双语文骨干教师培训班学习，系统学习过语音学、翻译学基础理论，具有深厚的中文、哈尼文尤其是哈尼文化功底，系统掌握"双语"文学科课程体系和专业知识，具有很强的主持和指导教育教学研究能力。他还多次在国际哈尼（阿卡）文化学术会及省、州县学术研讨会或培训会上，作为主旨发言人做主旨报告或授课，多次参与"双语"文教材编写，参与《哈尼口碑文化译注全集》编译工作，在"双语"教育教学方面业绩卓著。他在1987年首次中小学职称改革中，被红河州中小学职称改革领导小组指定全县唯一的破格晋升对象，评聘为小学高级教师。1982年，分别被评为绿春县先进教师、红河州先进教育工作者；1983年，被评为绿春县先进教育工作者；1990年，被评为绿春县"双学双比"先进工作者；1991年，被评为云南省"民族语文教学先进教育工作者"。

州（县处）级优秀教师

白　静

白静，女，哈尼族，1984年8月参加工作，云南绿春人，中共党员，大学本科学历。1984年8

月至1989年7月，在绿春县大黑山学区老柏寨小学任教；1989年8月至1994年7月，在绿春大黑山中学任教；1994年8月至2001年7月，绿春县第二中学任教；2001年8月至2004年3月，在绿春县第一中学任教；2004年3月起在绿春县第二中学任副校长。

"在平凡中追求挚爱的教育事业，在清贫中享受教书教育人的快乐！"这是白静的励志格言。她在21年的从教生涯中，始终以"学生发展为本，关心服务好每一个学生"，以最大的热情全身心投入教育教学工作，21年来，一直坚守在教学一线，严谨执教，认真钻研教材，改进教法，教学中形成个人的教学风格，教学过程中注重对教学内容的分析与整合，注重学生学习习惯的培养，课堂教学受到好评与肯定，教育教学效果好，多次被评为县级优秀教师。1997年9月，白静被红河哈尼族彝族自治州教育委员会评为州级优秀教师。

段光瑞

段光瑞，男，哈尼族，1958年1月出生，1976年7月参加教育教学工作，大专文化，小学高级教师，中共党员，云南省绿春县人，1989年9月，被红河州教育委员会、红河州人事局评为优秀教育工作者。1994年9月至2003年7月任绿春县大兴小学教导主任。

冯惠源

冯惠源，男，汉族，生于1948年，1983年6月加入中国共产党，系上海市普陀区人。

冯惠源于1968年上海市安达中学初中毕业，1969年3月到云南省弥勒县虹溪公社插队落户，1971年11月参加绿春县教育工作，先后在牛孔乡阿东、模东等小学任教（或任校长），后任绿春县教育工会副主席。

冯惠源以艰苦为荣，以边疆为家，全心全意为边疆人民办学，不怕苦，不怕累，密切联系群众，急群众之所急，想群众之所想，时时事事关心学生，爱护学生，为了减轻群众负担、巩固在校学生，他带领学生开展勤工俭学，从1974年开始，做到学生的课本、文具全部由学校免费供给。他认真钻研教材，注意改进教法，耐心辅导学生，学生的学习成绩显著提高。他爱校如家，学校桌椅坏了他动手修理，球架坏了自己做。1975年以来，曾多次被评为绿春县先进教师；1980年，被评为红河州"模范教师"。

胡家武

胡家武，男，汉族，生于1933年10月，1985年1月加入中国共产党，系云南省泸西县人。1959年8月，毕业于昆明师范学院，分配到绿春县任教，历任绿春县第一中学中学教员、副教导主任、教导主任等职，后任绿春县教师进修学校副校长、校长。1980年，被评为红河州"模范教育工作者"，1984年，被选为绿春县政协委员（常务委员、副主席）。

何平赫

何平赫，男，哈尼族，1959年6月出生，1981年8月参加教育教学工作，大专文化，小学高级教师，中共党员，云南省绿春县人。1994年9月，被红河州教育委员会、红河州人事局评为优秀教师。

江普黑

江普黑，男，哈尼族，大专毕业文化，1957年3月生，绿春县人，1973年3月参加工作，中共党员，中学高级教师，先后在牛孔乡依期村委会处边小学、向阳中学（绿春二中）、牛孔中学、绿春职中等学校工作，曾任团支部书记、教导主任、校长、党支部书记等职。

江普黑工作勤勤恳恳，任劳任怨，他在20世纪80年代中期到90年代后期任牛孔中学校长的20年间，为全面提高教育教学质量，因地制宜，强化用人机制，采取"校际交流""捐资助学"等措施和办法，取人之长补己之短，让家庭困难学生圆了上学梦。牛孔中学中考成绩在全县排名中多次名列前茅，其中英语、物理、化学等单科平均分以及学生个人单科成绩多次获全县第一。江普黑一向待人诚恳、平易近人，帮助其他教师成长，5名教师成长为中学校长、4名教师走上副处级和正科级领导工作岗位。他多次被评为县级优秀党务工作者、优秀共产党员、优秀教师（先进教育工作者）。1996年9月，被评为州级"优秀教师"；2001年9月，被评为州级优秀党务工作者。江普黑是中共绿春县第六届委员会代表、绿春县第八届人民代表大会代表。

卢批收

卢批收，女，哈尼族，绿春县大兴镇阿迪村人。1958年，她是阿迪村第一批跨入学校读书的哈尼族小姑娘，但初中还未毕业就因家中缺乏劳动力而辍学。1972年秋，绿春县文教组到阿迪村招收民办教师，她毅然报名参加考试，并说服了母亲和丈夫，成为本村哈尼族第一代女教师。

她多年在本乡的土地上辛勤耕耘，不顾天阴下雨，天黑路滑，走村串户动员适龄儿童入学，为巩固在校学生，从生活、学习等多方面关心帮助学生。同时，坚持不懈地学习，不断提高教育教学水平，因1983年教材教法合格考试中各科成绩均在90分以上获县级表彰，1981年出席绿春县工会积极分子会议。1981—1984年，连续三年被评为绿春县优秀教师；1983年，被评为红河州优秀教师，并被选为红河州政协委员。

陆 康

陆康，男，哈尼族，云南绿春人，1968年5月生，中共党员，中学高级教师，1988年8月参加工作，绿春县民族职业高级中学校长。

陆康积极探索和创新教育教学工作，在借鉴与吸收以往职业教育经验基础上，通过对先进职业教育理念的凝聚与提炼，提出"开放式"职业教育理念，并通过科学管理，将先进职业教育理念释放和回归到教育实践环节，将学校打造成边疆职业教育的一道风景。2004年，被评为红河州先进教师。

罗家兴

罗家兴，男，彝族，1947年12月生，绿春县大水沟人，1963年毕业于绿春中学（绿春县第一中学）初中班。1972年1月参加工作，1988年被评聘为小学高级教师。其先后在大水沟乡大果马峰炳山、坡头寨小学，大水沟中心小学、学区任教。2004年9月1日退休，2005年2月8日病故。

罗家兴长期在艰苦的乡村小学（教学点）里工作，忠诚党的教育事业，呕心沥血，默默奉献。1972年1月至1979年7月，在大水沟乡峰炳山、坡头寨两个自然村巡回教学，创办绿春县第一所巡回小学，承担两个教学点的教学工作，两村相距3.5千米，山高坡陡，但他毫不犹豫地挑起了繁重的教学重担，并把有关领导规定隔周巡回教学调整为隔半天巡回教学。风里来，雨里去，在两村间奔波整整七年，负责一年级、二年级、五年级三个年级复式班教育教学工作，年入学率100%，巩固率90%以上，被广大教师和社会所认可，被誉为教育战线上的"铁脚板老师"。他的先进事迹曾在云南日报、建州20周年特刊上刊发，并出席州教育先代会。1979年，他任大水沟乡扫盲专干后，常常走村入寨、风餐露宿，在20多个村寨开办扫盲班。截至1986年末，全乡文盲率从50.5%降低到22.3%。1987年9月，他任大水沟学区教研员后，边在一线任教、边协助参与教学管理，任教科目连续三年在全乡统考中第一名。

罗家兴 自始至终热爱教育事业，以教书为乐，爱生如子，爱校如家，工作踏实，作风正派，多次被评为县级先进教师（先进教育工作者）。1983年、1994年，被评为工会积极分子；1997年，被评为州级优秀教育工作者。

李福兴

李福兴，男，哈尼族，生于1955年10月，小学文化，1969年参加工作，小学高级教师。他长期在一师一校等艰苦地方工作，1991—1994年所任班级均分在同类班级评比中分别获第三、第四、第四、第三名，连续四年入学率100%。1996年9月，被红河州教育局授予"优秀教师"称号。

李琼英

李琼英，女，哈尼族，1959年6月出生，1979年4月参加工作，中专文化，小学高级教师，云南省绿春县人。2003年9月，被红河州教育局、红河州人事局评为优秀教师。

李老四

李老四，男，哈尼族，生于1942年9月，系云南省绿春县大兴镇老边村人，1965年11月参加工作（民办教师），1979年4月转为公办教师，历任小学教员、副校长。1980年、1981年，连续两年被评为绿春县先进教师；1983年，被评为红河州优秀班主任。

李秋奎

李秋奎，男，哈尼族，1953年6月出生，1975年8月参加工作，中专文化，小学高级教师，中共党员，云南省绿春县人，1988年8月至2002年7月任绿春县大兴小学副校长。1991年9月，被红河州教育委员会、红河州人事局评为优秀教师。

李映辉

李映辉，女，汉族，1956年3月出生，1978年8月参加工作，中专文化，小学高级教师，云南省建水县人。1991年9月，被团州委、红河州教育委员会评为优秀少先队辅导员。

钱发保

钱发保，男，哈尼族，1970年6月出生，云南绿春人，中共党员，大学专科学历，1991年参加工作，历任绿春县大水沟乡八户小学、大果马小学、大水沟乡中心小学教导主任、大水沟乡教育管理办公室主任。

钱发保以共产党员的标准严格要求自己，恪尽职守，无私奉献，爱岗敬业，勤勤恳恳，以高度的责任感、使命感和工作热情，认真做好每项工作，用自己的言行诠释共产党员的先进性，充分发挥党员的先锋模范作用，曾多次被评为优秀教师。1995年，被评为县级优秀少先队辅导员；1999年，被评为红河州优秀教师。

施贺详

施贺详，男，彝族，生于1960年8月，大专文化，1980年9月参加工作，小学高级教师。他从教以来，高度重视德育、教育教学、勤工俭学等工作，开辟亚热带水果基地，水果基地投产后年生均收入64元。1997年9月，被红河州教育局授予"优秀教师"称号。

王春舜

王春舜，男，汉族，生于1931年，系云南省建水县曲江镇人，1957年7月毕业于蒙自师范，同年8月分配到绿春县从事教育工作，先后在三楞、江峰、土堆、三楞农中、牛孔、嘎处、坝嘎、戈奎中学、绿春二中等学校工作，历任教导主任（或校长、或总务主任等职）。1977年以来，多次被评为绿春县模范教师；1980年，被评为红河州先进教师。

谢永兰

谢永兰，女，汉族，生于1940年4月，系云南省玉溪人，1965年7月毕业于昆明农林学院，曾在迪庆州香格里拉县搞"四清"、弥勒县东风农场插队，1972年2月调绿春县第一中学任教。她热爱教育事业，关心爱护学生，严格要求耐心教育，以身作则，为人师表，教学效果良好，多次被评为绿春县先进教师。1983年，被评为红河州优秀班主任。

杨海用

杨海用，男，彝族，生于1964年6月，大专文化，中共党员，1984年8月参加工作，小学高级教师。他在教育教学成绩曾获全县第一名（毕业班成绩），并多渠道筹措资金，在排除危房中做出较大贡献，双语文教学成绩突出。1999年9月，被红河州教育局授予"优秀教师"称号。

杨有慧

杨有慧，女，彝族，1957年11月出生，1978年10月参加工作，中专文化，小学高级教师，云南省绿春县人。2000年9月，被红河州教育局授予"红烟园丁奖"。

张有泉

张有泉，男，汉族，1938年5月出生，1959年8月参加工作，中专文化，中共党员，云南省建水县人，1983年3月至1996年7月任绿春县大兴小学校长，小学高级教师。1995年9月，被红河州教育局授予"红烟园丁奖"，是绿春县第一个获得"红烟园丁奖"的教师。

张　瑜

张瑜，女，彝族，1968年7月出生，1988年12月参加工作，大专文化，云南省红河县人，小学一级教师。2003年9月，被红河州教育局、红河州人事局评为优秀教育工作者。

第三节　教师荣誉

获"园丁荣誉纪念章"教师

1983年5月，中国儿童少年工作协调委员会决定，向连续直接从事儿童少年工作满25年以上教师颁发"园丁荣誉纪念章"。绿春县共25名教师荣获"园丁荣誉纪念章",分别是 龙云和 、吕桂仙 、孙克昌 、童金星 、金智祥、李立本、李秀莲、魏维喜、解文卿、毛增云、场天佑、牟崇喜、王春舜、姜正兴、何信华、李月仙、王德光、江映云、孙玉宽、杜孟媛、马如琴、白章云、何里甲、汤庆萱、林尚余。1985年,全县满25年以上教龄的教师共52名。

表17-3-1 1985年从教满25年及以上教师基本情况一览表

姓名	性别	民族	到绿春县工作时间	文化程度	入党时间	时任职务	籍贯
金智祥	男	汉族	1952.3	高小	—	教师	墨江
李立本	男	彝族	1954.8	高小	1960.2	业教办副主任	石屏
何里甲	男	汉族	1954.3	大学	1974.7	县志办主任	红河
孙克昌	男	彝族	1953.8	初中	—	教师	红河
童金星	男	彝族	1954.10	初中	—	教师	弥勒
龙云和	男	汉族	1954.8	初师	1956.10	一中总务主任	石屏
魏文喜	男	汉族	1955.10	中师	1956.11	大寨小学校长	建水
毛增云	男	汉族	1955.12	高中	—	教师	个旧
汤庆萱	男	汉族	1955.12	高中	1979年	—	建水
解文卿	女	彝族	1955.10	初中	—	教师	蒙自
杨天佑	男	汉族	1956.8	初中	—	教师	弥勒
孙玉宽	男	汉族	1956.8	初中	1983年	教师	绿春
姜正兴	男	汉族	1957.8	高中	1977.1	县教研室主任	建水
牟崇喜	男	汉族	1957.8	中师	1979年	二中校长	建水
王春舜	男	汉族	1957.8	中师	1979年	二中总务主任	建水
王德光	男	汉族	1957.11	大学	—	教师	开远
何信华	男	彝族	1957.10	初中	1983年	大兴学区校长	红河
杜孟媛	女	汉族	1957.11	初中	—	教师	开远
李月仙	女	彝族	1957.10	初中	—	教师	红河
吕桂仙	女	汉族	1957.11	初中	—	教师	弥勒
白章云	男	彝族	1957.11	初中	—	教师	石屏
马如琴	女	汉族	1957.11	初中	—	教师	开远
杨春泽	男	汉族	1958.8	初师	—	教师	建水
郑家源	男	汉族	1958.11	初中	—	教师	建水
高朝培	男	汉族	1958.8	初中	1984.6	教师	绿春
孙金元	男	哈尼族	1958.8	初师	—	教师	绿春

姓名	性别	民族	到绿春县工作时间	文化程度	入党时间	时任职务	籍贯
杨保明	男	彝族	1958.8	初师	1956.11	教师	绿春
韦成立	男	汉族	1959.8	中师	1964.6	大兴小学副校长	建水
高健民	女	汉族	1960	中师	—	教师	石屏
章元富	男	汉族	1959.8	中师	1982.12	教师	建水
何佑清	男	汉族	1959.8	中师	1962年	教师	弥勒
张有泉	男	汉族	1959.8	中师	1973.10	大兴小学校长	建水
李有湘	男	彝族	1959.8	中师	1985.3	大兴小学教导主任	建水
唐成士	男	汉族	1959.8	中师	1982年	农中副校长	石屏
丁毅	男	汉族	1959.8	中师	1972.12	教师	建水
白学智	男	彝族	1959.8	初师	1970年	教师	石屏
李美兰	女	彝族	1959.8	初师	1983年	教师	石屏
马树珍	女	回族	1959.8	初师	—	教师	弥勒
龙定云	男	彝族	1959.8	初师	—	教师	石屏
胡家武	男	汉族	1959.9	大专	1985.1	教师进修学校校长	泸西
汤家诚	男	汉族	1959.9	大学	1982年	教师	建水
普文斌	男	汉族	1959.9	初中	1984.7	教师	建水
潘致彬	男	汉族	1959.9	初中	—	教师	建水
倪泽民	男	汉族	1959.9	初中	1984年	教师	建水
邹庚禄	男	汉族	1959.8	中师	1960.6	进校教导主任	开远
倪素英	女	汉族	1959.9	初中	—	教师	建水
徐文明	男	汉族	1959.9	初中	1982.1	副校长	建水
张有云	男	傣族	1959.8	中师	1960年	教师	弥勒
钟明贤	男	汉族	1960.8	中师	1964.4	教师	建水
姜泽新	男	汉族	1959.8	中师	1982.12	教师	建水
石慧珍	女	汉族	1960.10	大专	1985.1	一中副校长	开远
山茂森	男	汉族	1960.8	中师	1984年	教师	弥勒

获先进个人教师

国家（省部）级先进教师　1983年，白阿然、杨美琳分别被中华全国总工会、教育部的表彰。至2001年末，全县获国家级（省部级）表彰教师13名。

表17-3-2　1983—2001年教育系统获国家（省部）级
先进个人表彰的教师情况一览表

时间	获奖人姓名	受表彰名称	表彰单位	备注
1983.8.	白阿然	中华全国总工会优秀工会积极分子	中华全国总工会	—
1983年	杨美琳	全国模范班主任	教育部	—
1986.9.	王丽波	全国先进教师	教育部	—
1989年	魏希周	全国优秀教育工作者	教育部	时任县教育局局长
1990.6.	李静兰	全国学赖宁活动优秀指导者	共青团中央《辅导员》杂志社	—
1990.6.	马树珍	全国学赖宁活动优秀指导者	共青团中央《辅导员》杂志社	—
1990.10.	杨德刚	全国学赖宁活动优秀指导者	共青团中央《辅导员》杂志社	—
1996.9.	李优核	全国先进教育工作者	教育部	时任县教委主任
1996.9.	张庆云	希望工程园丁奖	中国青少年发展基金会	—
1996.9.	许静	希望工程园丁奖	中国青少年发展基金会	—
1999.9.	许阳山	全国烛光奖	教育部、中华慈善总会	—
2000.9.	何开文	全国先进教育工作者	教育部	时任县教育局局长
2001.9.	张常福	全国优秀教师	教育部	—

省（厅局）级先进教师　1979—1986年，绿春县教育系统获省（厅局）先进个人表彰的教师9名。1988—2002年，获先进个人表彰的教师54名。2004—2005年，获先进个人表彰的教师7名。

表17-3-3　1979—2005年教育系统获省（厅局）级
先进个人表彰的教师情况一览表

时间	获奖人姓名	受表彰名称	表彰单位
1979.10.	李元德	云南省模范教师	云南省教育厅
1979.9.	卢文忠	云南省优秀体育教师	云南省教育厅、省体育局
1980.8.	马处保	云南省优秀中学体育教师	云南省教育厅
1981.11.	卢批收	云南省工会积极分子	云南省总工会
1983.8.	李其文	云南省勤工俭学先进工作者	云南省教育厅、省财政厅、省计划厅
1984年	张永生	云南省招生工作先进工作者	云南省招生委员会
1985.9.	李有发	云南省优秀教师	云南省教育厅
1985.9.	罗建文	云南省优秀教师	云南省教育厅
1986.9.	白嘎波	云南省优秀教师	云南省委、省人民政府
1988.11.	白安金	云南省第一轮中师自学考试先进学员二等奖	云南省教育厅

续表

时间	获奖人姓名	受表彰名称	表彰单位
1988.9.	李静兰	云南省优秀辅导员	云南省教育厅、共青团省委
1989.5.	卢平智	云南省劳动模范	云南省人民政府
1989.9.	朱文学	云南省先进教育工作者	云南省教育厅
1989.9.	李有湘	云南省优秀教师	云南省教育厅
1989.9.	施汝安	云南省优秀教师	云南省教育厅
1989.9.	杨妙荣	云南省优秀教师	云南省教育厅
1990年	杨学真	云南省民族语文先进工作者	云南省语委
1991.9.	刘玮	云南省优秀教师、先进教育工作者	云南省教育厅、省人事厅、省中小学幼儿教师奖励基金会、省教育工会
1991.9.	卢批收	云南省优秀教师	云南省教育厅、省人事厅、省中小学幼儿教师奖励基金会、省教育工会
1991.9.	邵德刚	云南省优秀教师、先进教育工作者	云南省教育厅、省人事厅、省中小学幼儿教师奖励基金会、省教育工会
1991.9.	范元昌	云南省优秀教师	云南省教育厅、省人事厅、省中小学幼儿教师奖励基金会、省教育卫生科研工作委员会
1992.11.	李成发	云南省优秀教师	云南省政府、省教育委员会
1992.11.	李黑斗	云南省优秀教师	云南省政府、省教育委员会
1992.12.	马开明	云南省边疆山区民族教育特别奖三等奖	云南省政协云南边疆山区民族教育特别奖评奖委员会
1992.11.	李加福	云南省勤工俭学先进工作者	云南省教育委员会
1993.9.	熊光荣	云南省优秀教师	云南省教育委员会、人事厅、中小学幼儿教师奖励基金会、教育工会
1993年	杨正昌	云南省化学竞赛辅导奖	云南省化工学会
1993.9.	白安金	云南省优秀教育工作者	云南省教育委员会、省人事厅、省中小学幼儿教师奖励基金会、省教育工会
1994.2.	张能荣	云南省边疆山区民族教育特别奖二等奖	云南省政协云南边疆山区民族教育特别奖评奖委员会
1994.2.	白玉福	云南省边疆山区民族教育特别奖	云南省政协云南边疆山区民族教育特别奖评奖委员会
1994.9.	丁立章	云南省优秀教育工作者	云南省教委、省人事厅、省中小学幼儿教师奖励基金会、教育总工会
1994.9.	马玉者	云南省优秀教师	云南省教委、省人事厅、省中小学幼儿教师奖励基金会、省教育工会

时间	获奖人姓名	受表彰名称	表彰单位
1995.9.	龙波牛	云南省优秀教师	云南省教委、省人事厅、省中小学幼儿教师奖励基金会、省教育工会
1995.9.	张学文	云南省优秀教育工作者	云南省教委、省人事厅、省中小学幼儿教师奖励基金会、省教育工会
1995.11.	马处保	中华人民共和国第五届少数民族传统体育运动会云南代表团工作中成绩显著	云南省人民政府、云南省第五届全国民族运动会省代表团
1996.2.	李生斗	云南省边疆山区民族教育特别奖	云南省政协云南边疆山区民族教育特别奖评奖委员会
1996.2.	李来波	云南省边疆山区少数民族教育特别奖	云南省政协云南边疆山区民族教育特别奖评奖委员会
1996.3.	白伙然	云南省优秀指导教师	云南省委宣传部、省教育委员会
1996.9.	卢荣成	云南省百优班主任	云南省教育委员会
1996.9.	李然里	云南省中小学实验室图书馆建设管理工作先进个人	云南省教育委员会
1996年	李优核	云南省优秀教育工作者	云南省教育委员会
1996.12.	吕继明	云南省青少年优秀科技辅导员	云南省科协、省教育委员会、省青少年科技辅导员协会
1997.2.	李红星	云南省边疆山区民族教育特别奖二等奖	云南省政协云南边疆山区民族教育特别奖评奖委员会
1997.3.	朱文学	云南省德育工作先进个人	云南省教育委员会
1997年	李孝义	云南省先进教育工作者	云南省教育委员会
1998年	李阿文	烛光奖	云南省教育委员会
1998.2.	童树琼	云南省中小学劳动技术教育先进个人	云南省教育委员会
1998.7.	马处保	云南省中学优秀体育教师和体育卫生专职干部	云南省教育委员会
1998.9.	何永华	云南省优秀教师	云南省教育厅、人事厅、中小学幼儿教师奖励基金会
1998.11.	丁立章	云南省中小学勤工俭学先进个人	云南省教育委员会
1998.8.	白阿然	云南省中小学优秀美术教师	云南省教育委员会
1998.9.	杨善鸿	云南省优秀教师	云南省教委、省人事厅、省中小学幼儿教师奖励基金会、省教育工会
1998年	赵哲然	云南省教育科研先进个人	云南省教育科学研究院

时间	获奖人姓名	受表彰名称	表彰单位
1999.2.	孔庆山	云南省边疆山区民族教育特别二等奖	云南省政协科教文卫体委员会、云南边疆山区民族教育特别奖评委会
1999.2.	李尼德	云南省边疆山区民族教育特别二等奖	云南省政协科教文卫体委员会、云南边疆山区民族教育特别奖评委会
1999.6.	刀文有	国家教育发展研究中心奖励基金云南省贫困乡村优秀教师奖	云南省教育委员会、教育部教育发展研究中心
2000.12.	卢诚春	云南省教育科研先进工作者	云南省教育厅
2001.9.	王绿洲	云南省优秀教育工作者	云南省教育厅、省人事厅、省中小学幼儿教师奖励基金会、中国教育工会云南省委员会
2001.9.	李忠普	云南省优秀教师	云南省教育厅、省人事厅、省中小学幼儿教师奖励基金会、中国教育工会云南省委员会
2001.1.	李黑贵	云南省德育先进工作者	云南省教育厅
2001.3.	李 伟	云南省电化教育先进工作者	云南省教育厅
2002.12.	李批龙	云南省教育科研先进工作者	云南省教育厅
2002年	李福林	云南省民族先进奖	
2004.7.	赵永慧	体育道德风尚奖	云南省第六届农民运动会组委会
2004.9.	张设宪	云南省优秀教师	云南省教育厅、省人事厅、省中小学幼儿教师奖励基金会、省教育卫生科研工作委员会
2004.9.	普玉忠	云南省优秀教师	云南省教育厅、省人事厅、省中小学幼儿教师奖励基金会、省教育卫生科研工作委员会
2005.3.	普热成	云南省中小学校贯彻《学校体育工作条例》先进个人	云南省教育厅
2005.12.	廖新安	云南省科技兴乡贡献奖	云南省人民政府
2005年	杨海用	云南省电大优秀学员	云南广播电视大学
2005年	张先然	云南省电大优秀学员	云南广播电视大学

州（县处）级先进教师　1980—1985年，绿春县教育系统获州（县处）级先进个人表彰的教师7名。1986—1990年，全县教育教育系统获州（县处）级先进个人表彰的教师27名。1991—1995年，全县教育教育系统获州（县处）级先进个人表彰的教师33名。1996—2000年，全县教育教育系统获州（县处）级先进个人表彰的教师36名。2001—2005年，全县教育教育系统获州（县处）级先进个人表彰的教师33名。

表17-3-4 1980—2005年教育系统获州（县处）级
先进个人表彰的教师情况一览表

时间	获奖人姓名	受表彰名称	表彰单位
1980.9.	王春舜	红河州级优秀教师	红河州教育局
1980.9.	胡家武	红河州级优秀教师	红河州教育局
1980.9.	冯惠源	红河州级优秀教师	红河州教育局
1980.9.	李云法	红河州级优秀教师	红河州教育局
1983.3.	卢批收	红河州先进教育工作者	红河州教育局
1983.9.	李老四	红河州优秀班主任	红河州教育局
1983.9.	谢泳兰	红河州优秀班主任	红河州教育局
1986.9.	白嘎波	红河州优秀教师	红河州委、州人民政府
1986.9.	范元昌	红河州优秀教师	红河州委、州人民政府
1986.9.	罗建文	红河州优秀教师	红河州委、州人民政府
1986.9.	李成发	红河州优秀教师	红河州委、州人民政府
1986.9.	钟金莲	红河州优秀教师	红河州委、州人民政府
1986.9.	杨美琳	红河州优秀教师	红河州委、州人民政府
1986.9.	彭祥生	红河州优秀教师	红河州委、州人民政府
1986.9.	李有发	红河州优秀教师	红河州委、州人民政府
1986.9.	白正发	红河州优秀教师	红河州委、州人民政府
1987.1.	马处保	红河州优秀共青团员	共青团红河州委
1988.9.	段光瑞	红河州优秀教师	红河州委、州人民政府
1988.9.	李琼英	红河州优秀教师	红河州委、州人民政府
1988.9.	罗鲁车	红河州优秀教师	红河州委、州人民政府
1988.9.	陆永斌	红河州优秀教师	红河州委、州人民政府
1988.9.	何信华	红河州优秀教师	红河州委、州人民政府
1988.9.	范元昌	红河州优秀教育工作者	红河州委、州人民政府
1989.9.	李岸波	红河州优秀教师	红河州委、州人民政府
1989.9.	罗鲁车	红河州优秀教师	红河州委、州人民政府
1989.9.	杨琼英	红河州优秀教师	红河州委、州人民政府
1989.9.	李勤英	红河州优秀教师	红河州委、州人民政府
1990.7.	杨润泉	红河州电教教仪工作先进个人	红河州教育局
1990.10.	卢诚春	红河州支持学赖宁活动的好领导	红河州教育局、共青团州委
1990.10.	吴锐	红河州学赖宁活动优秀指导员	红河州教育局、共青团州委
1990.10.	杨德刚	红河州学赖宁活动优秀指导员	红河州教育局、共青团州委

时间	获奖人姓名	受表彰名称	表彰单位
1990.10.	李映辉	红河州学赖宁活动优秀指导员	红河州教育局、共青团州委
1990.10.	龙波牛	红河州学赖宁活动优秀指导员	红河州教育局、共青团州委
1990.10.	陈林恒	红河州学赖宁活动优秀指导员	红河州教育局、共青团州委
1991年	李秋奎	红河州优秀体育教师	红河州教育局
1991年	卢文忠	红河州优秀体育教师	红河州教育局
1991年	李斗然	红河州第四次人口普查先进个人	红河州人口普查办公室
1992年	王玉德	红河州特殊贡献奖	红河州教育局
1992年	陆永斌	红河州优秀电教员	红河州教育局
1992年	卢诚春	红河州扫盲工作先进个人	红河州教育局
1992年	陈荣斗	红河州扫盲工作先进个人	红河州教育局
1992年	李腊楚	红河州扫盲工作先进个人	红河州教育局
1992.5.	卢诚春	校长岗位任职培训优秀学员	玉溪地区成人教育培训中心
1992.9.	彭晋宝	红河州优秀团干部	共青团红河州委
1992.12.	白云才	红河州扫盲工作先进个人	红河州教育局
1992.12.	李皮黑	红河州扫盲工作先进个人	红河州教育局
1993.9.	王裕禄	红河州优秀教师	红河州教育局
1993.9.	罗嘉洲	红河州优秀教师	红河州教育局
1993.9.	张惠英	红河州优秀教师	红河州教育局
1993.9.	高实	红河州先进教育工作者	红河州教育局
1994.6.	刀有文	红河州扫盲工作先进个人	红河州人民政府
1994.9.	吴秋然	红河州优秀教师	红河州教委、州人事局
1994.9.	苏鸿翔	红河州优秀教师	红河州教委、州人事局
1994.9.	何平赫	红河州优秀教师	红河州教委、州人事局
1994.9.	李学忠	红河州优秀教师	红河州教委、州人事局
1994.9.	普智荣	红河州优秀教师	红河州教委、州人事局
1994.9.	杨美玲	红河州优秀教师	红河州教委、州人事局
1994.9.	夏天寿	红河州优秀教师	红河州教委、州人事局
1994.9.	李科普	红河州先进教育工作者	红河州教委、州人事局
1995.9.	张庆云	红河州优秀教师	红河州教委、州人事局
1995.9.	李龙普	红河州优秀教师	红河州教委、州人事局
1995.9.	罗建光	红河州优秀教师	红河州教委、州人事局
1995.9.	王立福	红河州先进教育工作者	红河州教委、州人事局
1995.9.	张有泉	红河州红烟园丁奖	红河烟厂、红河州教育局

时间	获奖人姓名	受表彰名称	表彰单位
1995年	李 勇	红河州扫盲工作先进个人	红河州教育局
1995年	杨善鸿	红河州民族团结先进个人	红河州人民政府
1995.11.	吕继明	红河州科技先进工作者	红河州委、州人民政府
1996.1.	陈优者	红河州自考工作先进工作者	红河州教委
1996.9.	汤家成	红河州红烟园丁奖	红河烟厂、红河州教育局
1996.9.	李福兴	红河州优秀教师	红河州教委、州人事局
1996.9.	江普黑	红河州优秀教师	红河州教委、州人事局
1996.9.	李加福	红河州优秀教师	红河州教委、州人事局
1996.9.	李批龙	红河州优秀教师	红河州教委、州人事局
1996.9.	刘素珍	红河州优秀教师	红河州教委、州人事局
1996.9.	黄跃芬	红河州优秀教师	红河州教委、州人事局
1996.9.	杨善鸿	红河州优秀教育工作者	红河州教委、州人事局
1996.9.	曹福兴	红河州优秀教育工作者	红河州教委、州人事局
1996.11.	吕继明	红河州科技先进工作者	红河州委、州人民政府
1996.5.	李波黑	红河州扫盲先进工作者	红河州教委
1997.4.	陈优者	红河州招生工作先进个人	红河州招生委员会
1997.9.	张鲁山	红河州优秀教师	红河州教委、州人事局、州中小学幼儿教师奖励基金会
1997.9.	李永芬	红河州优秀教师	红河州教委、州人事局、州中小学幼儿教师奖励基金会
1997.9.	李斗收	红河州优秀教师	红河州教委、州人事局、州中小学幼儿教师奖励基金会
1997.9.	龙谷波	红河州优秀教师	红河州教委、州人事局、州中小学幼儿教师奖励基金会
1997.9.	施贺祥	红河州优秀教育工作者	红河州教委、人州事局、州中小学幼儿教师奖励基金会
1997.9.	李皮黑	红河州优秀教育工作者	红河州教委、州人事局、州中小学幼儿教师奖励基金会
1997.9.	罗嘉兴	红河州优秀教育工作者	红河州教委、州人事局、州中小学幼儿教师奖励基金会
1997.9.	周兴全	红河州优秀教育工作者	红河州教委、州人事局、州中小学幼儿教师奖励基金会
1998年	方春云	红河州优秀教师	红河州教委、州小学教师培训中心
1998年	周定翔	红河州优秀教师	红河州教委、州小学教师培训中心
1998年	黄福安	红河州思想品德先进个人	红河州思想品德协会

时间	获奖人姓名	受表彰名称	表彰单位
1998.9.	邵德刚	红河州优秀教师	红河州教委、州人事局
1998.9.	彭晋宝	红河州优秀团干部	共青团红河州委
1999.7.	陈恒然	红河州优秀教师	红河州教委、州人事局、州中小学幼儿教师奖励基金会
1999.8.	苏文和	红河州优秀教师烛光奖	红河州人民政府
1999.9.	钱发保	红河州优秀教师	红河州教委、州人事局、州中小学幼儿教师奖励基金会
1999.9.	杨文忠	红河州优秀教师	红河州教委、州人事局、州中小学幼儿教师奖励基金会
1999.9.	李学勤	红河州优秀教师	红河州教委、州人事局、州中小学幼儿教师奖励基金会
1999.9.	李九抽	红河州优秀教师	红河州教委、州人事局、州中小学幼儿教师奖励基金会
1999.9.	杨海用	红河州优秀教师	红河州教委、州人事局、州中小学幼儿教师奖励基金会
1999.9.	李寿康	红河州优秀教育工作者	红河州教委、州人事局、州中小学幼儿教师奖励基金会
1999.9.	张常福	红河州优秀教育工作者	红河州教委、州人事局、州中小学幼儿教师奖励基金会
1999年	李沙才	红河州优秀班干部	红河州教师培训中心
2000.9.	杨有慧	红河州红烟园丁奖	红河烟厂、红河州教委
2001.9.	江普黑	红河州优秀共产党员	中共红河州委员会
2001.9.	杨文忠	红河州优秀教师	红河州教委、州人事局、州中小学幼儿教师奖励基金会
2001.9.	卢伟荣	红河州优秀教师	红河州教委、州人事局、州中小学幼儿教师奖励基金会
2001.9.	张生努	红河州优秀教师	红河州教委、州人事局、州中小学幼儿教师奖励基金会
2001.9.	李忠普	红河州优秀教师	红河州教委、州人事局、州中小学幼儿教师奖励基金会
2001.9.	王绿洲	红河州优秀教师	红河州教委、州人事局、州中小学幼儿教师奖励基金会
2001.9.	张常福	红河州优秀教师	红河州教委、州人事局、州中小学幼儿教师奖励基金会
2001.9.	廖新安	红河州优秀教师	红河州教委、州人事局、州中小学幼儿教师奖励基金会

时间	获奖人姓名	受表彰名称	表彰单位
2001.9.	李云生	红河州优秀教师	红河州教委、州人事局、州中小学幼儿教师奖励基金会
2001.9.	朱繁荣	红河州优秀教师	红河州教委、州人事局、州中小学幼儿教师奖励基金会
2001.9.	李波黑	红河州优秀教师	红河州教委、州人事局、州中小学幼儿教师奖励基金会
2001.9.	李孝义	红河州优秀教育工作者	红河州教委、州人事局、州中小学幼儿教师奖励基金会
2002.9.	施发寿	红河州优秀教师	红河州教委、州人事局、州中小学幼儿教师奖励基金会
2002.9.	李云生	红河州优秀教师	红河州教委、州人事局、州中小学幼儿教师奖励基金会
2002.9.	陶山忠	红河州优秀教师	红河州教委、州人事局、州中小学幼儿教师奖励基金会
2002.9.	方间平	红河州优秀教师	红河州教委、州人事局、州中小学幼儿教师奖励基金会
2002..9.	李寿康	红河州优秀教育工作者	红河州教委、州人事局、州中小学幼儿教师奖励基金会
2002.12.	杨会生	红河州家庭教育先进个人	红河州家庭教育领导小组
2002.10.	李龙亚	红河州第五次人口普查先进个人	红河州人民政府
2002.10.	王学昌	红河州第五次人口普查先进个人	红河州人民政府
2002.10.	杨昆元	红河州第五次人口普查先进个人	红河州人民政府
2002.10.	马红春	红河州第五次人口普查先进个人	红河州人民政府
2003.2.	吕继明	红河州先进政协委员	政协红河州委员会
2003.9.	张瑜	红河州先进工作者	红河州教研室自然专业委员会
2003.9.	张常福	红河州红烟园丁奖	红河卷烟厂、红河州教育局
2004.3.	白祝明	红河州三八红旗手	红河州妇联
2004.7.	马处保	红河州优秀共产党员	中共红河州委员会
2004.9.	石玉祥	红河州优秀教师	红河州教育局、州人事局
2004.9.	李寿开	红河州优秀教师	红河州教育局、州人事局
2004.9.	杨琼英	红河州优秀教师	红河州教育局、州人事局
2004.9.	陈元山	红河州优秀教师	红河州教育局、州人事局
2004.9.	陆康	红河州优秀教师	红河州教育局、州人事局
2005.3.	许静	红河州三八红旗手	红河州妇联

县级先进个人教师　　1986年，绿春县教育系统受县级表彰的优秀教师68名、优秀教育工作者12名。1990年，全县教育系统受县级表彰的优秀教师62名、优秀教育工作者10名。1995年，全县教育系统获县级表彰的优秀教师64名、优秀教育工作者9名。2000年，全县教育系统受县级表彰优秀教师64名、优秀教育工作者16名。2005年，全县教育系统受县级表彰的优秀教师74名、优秀教育工作者19名。

1986年

优秀教师　　李干处、王玉华（女）、何成然、李拥普、李有发、白金山、苟光琼（女）、罗丽琼（女）、李翁者、刘云芬（女）、林从雁、吴玉琼（女）、苏红祥、杨金寿、普玉芳（女）、段八甫、何玉明、白嘎波、李中明、陈德福、杨学昌、王惠梅（女）、李文忠、钟金莲（女）、杨尚志、曹玉忠、朱玉诺（女）、王丽波（女）、李正福、李学才、张卫华（女）、李元德、彭祥生、李初斗、谭秉六、白阿元、白追者、李九抽（女）、李夫斗、李玉福、胡曼云（女）、张丽珍（女）、白玉成、孙祖琼（女）、李元福、卢仁理、卢哈然、王玲秋（女）、杨美琳（女）、杜孟媛（女）、郑家源、罗仕荣、杜联荣、张树明、朱开忠、白玉明、李就规、朱文学、白正发、陈丽琼（女）、何文斌、丁毅、王春玲（女）、孔祥烈、王向红（女）、段万发、薛兆珍（女）、罗建文。

优秀教育工作者　　范元昌、卢平智、陈炳喜、陈米杰、王春舜、李成发、李有湘、李波黑、李中才、孙金恒、李雄春、张永生。

1987年

优秀教师　　罗鲁车（女）、潘向东、李约成、白黑甫、李学忠、李窝嘎、陈皮艳（女）、李普简、李泽然、胡曼云、白红梅（女）、李文兴、白忠荣、杨沙斗、王荣春、李龙福、李荣兴、龙谷波、李顺华、欧丽萍（女）、邵德刚、胡忠华、杨真林、李海安、陈六顺、王庆德、李元清、龙亚琼（女）、白嘎波、白三用、李福兴、普孔发、施贺祥、苟光琼（女）、黄虎山、王美英（女）、李玉科、张福英（女）、卢批收（女）、白批沙、李琼英（女）、石玉祥、许批者、杨诚、陈荣华、何平黑、马素珍（女）、杨如飞（女）、董云芬（女）、白友红、张建林、李普黑、刘贵明、李保荣、沈国和、李燕（女）、李玉宏、王向红、薛兆珍（女）。

优秀教育工作者　　石惠珍（女）、宋江、孔祥烈、白初梭（女）、段光瑞、李波黑、罗嘉兴、李皮黑、魏强、王顺全、陈顺。

1988年

优秀教师　　李学勤（女）、丁立章、王伟山、黄伙忠、王有明、李金斗、白玉明、白玉芬（女）、周汝华（女）、何永昌、李翁者、施贺祥、罗能慧（女）、普玉忠、李沙才、陶越山、李阿文、李金斗、白云昌、李胡尚、李元清、方间平、夏天寿、李喝杯（女）、邵德刚、白玉贵、杨德刚、白安金、朱腊斗、白阿华（女）、罗加衣法、李布然、李候鲁、李普简、李鲁波、何龙者、白黑鲁、高来恒、白送昌、任兰芬（女）、罗鲁车（女）、黄媛爱（女）、汤家成、卢伟荣、白永俊、王惠芬（女）、陆永斌、刘伟、李保荣、张波秋、张景丽（女）、何平黑、陈荣华。

优秀教育工作者　　杨崇明、李波黑、李忠才、何兴华、陈炳喜、杨善鸿、李有湘、施祥宝、高实、李孝义。

1989年

优秀教师 孔秀华（女）、杨美琳（女）、李丽收（女）、白普妹（女）、王绿洲、卢批收（女）、刘世文、李翁者、方学平、施贺祥、施忠恒、李波斗、陶永昌、邵德刚、胡忠华、李普才、李阿有、白忠荣、李黑、李普简、李晓山、任兰芬（女）、杨忠福、白正发、刘贵明、黄球波、普克顺、刘伟、普智荣、赵文贵、吕玉富、龙裔超。

优秀教育工作者 杨祥元、胡家武、张建林、白友红、张永生。

1990年

优秀教师 许莫欧（女）、王绿洲、李嘎处、李松根、卢批收（女）、李欧处、龙兴吉（女）、林从雁、李静兰（女）、白玉明、施用祥、施忠恒、郑来黑、李成额、杨海军、杨捌金、吴久明、罗家兴、李黑贵、白云贵、苏家德、夏天寿、王福安、白阿华、马云光、李家兴、杨德刚、王荣青、范正成、李勇德、王玉昌、许德云、李德、普错牛、陈萍艳、白们就、杨佩芬（女）、李加福、杨斗抽（女）、陆成功、李忠诚、白波额、李腊处、杨有慧（女）、包建伟（女）、李跃仁、李朴梭（女）、丁毅、李美玲（女）、汤家诚、卢伟荣、白永俊、周仕才、赵文贵、李熙者、刘伟、普克顺、白依收（女）、张波秋、杨才保、杨兴武、卢文忠。

优秀教育工作者 范元昌、段光瑞、卢诚春、李成发、杨善鸿、车世培、杨妙荣、陶永昌、白然波、吴玉琼（女）。

1991年

优秀教师 普存芬（女）、李书则、张庆云、王绿洲、李美华（女）、付厚华（女）、朱成吉（女）、朱文华、余从有、周兴全、卢永成、施妹（女）、马玉仙（女）、赵约山、白嘎波、李忠追、郑来黑、罗跃芬（女）、吴久明、倪明荣、李和柏（女）、郑绍兴、张荣海、罗波然、陶山忠、陈嘎斗、白正才、白红梅（女）、马金生、李龙才、谭琪做、熊光荣、陈皮艳（女）、卢高明、马斗格、白小路、王玉德、马斗然、李加福、李莫然、李荣成、杨皮沙、杨鲁才、李丽收（女）、王学清（女）、杨美琳（女）、丁丽仙（女）、邹庚禄、龙裔超、李美玲（女）、汤家诚、许然鲁、邹仕才、施跃锋、齐书伦、潘云锋、李道福（女）、李科普、潘向东。

优秀教育工作者 马开明、李皮黑、朱文学、孔繁强、李学昌、张常福、李崇忠、白友红、龙凤芬、普智荣、李批龙、李发文、韦成立。

1992年

优秀教师 张有云、李琼英（女）、陈荣华、宋清芬（女）、石玉祥、马福山、阿穆收（女）、石杰坤、白木然、白崇山、黄巧仙（女）、张菊仙（女）、吴明安、施用祥、白顺才、李忠追、罗燕、施贺祥、李应斗、任德兴、杨文华、金正保、白玉贵、赵福山、李智平、罗莲英（女）、白尔晗、李朝发、李正福、张开先、李福安、白中荣、马金眺、白沙者、罗甫规、李德、罗初斗、马泽普、吴秋然、何永华、白龙山、石波才、马拥斗、岳和民、王长福、张辅宝、龙明伟、王惠芬（女）、刘卫国、罗嘉洲、王连昌、李熙者、施跃锋、樊华南、齐书伦、李福者、杨沙斗、苟永生、白嘎苗。

优秀教育工作者 段光瑞、朱布红、马开明、张有泉、李玉福、苏鸿翔、李自云、张能荣、常泳昌、白初梭（女）、施祥宝、李九鸿。

1993年

优秀教师 谭阿沙（女）、普丽华（女）、白然里、罗志林、张普然、许莫欧（女）、陶忠诚、陈元山、罗文忠、白黑才、普元能（女）、白伟山、沈济萍（女）、杨永晨、白三用、杨海用、沈艳珍（女）、李尖然、陈们楚、白顺才、白绍福、黑祖顺、李先波、杨春祥、邵德刚、罗晓英（女）、段金荣、李挂新、李波黑、陈德旭、马玉者、陆昂谋、范阿华、杨央龙、卢波亚、杨成贵、李顺才、马干华、李忠诚、张先然、陆成高、白正兴、马斗格、罗建光、李九抽（女）、李来格、李波娘、张辅宝、卢伟荣、孙建强、王惠芬（女）、岳宝葵、苏红能（女）、苏春华、孔庆山、李红星、李建忠、马拉秋、潘向东。

优秀教育工作者 周定翔、李学忠、李科普、李孝义、陈景华、李皮黑、卢平智、方春云、张自林、李元德、李波然、姜普黑。

1994年

优秀教师 李学勤（女）、杨有慧（女）、杨媛芳（女）、王玉华（女）、黄畅初、许阳三、孙桂英（女）、王石保、白玉舟、李玉科、卢荣成、陈元山、李永芬（女）、刘念福、李甫咀、白阿保、李东才、罗能慧（女）、施用克、方卓文、施妹（女）、陶山忠、王佳华（女）、李福兴、张阿福、杨云昌、李波斗、李寿安、张龙尚、马志祥、陶永昌、曹玉忠、谢德兴、苏拾金、黄金荣、李勤雄、范依麻（女）、范德勤、范玉福、李忠普、王荣春、杨文忠、陈德旭、李梭（女）、许德元、杨文先、张泽忠、李黑鲁、罗初斗、卢富生、李夫斗、李泽然、罗生面、张丛友、石宝们、何永华、李莫然、罗么斗、陈皮忠、张辅宝、汤家诚、卢伟荣、张跃琼（女）、罗嘉洲、李阿有、卢伟发、李龙普、李才斗、曹玉顺、朱开忠、罗志福、白依收（女）、李韩宗、白玉忠、李福者、李志奇、白成秋、陈云先、王本宏、刘贵明、王孝宏。

优秀教育工作者 李优核、施祥宝、白沙者、胡秋芬（女）、方春云、王玉玲（女）、杨善鸿、孙建强、高金保、李生斗、卢诚春、李忠才、邵德刚、方玉福、李来波、朱锋、张自林、李批龙、李雄军。

1995年

优秀教师 李朴梭（女）、周定翔、吴锐（女）、黄跃芬（女）、杨诚、卢寿松、杨明忠、廖新安、罗燕（女）、杜玲红（2）、高阿红、白秋龙、马则处、钱海囡（女）、李必索、张龙普、王勒山、马普波、白晓芹（女）、施克文、白三龙、李文忠、黑哈者、李沙努（女）、王处生、李开荣、马才增、谭正光、白云才、陆罕然、白建堂、李忠福、陈林黑、普错牛、李沙红、李老四、朱荣昌、罗建光、高优来、王石斗、李凌志、段文忠、罗央诚、白志强、李旭、罗先保、陈景华、吕继明、李宝仕、白静、陈永建、施寿康、李批龙、师泽、江普黑、李才斗、李黑贵、陈元山、范常兴、罗波然、李德、李云生、杨祥元、龙谷波。

优秀教育工作者 朱文学、王福安、李波黑、白安金、黄金元、高家祥、杨玉忠、钟金莲、杨德刚。

1996年

优秀教师 张卫俊、白万和、李素仙（女）、李学祥、石忠嘎、罗普规、朱成吉（女）、白者收（女）、龙兴吉（女）、谭阿沙（女）、罗家兴、李存芬（女）、白绍福、李献华、张卫华（女）、李祖者、李荣兴、白玉才、邵云芬（女）、张先然、杨忠福、杨嘎沙、王宝忠、李为车、陈处嘎、张鲁山、李荣成、陈荣斗、朱荣成、李和柏（女）、卢向东、杨丽萍（女）、张家宜、李忠九、张家文、李九抽（女）、李初九、曹应福、范阿华、李顺才、白阿者、卢波亚、白保安、施贺祥、杨金寿、童文玉、朱开顺、李学英（女）、杨兴武、周存丽（女）、李晓山、何宏瑛、谭琪做、李忠林、王长福、李志奇、彭晋宝、马海、王惠芬（女）、李雪松、白永俊、陈寿华、王玉玲（女）、陆康、罗志福。

优秀教育工作者 李来波、李波黑、李寿康、陶斗然、李孝义、陈优者、张能荣、何永华。

1997年

优秀教师 李学勤（女）、张萍（女）、卢梅春（女）、杨立忠、杨德常、李志流、陈发、朱有福、李东才、马鲁简、李书则、杜玲红（女）、卢咀山、滕强、苟光琴（女）、马欧嘎、白三龙、施用祥、白元昌、李天华、杨海用、罗跃芬（女）、黑祖顺、白常顺、钱发保、王石有、白琼松（女）、王诚忠、刘存珍（女）、白批者、陶石有、郭丽红（女）、杨秀芬（女）、李龙亚、王文英（女）、马云先、王开元、马初九、马建荣、李生抽（女）、李干保、马奇就、李志雄、朱卫东、李央龙、刘志明、李波斗、石波成、普雄芬（女）、张辅宝、李然里、龙明伟、周定翔、石玉祥、陈永建、白永俊、李伟山、李岱长、李才斗、李批德、李玉明、白正发、普错牛、兰海英（女）。

优秀教育工作者 李秋奎、李嘎处、李生斗、杨玉忠、李沙才、李宝仕、李格背（女）、李忠有、王云发、熊光荣、李云德、张常福、谭琪做、罗莲英、白晓文、杨沙斗。

1998年

优秀教师 白祖明（女）、白普妹（女）、张美玲（女）、李英珍（女）、龙忠斗、李方沙、陶祖华、白拥新、白晓芹（女）、李玉梅（女）、白学英（女）、王惠英（女）、白朝美（女）、李波斗、王佳华（女）、杨捌金、普霞露（女）、杨阿发、李慧玲（女）、李占元、朱繁荣、李来三、李寿安、罗志林、王建成、刀荣新、李文英（女）、李凌志、苏拾金、李进荣、马玉者、段福祥、张海、李自云、殷淑芳（女）、李忠普、李永贵、白忠荣、李晓山、李批文、杨龙然、李洁（女）、李志伟、李文忠、李然九、范泰展、陈德旭、白忠文、龙山鲁、张跃琼（女）、罗先保、苏红能（女）、石玉祥、龙学光、王连昌、李才斗、朱开忠、曹玉顺、陈恒然、沙石衡、李德福、李波娘、陈云先、周定翔。

优秀教育工作者 普丽华（女）、苏鸿翔、方学平、李龙福、张常福、卢伟发、陈景华、孙作林、李成发、杨贵明、李函营、黄福安、李祖特、李泽规、卢桃玖、廖新安。

1999年

优秀教师 李波然、孙琼莲、苏春华、白伟波、陈光华、赵文贵、李福者、王伟山、李开福、蔡冬梅、马保有、何金发、白长青、李永山、范常兴、王文忠、吴锐、普玉芬、宋清芬、吴普娘、李继东、赵阿读、孙祖琼、李岸波、卢荣才、陈生秀、高艳飘、卢晓维、白顺才、张德祥、李九格、施东升、施慧芳、杨文华、钟丽辉、白绍福、白苗红、苏家德、朱琼芬、李阿兴、苏文和、杨晓山、陈里才、马鲁贵、白求收、李纪发、李深哲、卢寿松、许永升、陈波才、李由福、陈坚龙、卢建辉、李拉收、白永芳、马才增、陈黑鲁、李玉嘎、白云、李荣兴、钟建华、李正福、李孙宝、张培。

优秀教育工作者 陈龙波、孙建强、陆玉亮、施福寿、罗志福、何宏瑛、陈来然、陈乔宽、罗嘎然、张能荣、卢仁里、郑来黑、陈述者、马拥斗、熊光荣、李文福。

2000年

优秀教师 高志华、李学祥、白玉春、李谷波、王佳华、白凤云、钟金慧、罗普规、王凤英、杨金寿、赵芬、卢俊华、曹批木、张德祥、施代益、杨丽萍、王批尚、黑俄才、罗庆芬、李雪、黑文蓉、白玉芬、李玉先、李龙者、谭振光、朱康伟、陈德兴、王石宝、杨贵有、李腊楚、李来格、李长生、张家宜、李福金、王裕禄、李旭、陈保鲁、李志诚、高来恒、陈芳、李为民、马金生、方玉福、武光华、王初生、李明读、王玉华、丁丽仙、张自林、闫美琼、张纯、沈茂学、周纯丽、陈光华、苏红能、胡静红、吴来处、朱志鸿、罗章荣、杨乔彦、石岗、陈寿华、陈冬梅、马金眺。

优秀教育工作者 白云才、李敬东、龙山鲁、许成额、王绿洲、李元河、方学平、杨崇明、龙云德、张设究、李则处、张常福、李岱长、李批龙、刘世文、张永生。

2001年

优秀教师 李普机、白拥新、白三表、朱丽梅、白永生、许者们、李美华、李波然、白秋收、陈发、杨德常、陈立昌、李忠追、龙寿发、杨英、李旭强、马黑抽、何建国、董雪艳、杨成开、朱处者、罗跃芬、李存芬、普克顺、杨艳萍、李文英、李挂新、白晓强、曹玉顺、杨文新、李龙剑、陆罕然、段云忠、范斩洪、卢志春、白阿先、李辉、李开荣、李杰勇、罗玉福、马斗格、卢高明、李志福、高家祥、杨正昌、钱岩斗、陈波鲁、马斗然、李沙普、李石保、车慧英、李永山、白然里、王丽珍、陈穆收、聂洪宽、张顶明、陈克保、杨会生、易忠兰、王建林、陶先发、德金福、白嘎波。

优秀教育工作者 白秋龙、李荣成、白元昌、张设究、普云柱、李寿开、朱卫东、李来波、段光瑞、赵哲然、孙作林、马欧然、陈永建、刘世文、施丽梅、熊光荣。

2002年

优秀教师 王石保、李深哲、龙黑秋、石岗、高绍良、李忠刚、高克龙、白玉春、李波才、张玉清、王凤英、白三用、何波欧、陈丽华、李夫沙、罗里义、段正兴、李则仁、杨云昌、何阿杯、李咀嘎、白梅、白阿生、白桥顺、白琼松、苏家德、白晓强、朱志明、谭振新、白战生、白强伟、普义者、王晓刚、李波斗、卢雄文、白沙者、白玉才、杨克波、李正元、李简发、李福金、陈林恒、卢福生、李英杰、李波娘、陈皮忠、白忠文、李安福、李旭、李耀焕、朱德春、李学英、唐准萍、黑石妞、师泽、王立堂、马拉秋、李书法、石玉祥、李才斗、马贵英、白芸枚、陶云春。

优秀教育工作者 李批处、李波黑、车学法、放贺祥、李开福、何宏瑛、苏拾金、罗建光、罗志福、白明里、周生泉、黑皮保、施福寿、普玉忠、李宝仕、陈优者。

2003年

优秀教师 石杰坤、白秋龙、李继琼、李美华、李岸波、陆仁里、龙优收、朱丽梅、李尖然、杨坤元、杨兴保、杨海用、杨燕发、卢俊华、杨正昌、杨进发、施英花、马龙泽、卢小伍、李黑贵、罗丝妹、龙秀梅、李坚忠、张来发、谭红星、白献春、范柱云、陶祖华、李志流、李九抽、陈里成、龙阿三、白秋收、李生抽、普错牛、朱章福、高昆山、李元强、李耀焕、朱爱优、李云山、卢波亚、谭樱芬、白太成、陈沙普、范玉福、罗玉福、白建堂、白正才、李晓东、段福强、张艳、吴玉琼、杨银华、丁丽仙、李建忠、李波初、张自林、郑秋萍、李小梅、白波坚、姚丽如、王连昌、陈克保。

优秀教育工作者 朱文学、苏鸿翔、丁立章、马艳梅、施用祥、李文英、张龙福、马斗然、李翁斗、邵德刚、张辅宝、白玉才、陈永建、方春云、张设究。

2004年

优秀教师 童云芬、王玉华、何元红、李芳、朱成吉、高沙呼、李批龙、李批处、钱玉芳、李波斗、卢阿飘、石忠嘎、李沙波、马黑抽、施用祥、卢文、李志雄、何波欧、施忠恒、李先波、杨进发、罗庆芬、李福文、李新明、李利尚、杨艳萍、刘燕娟、刘志强、李顺华、李虎承、陈靖、李细者、谭炳禄、李祖者、杨丽萍、李福安、卢志春、钱岩斗、李九抽、张春华、马斗格、高崇山、陈木处、何窝嘎、朱爱优、李安福、陈皮忠、许福燎、李成酿、白秋收、李然里、白伟波、苏春华、陈炳喜、杨志清、谭红伟、白志强、王伟山、白嘎波、吴来处、李则仁、陈发保、彭梦祥、李国荣、白杰、朱炜、白玉忠、李彦、李波娘、卢富生、白玉舟、李万华、白波忠、周关龙。

优秀教育工作者 李来波、段光瑞、陈生秀、李元河、李忠追、李绍华、李旭、许永生、李伟、普电祥、孙彦辉、吕继明、白友红、陈光华、孔庆山、廖新安。

2005年

优秀教师 关莉、白秋者、沈艳珍、李妹、高和保、李鲁秋、白玉春、白永生、高阿堵、李拉普、高雪、李美华、李智娟、马欧嘎、施妹、李旭强、卢俊华、白三用、白秀芬、白艳芬、钱发保、白梅、李献华、李荣府、龙秀梅、白云才、谢晓福、陈进嘎、李剑华、罗为康、李咪者、李永贵、龙鲁山、范德勤、马才增、范丽飞、罗初斗、李志福、陈宏伟、马哥沙、李志荣、马干华、马斗然、高昆山、何窝才、李国成、李者娘、李潘额、郑秋萍、严一梅、董育军、师泽、高付梅、李波初、龙学光、卢伟发、沙石衡、李保荣、德金福、杨振华、范泰展、普有者、付泽金、杨成国、白玉明、孟光海、李正元、朱艳梅、王阿才、陈立福、张普然、张源、杨陆、陈恒然。

优秀教育工作者 张羊武、白普妹、杨德刚、方学平、苏拾金、王保忠、高秋抽、李腊楚、杨彬妹、曹福兴、李成发、孙建强、彭晋宝、李生姐、杨发代、李德、白元昌、白伟山、吴秋然。

教育先进集体

国家（省部）级教育先进集体1995年10月，绿春县第一中学被中国科学技术协会等4部门授予"优秀生物科技小组"的荣誉称号。至2005年，全县教育系统获国家（省部）级表彰的教育先进集体2个。

表17-3-5　1995—2005年教育系统获国家（省部）级表彰的
先进集体一览表

时间	受奖单位	受表彰名称	表彰单位
1995.10.	绿春一中	优秀生物科技小组	中国科学技术协会、国家教委、国家环境保护局、国家自然科学基金委员会
2004.9.	绿春一中	全国教育发展"十五"计划重点科研课题实验基地	学校—家庭—社区一体化育人探索研究，"三结合"德育创新发展课题研究课题组

省（厅局）级教育先进集体　1992年3月，绿春县平河中学被云南省农村智力开发统筹协调领导小组授予"云南省先进单位"的荣誉称号。1994—1998年，全县教育系统获省（厅局）级表彰的教育先进集体4个。2002—2005年，全县教育系统获省（厅局）级表彰的教育先进集体4个。

表17-3-6　1992—2005年教育系统获省（厅局）级表彰的
先进集体一览表

时间	受奖单位	受表彰名称	表彰单位
1992.3.	平河中学	云南省先进单位	云南省农村智力开发统筹协调领导小组
1994.9.	平河乡岔路小学	云南省文明学校	云南省教育厅
1995.7.	绿春一中生物科技小组	云南省第三届青少年生物百项科技活动一等奖	云南省科协、教委、中国科学院昆明分院、省青少年科技辅导员协会
1997.7.	绿春一中生物小组	第四届云南省青少年生物百项科技活动二等奖	云南省科协、省教委
1998.12.	绿春县教研室	云南省教育科研先进集体	云南省教育委员会
2002年	大兴小学	云南省学校督导评估优级学校	云南省人民政府教育督导团
2002.9.	三猛乡巴东小学	云南省文明学校	云南省教育厅
2002.9.	牛孔乡龙丁小学	云南省文明学校	云南省教育厅
2003.10.	绿春一中	云南省二级完全中学	云南省教育厅

州（县处）级教育先进集体　1990—1995年，全县教育系统获州（县处）级获表彰的教育先进集体5个。1996—2000年，全县教育系统获州（县处）级获表彰的教育先进集体1个。2001—2005年，全县教育系统获州（县级）级表彰的教育先进集体8个。

表17-3-7　1992—2005年教育系统获州（县处）级表彰的
先进集体一览表

时间	受奖单位	受表彰名称	表彰单位
1990年	平河中学	红河州电教教仪工作先进单位	红河州教育局
1991年	平河中学	红河州电教教仪工作先进单位	红河州教育局
1983.7.	绿春一中学生组	红河州歌咏比赛取得优良成绩	红河州文化局
1995.6.	大水沟中学初一（37班）	红河州先进集体	红河州教委
1995.8.	绿春一中生化组	红河州优秀组织奖	红河州教委
1999.10.	大兴镇岔弄小学	红河州优秀少先队组织	共青团红河州委、州教委
2001.12.	绿春一中	红河州先进集体	红河州人民政府纠正行业不正之风办公室
2002年	三猛乡巴东小学	红河州文明学校	红河州教育局
2002.3.	绿春一中团委	红河州"五·四"红旗团委	共青团红河州委
2003.5.	大水沟中学初二（55班）	红河州先进集体	红河州教育局
2004.5.	绿春一中	红河州体育传统学校（武术项目）	红河州体育局、州教育局
2004.7.	绿春一中	红河州文明学校	红河州教育局
2004.12.	绿春职中工会	红河州模范职工之家	红河州总工会
2004年	大兴小学	红河州文明学校	红河州教育局

附　录

1．重要文件

文件1：绿春县教育事业发展规划（1990—1992年）

各乡镇党委、政府，县委各部委办局，县级国家机关各委办局，各人民团体：

党的十一届三中全会以来，中央一再强调把发展科学技术和教育事业放在振兴国民经济的首要位置，把经济建设由主要依靠科技进步和提高劳动者素质的轨道上来；"教育必须为社会主义建设服务，社会主义建设必须依靠教育"的方针为我县发展教育事业指明了明确的方向。今后三年我县的教育工作要认真贯彻落实党中央提出的进一步治理整顿、深化改革的方针，把教育放在优先发展的战略地位，治穷治愚结合，加强思想政治工作，坚持党对教育工作的领导，坚持办学的社会主义方向，坚持"人民教育人民办，办好教育为人民"的思想，自力更生，艰苦奋斗，努力改善办学条件，抓紧普及小学教育，办好现有初高中，积极发展农职业技术教育，适当发展行政村级的学前教育，提高教育教学质量、提高办学效益，为振兴绿春培养人才。根据我县经济发展的总体设想，为使我县教育事业持续、稳定、协调发展，特制定本规划。

一、现状

我县位于哀牢山区南端，与越南接壤，全县总面积3096.86平方千米，行政区划八乡一镇，有82个行政村，792个自然村。境内居住着哈尼、彝、傣、拉祜、瑶、汉等少数民族，是一个少数民族聚居的边疆山区县。全县总人口17.6万，其中少数民族占总人口的97.38%。主体民族为哈尼族，占总人口的86.38%。据1989年统计，全县有耕地12325万平方米，粮食总产4834.5万千克，工农业总产值3687万元，年财政收入249.1万元，约占全县财政支出的十分之一，人均有粮214千克，农村人均纯收入162元，是一个"少、边、穷、山、战"的特困县。

全县教育起步晚，中华人民共和国成立前，仅在极少数村寨办过私塾，受过系统初等教育的不过百人。中华人民共和国成立后，1952年创办小学，1958年创办初中，1971年创办高中。近四十年来，全县教育从无到有，从小到大，得到迅速发展。现在，全县已有小学418所（其中示范性小学1所，半寄宿制高小10所），1162名教职工，20204名在校生；普通中学10所，初中专任教师149名，在校初中生2893名；高中专任教师19名，在校高中生405名，在绿春一中开设民族初中部；农职业中学1所，11名教师，351名在班儿童。全县共有教职工1503名，各级各类在校学生24137名。

我县教育事业经过近40年的发展，取得的成就是巨大的，但总体来说，仍远远落后于全国、全省、全州的发展水平。主要问题表现在以下几个方面。

（1）基础教育薄弱，小学"四率"偏低，文盲人口比例大，农村青壮年文盲人口比例占62.45%。中小学的教育教学质量偏低。

（2）农职业技术教育起步晚，发展缓慢。教育结合实际不够，不能更好地为当地经济建设服务。

（3）办学条件差，校舍设施简陋。现在全县还有36000平方米的简易房和临时房，损坏房比例大，还存在一部分危房。

（4）师资不足，素质偏低，不够稳定。现有教师合格率较低。

（5）干部群众对教育的战略地位认识不足，分级办学、分级管理，不够落实，等、靠、要思想较为突出。读书为跳"农门"的思想普遍存在。

以上这些问题，直接影响着我县民族经济和教育的发展。因此，本届县委、县政府将努力在今后三年的教育事业发展中采取积极措施，逐步解决这些问题。

二、目标

（一）狠抓普及小学教育，不断提高"四率"

小学教育是整个教育的基础，搞好小学教育，对我县民族教育事业有着极其重要的意义。根据《中华人民共和国义务教育法》要求，我县必须首先下大力抓普及小学教育，1994年以前10所项目学校所在地（大兴小学、各乡镇所在地完小），达到国家普及小学教育要求，2000年前全县要按质按量普及小学教育。现在，我县小学布点已基本合理，根据实际，除少数校点可考虑适当调整外，一般不做大的调整。今后三年，主要是抓"四率"（入学率、巩固率、毕业率、普及率）的提高，具体目标如下。

（1）1989年，小学在校生20204名，入学率达90.1%，巩固率84%、毕业率84.6%、普及率63%，到1992年，计划小学在校生22000人，入学率92%，巩固率90%、毕业率90%、普及率70%，"四率"比1989年分别提高1.9%、6%、5.4%、7%。

（2）办学县的示范性小学和三十五所半寄宿制小学，做好联合国儿童资金会在我县的十所项目学校的实验工作，使之进一步发挥骨干作用。同时，要从边疆的实际出发，加强"一师一校"建设。

（3）根据国家教委要求，小学三年级以上各班开设劳动课，并开办"六加一"试点班，到

1992年，计划在三猛、平河、大兴设三个六加一试点，共招100名学生。

（二）扩大中学规模，提高教育质量

今后三年，我县中学不再开办新的校点，主要是创造条件，扩大规模，多招学生，提高办学效益。具体目标如下。

（1）初中由1989年底的65个班，2893名在校生，发展到1992年的72个班，3600名在校生。

（2）随着小学教育事业的发展，小学毕业生越来越多，各中学都要积极创造条件，扩大招生规模，提高小学毕业生的升学率。特别是大兴小学和大兴学区更为突出，今年就有二百多名小学毕业生升不了学，现二中与农职业中学合在一起，不利于管理和农职中的发展，因此，今后应创造条件，使二中、农职业中学分设，扩大二中初中招生规模，以解决城区和大兴镇小学毕业生升学难的突出问题。

（3）我县高中1989年有8个教学班，405名在校生，到1992年计划发展到10个班，500名在校生。

（三）积极发展农职业技术教育，为我县脱贫致富服务

我县农职业技术教育起步晚，发展缓慢，必须采取措施积极发展，农职业技术中学要面向农村，扩大规模，使之成为我县农职业技术教育中心和农村实用技术培训中心。具体目标如下。

（1）现在的农职中改名为"绿春县农职业技术中学"，使其由1989年的3个教学班、100名学生，发展到1992年的6个班，240名学生。办班根据实际需要，长短结合。

（2）发展初级中学"三加一"专业班，在巩固平河中学、大黑山中学"三加一"试点班的基础上，计划到1992年增办牛孔中学和骑马坝中学两所初级中学的"三加一"班，使之由现在的2个班60人发展到4个班150人。

（3）在县人民政府的统筹下，教育部门和有关部门的积极配合，抓好小学后、初中后、高中后的职业培训和农村实用技术培训。1992年前各乡（镇）办起农民文化技术学校。积极开展对农户的实用技术培训工作。

（四）抓好扫盲工作，提高劳动者素质

扫盲工作是一件大事，文盲率的高低，标志着一个地区、一个民族的文明程度。要贯彻"一堵、二扫、三提高"的方针，计划今后三年扫除文盲3500人，使文盲率由1989年的62.45%下降到1992年的52%。

（五）发展学前教育，开发儿童智力

学前教育是发展儿童智力，提高人口素质必不可少的教育手段。今后三年，我县除稳定和办好现有的学前班外，在条件较好的行政村适当发展校点，扩大招生规模，提高学前儿童入学率。1989年底，我县有幼儿园一所，小学附设学前班6个，共19个教学班，475名在园儿童。到1992年，计划发展到26个班800名在园在班儿童。联合国儿童基金会实验项目学校所在地的学前儿童入学率，到1992年应达到80%。

（六）充实教师队伍，不断提高合格率

教师是学校的主体，建立一支品德高尚，业务精良，善于教书育人、稳定合格的教师队伍，是办好学校，提高教育教学质量的关键。今后三年的目标如下。

（1）1989年底在校小学生20204人，到1992年计划在校小学生达22000人，增加1796人，根据我县的实际情况，每班学生按25人计算，净增72个教学班，需增加教师101人，平均年增32名小学教师。

（2）初中现有65个班，149名教师，到1992年增加到72个班，需要202名教师。考虑原来的缺额大和师资来源的限制，计划每年增初中教师15名。

（3）高中现有8个班，19名教师，到1992年到10个班，需30名教师，应增加11名教师，到1992年共需26名教师，应增加15名教师。计划今后每年平均增4名。

（4）农职业技术中学现有名11教师，到1992年共需26名教师，应增加15名教师。计划今后每年平均增5名。

（5）现全县教育系统有职工61人，到1992应达171名，考虑原来的缺额大和劳动指标的限制，计划今后每年增15名。

（6）幼儿教师缺额的问题，除每年从幼儿教师分配回的毕业生补充外，还可从有特长的小学教师中调整补充。积极采取各项措施，提高各类学校教师的合格率，到1992年，使小学教师的合格率从53.9%提高到65%；初中教师的合格率从的38.9%提高到50%；高中教师的合格率从63%提高到70%；农职中教师的合格率从7.7%提高到30%；幼儿教师合格率从30.4%提高到50%。

（七）改善办学条件，优化育人环境

校舍和各项教学设施，是办学的必备条件，根据我县的实际情况，今后三年改善办学条件的目标如下。

（1）全县学校实现"一无两有"。到1992年底基本排除还存在的危房，修缮损坏房，建成未完工的校舍和基本改造现有36000多平方米的简易房和临时房，学校校舍最低要求要达到砖柱、瓦顶、土基墙和其他坚固、耐用，使学校成为农村中较好的房子。县城中小学实现六配套（实验室、图书室、运动场、勤工俭学基地、厕所、围墙）；乡级中学、中心完小实现四配套（图书室、运动场、勤工俭学基地、厕所）；行政村完小实现三配套（运动场、勤工俭学基地、厕所）。

（2）按国家教委二类标准，到1992年配齐50%中学和50%乡镇（镇）中心完小的教学仪器。

（3）到1992年，行政村以上完小配齐教学五大件。即：数学教具箱、自然教具箱、教学挂图、风琴、球类。

（八）通过多渠道，增加教育投入

要贯彻《中共中央关于教育体制改革的决定》和《国务院关于筹措农村学校经费的通知》精神，要广泛发动社会各方面的力量，集资办学，捐资助学，改善办学条件。通过多渠道，使今后三年我县教育经费有较大的增长，以保证教育事业发展的需要。

三、措施

（一）提高对教育战略地位的认识，落实分级办学的职责

各级领导要充分认识在社会主义建设事业中教育应放在优先发展的战略地位，摆正教育工作位置，加强对教育工作的领导。党、政领导一把手要一手抓治穷，一手抓治愚，亲自过问教育，定期听取汇报，解决教育工作中的重大问题。《中共中央关于教育体制改革的决定》已明确宣布把基础教育的责任交给地方政府，实行分级办学，分级管理，因此，县、乡两级政府和行政村公所应把办好中小学当作自己义不容辞的职责。根据中央要求，我县已制定了《绿春县分级办学分级管理的规定》，乡（镇）成立教育管理委员会，由一位乡（镇）主要领导担任管理委员会主任，行政村公所建立由村主任任组长的办学领导小组。在条件成熟的时候，县成立教育委员会。要层层落实任务，县要全面抓好"三教"（普通教育、职业技术教育、成人教育），办好县属学校；乡（镇）主要办好一所中学，一所中心小学，并创造条件开办一所农民文化技术学校；行政村公所要办好行政村公所所在地的学校和各自然村小学。修建校舍和组织动员儿童入学是乡、村、社干部义不容辞的责任，要把教育工作纳入各级干部的任期目标责任制，作为上级考察下级政绩的一项主要内容。

（二）加强思想政治工作，坚持教育的社会主义方向

学校始终要把坚定正确的政治方向放在教育工作的第一位。必须做到教育必胜为社会主义现代化建设服务，教育与生产劳动相结合，培养德、智、体、美、劳诸方面都得到发展的社会主义建设者和接班人。各级各类学校要认真贯彻执行《中共中央关于改革和加强中小学德育工作的通知》和《中学德育大纲》《小学德育大纲》，贯彻落实中小学生《日常行为规范》，要求学生不仅要限期熟记规范条文，而且要照着去做。要加强爱国主义教育和集体主义教育，继续开展学雷锋、学赖宁活动，使学生具有爱国主义精神，建设社会主义志向，遵纪守法的观念，良好的品德和文明的行为习惯。加强中小学生的思想政治工作，不仅仅是教育部门的任务，也是整个社会的责任。共青团、妇联、工会以及文化等有关部门、社会各界、每个学生家长都要配合学校认真做好这一工作。县委宣传部和县教育局要有一位领导分管，并设置负责处理日常工作的干部。

（三）实行政府统筹，深化教育改革

深化教育改革的一个主要问题是在党委的统一领导下，由政府实行"三教统筹""农科教结合"。普及小学教育，仍然是我县今后较长时期教育工作的重点，必须下大力抓好。改革农村教育要坚持教育为当地经济建设服务的方向，采取积极措施，加快职业技术教育发展的步伐，促进普教、职教、成教的互相沟通、互相渗透、协调发展。办好现有农职业技术中学，扩大规模，提高效益，继续办好农村中学"三加一"专业班试点，积极稳妥地推进"三加一"专业班的发展，对在校学生进行劳动课和劳技课教育，培养学生的劳动习惯，提高学生的劳动技能素质。确定平河乡为全县深化农村教育整体改革的试点乡，乡党委、政府和县教育行政部门要加强领导，制订措施，努力做出成效。各级各类教育，都要为经济建设服务，为脱贫致富培养人才。

（四）积极采取措施，加强师资队伍建设

振兴民族的希望在教育，振兴教育的希望在教师。建设一支数量足够、合格而稳定的教师队伍，是搞好我县教育事业的关键。针对我县中小学教师特别是初中教师紧缺的情况，首先要立足培养本地民族教师，同时要采取一些灵活政策和优惠措施，吸引大专院校毕业生到我县来任教，鼓励在职教师参加业务培训、函大或离职进修等。进修学校要结合我县教师队伍的队伍的实际，开办各种培训班，不断提高在职教师的素质。要尊师重教、支持教育，提高教师社会地位，改善教师生活和工作条件，稳定教师队伍，各级党政领导干部和社会各界都要尊师重教、支持教育，积极鼓励亲属子女从事教育工作。对教师的家属、子女、在农转非、招工招干时，在同等条件下给予优先照顾。同时，要加强教师的思想政治教育工作、贯彻落实《绿春县中小学教师行为要求十条》，使广大教师沿着又红又专的方向成长，努力造就一支品德高尚，业务精良，善于教书育人、稳定合格的教师队伍。

（五）贯彻"两条腿"走路的方针，多渠道筹措办学经费

穷县办教育，最大的困难是资金不足。国家对我们已给予很大的扶持，但是单靠国家的扶持是不够的。必须贯彻"两条腿"走路的方针和人民教育人民办的思想，广开渠道，多方集资，以解决改善办学条件经费不足的困难。

（1）按照中央的要求，全县教育事业费的增长要高于财政经常性收入的增长，并按在校学生人数平均的教育费用逐步增长（即保证"两个增长"），每年增收的教育费附加全都用于教育。

（2）每年民族机动金、边境建设事业费中安排不低于30%用于教育。城市维护费要把有城区学校道路、厕所和路灯安装等公共设施建设施等纳入使用范围。

（3）各乡（镇）的机动财力和超收分成款30%以上用于教育。

（4）鉴于今后三年改造校舍、改善办学条件的任务十分艰巨，决定动员全县干部职工捐资助学，在册职工每年按不低于标准工资（基础工资、职务工资、地区工资、工龄工资）的1%一次性集资，一定三年，多捐不限，实行乡（镇）以上中小学生集资。县城初、高中学生每生每学期集资7元，乡镇中学生每生每学期集资5元，小学生（含学前班）每生每学期集资3元。农村户籍的拉祜、瑶族学生免集资，一定三年。

（5）学校勤工俭学收入和学校预算外收入的40%要用于改善办学条件。

（6）乡村新建和改建校舍，可实行人均一次性定额集资，发动群众投工献料，鼓励单位和个人集资捐资。

（7）各项集资、捐资、投工献料均不应视为"平调"或不合理负担。县乡两级还制定必要的措施。表彰奖励集办学、捐资助学的单位和个人。为了管理好各项筹措经费的使用，县乡（镇）成立集资办学管理领导小组。负责全县性和全乡性的专款提成、收取、并面向全县、全乡合理安排使用。县城学校集资、乡（镇）学校集资、学生集资分别用于所在学校改善办学条件，不得挪作他用。

（六）发扬自力更生，艰苦奋斗精神，完成校舍改建的任务

我县中小学校校舍简陋，办学条件差，是一个突出的问题，经过近两年来干部群众的努力，虽排除了许多危房，但是许多乡村教师的住房条件和工作条件还不如当地的农民，这严重影响了教师的稳定和教育教学质量的提高。因此，改建校舍的任务成为当务之急，必须在今后三年内下大力进行改造。改建校舍的最低要求要达到砖柱、瓦顶、土基墙或其他坚固、耐用，使学校成为当地农村较好的房子。

要认真学习山东经验，湖南郴县经验和我省宁蒗、泸西等地经验，树立人民教育人民办的观念，克服"等、靠、要"思想，要因地制宜，自力更生，艰苦奋斗，穷也要有穷的办法，决不能再两眼向上，两手向外，让破屋烂房依旧，愚昧贫困长存。

县、乡、村各级领导必须明确，改善基础教育办学条件，发展基础教育，是造福子孙后代的事业，是中央交给各级地方政府的义不容辞的职责。要广泛深入发动群众，充分调动群众办学的积极性，有钱出钱，有力出力，有物出物，按照县办县属学校，乡办乡校，村办村校的原则，把改建校舍，进一步改善办学条件的工作抓好，并采取措施，制订护校村规民约，管理保护好校舍校产。

（七）加强学校内部管理，努力提高教育教学质量

办好教育的根本目的在于多出人才，出好人才，提高民族素质。因此，各级教育行政部门和学校领导必须加强学校内部的管理，从严治教，要制定和完善必要的规章制度，努力创造良好的校风、教风、学风。全县中小学原则上实行校长负责制，党支部起政治核心和监督保证作用。全县已经实行的评比表彰先进集体、先进教师（教育工作者）的制度，教育教学质量奖励制度，加强"一师一校"管理的十条意见，评选中小学"三好生"和优秀学生干部的制度，学生学籍管理制度等要继续坚持并不断完善。各学校都要制订一些行之有效的措施调动师生教与学的积极性。要加强校园建设，做好绿化、美化工作，优化育人环境。县教育督导室应加强对学校的检查、督导和评估。校长的主要精力要集中到抓教育教学质量上，要通过各方面的努力，改变我县教学质量偏低的状况，逐步缩小与内地县的差距。

中共绿春县委员会　绿春县人民政府

1990年9月25日

文件2：中共绿春县委、绿春县人民政府关于在我县试行学校内部管理体制改革的意见

各乡镇党委、政府和县级国家机关各委办局，各人民团体：

党的十一届三中全会以来，特别是我县1990年教育三级干部会以来，通过全县广大干部群众的积极努力，我县教育事业在端正办学指导思想、改善办学条件、普及义务教育和提高教育教学质量等方面取得了一定的成就。但是，由于旧的教育体制派生的种种弊端没有根本革除，上级教育主管部门对学校管得太多、统得过死。国家财政负担过重，教育投入难于增加，乡、村党政领导和干部群众的办学积极性得不到充分发挥，学校没有办学自主权，缺乏内部活力。分配上的平均主义，大锅饭，使学校领导和教职工的积极性得不到充分发挥。学校领导难当，教职工队伍不稳，中小学问题多，教育工作难度大。这些弊端阻碍着我县教育事业的进一步发展。为此，县委、县人民政府根据中共中央《关于教育体制改革的决定》，根据《中国教育改革与发展纲要》和省州党委和政府的部署，决定在我县试行学校内部管理体制改革。现就学校内部管理体制改革的试行工作提出如下意见。

一、指导思想、目的和要求

（1）学校内部管理体制改革的目的是为了更好地调动学校自主办学和教职工教书育人、管理育人、服务育人的积极性，全面贯彻党和国家的教育方针和政策，全面提高教育质量和办学水平，培养德、智、体全面发展的社会主义建设者和接班人。

（2）学校内部管理体制改革的重点是人事制度和分配制度的改革，在合理定编的基础上，对教职工实行岗位责任制和聘任制，在分配上按照工作实绩拉开差距。改革的核心在于，应用正确的政策导向、思想教育和物质激励手段，打破平均主义，调动广大教职工的积极性，转换学校内部运行机制，提高办学水平和效益。

（3）学校内部管理体制改革的内容是：实行校长负责、教职工聘任制、定编定员的工资总额包干基础上的校内结构工资制（简称"三制"改革）。

（4）学校内部管理体制改革的领导、协调工作，按分级办学、分级管理的原则，由办学单位负责。县一中、县农职中、大兴小学、教师进修学校、县机关幼儿园、教研室、电教室的办学单位是县人民政府；各乡中学、中心完小、半寄宿制高小、农民文化技术学校的办学单位是乡镇人民政府；各行政村（办事处）完小、初小的办学单位是村公所（办事处）。

二、"三制"改革的实施步骤

（1）宣传、动员、准备阶段。1993年7月以前，在全县范围内进行广泛宣传、动员，使每一位教职工和广大干部、各族人民懂得改革的重要性和必要性，了解改革的目的、意义和内容，做好改革的思想准备和人员、物资等方面的准备。

（2）试验阶段。1993年秋季新学年开始，在绿春一中、大兴小学、大寨民族小学、戈奎中心完小作"三制"改革试点，为以后在全县各级各类学校进行改革积累经验。

（3）总结、推广阶段。1994年秋季，试点学校要认真总结改革经验，使改革进一步深化。各乡镇中学和中心完小要逐步推广。

三、"三制"改革的内容和方法

1. 校长负责制

（1）校长的产生

由办学单位的党组织根据办学要求所能提供的条件，制订校长的任职条件、任期目标、考核奖励办法，校长人选在教职工推荐的基础上，由办学单位组织人事部门对候选人作认真考察后按干管权限任命。并签订聘任合同，发给聘书，报上级教育主管部门备案，中学校长一般任期三年，小学校长一般任期三年或六年。

（2）校长的责、权、利。校长是学校的法人代表，对学校工作全面负责。完成办学单位提出的任期目标。校长具有教育、教学指挥权，财物管理使用权。即：有权确定学校的全面工作，有权制定各项规章制度；有权提出副校长（包括处室领导、年级组长）人选，交组织考察后，由校长任命；有权聘任教职工，有权调整教学内容和教学进度；有权决定与其他部门联合办学；有权按财经制度安排、使用教育经费及各种办学捐款、勤工俭学收入；有权给教职工发放奖金。校长在任职期间，可享受与该校教职工中最高工资相等的工资。

（3）校长同党支部、教代会的关系。有条件的学校，书记、校长由一人担任，暂无条件分设的，要逐步到位。党支部起政治核心和监督保证作用；党支部工作要围绕教学工作加强党的建设和思想政治工作。教职工代表大会进行民主管理和监督。学校的重大事情，要经过党政集体讨论决定，党政领导要密切配合，同唱一台戏。

（4）对校长的考核评估。办学单位要根据校长的任期目标，岗位职责，定期考核校长的工作，实事求是地做出评价，实行行政管理和监督。对不称职的校长，办学单位有权解聘，并报上级有关部门备案。

2. 教职工聘任制

（1）校长根据学校规模和办学目标，实际需要设置岗位，制订各岗位人员的职责以及具体的聘任和考核办法。经教代会或职工大会讨论通过后报办学单位和上级主管部门批准后实施。教职工可由处级组长、处室领导提名，校长聘任，也可由年级组长、处室领导直接聘任。校长与受聘人员签订岗位责任书，教职工任期一般为三年。

（2）聘任教职工实行双向选择，校长有权决定聘与不聘，教职工有以应聘与拒聘，受聘教职工应占全校原有教职工总数的90%以上。要优先聘任骨干教师，对年老体弱而从事教育工作多年的教职工要给予照顾。对落聘人员学校要做好思想政治工作，给予妥善安排。可采取二步聘用，调换工作岗位或自谋出路等办法解决。聘任要坚持合理流向，下级学校可向上级学校聘任，乡级学校可向县属学校聘任，边远学校可向内地学校聘任，而上级学校、县属学校、内地学校未经上级教育主管部门和受聘地办学单位同意不得向上级学校、乡镇学校、边远学校聘任。

（3）教职工受聘后必须履行岗位职责，校长要定期组织考核。对不能履行岗位职责，校长有权低聘或解聘；对履职成绩显著的，校长可低职高用，同时相受相应待遇。

3. 结构工资制

（1）工资总额核算。办学单位根据省教育厅、省编制委员会云教人字（1989）40号文件规定和学校实际核定学校人员编制，财政按编制核拨人员经费，增人不增资，减人不减资。校内工资总额：定编人数×上年12月人均工资额（包括基础工资、职务工资、浮动工资、奖励工资、工龄工资、教龄津贴、超课时津贴和各种工资性补贴）×12。公用经费按现行标准拨发，以后逐步向国家标准靠拢。

（2）校内结构工资。结构工资由基本工资（静态工资）和岗位工资、奖励工资（动态工资）组成。二者的比例由学校确定。实行结构工资要引入竞争机制，拉开分配档次，体现多劳多得、优质优酬的原则，同时要兼顾老教师利益，一般应让他们不低于原有收入。

四、经费筹措办法

"三制"改革需要一定的经费作保证，应多渠道进行筹措。

（1）各级政府要增加对教育的投入，保证教育经费的两个"增长"，乡镇财政收入主要用于教育，并适当向搞改革的试点学校倾斜。

（2）适当扩大学校收费标准，拓宽集资渠道。允许学校按规定收取自费生（不含初中以下学生）、借读生、补习生费用和城镇学校住校生的水电费、住宿管理费；允许学校收取高中、职高阶段的学费和初高中以及小学的杂费。

（3）大力开展勤工俭学，积极创收。办学单位要解决好学校的勤工俭学基地。学校要从当地实际出发，开展合适的勤工俭学项目，有条件的要开办校办产业，可以搞有偿技术服务。财政、税务、银行等部门要给予扶持和政策倾斜。

（4）对各种经费要加强管理，按财政制度办事，专款专用。学校创收部分的30%至40%，可用于结构工资。县教育局每年应对学校的预算内经费审计一次。

五、应当注意的几个问题

（1）加强对"三制"改革的领导，各乡镇党委、政府要提高认识，加强领导，态度要坚决，措施要有力，步子要稳妥。动员社会力量理解、支持"三制"改革，要从政策上、资金上给予保证。

（2）加强对"三制"改革的统筹和协调。在政府的统一安排下，劳动人事、编制部门，财政、税务部门、金融、商业部门以及其他有关部门都要大力支持学校"三制"改革,为"三制"改革保驾护航。

(3)进行"三制"改革要结合本地本校实际。既要学习外地经验,又不能盲目照搬。要制订切合实际的、可操作的实施方案,报办学单位批准执行。

(4)坚持任人唯贤、公平竞争、多劳多得、优质优酬的原则,坚持向骨干教师倾斜,同时保护老教师利益的原则,实行评聘分开,正确处理教职工聘任制与职称改革的关系。

(5)暂不具备条件而尚未开展"三制"改革的学校,仍按原管理办法执行,但要积极创造条件,逐步实行"三制"改革。

希望试点学校积极努力,为全县教育系统的改革和行政事业单位的改革积累经验,改革中有什么问题,及时向县委、县政府报告。

中共绿春县委 绿春县人民政府

1993年5月25日

文件3:绿春县基本普及九年义务教育和基本扫除青壮年文盲实施方案

为确保我县到2005年实施普及九年义务教育和基本扫除青壮年文盲的目标,根据《中华人民共和国义务教育法》等法律法规,结合我县实际,特制订本实施方案。

一、基础教育基本情况

全县有小学411所,其中完全小学57所,初小107所,教学点247个,在校小学生24853人;普通中学10所,其中,初中99个班,在校学生4388人;高中6个班,在校学生255人,初中后"3+1"专业班3个,在校学生51人,全县各级各类在校学生共计30605人。2000年,全县小学入学率为97.62%,巩固率达97.62%;初中毛入学率达50.02%,巩固率达91.01%;青壮年文盲率为21.3%。全县教职工1809人(含局机关),其中女教职工448人,占24.76%;少数民族教职工16578人,占92.75%;专任教师1568人,占86.67%。教师合格率分别为:小学93.1%、初中78.7%、高中78.95%。全县师生比例为1:19.5。

各级各类学校校舍总面积144423平方米,生均校舍面积达4071平方米。校舍总面积中,混合结构88612平方米,占61.35%;砖木结构26058平方米,占18.35%;损坏房9672平方米,占6.72%。小学图书配备生均7册,中学图书配备生均12册。初小以上学校教学仪器配备186套。

二、指导思想

坚持以马列主义、毛泽东思想、邓小平理论和江总书记"三个代表"重要思想为指导,抓住中央西部大开发和州委政府对南部六县分类指导加快发展的历史机遇,按照我县"36"字发展思路,以增加教育投入为保障,进一步深化教育改革,优化教育结构,合理布局校点,巩固提高"普六"成果,扩大初中阶段的办学规模,积极发展高中,不断提高各族人民的科学文化素质,为全县经济发展和社会进步提供有力的人才保障和智力支持。

三、目标和步骤

根据省、州对我县的要求,全县的总体目标是:2004年基本扫除青壮年文盲,2005年基本普及九年义务教育。到2005年全县应有13至15周岁适龄儿童少年10417人,应有在校生9900人,适龄少年入学率达到95%。按照全县八乡一镇经济文化发展不平衡的实际,我县的普及九年义务教育分三步实施。

(1)大兴镇和半坡乡于2003年基本普及九年义务教育,两个乡(镇)总人口51311人,占全县总人口的25.81%。

(2)大水沟、大黑山、骑马坝、平河、三猛乡于2004年基本普及九年义务教育,五个乡的总人口98882人,占全县总人口的49.75%。

(3)牛孔、戈奎乡于2005年基本普及九年义务教育,两个乡总人口48558人,占全县总人口的24.43%。

全县基本扫除青壮年文盲的目标是:2001年至2004年全县扫除青壮年文盲19000人,到2004年文盲率降至5%以下。具体三步实施:① 2002年半坡乡、大黑山乡、骑马坝乡实施基本扫除青壮年文盲。② 2003年,大兴镇、牛孔乡、大水沟乡、三猛乡实施基本扫除青壮年文盲。③ 2004年,平河乡、戈奎乡基本扫除青壮年文盲。

四、主要措施

(一)提高认识,加强领导

普及九年义务教育是一项庞大的社会系统工程,"普九"成功与否,直接关系到我县民族教育的兴衰和成败,关系到我县民族素质的提高和经济社会的发展,各级政府要从战略的高度来认识"普九"工作,把"普九"工作作为一项政治任务来抓,要动员全县各级干部群众关心重视普及九年义务教育。

(二)加强依法法教力度

乡(镇)人民政府要依照《中华人民共和国义务教育法》等法律法规,认真组织适龄少年按时入学,严格控制学生辍学,确实有特殊情况不能不能入学的少年,要及时办理停学、免学、辍学手续,确保"普九"工作按规划顺利实施。

(三)多渠道筹措教育经费,增加投入,改善办学条件

根据"中央和地方教育拨款的增长,要高于财政经常性收入的增长,并按在校学生人数平均的教育费用逐步增长"的原则,切实保证教育经费投入。力争使各乡(镇)的初级中学和县一中、二中做到一无六有四配套。

(四)加强师资队伍建设

普及九年义务教育的关键是建立一支数量足够、质量合格、结构合理、相对稳定的教师队伍。

(1)从四条途径解决教师不足的问题:① 每年择优选送高中毕业生蒙自师专委培。② 从内地招聘引进大专以上毕业生。③ 从本县大专以上毕业生中吸收。④ 通过小学校点布局调整,从小学教师中选拔部分大专取得以上学历的教师。

(2)搞好在职教师的培训提高工作,提高教师的社会地位,改善教师的工作环境,保障教师的合法权益。

(3)加强师德教育,强化对教师的管理,增强教师的事业心和责任感,建立和完善绿春县教育奖励基金制度,进一步健全表彰先进教师和先进教育工作者的激励机制。

（五）坚持社会主义的办学方向，努力培养"四有"新人

实施九年义务教育，要始终把德育工作放在学校工作的首位，认真贯彻落实《中共中央关于深化教育改革全面推进素质教育的决定》和《中小学生日常行为规范》，狠抓学生的养成教育，培养学生的创新精神和实践能力，全面落实课程方案，优化教育内容，建立健全定期评选表彰奖励"优秀学生干部""三好学生""优秀少先队员"的制度。

（六）强化学校内部管理，努力提高教育教学质量

普及九年义务教育的根本目的在于提高民族素质。因此，必须加强学校内部管理，从严治教，制定和完善必要的规章制度，努力创造良好的校风、教风、学风；加强校园建设，做好绿化、美化工作，优化育人环境；加强对学校的检查、督导、评估工作；校长的主要精力要集中到抓教育教学质量上，要通过各方面的努力，改变我县教育教学质量偏低的状况，逐步缩小与内地县的差距。

（七）加强督导检查工作

各级人民政府必须切实加强对"普九"工作的检查督导，建立健全县对乡（镇）的目标管理责任制，把实施义务教育作为上级人民政府对下级人民政府主要负责人政绩考核的主要内容，县人民政府组织人员按时对全县"普九"工作进行检查验收，对合格的乡（镇）颁发合格证，并给予表彰奖励。

（八）加大对扫盲工作的宣传力度，不断提高干部群众对扫除文盲重要性的认识

各乡（镇）要积极组织动员文盲、半文盲接受扫盲培训。举办各种实用技术培训班，巩固和发展扫盲成果，动员社会各界关心、支持扫盲工作，保证扫盲经费的投入，确保2004年全县基本扫除青壮年文盲。

（九）在发展职业教育的同时，认真抓好县职中职业初中班的办学工作，接纳部分小学毕业生到职中就学，减轻乡镇中学容纳量过重负担，确保"普九"的顺利实施

中共绿春县委　绿春县人民政府

2001年4月10日

文件4：绿春县基本普及九年义务教育和基本扫除青壮年文盲实施方案的调整意见

通过省州人民政府的检查评估验收，我县于2000年实现基本普及六年义务教育。根据《中华人民共和国义务教育法》，按照省州的部署，经县政协九届第39次主席团会议和十届人大常务委员会第21次会议审议通过于2001年4月制定了《绿春县基本普及九年义务教育和基本扫除青壮年文盲实施方案》，规划到2005年全县实施"两基"，并上报省、州教委和人民政府。现在，省教育厅将我县"两基"工作正式列入全省"十五"期间"两基"实施规划中，且实施年限确定为2003年。因此，根据云南省教育厅云教字〔2001〕110号文件《关于印发〈云南省"十五"期间"两基"实施方案〉的通知》批示精神，对我县原定《方案》做如下调整。

一、"两基"目标、实施和步骤

（一）规划目标

2003年，在我县全面巩固提高"普六"成果，基本普及九年义务教育，基本扫除青壮年文

盲。根据我县的人口自然增长情况，预计到2003年初等教育阶段（小学）7～12周岁适龄儿童23370人，入学22925人，入学率98%以上，在校小学生达到25860人。初级中等教育阶段（初中）13～15周岁适龄少年10383人，入学9870人，入学率达到95%以上，在校初中生将比2001年的5279人增加到9865人，净增4586人，平均每年递增2293人。据统计全县现在青壮年文盲18901人，到2003年基本扫除，年平均扫除9451人。复盲率控制在5%以下。

（二）实施原则

① 统筹安排，分步实施。② 坚持标准，注重质量。③ 挖掘潜力，扩大初中招生。④ 重点扶持贫困地区。⑤ "普九"和扫盲同步进行。⑥ 动员社会参与。⑦ 学文化与学技术相结合。

（三）实施步骤

根据我县八乡一镇经济、文化和教育发展等状况，"两基"工作分两步实施。

第一步：经济、文化和教育相对较好的大兴、半坡、骑马坝三个乡镇，人口约64825人，占总人口的32.26%，2002年基本普及九年义务教育，基本扫除青壮年文盲。

第二步：经济、文化基础和办学条件相对较差的牛孔、大水沟、大黑山、平河、三猛、戈奎六个乡，人口约136148人，占总人口的67.74%，2003年基本普及九年义务教育，基本扫除青壮年文盲。

到2003年全县基本普及九年义务教育和基本扫除青壮年文盲。

二、实施"两基"目标的措施

我县属国家级特困县。由于自然条件、经济状况较差，教育基础比较薄弱，在2003年实施"两基"，仅两年的时间内，初中在校生规模将扩大一倍，初中毛入学率年平均增加17个百分点，需扫除青壮年文盲近2万人，其任务艰巨，必须采取特殊措施进行攻坚。

（一）提高认识，加强领导，依法治教

"两基"是法定的政府责任，实施"两基"是政府行为，各级人民政府要以战略的高度来认识"两基"工作，切实加强领导，大力宣传，贯彻落实《中华人民共和国义务教育法》等教育法律法规，增强各级领导、广大人民群众的教育意识和法律意识，增强责任感、紧迫感、使命感，依法行政，依法治教。把"两基"列入党委政府的重要议事日程，作为上级政府对下级政府有关责任人政绩考核的主要内容和晋升、提拔的主要依据。各乡镇的义务教育执法队要进一步充实和完善，加大执法力度，依法履行好职责。

（二）深化管理体制的改革

（1）认真落实基础教育实行"地方负责、分级管理"的体制。在实施"两基"的过程中，县委政府担负主要责任，乡委政府担负具体责任，要做到主要领导亲自抓，分管领导直接抓，发动全社会一齐抓，一级抓一级层层抓落实，决不能以任何理由推卸自己的责任，除不可抗拒的不可预见因素外，因工作不力造成完不成任务的，有关领导要承担相应的法律责任。

（2）基础教育主要由政府办学，同时鼓励企事业和其他社会力量按照国家的法律和政策多渠道、多形式办学。

（三）多渠道筹措教育经费，加快初中校舍建设

筹措资金的主要措施有：①县财政用于义务教育的财政拨款的增长比例要高于财政经常性收

入的增长比例，并使在校人数平均费用逐步增长。②依法全面增收农村教育费附加，并按乡征县管乡用的原则，全部用于农村义务教育。农村义务教育费附加不得冲抵财政对教育的拨款。③县财政每年拨出一定的教研、师训、电教、扫盲等项专款。④积极向上级争取项目资金。⑤每年从战区恢复专款中安排一部分资金用于中学、完小校舍修缮和改造。⑥号召组织全县各级干部和社会团体集资捐资，发动全县各族群众投工献料。⑦全县各学校勤工俭学收入适当用于校舍建设。

在学校基础设施建设中，实行列项投资，县、乡（镇）两级财政配套，社会捐资，农村群众投工投劳等多渠道多形式解决。除一中、二中和大兴小学外，其余乡镇中学、完小的建设，所需毛石由乡镇党委政府发动群众投工完成。实行县属机关有关部门与学校挂钩联系制，安排一些项目给学校，帮助学校解决一些基本的办学，如：课桌椅、学生床、教师办公桌等。

（四）深化学校内部管理体制改革

全县乡镇中心完小以上的中小学实行校长负责制，在合理定编的基础上，对教职工实行岗位责任制和聘任制，在分配上按照工作实绩拉开差距，打破平均主义，充分调动教职工的工作积极，转换学校内部运行机制，提高办学水平和效益。因管理不善造成学生流失的，对学校校长和班主任或直接责任人，给予一定的经济处罚。

（五）深化教育教学改革

（1）全面贯彻教育方针，全面提高教育教学质量。基础教育由"应试教育"转向全面提高国民素质轨道，面向全体学生。进一步加强和改进学校的德育工作，开展"五爱"教育，狠抓中小学生行为规范的养成教育。社会各界都要关心青少年的健康成长，为学校德育工作创造良好的社会大环境。严格执行国家和省的课程计划，开足课时，上足课时。不断改革各课教学工作，减轻学生过重的课业负担，严禁体罚和变向体罚学生，严格制止学校乱收费，使广大少年儿童进得来、留得住、学得好，学校要办出各自的特色。

（2）加大扫盲力度，改革扫盲教育内容。要采取"一长管两校，一师教两班""县抓乡、乡抓村、村抓点"的办法抓扫盲工作。在扫盲教育中要把学文化与学生产、经营知识、实用技术结合起来。要认真组织办好扫盲巩固提高班，做好扫盲后继续教育，巩固和发展扫盲成果。

（3）扩大职业初中班的办学规模。县职业中学初中部，采取就近入学的办法直接招收三猛乡巴东小学的全部毕业生和大兴镇坡头小学部分毕业生，并接纳全县面上的部分小学毕业生，以减轻乡镇中学容纳量过重负担，确保"普九"的顺利实施。

（4）在汉语基础较差的地区，提倡教师双语文教学（汉语言文字和少数民族语言文字）教学，不断提高教学质量。

（5）从2002年秋季开始，全县小学毕业生无条件全部升入中学就读。各乡镇中学要积极创造条件，想方设法接纳小学毕业生入学。

（六）加强教师队伍建设

一支数量足够、质量合格、结构合理、相对稳定的教师队伍，是实施"两基"关键措施。

（1）实施"两基"目标所需初中教师测算及解决办法。

预计2003年 在校初中生9865人，按教职工与学生比1∶18的标准配备，需教职工564人。现有教职工371人，共缺193人。解决办法：一是从师专、师范院校和高等院校毕业生中吸收；

二是从内地招聘引进大专以上毕业生；三是通过全县中小学校点布局调整，收缩部分初小和校点，集中办学，把已取得或在大专以上学历的小学教师选拔到中学任教；四是请求上级政府帮助解决。

按规定配备扫盲专职干部、成人文化技术学校兼职副校长和教师。扫盲教师主要由当地小学教师兼任，也可聘请具有初中以上文化程度的回乡知识青年和复转军人担任。

（2）提高教师待遇，稳定教师队伍。

要认真执行《教师法》，保障中小学教师工资按时足额发放，按时发放扫盲教师的酬金。重视并解决中小学教职工的住房问题，适时在县城和各乡镇开辟"园丁小区"建盖集资房，以解决教师的后顾之忧。为了稳定教师队伍，除正式审批手续，提拔为党政部门副科级以上干部外，其他部门一律不得抽调教师，由县人民政府严格把关。此外，认真组织实施教育基金奖励制度，大力表彰先进教师。

（七）加强检查督导，建立目标责任制，做好评估验收

县乡两级人民政府必须加强对"两基"工作的检查和督促，建立"两基"工作进展情况的月报和季报制度。党政领导要经常深入中小学了解"两基"工作，发展中的疑点、难点、热点问题，能解决的，立即解决，对解决有困难的，要协调有关部门积极创造条件予以解决。树立"为官一任，兴教一方，不关心教育的人是不合格的领导"的观念。督导工作不但要"督学"，还要"督政"。要建立目标管理奖惩制度，完不成"两基"两项主要指标（入学率、辍学率）的乡镇，对党委书记、乡镇长、分管教育的副乡长、教管办主任、村委会的总支书记和村主任，给予一定的经济处罚。要按时对达到"两基"标准和要求的单位进行评估验收，并及时上报上一级人民政府。

县人民政府及其教育主管部门，要建立挂钩联系制，安排有关领导和工作人员对乡镇做全面具体的"两基"工作指导。

（八）认真做好各类奖学助学工作

奖学助学工作要做到专款专用，按时发放，让有限的资金发挥出最大的效益，切实为"两基"服务。一是认真实施省州对我县边境一线平河、半坡两个乡六个村委会及其以下小学生和两个中学的初中生实行"三免"教育即免教材费、杂费和文具费；二是实施好边疆山区困难学生补助资金；三是实施绿春县教育奖励基金；四是实施好省州妇联优秀贫困女学生奖学金和西部大开发困难学生助学金，五是实施好中信奖学金；六是继续开展好上海青浦区教育局和开远市教委对我县教育对口支援的"手拉手"扶贫帮困献爱心活动；六是向各单位、社会团体、各界人士发出倡议，建立失学儿童、少年救助基金。通过广泛开展以上的各类奖学助学活动，使我县的贫困学生完成义务教育阶段的学习。

（九）大力开展勤工俭学，发展校园经济

要按照"宜养则养，宜种则种"的原则，各学校特别是半寄宿制高小和中学，在小学三年级以上的学生中开展风险小、见校快、易开展的勤工俭学活动。认真抓好养猪、种菜、种经济林果等工作，尽力改善学生生活，切实为学生解决科书费和文具费，最大限度地减轻家长的负担。乡镇人民政府必须按照以下标准划拨土地给学校作为劳动基地和劳动实验示范基地：中学3333平方

米；乡镇中心完小2666平方米；村完小1999平方米；初小1333平方米。

（十）合理调整学校布局、集中力量办学

要严格按照《绿春县小学校点布局调整实施方案》的规定，继续对办学规模过小，办学标准不高的初小和教学点进行重点调整，力争在2003年将全县的357所小学校点收缩为300所左右，使我县的教育资源得到合理配置，从而取得办学规模效益，推动"两基"工作。

（十一）认真办好半寄宿制高小

对布局不够合理的半寄宿制高小要进行调整，并选派得力的校长。要采取倾斜政策和措施重点建设，努力改善办学条件，扩大办学规模，不断提高教学质量和办学效益，确保"普九"生源。

（十二）正确处理好普及与提高的关系

普及九年义务教育，必须尽力抓好，同时也要注意提高质量，强化学校管理，力争办好一批重点学校和实验示范性的窗口学校。

各乡镇人民政府，应制定相应的本地区实施"两基"的具体方案，并报县人民政府备案。

中共绿春县委　绿春县人民政府

2002年3月6日

2. 重要制度

制度1：绿春县分级办学、分级管理规定

各乡镇党委、政府，各部委办局，县级机关各委办局，各人民团体：

为进一步发展我县的教育事业，加强领导，充分发挥各级办学的积极性，根据《中共中央关于教育体制改革的决定》和《云南省实施〈中华人民共和国义务教育法〉办法》《云南省基础教育分级管理暂行规定》的精神，结合我县实际，现对我县县、乡两级政府和行政村公所管理教育工作做出如下规定。

一、教育管理机构

（1）县乡（镇）的教育行政单位是县乡（镇）人民政府管理教育工作的职能部门。

（2）在条件成熟的时候，县成立教育委员会，同时撤销县教育局。

（3）乡（镇）成立教育管理委员会，成员由乡（镇）政府、学校、乡属部门的有关人员组成。由乡（镇）政府的一名负责人任主任，各学区、中学校长任副主任，乡（镇）教育管理委员会下设办公室（设在学区），由学区校长兼任办公室主任。

（4）行政村办学管理管理领导小组，由村主任任组长，村小校长任副组长，学校有关人员和农村干部、群众代表管理本村公所的教育工作。

二、县教育行政部门的主要职责

（1）贯彻执行上级党委和政府的教育方针、政策和法律、法规、规章。

（2）按照上级的要求，结合当地实际，把教育事业纳入全县的总体规划，并组织实施，统筹计划全县的教育改革，调整教育结构，使教育为当地的社会主义物质文明和精神文明建设服务；为发展经济服务；对各级各类学校的工作进行督导检查、总结交流，表彰先进，研究解决存在的问题。

（3）负责全县中小学的布局调整和开办、停办、变迁的审批，办好县属中小学、幼儿园、农职业技术学校，教师进修学校。

（4）负责县级教育经费的安排、督促检查全县教育经费的管理使用，并进行广泛社会动员，多种渠道筹措教育经费，不断改善办学条件。

（5）负责组织全县分阶段实施九年义务教育，依法分级负责保证实施义务教育所需的必备办学，并把小学阶段的义务教育和扫盲工作结合起来，统筹规划，同步实施。

（6）管理教育系统的人事工作，考核、任免各学区、中学、县属各学校（一中校级领导除外）的校长、教导主任以及乡中心完小的校长、教导主任，负责全县教职工编制和自然减员的补充，负责小学校长、教导主任、教师的培训进修；审定中学二级、三级和小学一、二、三级教师职务的任职资格；考核中小学、幼儿园教师的履职情况，分工管理教职工的县内调动。

（7）负责中小学教师的思想政治教育工作，坚持社会主义办学方向，指导和管理全县中小学的教育教学，体育卫生、勤工俭学等各项工作。

（8）维护学校正常的教学秩序，保障学校的校舍、场地和财产不受侵占，维护教师的合法权益，不断改善教师工作条件和生活待遇。

三、乡（镇）教育管理委员会的主要职责

（1）贯彻执行上级党委和政府的教育方针、政策和法律、法规、规章，制订本乡（镇）实施办法，并组织实施。

（2）编制本乡（镇）教育事业的发展规划，合理安排全乡（镇）学校布局，负责举办和管理本乡（镇）中小学、幼儿学前班和其他教育工作。

（3）根据上级政府的规定，安排、管理和监督本乡（镇）教育经费的使用，并进行广泛社会动员，多方筹措办学经费，统筹负责乡（镇）中小学和学前班的校舍修建、落实学校劳动基地，组织改善全乡（镇）的办学条件。

（4）任免行政村小学、半寄宿制高小校长、教导主任、并报县教育行政部门备案；负责本乡（镇）教职工的管理和本乡（镇）范围内的调配。

（5）具体负责本乡（镇）师生的思想政治教育工作，对全乡（镇）学校、学前班和扫盲夜校的工作进行督导检查、总结交流经验，表彰先进，研究解决存在的问题。

（6）负责本乡（镇）分阶段地组织实施义务教育的工作，依法保证实施义务教育所需的必备办学条件，并把扫盲与小学阶段的义务教育统筹规划，同步实施，依法组织适龄儿童少年入学，

审批适龄儿童的父母或其他监护人提出的免学、缓学或辍学申请。

（7）维护学校正常的教学秩序，保障学校的校舍、设备、场地和财产不受侵占，维护教师的合法权益，积极改善教师的工作条件和生活待遇。

四、行政村办学管理领导小组的主要职责

（1）贯彻执行上级党委和政府的教育方针、政策和法律、法规、规章。

（2）负责本村教育事业的规划，举办和管理行政村所辖的小学、学前班和扫盲夜校，监督学校的各项工作，研究解决学校的有关问题，依法组织适龄儿童少年入学。

（3）动员和组织本行政村群众办好学校，负责行政村所辖范围内的学校，负责筹集教育经费，并积极组织全行政村群众集资捐资、投工献料、修建校舍，不断改善办学条件。负责划拨学校的劳动基地，积极支持师生因地制宜开展勤工俭学活动。

（4）教育村民尊师重教，支持学校工作，维护教师的合法权益，不断改善教师工作条件和生活待遇。

（5）制订行政村护校民约，维护学校正常的教学秩序，保障学校的校舍、设备、场地和财产不受侵占。

（6）指导有学校的各自然村成立学校管理领导小组，由村干部、学校教师和群众代表组成，参加管理学校的各项工作，积极改善自然村小的办学条件。

五、本规定从下发之日起执行。县乡两级政府和行政村公所要严格执行此规定，分级每年进行一次检查，保证各项规定落到实处

中共绿春县委员会　绿春县人民政府

1990年9月15日

制度2：绿春县中小学生学籍管理试行办法

为加强我县中小学学生的学籍管理工作，建立健全学校的各项规章制度，保障学生的身心健康，促进学生德、智、美、劳全面发展，使学生能够自觉遵守学校的校规校纪，形成良好的道德品质和文明行为习惯，现根据《云南省中小学学籍管理办法》（试行草案）和红河州教育局《关于加强中小学学籍管理的若干规定》，结合我县实际，对中小学（含农职业技术中学）学生学籍管理工作提出如下试行办法。

一、入学和学籍

（1）小学按就近入学的原则和教育行政部门划定的招生范围，凡满七周岁（农村放宽到八周岁，县城争取六周岁或六周岁半）的适龄儿童，均可持户口册向附近学校报名，由学校审查录取；初中、高中、农职业技术中学的新生入学须经过考试，德、智、体、全面衡量，择优录取。

（2）被录取的学生，按学校规定日期到学校报到，办理入学注册手续，即取得学籍。学校正式开学后一周内无故不报到者，取消入学资格，因故不能按时报到入学者，应向学校请延期报到假，延期以开学后一个月为限。

（3）新生入学后，如发现下列情况之一，取消其学籍。① 痴、呆、傻、精神病患者。② 未经学校同意复学的休学生。③ 开除学籍、劝令退学不满一年的学生。

（4）凡被学校录取但不报到入学的新生，原学校将其作为补习生或旁听生。乡级各中学在本乡范围择优录取小学毕业生，不得超越招生范围到其他乡选录。

（5）各中小学要建立健全学生档案。设立《学生手册》《学籍簿》《学籍登记卡》等。

二、转学

（1）对于申请转学的学生，原学校应该认真了解其原因，凡因家庭迁移、家长调动等正当理由的学生，方能与转入学校联系办理转学手续。

（2）转学。必须在学年开始前办理转学手续，中途不得申请转学。如因家长调动工作等特殊原因，学生必须与家长所在单位证明，方可准其转学。小学、初中、高中毕业班学生一般不予转学，若有特殊情况需要转学的，由家长所在单位出具证明，学校同意后方能转学。

（3）转学的学生，要交验必需的证件。经学校审核同意，并取得准转证，方能接收转学，学校可根据该生的学习成绩或品德表现编入适当班级。

（4）学校在处理转学问题时，对强调某些不正当理由、挑拣学校、班级或教师，借故要求转学的学生，应耐心说服教育，有意刁难的可拒绝接收。

（5）普通高中学生，从1988年入学的高一年级开始实行会考，不论何种原因需要转学的，学校除办理转学手续外，还要填写云南省普通高中会考考号，更改成绩转学登记表，上报县招生办公室审核后方能转学。

（6）转入、转出的学生，从办理手续之日起，分别取得学籍和注销学籍。

三、休学和复学

（1）在籍学生因病经医院证明，需要长期休养和治疗或有其他正当理由，在一定时期内不能继续学习者，经家长提出申请，学校审查同意后，可准其休学。

（2）学生休学，一次以一年为限。休学期间，未经原学校同意，不得另考他校。休学期满因故不能复学，应在休学期满前一个月提出申请，学校审查属实后，可继续休学一年。连续休学不得超过两年，积累休学不得超过三年。

（3）休学期满，可于学年或学期开始前申请复学，因病休学的学生要交验医院证明，经学校审查批准后，编入与休学时期衔接的年级继续学习。休学不满一年，要求提前复学的，经学校审查确具复学条件者，也可准予复学，编入适当班级学习。

四、考勤

（1）学生要按时到校上课，参加学校统一安排和规定的各种活动，有事不能到校上课的要请假，并说明病、事原因。遇有特殊情况不能事先请假的，事后要补假。

（2）学生请假必须办理请假手续，请假3天内由班主任批准；请假3天以上不满7天的，由教导处批准；请假7天（含7天）以上需经校长批准。

（3）学生不得无故迟到、早退、旷课，对经常旷课的学生，学校要及时分析原因，采取有效措施，进行帮助教育；经过耐心细致的工作，屡教不改的，学校可根据学生无故旷课、迟到、早退的情节，给予适当纪律处分。

五、考试、升留级和跳级

（1）考试主要是了解学生学习和运用所学知识的情况，督促学生复习功课，巩固所学的知识，同时便于研究和改进教学工作，及时发现和弥补教学上的缺陷。每学期期中、期末各进行一次考试，平时除省州命题考外，可进行适当考察，但次数不宜过多。学生的考试成绩按期中、期末、平时各占一定比例的原则，由学校汇总后记为学生的学习成绩。

（2）学生学年成绩不及格的，教师应该帮助指导他们学习，并可组织一次补考（毕业班学生在最后一学期结束前补考）。补考后各科学年成绩符合升级要求的，准予升级或毕业。学生所学科目有一半以上不及格者，可作为留级对象考虑留级。但留级面中学各年级应控制在2%以内，小学应控制在4%以内。

（3）学生成绩特别优异，德、智、体、美、劳全面发展，在教师和家长的帮助下，通过自学，主要科目达到上一年级的要求。可由本人申请，班主任提名，参加上一年级的考试，主要学科考试成绩及格，经学校批准后，即可跳级。

六、操行评定、鉴定

（1）每学期结束时，应对学生进行一次评定，每学年结束时做出德、智、体、美、劳全面发展的要求来衡量学生。对待学生要一分为二，看主流、看鉴定。对学生的评定、鉴定，要用党的教育方针的德、智、体、美、劳全面发展，充分肯定成绩和进步，恰当地提出主要缺点和问题，提出希望。对学生的鉴定一律用写实的办法，实事求是地做出评价。

（2）评定、鉴定要走群众路线。中学，首先由学生个人总结，再经学生小组评议，写出小组意见，班主任写出评语，报教导处或政教处审定，记入学生档案；小学，由班主任在听取学生意见的基础上写出评语，记入手册。中小学学生的评语均填入学生档案，并随成绩通知书寄发学生家长。

（3）班主任要加强事业心和责任感，本着对学生负责、对工作负责的精神，严肃认真地对待鉴定工作，要敢于坚持原则，实事求是、准确地填写学生的评语，切忌弄虚作假，不负责任的态度。

七、毕业

（1）初、高中和小学毕业班学生，各科毕业成绩及格。操行合格（已实施中学体育合格证书的学校，还须拿到体育合格证书），没有严重违纪行为者，准予毕业，发给"毕业证书"。

（2）毕业考试成绩不及格科目，在毕业前进行补考，补考后仍有一科主科不及格或者操行不及格，犯有严重错误，经教育无悔改表现者，只发给"修业期满证书"（注明原因）。

八、奖励和处分

（1）学校对于在德、智、体、美、劳几方面有突出表现的学生，可分别给予表扬和奖励，方法有：口头表扬、通报表扬发给奖状、奖品或奖金等。县实行表彰奖励"三好学生"和"优秀学生干部"的制度，每年进行一次。

（2）对犯有错误的学生，学校可视情节轻重分别给予批评教育或纪律处分，处分种类为：警告、严重警告、记过、留校察看、勒令退学、开除学籍六种。留校察看以一学期或一年为限。受留校察看的学生，在处分期间内有显著进步表现的，可解除留校察看；经教育不改的可勒令退学或开除学籍。

（3）给予警告、严重警告、记过、留校察看处分，需经校务委员会讨论批准，勒令退学、开除学籍的学生，小学（不含大兴小学）报当地乡（镇）教管会审批，乡级各中学报乡教管会提出意见，由县教育局审批；县属学校直接报县教育局审批。处分学生均应通知家长。

（4）对犯错误受过处分的学生，要热情帮助，不得歧视，受到警告、严重警告、记过、留校察看处分的学生，经教育后认识较好，并有真诚悔改或立功表现者，经本人申请，群众评议，领导批准，可撤销其处分。

（5）凡经公安部门强迫劳动、送少管所判处徒刑的学生，应开除其学籍。经过改造，解除管制、强迫劳动后，年龄在16岁以下，要求继续上学的青少年，由学生家长提出申请，持有公安机关和家长所在单位证明，经学校审查批准后，可安排在学生家庭就近中小学就读。

（6）在校学生发生重大伤亡事故，学校要及时查明原因，并在24小时内，向有关部门和主管部门报告。

（7）限于条件，本办法暂时在全县半寄宿制高小以上的小学和中学试行。其余学校，应积极创造条件，按照上述原则和要求，加强对学生的学籍管理工作。

绿春县教育委员会
1991年3月10日

3. 重要讲话

讲话1：白成亮州长在州人民政府绿春"两基"现场办公会上的讲话

同志们：

正当全州上下深入学习贯彻党的十六大精神，完成本年的各项工作和本届政府确定的各项目标任务之际，州政府下决心专门到绿春召开实施绿春"两基"的现场办公会议，充分体现了州委、州政府对绿春教育工作的重视和厚爱。这次会议的指导思想是：认真学习贯彻党的十六大精神，实施"科教兴国"战略，加快基础教育发展，广泛动员社会各界力量，打好绿春"两基"攻坚战，努力为全面建设小康社会做贡献。

今年以来，州委常务会议，州政府常务会议，按照省基础教育会议精神，专题研究了贯彻云南省基础教育振兴行动计划的意见。红河州南部六县除河口外，其余的五县尚未实施"两基"目标，占全省尚未实施"两基"目标的12.5%，与红河州经济社会在全省的位置极不相称，因此，增开了这次现场办公会议。刚才，县长陶祖盛同志做了教育工作汇报，州教育局局长陈米杰做了绿春"两基"调研报告，尽管这次会议时间较仓促，但准备是充分的。从县长的工作汇报、州调研组的报告以及州级部门的表态发言，没有谈到绿春的"两基"完不成。今天来的州级部门都表示全力支持绿春实现"两基"，绿春县委、县政府的态度是举全县之力，完成"两基"目标。今天我讲的标题是抓住机遇，迎难而上，打好绿春"两基"攻坚战。下面我讲三个方面的问题。

一、实现"两基"是党中央国务院提出的战略任务，必须高度重视，大力推进"两基"是党的十四大和《中国教育教育改革和发展纲要》提出的战略任务，是《义务教育法》和《扫除文盲工作条例》赋予我们的法律责任，是教育工作的重中之重

党的十六大强调"继续普及九年义务教育"，并在全面建设小康社会的奋斗目标中，提出了"基本普及高中阶段教育，削除文盲"的更高要求。改革开放以来，特别是进入20世纪90年代以来，我州的教育事业取得了历史性的成绩，特别是"两基"有了长足的进展。到2000年，个旧、开远、蒙自、建水、石屏、弥勒、泸西、河口等八个县市已经实现了"两基"，全州"两基"覆盖率达到了68.6%；屏边、金平、红河、元阳、绿春五个南部贫困县实现了"普六"；全州毛入学率达到了78.93%。但与全国、全省发展水平相比，我州仍有较大的差距。2000年，全国"两基"覆盖率达到了85%，全省达71.6%，我州分别比全国和全省低16.4%、3%。在全省没有实现"两基"的40个县中，我们州占5个，是全省没有实现"两基"县市较多的地州之一。客观地讲，我们州的教育发展存在极大的不平衡性，北部县市教育综合水平居全省前列，南部几个县的教育还相对滞后，特别是"两基"与全国、全省相比差距明显。绿春教育起步晚，中华人民共和国成立前基础教育为零，比起其他市县教育基础更差。面对这样的形势，我们不能自甘落后、按部就班，必须增强紧迫感和责任感。要按照省委、省政府关于"振兴云南基础教育，实现基础教育跨越式发展，用五年左右时间，办十年事情"的要求，采取超常规决策和措施，以奋发有为、与日俱进的精神状态，迎难而上，加快发展步伐，尽快赶上全国、全省的水平。中共中央《关于制定国民经济和社会发展第十五年计划的建议》中明确指出，教育要适度超前发展，"十五"期间重点推进西部贫困地区和少数民族地区的义务教育；国务院《关于基础教育改革与发展的决定》要求，"十五"期间，地方各级人民政府要坚持把九年义务教育和扫除青壮年文盲作为教育工作的重中之重，进一步扩大义务教育人口覆盖范围。根据党中央、国务院的指示，省州两级人民政府制定了教育发展规划，要求"十五"期间，我们州的屏边、金平、绿春三个县要基本普及九年义务教育和扫除青壮年文盲。元阳、红河两县三分之二的乡镇要达到"两基"的验收标准。

百年大计，教育为本。解决教育问题，完成"两基"任务，要从统一思想认识入手。对于教育事业发展的重要性，邓小平同志和江泽民同志都曾有过十分精辟而深刻的论述。小平同志指出："一个国家，国力的强弱，经济发展后劲的大小，越来越取决于劳动者素质，取决于知识分子的数量和质量。一个十亿人口多的大国，教育搞上去了，人才资源的巨大优势，是任何国家都比不了的。""我们要千方百计，在别的方面忍耐一些，甚至牺牲一点速度，把教育问题解决好。"江泽民同志在教育问题的谈话中指出："财政再困难，也必须舍得投资把义务教育办好，这是提高全民素质的奠基工程。"在党的十六大报告中江泽民同志又强调："教育是发展科学技术和培养人才的基础，在现代化建设中具有先导性和全局性作用，必须摆在优先发展的战略地位。"对这些极为重要的指示，州县各级党委、政府领导都要认真学习，深刻领会，抓好贯彻落实，把它作为推进"两基"工作、发展教育事业的强大思想武器。

我州南部几个县在经济社会发展上，有着共同的特点，劳动者素质低，劳动生产力低，不能把资源优势转化为经济优势，归根到底是教育落后，素质型的贫困。为此，我们必须加快教育发

展，提高民族素质，加大科技的推广应用，把丰富的自然资源转变为经济发展的优势资源，才能在市场竞争的大潮中站稳脚跟，并努力实现跨越式发展。绿春县是国家重点扶持的边境少数民族聚居县，全力推进全县的"两基"、提高民族素质、加快人才培养的步伐对于发展经济、富民强县，对于建立21世纪的民族关系，实现民族团结、平等、共同富裕，实现边疆繁荣稳定具有重大的现实意义和深远的历史意义。从这个角度讲，绿春县的"两基"工作，不仅是一项教育任务，而且是一项经济任务和政治任务。县乡两级党委、政府必须高度重视，切实加强领导，大力推进"两基"工作；全县上下要不断增强紧迫感和责任感，树立大局意识和政治意识，下定决心，攻坚克难，千方百计确保"两基"目标的实现。

二、充分肯定成绩，找准存在的问题，抓住有利时机，加快实施步伐

绿春地处边境，民族聚居，经济发展滞后，教育起步较晚，中华人民共和国成立以后，才正式办公立学校，1958年开办了第一所初中（绿春一中）。但是，由于历届党委、政府、广大教职工及全县干部群众的努力，民族教育事业发展很快，至今已有普通中学10所，在校初中6277人，高中生569人；职业中学1所，在校生256人；小学157所，小学教学点158个，在校小学生25891人；中小学教职工1783人。特别是实施九年义务教育、扫除青壮年文盲工作以来，全县积极采取措施，大力推进"两基"，取得了明显的成绩：一是党委、政府坚持把教育摆在了教育工作重中之重的地位，不断加强领导，强化政府行为，制定出台了"两基"实施方案等一系列政策措施；二是坚持依法治教，不断加大实施《义务教育法》《扫除青壮年文盲条例》等法律法规的力度，依法组织适龄儿童少年入学，依法扫除青壮年文盲，取得了积极的成果；三是多渠道筹措教育经费，不断改善办学条件，重视教师队伍建设，不断加大救助贫困、控辍保学的力度；四是全县2000年普及六年义务教育，并通过两年的努力，使"普六"成果得到了巩固提高，全县小学适龄儿童入学率达98.51%，年巩固率达98.25%；五是经过长期不断的努力，全县初中布局比较合理，做到了每个乡（镇）有一所中学，为小学毕业生提供了升学方便，初中在校生和实际毛入学率逐年稳步增长；六是扫盲工作稳步推进，全县认真贯彻"一堵、二扫、三提高"的方针，不断加大扫盲工作力度，10年来共扫除青壮年文盲4.8万人，青壮年文盲率已由1992年的55%下降到12.5%。这些成绩的取得，为全县实现"两基"打下了良好的基础。

绿春县实现"两基"虽然有了一定的基础和条件，但从总体上看困难还比较大，指标差距也不小，主要表现在：① 资金投入不足，办学条件差。据测算，全县实施"两基"缺口资金3350万元，由于缺乏资金，"普九"校舍、教学设备严重不足，初中缺校舍面积3.4万平方米，需在现有基础上扩大一倍，除县属一中、二中外，其余中学基本没有理化生实验室，中学校园面积狭小，生均占地面积严重偏低。农村教育费附加力度征收工作力度不够，实征率低。② 初中教师数量不足，素质偏低。要实现"普九"，按最低线测算，全县还差初中教师176人，特别是英语、音体美教师普遍缺乏，教师的整体素质有待提高。③ 贫困学生比例大。由于经济贫困，造成入学难，巩固更难，中小学生欠交的科书费、杂费，住校学生缺乏生活费用，难以完成义务教育学业等现象突出，入学率低、辍学率高的情况普遍存在。④ 普及程度低，几个关键指标差距大。一个是初中毛入学率，现在只达到71.11%，明年9月份前要提高到95%，还差23.89%。这个差距只有组织3000名适龄人口入学才能达到这个要求，我认为绿春最大的难度是这个方面，但我相信绿春县会突出重点，包村包户做动员，让适龄儿童少年上学。州级机关挂钩帮扶绿春的部门，主要要解决初中入学和适龄儿童少年入学问题；17周岁人口初级中等教育完成率现为66.61%，距90%的验收标准还有23.39%；青壮年文盲率达87.5%，距95%的验收标准还有7.5%。这些问题的存在，有思想问题、工作方法、资金投入不足等，但最根本的是思想认识不到位和工作力度不够大造成的。因此，总结绿春县近几年教育工作的情况，我认为可以用两句概括，即成绩很大，问题不少。绿春县的"两基"机遇和挑战并存，困难和希望同在，绿春县推进"两基"机遇很好，有利条件也很多。国家实施西部大开发战略，将进一步加大对民族贫困地区的教育发展的支持；我省启动基础教育振兴行动计划，将"两基"攻坚工程摆在了五大工程的首位；国家对边境地区的教育将给予更多的扶持；我州提出建设模范自治州目标，要求进一步加快民族教育发展。我们面临这么好的机遇，加之多年打下的基础，加快"两基"步伐是理所当然的，也是完全可以的。为此，在新的形势要求下，绿春 县委、县人民政府调整了原定"两基"方案，将大兴、半坡、骑马坝三个乡镇的"两基"提前到今年，牛孔、大黑山、大水沟、平河四个乡的"两基"提前到2003年，这样，七个乡镇到2003年实现"两基"，各个乡镇和全县实现"两基"的时间都往前提，这完全符合打基础教育翻身仗的要求。州政府把现场办公会议提前到今年召开，就是要求绿春县的抓住机遇，迎难而上，加快"两基"步伐。我们坚信，只要上下一心，团结奋斗，共同努力，绿春县的"两基"定能加快进程，实现预定的目标。

三、加强领导，强化措施，确保"两基"任务的完成

"两基"现场办公会议的召开，表明州委、州政府对绿春县"两基"工作的高度重视，对绿春更是推进"两基"攻坚的一次重要而难得的机遇。绿春的"两基"工作时间紧迫，任务艰巨，必须上下进行总动员，州县乡村各级同心协力，团结奋斗，突出抓死入学巩固率这个重点难点，切实解决好加强领导、依法治教、增加投入、补充师资、助困保学和扫除文盲等几个关键问题，从以下七个方面加大工作力度，落实好保障措施。

第一，加强领导，明确职责。实施"两基"攻坚关键在领导，重在抓落实。绿春县各级党委、政府一定要从提高民族素质、建设小康社会的战略高度来认识"两基"问题，像抓经济工作、计划生育工作那样抓好"两基"工作。要强化三个意识，即："两基"是重中之重的意识；县长、乡镇长是第一责任人的意识；"两基"是政府行为，是法律责任的意识。县乡（镇）党委、政府是打好"两基"攻坚战的直接领导者、指挥者、组织者和协调者，要切实加强领导，做到"三落实四到位"，即思想落实、组织落实、责任落实，领导到位、宣传到位、措施到位、工作到位。特别是各乡镇的党委、政府，站在"两基"攻坚的第一线，更要履行自己的职责，要重点把好依法组织适龄儿童少年入学、防止义务教育阶段学生辍学这一关，建立控辍保学的有效机制，把入学巩固工作抓紧抓死，抓到村户，落实到人，确保本乡镇入学率和辍学控制率达标。县级财政、计划、人事、民宗、扶贫等有关部门，要在县委、县政府的统筹领导下，密切配合，充分发挥各自在实施"两基"中的职能作用，为教育办实事、办好事。教育部门是实施"两基"的直接责任人，要当好党委、政府的教育参谋，组织落实好各项教育决策，履行好具体组织者和直接实施者的责任。

第二，坚持依法行政，依法治教。"两基"的推进根本要靠法治，为此，必须强化依法治教

行为。我这里着重强调以下几点：①县乡（镇）人民政府、教育行政部门，要通过多种形式，多种途径，大力宣传《教育法》《义务教育法》《扫除文盲工作条例》《禁止使用童工规定》等法律法规，不断增强干部群众的法律意识，要使送子女入学是父母应尽的义务和法律责任、不送子女接受义务教育是违法行为的思想深入到千家万户，做到人尽皆知。②乡镇人民政府要坚持对适龄儿童少年发放义务教育入学通知书，并负责追究和监护不送子女入学、不送辍学学生返校的法律责任，对经教育仍不送其子女就学的，要依法采取相关措施，责令其送子女入学。③对招用应当接受义务教育的儿童少年做工、经商或者从事其他雇佣性劳动的，应按照国家颁布的《禁止使用童工规定》进行处罚，使用未满16周岁的未成年人，由劳动保障行政部门按照每使用一个童工，每月处500元罚款的标准进行处罚。④学校的校长和教师，要努力使学生进得来、留得住、学得好，对拒绝接受适龄儿童少年就学、任意开除学生、责令学生停课、不让成绩差的学生受完九年义务教育、不采取必要措施动员辍学学生返校的，要追究直接责任人的责任。

第三，多方筹措，加大扶持，保证投入。实施"两基"，投入是关键。据测算，绿春县实施"两基"还缺口资金3350万元，必须再下定决心，千方百计予以解决，主要筹措渠道为：一是州政府在去年投入绿春县"两基"150万元、今年又投入480万元的基础上，明年再投入500万元，合计投入绿春"两基"专项经费1130万元；二是第二期国家贫困地区义务教育工程各级投入绿春土建470万元，教学设备、图书、课桌椅102万元，合计757万元；三是教育部边境地区学校建设专款补助，今年投入绿春县350万元，明年再争取175万元，合计525万元；四是2002年省补助绿春县"普九"专款87万元、扫盲、成教经费43万元，合计130万元；五是今后两年由州再向中央、省争取投入绿春"两基"420万元；六是绿春县2002、2003年两年应征教育费附加24万元、农村教育费附加356万元，合计应征收380万元，全部用于"两基"；七是开展捐资助学，州县两级共同争取外援，多渠道筹措资金190万元。上述七个渠道的资金若能落实，绿春县"两基"的资金就能得到保障。中央、省、州的资金投入由州负责落实和争取，绿春县要重点城乡教育费附加的征管工作和发动社会集资捐助工作，特别要下决心采取有力措施把农村教育费附加足额征收起来，同时要争取社会包括校友的资助。

第四，切实解决教师不足的问题。为解决好绿春县初中教师缺额的问题，由州人民政府安排专项资金，为绿春县征招120名初中教师，其余所缺的56名教师，由县上通过大专毕业生任教和人才调剂来解决。120名教师采取统招统分，限定服务年限（8年），面向全国招生，由州教育局、州人事局负责征招，县上配合，把好入口关。教管办明年统统撤销，以后由乡长直接抓教育，配2~3名乡长助理协助乡长具体抓教育。教管办撤销后，多余的人员回去教书。明年1月1日开始，全县所有教师的工资由县上统发，乡镇不再发工资。州教育局、州人事局要确保这120名教师明年3月份前到位。与此同时，绿春县要加强教师的编制管理，按照省州确定的编制标准，核定各学校的教职工编制，清退代课教师，清退在编不在岗人员。要结合教师队伍建设，加强校长和教师的培训，保证教师合格率和校长任职条件、岗位培训的合格率达标。

第五，救助贫困，控辍保学。依法组织适龄儿童少年入学，严格控制在校学生辍学，是边疆民族贫困地区实施义务教育的重点和难点。这项工作涉及面广，困难很多，但又必须做好。各级都应发动干部职工和社会各界，积极开展捐资助学活动，采取多种形式救助贫困学生，让他们受完九年义务教育。近几年，州县两级政府都分别召开了干部职工捐资助学动员大会，州县领导带头，捐资救助贫困学生。各乡也要积极开展。州政府原来也对边疆贫困县的中小学生按照学生总数的10%特困面给予书杂费的补助，绿春县每年补助中小学生2800人，补助金额32万元。在此基础上，州政府决定从明年开始，边疆贫困县初中在校生按20%的比例和每生每月25元的标准发放特困学生助学补助，绿春县可补助初中生1800人，每年增加补助金额45万元。总之，九年义务教育是带强制性的教育，控辍保学是一项硬任务，我们必须千方百计采取思想动员、行政措施、经济救助、法律手段和乡规民约等各种途径，政府、社会、教育部门、学校、家庭共同努力，一定要把入学率提高上去，辍学率下降下来，达到国家验收标准。

第六，大力提高普及程度。国家一再强调，"两基"评估验收必须坚持标准，确保质量，特别是普及程度、扫盲程度几项指标不能降低标准。为此，各地要高度重视普及程度工作，一定要千方百计组织动员适龄儿童少年入学，动员辍学学生返校，有条件的地方还可以通过举办职业初中班，组织适龄儿童入学，必须把初中阶段入学率提高到95%以上。还要高度重视在校学生的巩固提高工作，提高完学率，17周岁人口初级中等教育完成率达不到基本要求的地方，可以采取补偿教育的办法，努力使这一指标达到80%以上。再则是大力扫除青壮年文盲，并做好脱盲人员的巩固提高工作，迎接各级评估验收对脱盲人员的抽考，一定要把青壮年的非文盲率提高到95%以上，脱盲人员的复盲率降低到5%以下。总之，对普及程度的几项关键指标，一定要从严要求，严格把关，并杜绝弄虚作假。与此同时，县人民政府要按照分类指导、分类实施的原则，分期分批地对乡镇的"两基"进行评估验收。州政府教育行政部门要进行检查复核，坚持标准，保证质量，防止走过场。

第七，与时俱进，加快发展。党的十六大胜利召开，将更加鼓舞和鞭策我们推进"两基"和搞好各项教育工作。学习贯彻十六大精神，要紧密联系本地区实际，深入研究本地区带有全局性、战略性的重大问题。按照发展要有新思路、改革要有新突破、开放要有新局面、各项工作要有新举措的要求，加强教育的宏观思考和战略研究。要以坚持教育创新和与时俱进的精神，研究加快"两基"进程，推进教育的改革与发展。要认真贯彻州人民政府《关于加快基础教育改革与发展的意见》和《中共红河州委、红河州人民政府贯彻〈云南省基础教育振兴行动计划〉的实施意见》。这两个文件是我州贯彻全国基础教育会议精神和落实我省基础教育振兴行动计划的重要文件。这两个文件是我州今后一段时期特别是"十五"期间教育改革发展的纲领性文件。绿春县要结合自己的县情，明确定位，明确目标，落实措施，把州委、州政府对教育事业改革发展的政策和要求，扎扎实实地落到实处始终抓住发展这个执政兴国的第一要务，推进全县教育事业迈上新的台阶。

同志们，实施"两基"是历史赋予我们光荣而艰巨的使命，州委、州人民政府对绿春县委、县政府和全县各族人民寄予厚望，希望全县下上下以饱满的工作热情、奋发有为的精神状态，在中央、省、州的大力支持下，高举邓小平理论伟大旗帜，全面贯彻"三个代表"重要思想，克服困难，团结奋斗，真抓实干，打好"两基"攻坚战，为振兴基础教育、促进经济社会发展、全面建设小康社会做出更大贡献。

2002年12月28日

讲话2：红河州教育局局长陈米杰关于绿春县实施"两基"情况的调研报告

各位领导、同志们：

根据省下达的"十五"两基规划，绿春县2003年要实现"两基"，这是一项十分紧迫而艰巨的任务。今天，白州长和几位州级领导亲自率领有关部门的负责同志到绿春现场办公，专题研究部署绿春的"两基"攻坚问题，充分体现了州委、州人民政府对绿春"两基"工作的高度关注和重视。为开好这次会议，州人民政府专门组织了专题调研组，于10月21日至25日深入到绿春八乡一镇，广泛听取意见，实地查看学校，与县委、县人民政府交换意见，统一认识。11月3日至5日州教育局以派专人到绿春，对县乡两级"两基"办及各中学负责人进行了业务培训，并对全县"两基"基本情况和基本数据做了进一步核实。在此基础上，按照"算清五笔账，下好一盘棋"的要求，形成了人绿春县实施"两基"的调研报告上报州人民政府。之后，白成亮州长和白保兴副州长先后召集相关部门听取专题汇报，对现场办公会的主要事项做出了决策和部署。下面，我从三个方面汇报绿春实施"两基"的有关情况。

一、绿春县实施"两基"具备了一定的基础和条件

绿春县的教育事业虽然起步晚，基础比较薄弱，但发展势头很快。到2001年，全县已经形成有1所完中，9所初中，315所小学，1所幼儿园，1所职中和1所教师进修学校的办学体系，各级各类在校学生达33293人，另有乡村两级农民文化技术学校46所。党的十一届三中全会以来，尤其是近年来，绿春县各级党委、政府重视教育工作，坚持把"两基"摆在"重中之重"的位置，县乡两级成立了"两基"工作领导小组和办公室，强化政府行为和执法力度，采取了一系列行之有效的措施，推进全县教育事业的改革和发展，为完成"两基"任务奠定了一定的基础，创造了不少条件。主要表现在以下四个方面。

（1）"两基"工作力度加大。通过实施"普六"，绿春县初步形成了党委重教、政府抓教、社会助教的良好氛围，广大群众的教育意识不断增强。近三年来，县委、县政府先后制定出台了一系列推进"两基"的政策和措施，主要有《绿春县"两基"实施方案》《关于巩固提高"普六"的工作意见》《关于在各乡镇成立义务教育执法队的通知》《关于严格控制中小学流失的暂行规定》《关于加快基础教育改革与发展的意见》等。这些文件措施的贯彻，推进了全县的"两基"工作，进一步激发和调动了群众送子女入学的积极性。尤其是省州部署基础教育振兴行动计划以来，县委、县政府抓住机遇、迎难而上，决策实施了加大农村教育费附加开征力度，动员机关干部捐资助学，到各乡镇中学一校一策研究落实"两基"任务等重要措施，为这次现场办公会议的召开及会议精神的贯彻落实创造了良好的环境和氛围。

（2）"普六"成果得到巩固。绿春县2002年通过了省州检查验收，被教育部认定为"基本普及六年义务教育县"。通过近两年的巩固，加上省州各级的扶持措施的落实，全县小学适龄儿童入学率达98.51%，小学辍学率已控制到1.75%，15周岁人口初等教育完学率达到95.67%，小学专任教师学历合格率达95.2%，比验收时均有了明显提高。"普六"成果的巩固，为继续推进扫除青壮年文盲和普及初中阶段义务教育奠定了良好的基础。

（3）扫盲工作稳步推进。完成"普六"以后，绿春县认真贯彻"一堵、二扫、三提高"方针，不断加大扫盲工作的力度，从2000年至2002年，全县扫除青壮年文盲28276人。据统计，全县青壮年人口共有103870人，非文盲人数为90917人，非文盲率已达87.5%，明年进一步加大力度再扫除8300人，达到95%上的扫盲验收标准是没问题的。

（4）中学布局比较合理，初中阶段教育稳步发展。绿春现有普通中学10所，除县城所在地大兴镇有2所（一中、二中）以外，其余各乡镇都有一所中学，初中布局比较合理，小学生毕业生能够就近升入中学。近几年来，初中在校生人数和初中阶段入学率都在稳步增长。全县初中在校生从2000年的4388人增加到6403人，三年增长45.9%；初中毛入学率从2000年的49.3%提高到70.1%，三年提高20.8个百分点。大兴、骑马坝、半坡三个乡镇今年已基本达到"两基"验收标准。

上述情况表明，绿春县实施"两基"已经具备了一定的基础和条件，应该树立信心，乘势而上，紧紧抓住省州实施基础教育振兴行动计划的机遇，突出重点，攻坚克难，加快发展，力争2003年完成"两基"规划目标。

二、绿春县实施"两基"的五笔账及存在的主要困难和问题

通过调研自上而下的反复调查和核实，经州教育局多次会议分析研究，算清了绿春县实施"两基"的入学人口、校舍设施、所需资金、教师需求、普及程度这五笔账。从算账的情况看，绿春县13～15周岁初中阶段学龄人口为9920人，现有初中在校学生6403人，按初中毛入学率95%以上的"普九"验收标准，还需新增初中在校学生3027人。根据省颁义务教育必备办学条件的标准测算，全县需新增初中校舍34400平方米，添置课桌椅1580套，购置住校生双台床2230张，配置图书55100册，为9所中学配备教学实验仪器和体卫艺劳设施；上述五项共需投入资金3350万元。另外，按国家规定的教师编制标准，全县还需补充初中教师176人。从普及程度的几项主要指标来看，小学适龄儿童入学率已经达标，15周岁人口初等教育完学率和青壮年人口非文盲率接近达标，差距较大的两项指标分别是：初中毛入学率差24.89个百分点，17周岁人口初级中等教育完学率差23.39个百分点。

上述情况表明，绿春县实施"两基"虽然具备一定的基础条件，但存在的困难和问题也比较突出，集中起来主要表现在以下四个方面：一是初中阶段的教育基础还比较薄弱，"普九"验收的几项标准差距较大，短期内突破比较困难；二是现有的办学条件和教师队伍数量还达不到"两基"验收的基本要求，缺口资金3350万元，差初中教师176人；救助特困学生，控辍保学的任务也比较艰巨繁重；三是个别地方少数干部对"两基"的认识还没有完全到位，信心不足，工作力度不够，有"等靠要"的思想；全县农村教育费附加征收到位率低，群众工作还需要进一步宣传发动；各级"两基"办的工作质量和业务水平有待于进一步提高；四是由于省与州县在完成"两基"年度规划时限上有不同意见，但根据实施教育振兴行动计划，加快绿春教育发展的要求，全县的"两基"要围绕着2003年力争完成来开展工作，增加了各级的压力，使绿春的"两基"工作面临时间紧、任务重的严峻形势，成了一场争时间、抢速度的"两基"攻坚战。这些问题和困难，是影响和制约绿春完成"两基"任务的重点难点问题，要有针对性地研究对策，明确责任，采取超常规的办法和措施，切实加大工作力度，集中力量打好"两基"攻坚战。

三、几点意见和建议

"两基"达标验收是对一个地区教育水平尤其是基础教育发展水平的综合性评估,"两基"攻坚是教育工作的一项系统工程,尤其既涉及党委政府"重教兴学"的问题,又涉及必备办学条件和教师队伍的建设问题,既涉及学生的入学巩固问题,又涉及学校管理和提高质量问题。根据调研的情况,为突出重点,攻克难点,我们对推进绿春的"两基"攻坚作为提出如下意见和建议。

(1)绿春县各级党委、政府、教育部门和各级各类学校要以这次现场办公会为契机,把实施"两基"攻坚作为贯彻党的十六大精神,实践"三个代表"重要思想的具体行动,紧紧围绕力争2003年完成"两基"任务来统一全县各级干部各族人民的思想认识,树立信心,增强紧迫感和责任感;要明确政府行为,落实法律责任,依法动员和组织适龄儿童少年入学,采取有力措施,控制学生辍学,把工作做细做实,集中力量对验收标准差距较大的几项硬指标(如实际毛入学率等)实施重点突破,逐乡逐校地规划算账,明确责任和措施抓好落实;要进一步发扬自力更生,艰苦奋斗的精神,在努力争取上级帮助扶持的基础上,多渠道筹集"两基"经费,依法足额把农村教育费附加收起来,动员机关干部职工广泛开展"心系特困学生捐资助学"活动,营造全社会"重教兴学"的环境和氛围;教育部门、各级"两基"办和各级各类学校是实施"两基"的直接责任人,要当好党委政府的参谋,组织落实好党委政府的各项教育规划和教育决策,广泛争取各方面的配合和支持,在时间紧,任务重的情况下,以只争朝夕、奋发有为的精神状态,采取超常规的办法和措施,全力推进"两基"攻坚。

(2)绿春是我州一个国家级重点扶持,少数民族人口比例达98%边疆特困县,经济基础差,教育底子薄,全县财政自给率仅为6.3%,自身对教育的投入十分有限。在推进"两基"攻坚的过程中,急需上级给予重点帮助和扶持。从调研的情况看,解决"普九"必备办学条件的缺口资金,增招补充初中合格教师,加大救助特困学生力度等问题,都涉及经费投入问题。建议州人民政府在本次现场办公会上明确相关的政策措施,在时间紧任务重的情况下,重点加大对绿春"两基"的帮助扶持力度。

(3)"两基"是各类教育发展的基础,是一个地区教育发展水平的阶段性标志。实施"两基"的目的在于推进整个教育事业更快更好地发展,为提高民族素质,多出人才,出好人才,抓好地方经济服务。绿春县要围绕"两基"的普及、巩固和提高工作,结合贯彻州人民政府加快基础教育改革和发展的意见(红政发〔2002〕20号文件)、州委州人民政府贯彻《云南省基础教育振兴行动计划》的实施意见(红政发〔2002〕20号文件),明确目标任务,落实保障措施,在推进素质教育、加强学校管理、提高教育质量和办学效益、建设一部分示范窗口学校等方面有所突破,通过"两基"的达标验收促进全县教育事业跃上一个新的台阶。

各位领导、同志们,南部5县的"两基"攻坚,是"十五"期间全州教育工作的重点和难点,也是州委、州人民政府高度关注和重视的一件大事。作为州人民政府的教育行政部门,帮助和支持好绿春的"两基"工作,是我们义不容辞的责任和义务。我们将按照州委、州人民政府的部署和要求,落实好本次现场会的各项重要决策,加强对绿春县的帮助指导,与绿春县一道同心协力打好这场"两基"攻坚战。

2002年12月28日

讲话3：绿春县教育局局长朱文学对《绿春县基本普及九年义务教育和基本扫除青壮年文盲实施方案》的说明

同志们：

我县于2000年实现"普六"，按照省州的指示精神2001年制定了《绿春县基本普及九年义务教育和基本扫除青壮年文盲实施方案》，并上报省州人民政府。县人民政府以绿政发[2001]18号文件下发各乡镇贯彻执行。现在省教厅（业经省人民政府同意）已将我县"两基"工作正式列入全"十五"期间的"两基"规划实施中。我县的"两基"实施方案从基本情况、指导思想、目标和步骤、存在的困难和问题四个方面做了具体的安排部署。大家都知道教育发展，基础为先，基础教育是整个教育事业赖以发展的基础，是社会主义现代化建设的奠基工程，基础教育量大面广，头绪错综复杂，必须抓住重点全面推进。基础教育改革与发展的重点是坚持把"两基"作为教育工作的重中之重，巩固提高"普六"成果和提高"两基"水平，进一步扩大"两基"人口覆盖范围，积极发展学前教育和高中阶段教育；加大薄弱学校的改造力度，提高办学效益，合理规划调整优化学校布局，全面贯彻教育方针，全面推进素质教育，全面加强学校管理，不断提高"基础"教学质量。所以县委、县政府召开这次格局高规模大基础教育工作暨"两基"会议是必要的、很及时的。具有重大的现实意义和深远的历史意义。为了便于大家对我县"两基"方案和理解，下面我就"两基"方案的情况从三个方面做些说明。

一、"五笔账"测算情况

入学人口、校舍、师资、普及程度、资金统称为"两基"规划中的"五笔帐"，要求在规划时算清这"五笔账"，我县制定"两基"实施方案时，是按以下标准测算的。

（一）人口账：覆盖人口数按我县6.5%的人口自然增长率，13～15周岁初中适龄少年数按全县人口的5%比例测算，做到与第五次人口普查的数据基本吻合。

（二）校舍账：校舍面积按《中小学生办学条件标准》中生均4.6平方米（住校生均另加4平方米）的标准测算。住校生数按在校生总数的90%测算。

（三）教师账：可用两种方法测算，一是国务院公布的《中小学教职工统统编制标准》；另一种是按照初中教职工县镇1∶16、农村1∶18的教职工的配备标准测算。我县是按第二种标准来测算的。

（四）普及账：适龄儿童、少年入学率按95%以上，在校学生辍学率按2%以下初中3%以下，青壮年文盲率5%以下的"两基"验收标准测算。

（五）资金账：根据"低标准"和"实用够用"的原则，参照统一制定的《边五县"两基"规划要求和及测算标准》，校舍造价每平方米750元，课桌椅（双人套）每套120元，双台床每张200元，图书每册8元，理化教学仪器每校45万元，体卫艺劳技设施每校20万元，微机室和语音室每校20万元，扫除青壮年文盲每人次200元，师资培训每人1200元的标准测算。

二、我县"两基"面临的形势

"两基"评估验收是依据云南省《普及九年义务教育验收评估表》和《青壮年文盲评估验收表》中的指标要求对一个县进行定量和定性评估。其中，《普及九年义务教育验收评估表》分小学部分和初中部分两表，小学部分共有五大项三十条指标；初中部分共有五大项二十九条指标。

指标评分办法是：各项指标达到要求记满分，不达指标要求记"0"分，部分90分为合格低限。在各项指标中，适龄儿童、少年入学率和在校学生辍学率是最为关键、最为重要的两项指标，即入学率指标要达到95%以上，辍学率要控制在3%以下，这两项指标分值分别是10.5分，只要其中一项达不到要求，"普九"就验收不了，因此称之为"一票否决指标"。

目前我县适龄入学率只达59.69%，离指标差距35.31个百分点；初中在校生辍学率为2.1%，基本达到辍学指标控制以内，但也要看到，随着在校初中生的增加，如果不采取特殊措施，辍学率还会升高；17周岁初等教育完成率为50%，离指标要求的90%以上差距40个百分点；青壮年文盲率指标要求降至5%以下，我县为17.7%，差距为12.7个百分点。这些指标是我县"两基"工作中最突出的问题。2001年各乡具体情况如下。

大兴镇：13～15周岁适龄儿童少年毛入学率为81.24%，辍学率4.01%，17周岁初级中等教育完成率为60%。

牛孔乡：13～15周岁适龄儿童少年毛入学率为35.99%，辍学率8.33%，17周岁初级中等教育完成率为28%。

大水沟乡：13～15周岁适龄儿童少年毛入学率为42.56%，辍学率6.69%，17周岁初级中等教育完成率为38%。

大黑山乡：13～15周岁适龄儿童少年毛入学率为47.76%，辍学率3.85%，17周岁初级中等教育完成率为52%。

骑马坝乡：13～15周岁适龄儿童少年毛入学率为59.58%，辍学率10.21%，17周岁初级中等教育完成率为25%。

半坡乡：13～15周岁适龄儿童少年毛入学率为64.19%，辍学率4.8%，17周岁初级中等教育完成率为60%。

平河乡：13～15周岁适龄儿童少年毛入学率为32.64%，辍学率5.9%，17周岁初级中等教育完成率为35%。

三猛乡：13～15周岁适龄儿童少年毛入学率为28.44%，辍学率10.76%，17周岁初级中等教育完成率为35%。

戈奎乡：13～15周岁适龄儿童少年毛入学率为21.88%，辍学率14.44%，17周岁初级中等教育完成率为25%。

上述几项指标差距较大，必须引起高度重视。为摸清普及义务教育指标要求与普及程度矛盾突出的问题，我们做了较为广泛的调查，从中了解差距大的主要原因：一是部分群众教育观念陈旧、落后，依法送子女入学的思想意识跟不上。如读书的目的是为了"跳农门"，如果孩子升学无望就让其早早回家，重男轻女思想等；二是家庭经济困难，一部分农民群众生活比较困难，供养子女上学的能力低；三是近利思想的影响，部分学生学习不用功，学习成绩差，产生厌学情绪，导致自动退学；四是部分干部对教育认识不到位，对"两基"工作重视不够，甚至有的领导认为实施"两基"工作是搞形式，尚未真正树立乡镇领导是实施"两基"的第一责任人的意识，错误地认为适龄儿童、少年读书不读书是家长和教育部门的事。

除了上述几项指标外，"两基"其他指标完成情况也离要求甚远。主要表现在：一是校舍严重不足。全县中学都需要增班增生，校舍建筑面积由现在的36449平方的基础上还需增加47698平方米，需要投资3815万元；二是按"普九"指标测算，尚缺初中教师283人；三是各中学普遍存在学生用床和课桌椅不足，部分学校三四个学生共用一张双台床，甚至有些学校三个学生共用一张课桌椅的情况；四是有学校尚无院墙、校门、运动场，并且建设场地也十分有限。全县10所中学有院墙校门的只有5所，占50%；五是有些学校虽然有实验室，但很简陋、破旧、仪器不足，设备设施差的现象还相当突出；六是"普六"巩固提高工作任务还很艰巨，还存在着基础不扎实、质量不高、普及程度低等问题，必须进一步加强和完善"普六"成果；七是全县中小学校舍危房还有10914平方米，需要投入排危资金763.98万元；八是尚有贫困初中学生2269人，小学贫困学生5948人，需要进一步救助解决其学习生活的实际困难；九是历年负债工程项目资金缺口大，我县2005年完成"两基"任务，实现"两基"目标，时间紧，任务艰巨。

三、关于校点布局的调整问题

去年，根据教育部和财政部的要求及省、州的部署，结合我县实际，制定了《绿春县中小学校点布局调整实施方案》，县人民政府行文下发各乡镇贯彻执行。中小学校点布局调整工作不论边疆县还是内地县都要按照"小学就近入学，初中相对集中，优化教育资源配置"，"以提高办学效益为目的，集中办学为方向，需增则增，宜并则并的原则抓好学校布局调整工作"。全县校点布局调整的重点是规模小，效益差的初小和教学点，要通过布局调整。优化教育资源配置，在确保适龄儿童入学的前提下，提高办学的质量和效益。布局调整后乡镇中心完小以上的小学最低规模不少于12个班480人，中学最低规模不少于9个班450人。

同志们，全县基础教育改革与发展的目标已确定，工作思路和措施已明确。关键在于落实。我们必须头脑清醒，振奋精神，坚定信心，知难而进，加快发展。一是要深入贯彻《国务院关于基础教育改革与发展的决定》和州政府《关于基础教育改革与发展的决定》；二是要进一步落实管理体制，强化各级政府行为，加大对教育的投入，确保"三个"增长；乡镇政府要在县（市）人民政府的统筹领导下，承担相应的义务教育办学责任，组织征收农村教育费附加，划拨农村中小学建设用地，维护学校治安和安全，依法动员和保证适龄儿童少年入学，组织文盲半文盲参加扫盲学习，并积极发动人民群众捐资助学，投工献料，改善农村中小学办学条件；三是要进一步加强农村教育，提高办学水平，确保如期实现"普九"；四是要进一步处理好普及与提高的关系，在巩固"普九"成果的同时，提高人均受教育年限；五是要进一步提高教师业务素质，建立完善教师队伍激励机制；六是积极推进教育信息化，促进基础教育跨越式发展，只有基础教育上去了才能把沉重的人口负担转化为巨大的人力资源，才能实施我县经济的腾飞。

国运兴衰，系于教育，教育是一项最基础的工程，教育工作很辛苦，而且工作成绩短期内难于见效，但我们要发扬功在当代利在千秋的无私奉献精神，按照这次会议的要求，齐心合力把教育工作抓好。我相信，通过大家的共同努力，这次会议部署的各项目标任务一定能实现。

2002年7月3日

4. 哈尼（彝）文创制和概述

概述1：哈尼文创制、推行概述

1. 哈尼语三大方言区及十二种哈尼土语的划分

哈尼语属于汉藏语系藏缅语族彝语支，哈尼语分为哈雅、碧卡、豪白3个方言。哈雅方言分哈尼次和雅尼次2个次方言。哈尼次方言再分绿春大寨哈尼土语、元阳麻栗寨哈尼土语、金平马鹿塘哈尼土语、红河甲寅哈尼土语、红河浪杂哈尼土语等5种哈尼土语；雅尼次方言再分西双版纳格朗和雅尼土语、澜沧那多雅尼土语等2种哈尼土语；碧卡方言再分墨江菜园乡碧卡土语、墨江民兴乡卡多土语、墨江雅邑大寨哦怒土语等3种哈尼土语；豪白方言再分墨江水癸豪尼土语、墨江坝利白宏土语等2种哈尼土语。哈尼次方言主要分布在红河州的红河、元阳、绿春、金平等县，雅尼次方言主要分布在西双版纳州和普洱市的澜沧县；碧卡方言主要分布在普洱市的墨江、江城、宁洱、镇沅、景东等县；豪白方言主要分布在普洱市的墨江、宁洱县和玉溪市的元江县。哈尼语方言之间差别较大，操不同方言的哈尼族之间不能直接通话交流，但其方言内部差异较小。

2. 哈尼文文字方案的创制和形成

哈尼族历史上没有与自己的语言相对应的文字，在墨江一带曾出现过借用汉字记录当地哈尼语的符号，但是这种符号只在少数哈尼族知识分子中使用，用在祭祀活动及记录历史传说、民俗民歌等。

中华人民共和国成立以前，有关哈尼语的研究文献不多，直到20世纪40年代，才有一两位语言学家对哈尼语做过一些调查。

国内哈尼语调查研究的先驱当属高华年和袁家骅两位先生。高华年先生于1942年夏天到新平杨武坝调查了哈尼语，写成《新平扬武附近的窝尼语》报告，分音韵、语法、词汇三部分进行论述，提出窝尼语属于彝语支，分布在元江、墨江、峨山、新平、江城、宁洱一带和把边江及沿江高山上，这篇报告后改为《扬武哈尼语初探》。1943年8月，时任西南联大外文系教授的袁家骅先生到峨山调查，在脚落村和阿宝珠村找到两位窝尼发音人，袁家骅从这两位发音人搜集到一千四百多个语词、十七篇故事，根据这些材料撰写成了《峨山窝尼语初探》，主要介绍窝尼语的语法规则和语法特点。另外，《窝尼语音系》介绍了窝尼语的声、韵、调系统以及几种最明显的变调规律。

中华人民共和国成立后的50年代初，中央政府组织有关语言学家结合民族识别工作开始了比较广泛的哈尼语调查研究。

1956年围绕着解决民族文字问题这个中心任务，中国科学院少数民族语言调查第三工作队和云南省民族事务委员会语文研究室哈尼语组普查了哈尼语，并于1957年3月在云南省少数民族语言文字科学讨论会上提出了《关于划分哈尼语方言和创制哈尼文的意见》的报告，认为哈尼语方言差别较大，不同方言的人不能互相交际。其中，哈雅方言和碧卡方言差别最大，因此哈尼族使用一种文字是有困难的，所以报告提出了给哈雅方言和碧卡方言各创一种文字的意见。1957年，党和政府根据哈尼族的实际情况，借鉴我国一些少数民族创制文字的经验，以及苏联顾问谢尔久琴柯介绍的苏联少数民族创制文字的经验（苏联顾问谢尔久琴柯，时任苏联科学院院士），帮助哈尼族创制了《哈雅方言文字方案（草案）》和《碧卡方言文字方案（草案）》两套文字方案。1958年，中央民族事务委员会批准这两套文字方案为地区试验推行方案。《哈雅方言文字方案（草案）》以哈雅方言为基础，以红河哈尼族彝族自治州绿春县大兴镇大寨村的哈尼语语音为标准音，采用26个拉丁字母，其排列次序依据国际惯例，字母名称参照汉语拼音方案；《碧卡方言文字方案（草案）》以碧卡方言为基础方言，以思茅地区墨江县城周围碧卡话的语音为标准音。《哈雅方言文字方案（草案）》批准试行后随即在一些哈尼族地区开始了试行，《碧卡方言文字方案（草案）》从未试验推行。

由于"左"的思想干扰和影响，1959年以后哈尼文试行工作逐渐被削弱。十年动乱期间，哈尼文试行工作全部中断。

20世纪50年代末期的"语言融合风"，主要是无视少数民族语言文字的作用，不适当地强调语言融合，这样在少数民族新创文字推行刚刚开始时就影响了新创文字的使用和威信；"文化大革命"时期的少数民族语言"落后论""无用论"使当时的新创文字的推行遭到很大打击，使一些文字的推行不能深入。当时这种"左倾"思潮，对少数民族新创文字的推行打击很大。

1984年，云南省红河哈尼族彝族自治州人民代表大会上决定恢复试行哈尼文。哈尼文现行文字方案是在1958年方案的基础上，对声母字母做了部分调整，于1984年开始使用。20世纪90年代初，专家又对《哈尼文方案》进行了修改，使这一文字进一步臻于完善。对于哈尼文在创制推行初期使用的情况在中央民族大学戴庆厦教授的《悠悠岁月，哈尼情深——50年代哈尼文创制工作的回忆》（中央民族大学哈尼学研究所.《中国哈尼学》[M].北京：民族出版社，2005.）一文再现了当时的历史情景。戴教授主要以回忆录的形式记述了当年亲自参与哈尼文的创制、推行、实施及教材编制等方面的情况；中央民族大学巴战龙的《中国少数民族新创文字的历史与未来——访著名民族语言学家戴庆厦教授》（巴战龙.中国少数民族新创文字的历史与未来——访著名民族语言学家戴庆厦教授[J].中央民族大学学报，2003.6.）一文以访谈的形式，就少数民族创制文字的时代背景、创制文字的目的和要求、文字创制过程中遇到的困难、新创文字的推行、新创文字在教育教学中的使用状况及未来前景等内容进行了说明，其中重点提及了哈尼文推行的情况。

3. 哈尼文方案简介

哈尼文以哈尼语哈雅方言的哈尼次方言为基础方言，以绿春县大寨哈尼语的语音为标准音。

（1）字母　共有26个。

字母：Aa　Bb　Cc　Dd　Ee　Ff　Gg　Hh　Ii　Jj

读音：a　be　tshe　de　ɤ　ef　ge　xa　i　dʐe

字母：Kk

读音：khe

字母：Ll　Mm　Nn　Oo　Pp　Qq　Rr　Ss　Tt　Uu

读音：el　em　ne　o　phe　tɕhu　ar　es　the　u

字母：Vv　Ww　Xx　Yy　Zz

读音：ve　wa　ɕi　ja　ze

（2）声母　共有26个。

b［b］　p［ph］　m［m］　f［f］　bi［bj］　pi［phj］　mi［mj］　d［d］

t［th］　n［n］　l［l］　z［dz］　c［tsh］　s［s］　ss［z］　j［dʐ］　q［tɕh］

ni［ɲ］　x［ɕ］　y［ʑ］　g［g］　k［kh］　ng［ŋ］　h［x］　hh［ɤ］　w［u］

p-v［p］　pi-v［pj］　t-v［t］　c-v［ts］　q-v［tɕ］　k-v［k］

（3）韵母　共有26个，V为紧元音符合。

i［i］　iv［i̠］　yu［ø］　yuv［ø̠］　ei［e］　eiv［e̠］　a［a］　av［a̠］

ao［ɔ］　aov［ɔ̠］　o［o］　ov［o̠］　e［ɤ］　ev［ɤ̠］　u［u］　uv［u̠］

ee［ɯ］　eev［ɯ̠］　ii［ʅ］　iiv［ʅ̠］　iei［ie］　ia［ia］　iao［iɔ］　ie［iɤ］

uei［ue］　ua［ua］

（4）声调　共4个。

调类	调号	调值	例字	汉义	声母	韵母	声调
高平调	l	55	mal	饱满	m	ɑ	l
中平调	不标	33	ma	妈、母	m	ɑ	零
中降调	q	31	maq	不	m	ɑ	q
中升调	f	35	maf	骂	m	ɑ	F（汉借词）

（5）正音条例。

pi、t、k、c、q六个声母在松元音韵母前面时，读成吐气的清塞音和清塞擦音；在紧元音韵母前面时，变读成不吐气的清塞音和清塞擦音。

（6）书写规则。

大写规则：① 一句话的第一个字母要大写。如：Ngal hoq zaq "我吃饭"。② 人名、地名、书名、机关、团体、国家等名称的第一个字母要大写。如：Dolnia "绿春"、Zeiqsal "则沙"（人名）。③ 文章、布告等的标题。

词的连写：① 复音节词要连写。如，hhokeeq "秧苗"、neema "心"。② 带附加成分的词要连写。如，aqlavq "手"、yoheeq "大的"。

音节的种类与划分：音节的种类有四种：单韵母；声母+韵母；韵母+声调；声母+韵母+声调。

划分音节的方法：① 有声调字母的，按声调字母划分音节。如，almil 猫→al-mil。② 有紧音字母的，按紧音字母划分音节。如，neevsiq 黄豆→neev-siq。没有紧音字母的，如韵母后面是声母，该声母属后一个音节。如，neesoq 明天→nee-soq。③ i、iv 和 u、uv 的书写。韵母 i 和 iv 在前面没有声母时，要在前面加声母 y，写成 yi 和 yiv，如 yiI "去"、yiv "来"。韵母 u 和 uv 在前面没有声母时，前面要加 w，写成 wu 和 wuv，如 wul "肠子"、wuv "孵"。韵母 uv 跟声母 y 相拼的，要在 y 和 uv 中间加 i，写成 yiuv，如 yiuvq "睡"。④ 隔音符号。音节界限发生混淆时，用隔音符号 "，" 隔开，如，ba'la "月亮"。⑤ 移行。在书写一行字时，写到末端需要移行时，要以音节为单位移行。移行时在上一行末端加一短横 "-"。⑥ 变调。表示语法意义的变调标成已变的调，其余一概标本调。例如，Ngaq e soqhhaq 中的 "Ngaq" 与 ngal miqnieiq teiq ya 中的 "ngal" 都是指 "我" 但已经变调。

类别	例字	汉义	声母	韵母	声调
单韵母	e、oq'a	的、鸭子		e、o 及 a	
声母+韵母	qa	姓	q	a	
韵母+声调	aol	做	零	ao	l
声母+韵母+声调	naoq	踩	n	ao	q

（7）使用阿拉伯数字。行文中需要写数字时可以用阿拉伯数码字。 如，co1150 hhaq "一百五十个人"。

（8）标点符号。与汉文中使用的一致，只是汉文中句号用 "。"，而哈尼文中的句号用 "."。

4. 哈尼文的推行概况

哈尼文来之不易，推行更难。从 1958 年开始至今，40 余年间哈尼文的推行经历了两次大起大落。

从红河州的层面看，1958 年，在 "大跃进" 的思潮下，突击培训了红河南岸四县的哈尼族教师 600 多人，接着开始群众扫盲，但只经历了几个月就停顿下来。1983 年哈尼文又获得新生，获得了前所未有的发展条件。红河州于 1984 年召开了推行哈尼文讨论会，规划了哈尼文的推行工作。在领导方面，由一位主管文教的副州长亲自领导。机构上，州人民政府责成州民委、州教育局具体负责哈尼文推行。州教育局专门吸收了四名哈尼族青年教师，从事双语教学教研工作。州上还成立了红河州少数民族语文古籍研究所，担负起培训师资、编辑课本、出版小报、开展科研等任务。在专业指导方面，中央、省、州分别设立的民族研究所、民族院校、语委、民族出版社等机构中，已有一批高、中、初级专业人才，经常为哈尼语文工作提供服务。在师资力量上，1983 年至 1986 年州民委、州教育局已连续培训了哈尼文师资 715 人次，加上红河、元阳、绿春等县的培训，全州共培训师资 1300 多人次。培训班级分别有哈尼文班、提高班、翻译理论班、应用文班、课本编写讨论班等。省民语委还举办过三次哈尼文中级师资培训班。书刊编译出版方面，至 1986 年哈尼文书籍已印出 24 种共 14 万多册，类别有扫盲课本、小学课本、辅助读物、科普知识、民歌儿歌、故事谚语等。近几年省民族出版社又正式出版了哈尼文图书共 14 种 21000 多册。其内容包括民间故事、民族史诗、诗歌谚语、种植技术等，还出版了用哈尼文创作的现代故事、散文与诗歌借助以上有利条件，哈尼文推行工作得到了较大的发展。1984 年州电影公司开始搞哈尼语电影涂磁录音，1984年全面铺开哈尼、汉双语教学。哈尼文推行工作被省民语委领导赞誉为"后来居上"的典型。可是，好景不长，不到两年时间哈尼文推行就由高潮跌入低谷。

1984年至1989年红河州哈尼、汉双语教学的变化如下。

年份（年）	1984	1985	1986	1987	1988	1989
学校数（所）	246	213	127	41	18	16
班级数（班）	265	201	193	44	20	17
人数（人）	7526	6449	5557	748	380	321

1990年以后能坚持正常双语教学的小学只在10所以下，社会扫盲也只在一两个村委会内进行，电影译制在1987年已停止，只有1991年在州电台设立的哈尼语播音组能维持正常的播音。

从绿春县的层面看，自1957年设计的哈尼文字方案出台后，其间，大的哈尼文推行计三次，1958年的哈尼文扫盲运动，1965年第一所哈尼文实验小学的建立，1984年后在部分小学一年级中实行汉、哈双语文教学的实验。

1958年7月，红河哈尼族自治州在元阳县城开办了有元阳、红河、六村办事处等县干部或教师参加的哈尼文培训班，时间1个月。绿春县（时称六村办事处）参加学习的有小学教师邵习良、李荣森等以及从建水县新招收的新教师80余人，此外，还有机关单位的普有妹、白绍初等20余人。同年8月中旬，绿春县在县城（大兴小学）举办了一期哈尼文培训班，全县120名小学教师和部分机关干部参加了学习。9月，哈尼文扫盲运动在全县铺开，要求全县14岁以上至45岁以下青壮年达到脱盲，并要求机关干部要带头学。绿春县成立了哈尼文扫盲指挥部，由时任县委副书记洪大明亲自指挥。在指挥部的领导下，组织了全县的小学教师，在校的部分高小学生，下乡工作队的机关干部，以及由驻军部队抽调的军人及民族工作队队员，组成了350多人的扫盲工作队伍，深入各个乡村、厂矿、机关、学校、元绿公路工程处进行扫盲。洪大明同志带头学习哈尼文，各级党委把哈尼文扫盲列为党的中心工作之一，实行生产、学习一齐抓，党委统一领导，统一布置，统一检查评比。因此，哈尼文扫盲运动很快形成高潮。当时采取的措施是：① 结合生产，灵活多样。白天生产晚上学，课堂内外相结合，村头路口设字牌，收工归来读几课，饭前饭后学，田间休息抓紧学，互教互学，送字上门，见物认字，农闲多学，农忙少学。② 教学采取先突击后巩固，重点放在拼和写。③ 组织交叉检查和评比，树立先进典型，促进落后争先进。

通过两个多月轰轰烈烈的扫盲运动，到1958年11月，全县组织了90%以上的青壮年参加测评，13500多人达到当时脱盲的要求。脱盲青壮年中，有的能用哈尼文写信、记账。元绿公路上有个民工，能用哈尼文写信给他哥哥，鼓励其哥哥好好生活、积极参加生产劳动。

1964年，中央民族学院的李永燧、姬家发和我县马普恩等同志，在藤条河两岸再次进行调查，通过筛选，最后选定戈奎区普朵矗马村为试点，开办哈尼文实验小学。教师毛军田为教员，同年，省民委拨款5000元，建盖了一幢土木结构、草顶的132平方米的校舍。招收半日制小学生40人，青少年哈尼文识字班学员60人（占全村青少年总数的73.8%）。学校于1965年9月13日正式开学，一、二年级的语文学哈尼文，三年级开始学汉文，算术按通用教材教学。通过一年的教学，部分学生、学员能用哈尼文写信、开便条。但之后"文化大革命"的开展使充满生机的哈尼文实验小学夭折了。

1984年7月20日至8月5日，红河州民委在建水州民族干校举办哈尼文师资培训班，绿春县抽调朱成吉、白鲁斗等96名教师，由绿春县教育局业教办的李九鸿同志带队参加学习。同年9月，在大兴、戈奎两个区（现在的大兴镇和戈奎乡）的58所小学一年级中试行哈尼文、汉文的双语文教学。

1985年1月，红河州民委在州民族干部学校再次举行哈尼文师资培训班，绿春县有75名教师参加了学习。同年2月4日至4月30日，云南省民委举办哈尼文教员中级培训班，绿春县派出朱成吉、白鲁斗等9名教师参加了学习。后来，县、区两级又先后举办了123人次的培训班，其中区级培训了45人。是年9月，绿春县教育局决定，在大兴、戈奎、三猛、平河四个区的53所小学一年级中进行双语文教学，有学生1014人。经过实验，多数学校停止了哈尼文教学，只有大兴区的广吗、牛六小学，平河区的西克、塔普、高寨小学，三猛区的牛扎塔普、牛主角、牛扎、龙普、牛波等10所小学还继续实行双语文教学，学生有200人。

中央民族大学巴战龙的《中国少数民族新创文字的历史与未来——访著名民族语言学家戴庆厦教授》一文以访谈的形式，就少数民族创制文字的时代背景、创制文字的目的和要求、文字创制过程中遇到的困难、新创文字的推行、新创文字在教育教学中的使用状况及未来前景等内容进行了说明，其中重点提及了以哈尼文推广行为个案的情况。

就有没有必要为少数民族创制文字这个问题，戴庆厦教授是这样说的。为少数民族创制文字，在当时的条件下还是需要的。有两个原因，一是要实现民族平等和语言文字平等，另一个是当时也没有经验，路总得摸索。就是现在来讲，为少数民族创制文字，不管它的使用情况如何，哪怕只有很少的人在使用，这种文字对他们的民族来讲，也还是有用的。可以用来保留少数民族的文化遗产，记录他们的语言，更重要的是，少数民族也觉得有他们自己的文字，在心理上也是一种平衡和安慰。我觉得，尽管我们遇到这么多困难，有些文字使用情况不理想，但是，当时为少数民族创制文字还是有必要的。

就对少数民族创制文字的使用前景怎么看的问题，戴庆厦教授是这样说的。有些新创文字，现在估计，将来不会发展得太好。当然这是一种历史遗产，留给少数民族自己记录他们的文化遗产和语言，还可以作为一种研究。至于将来的使用前景，现在世界经济全球化、我们中国搞现代化，可能很多语言，特别是一些小语种，会面临很多挑战，出现很多濒危语言。联合国估计，21世纪，80%的语言会消亡。我们中国一些使用人口较少的语言文字，可能慢慢功能会下降，甚至会走向濒危。新创文字的使用前景，有些文字可能会继续使用一段时间，有些文字的使用可能不会那么理想。这是一种可能性估计，实际如何，要看今后的发展结果。

概述2：彝族语言、文字概述

1. 语言

彝语属汉藏语系藏缅语族彝语支，绿春县境内的彝族使用的语言为云南东南部方言中的阿常、普连、阿鲁三种次方言。牛孔彝族使用阿常次方言；分布在骑马坝乡、大兴镇、戈奎乡的彝族使用普连次方言；大水沟乡彝族使用阿鲁次方言。阿常、普连次方言由于居住环境和周围民族语言的长期影响，各村寨的语言在发音上有稍许不同。以牛孔阿常语支为例，土嘎人说"岔路"

叫"作摆"，而贵龙人则说"作败"，有舌尖音和后根音的区别。牛孔彝族与骑马坝彝族的方言有区别，如：牛孔彝族说"吃饭"叫"作盅"，骑马坝彝族人说"作载"。阿常、普连次方言相互基本能听懂，而使用阿鲁次方言的人与使用阿常、普连次方言的人之间相互沟通就比较困难了，只有极少数的名词相同。如汉语"妈妈"，使用阿常、普连次方言的人说"阿莫"；汉语"哥哥"，使用阿常、普连次方言的人都说"阿哥"。

彝语元音分松紧，韵母以单元音为主，复元音韵母反映在汉语及其他民族语的借词，没有塞音韵尾，塞擦音分清浊，有些音节只有韵母和声调，其他音节由声母、韵母和声调构成。

彝语中吸收了部分汉语，主要是现代的一些名词，如：汽车、拖拉机、电梯、电视机等。阿鲁次方言吸收的汉语比较多，如《芦笙调》全部用汉语表述。

句子成分主要由主语一宾语一谓语构成，如我要读书——鹅（我）书说（书）阿山（要读）。名词作定语（修饰语）时，在被限制修饰的词之前。数量词和名词结合时，数量词放在名词之后，如三个纳卡人——纳卡查（人）骚（三）勒（个）。形容词常放在被修饰的名词之后，名词多为双音节，一般都可以直接作动词和量词。虚词常置于句子的末尾，表示强调或表达某种语气。汉语的主谓句中一般是动词在前名词在后，而在彝语中一般是名词在前动词在后，如汉语"吃饭"（吃是动词，饭是名词），在彝语中则说成"作左"（作是指"饭"，名词；左是"吃"，动词）。汉语"读书"（读是动词，书是名词），而在彝语中则说成"苏梢"（苏是"书"，名词；梢是"读"，动词）。叹词在彝语中跟汉语的语法一样，不在句前就在句尾。如汉语"哎！没办法了。"彝语"哎!提减法毛枣膏"。数词用法与汉语相同，数词在前，名词在后。量词用法同样与汉语相同，名词在前，量词在后。代词用法跟汉语相同，代词在前，名词在后，如汉语"你们是老师"，"你们"为代词，"老师"为名词；彝语"脑白诺西阻棚"，"脑白"即你们是代词，"西阻棚"即老师是名词。

2.文字

彝文是彝族文化的瑰宝，是一种古老的、独具一格的"自源文字"系统，属象形与表意的音节文字，有着图画之美、象形之美、厚实之美、灵变之美、多彩之美。汉文史志称

之为"爨文""韪文""倮倮文""夷经"等；彝族自称有"诺苏布玛""聂苏资""尼斯""阿哲苏""纳苏缩"等。绿春彝族尼苏称其为"聂苏资"。据统计，彝文单字总数达82000余字，流传在四川的有8000多字（包括异体字），流传在贵州的彝文略多于此数。1978年，贵州毕节地区民委仅仅搜集汇编黔西北一带的字汇就有7200多个单字（已排除部分异字）。流传在云南地区的彝文有6000多个单字。1975年制定了四川《彝文规范试行方案》，确定819个规范彝族文字，1980年经国务院批准，开始在四川凉山彝族自治州推行使用，后来在云南、贵州等彝族地区逐步推行使用。当前，在彝族聚居区正在传承推行着两种不同的彝族文字，一种是传统彝文，一种是规范彝文。规范彝文又分两类，一类是表音的音节文字，以凉山规范彝文为主；一类是表意的音节文字，主要在云南地区试行。全国彝族地区通用试行的《通用彝文规范方案》中确定5589个彝文字和一个重叠代字符号作为彝文字的标准字符，包括表意文字和表音文字，其中云南2230个，贵州2194个，四川1162个。规范彝文的推行，效果良好，为广大彝族人民找到了一条通向文明之路，为彝族地区的建设和发展发挥着越来越大的作用。

　　彝文产生的历史久远，学者普遍认为，其产生年代可以上溯到四五千年以前，是与甲骨文同源异流的古老文字。殷商以前，已形成比较完备的文字体系，秦汉、魏晋时期已广泛使用，但有关彝文产生的具体年代及创始人问题，学术界目前尚无权威定论。彝族经书《文字起源经》中记载，彝族文字最先是女氏族首领布玉嫫根据花草记数图画发明的，尔后撒氏传人间，逐步形成文字，故彝族文字阴体字画圆、弧、圈多，阳体字画直、横、勾少，就是这个道理。彝文在彝族历史上曾有过统一或约定俗成的通用时期，但随着彝语方言、土语的产生及其与日俱增的差异，作为记录彝语符号的彝文，亦形成了各具方言、地区特色的多流派。不同的彝语六大方言相互通话有困难，掌握不同流派的彝文.相互阅读文献亦不易。不同方言、地区间彝文的差异主要表现在使用的单字多少不一，常用字与异写字区别不一，同意近音的彝文写法不一，形同音异义不一等。但这些差异毕竟不是不同文字性质上的差异，所以都具有共同的特性。

　　彝族文字自成体系，独体字多，合体字少，一个字形代表一个意义。大多使用象形、会意、指事、假借、引申、转位等造字法创造而成。彝文字体基本上由点、横、竖、弯、圆等笔画构成，外形上独立成块，外观上呈方形和圆形。汉史上常用"状如蝌蚪"或如"蛇形"来形容彝文文字的形状。彝文字形结构十分简单，特别是经过规范以后，一画的字就有10个，最繁杂的彝文字也只有8画。彝族文字一般没有偏旁，笔画分主笔和副笔，主笔一般只有一画，占字形结构的中心位置。副笔一画到几画不等，是主笔的附加修饰的符号。书写时先写主笔，后写副笔，主笔和副笔在字意和字音上没有必然的联系。彝文的笔画多为直折形或宛曲形，行笔多为平拖直拉，平均用力。书写要求首尾齐头，横平竖直，粗细一致，笔笔成线，看上去整齐平直，自然流畅，古朴美观。

5．教师文选

文选1：绿春一中
——我成长的摇篮

范元昌

　　我的一生有许多美好的回忆，可我永远忘不了的是在母校——绿春一中生活和工作的情景。在母校，我先后生活了15年之久，历经风雨，饱尝了酸甜苦辣，欢乐过，也痛苦过。是母校教会了我如何做人，教会了我怎样学习和工作，她是我成长的摇篮。

寒窗苦读　学会做人

　　我生长在美丽富饶的牛孔彝家山寨，1964年7月毕业于牛孔小学。当时闻名全县的牛孔四大寨乡只有我一个毕业生，是王兴福老师背着糖水带着家乡父老的希望与重托步行把我送进全县唯一的中学——绿春中学，我感到无比的幸福和光荣。王老师有新的追求与愿望，他依依惜别彝家山寨，走出了大山。从此，我开始了新的中学生活，那美丽的彝家山寨，暖和的牛背，弯弯的河水，王老师的音容笑貌成了我美好的记忆。新的中学生活，结识了新的老师、新的同学，给我带来了许多欢乐。记得当时绿春中学只有四间房子，一间教学楼兼学生宿舍（瓦房），一间教师宿舍（瓦房），还有一间食堂（草房），另外有一间简陋的厕所。校园显得十分宽阔，绿茵茵的草坪下面是师生开挖的一台台菜地。学校周围竹木青青，杂草丛生，其间掩隐着一条弯弯的小路一直连着清亮的牛洪水井。当时学校条件差，加之生源不足，每年只招一个班，我们七班进校读书的时候，还有五班、六班，全校师生也只是一百多人。我们读了一年后，五班的同学毕业了，又招了新生八班和一个民师班。

我们的班主任是常泳昌老师，他文武双全，风趣幽默，很善于做思想动员工作。尽管我们班的同学年纪较小，但在学校组织的各种活动中，样样名列前茅，有"小老虎队"的美称。我们班的同学来自全县各区，地域不同，民族不同，但能团结友爱，互相帮助，勤奋学习，共同进步。至今同学们已分别近30年了，各自东西，但"小日本""罗盘""老神""老蔡""老廖""F雷""大胖""阿黑""阿康""米丘立"等同学们的音容笑貌时常在我眼前浮现，他们鲜明的个性特点至今记忆犹新。我十分想念他们。当时，我个儿很小，同学们都亲切地叫我"阿小点"，经常受到同学们的保护和关照，我生活在这样的班集体里感到十分幸福。

我是长子，弟妹都很小，家庭经济困难，父母亲每月寄2～3元钱给我作为生活费，学校每月补给3元补助，生活十分艰苦，经常吃不饱穿不暖。母亲一年为我缝制一双布鞋一套粗布衣服。好在老师和同学们很疼爱我，常常帮助我渡过学习和生活上的难关。在他们的身上我学会了做人，懂得了怎样关心和帮助别人。那时，尽管生活十分困难，但只要能跟同学们在一起打球，在一起听课，我感到幸福和满足。1970年10月我因接受再教育效果好，被推荐到蒙自师范读书，一年后，分配到戈奎中学任教，开始迈出了人生的第一步。

十年风雨　教书育人

1978年8月，我考入云南民族学院中文系就读，1982年7月毕业后幸福地回到母校——绿春县第一中学工作和生活。进校后按学校分工，我任初一45、46班的语文课，兼任46班班主任。这两个班的学生勤奋好学，活泼可爱，个性鲜明，我跟同学们相处甚好。1984年因黄灿忠老师调回昆明工作，我接任高二26、27两个班的语文课。同年8月县政府任命我为副校长，协助校长路宏途老师工作。显然，身上的担子加重了，我自知能力水平有限，加强学习，拼命工作，得到了广大教职工的理解、支持和帮助。1985年9月，我在州、县教育局领导的关心下，与州内十二位完中校长到上海参加了为期五十天的挂职学习，较系统地了解了学校管理工作。1986年6月校长路老师调红河州师范学校工作，县政府下文由我接任校长职，并兼任党支部书记。在我担任校长期间，先后有高鹏程副校长、石慧珍副校长、邹润铨副校长、杨善鸿副校长、江启明副书记、李优核副校长协助工作，他们为加强学校管理，为提高教育教学质量，为学校的发展做出了贡献，他们真诚地帮助我，支持我的工作，我永远感谢他们。1989年7月为加强学校德育工作，组织上派常泳昌老师回一中任党支部书记兼副校长，免去石慧珍副校长职。1993年3月我调到绿春县人民政府工作，学校工作由李优核副校长主持。

十多年来，在县委、县政府的正确领导下，在县教育局领导的关心、帮助支持下，我团结和带领全校师生努力工作和学习，随着全州、全县民族教育事业的发展，学校的面貌逐年有所改变，学校工作也取得了一定的成绩。回想起来，主要做了以下几方面的工作：一是认真贯彻党的教育方针，坚持社会主义办学方向，加强学校德育工作，抓好学生良好行为的养成教育；二是制定学校发展规划，积极争取资金，努力改善办学条件；三是加强学校管理，制定和完善学校各类人员的岗位职责和学生操行量化办法；四是加强党的组织和思想建设，充分发挥党支部的政治核心作用；五是加强师资队伍建设，努力培养和建立一支合格稳定而有特点的师资队伍；六是加强学校精神文明建设和校园文化建设；七是加强教育教学研究，努力提高教育质量。工作做了许多，因诸多因素的制约，学校发展缓慢，教育质量仍然偏低，愧对于绿春的父老乡亲，这是我一生的遗憾。

"我的眼里常常含着泪水，是因为对故土爱的深沉。"我热爱绿春一中，热爱师生，我为绿春一中的生存与发展苦苦思索和追求了十多年，我渴望通过我和大家的努力，把绿春一中办成一所小巧玲珑，初具规模，办学条件好，管理水平较高，在州内有所影响的完中。我们大家为此目标付出许多代价，可是目标未能实现。作为校长，我没有任何理由埋怨领导和同事，只恨自己努力不够、学习不够、宣传不够。好在同事们理解我、支持我，他们凭着高尚的师德、做人的良知在艰苦的条件下努力工作，坚持教书育人，为绿春县民族教育事业的发展，为绿春县的两个文明建设做出了应有的贡献。园丁勤耕，春华秋实。绿春一中的学生遍布全县各行各业、村村寨寨，他们没有、也不会忘记自己的母校，自己的老师。我和同事们由此感到万分的欣慰。

亲切教诲　师恩难忘

35年前，我的老师们青春年少，风华正茂。今天他们都已先后离开了绿春一中，有的退休在家安度晚年，有的仍在继续工作，为党和人民做出更大的贡献。无论他们在何处，健在或已去世，老师的恩情似山高似水长，我将永远铭记。严格管理，严格要求的钟世洲校长；严格要求而善于理解关心人的胡益清老师；做事细心认真，水平较高，写得一手好字的路宏途老师；数学知识全面，长期负责教学管理，经常和学生打乒乓球的胡家武老师；善于关心、体贴人的语文教师石慧珍；还有平易近人的魏家喜老师；高大健壮，做得一手好菜，为师生改善生活的冯兴顺老师；诚实善良的李汉忠老师……他们的人格、他们的特长和高尚的师德将影响我的一生。我衷心感谢各位老师，衷心祝愿老师们身体健康，晚年幸福。

情系母校　祝福母校

绿春一中，历经风雨，豪迈地走过了40年，绿春一中历届校长和师生们团结奋斗，艰苦创业，为学校的发展付出了心血，培养了成千上万的建设人才，为绿春县的两个文明建设乃至红河州的建设做出了应有的贡献。今天因工作需要惜别了曾经学习和工作过的母校，但无论何时何地我永远不会忘记母校的养育之情。我衷心感谢曾经关心和帮助过我的老师和同学们。衷心感谢曾经和我一起同甘苦，共同创业的同志们，衷心祝福母校明天更好，为绿春县民族教育事业的发展做出更大的贡献。

编者注：范元昌老师曾任绿春一中第六任校长、县人民政府副县长，后任红河学院党委副书记、副教授。该文为绿春一中校庆40周年所作。

文选2：让思想的光辉照耀我人生的旅程
——读《远行的思想》有感

朱布红

一本有价值的书，给人以力量，给人以抚慰，给人以启迪，对我而言，《远行的思想》就是这样的书。

《远行的思想》共包括远行的思想、选择的自由、精神的崇高与生存的卑微、精神生活、对自己的俯瞰、男女事宜、官员道路、时间的目光、阅读领袖九个部分，内容涉及人的事业、追求、情感、道德、修养、性格、婚恋、审美等。全书内容既独立成章，又相互联系，以思想为主线，综合阐述了作者对人生的体验与审视。淡黄的装帧，可爱的卡通画，使人耳目一新。细细捧读，犹如畅饮哈尼山乡的焖锅酒，纯香味浓，越喝越爱喝，在不知不觉中渐渐沉醉。

思想，是人类区别于一切动物的特征，是人对主客观世界了解、认识的结晶。大凡平常之人，总认为那是高深莫测、不可捉摸的东西，对于写思想的书籍，自然就认为枯燥乏味，通篇哲学理论，非学识渊博者不能读懂，一般望而生畏，敬而远之。《远行的思想》却出人意料，深邃的思想、形象的描绘、质朴的语言、幽默的风格，深深地打动着我，引起了强烈的共鸣。在作者的笔下，思想充满神奇的力量，可穿越时空隧道，可浸染生命的年轮，可强大个体的张力。

喜爱《远行的思想》，首先是标题内涵隽永，耐人寻味。

以《远行的思想》为全书的标题，我认为至少可以从三个方面去理解：首先，从字面上直接理解，"远行的思想"就是思想是飞翔的精灵，自由地驰骋，它能超越时空的限制，冲破权势的高压。其次，远行的思想是指美好思想感情的消逝。随着社会日新月异的变化，中华民族许多美好的体验和感受在现代文明的挤压下渐行渐远，而这些记忆和情感虽弥足珍贵，却难以回归。再次，人在路上，思想在路上，我思故我在，思想与我们形影相随，不管走多远，走向何方，思想永远在指引着人类前进的方向。

喜爱《远行的思想》，缘于思想上四个方面的教益。

读《远行的思想》，犹如邂逅多年的老朋友，娓娓而谈。《远行的思想》不是令人生厌的官腔，不是司空见惯的八股文，而是作者的真知灼见，肺腑之言，读者宛如面对循循善诱的老友，温暖亲切。我出生于一个偏远落后的哈尼族小山村，一直工作生活在绿春，做过乡中小学教师、教导主任、校长，县政府办秘书和综合科科长，乡党委副书记、书记，县委宣传部部长，县委办主任，县委副书记，携带着四十多年的风雨泥泞，我的人生旅程充满坎坷与荣光。在前行的道路上，我的心中充满许多困惑：人生的尊严、幸福、快乐在哪里，为官者如何做人做事，如何看待人与人之间的关系等，这些问题常常困扰着我，内心充满矛盾与迷惘。我苦苦地思考过探索过，却没有找到正确的答案。"无法把握最终结果的时候，我们可以把过程转换为目标，努力使过程的每一个环节放出光芒，所谓活眼前、活出灿烂"，读到这我顿时释怀，是啊，幸福的体验在过程而不在结果，能尽心享受奋斗的快乐，又何必在意结果。对于未来和现实的关系，作者认为"头可及云彩，但脚须在地上"，理想可以远大，但任何远大理想的实现必须立足眼前，做好眼前点点滴滴的工作。至于人与人的感情，"不要期望人人都爱你，也不要试图去爱每一个人。在这个世界上，真正对你好的人不多，真正恨你的人也不多，大多数人属于相逢开口笑，过后不思量，不必较真"，一针见血地指出人与人之间的关系本质是无爱无恨，和平相处。这些质朴的话语包含着人生的真谛，驱散了我内心的阴霾。在我的心中，《远行的思想》是老家冬日的火塘，能温暖冷漠的心灵；是山间潺潺的泉水，清澈了蒙尘的情感。在月白风轻的夜晚，在沉重繁忙的工作后，我的心与作者静静地交谈，默默地感受作者开阔旷达的胸怀，从容淡定的生活态度，领悟为官为人的道理。我读书甚少，视野狭窄，阅读能力也不强，读《远行的思想》却倍感亲切，觉得作者说出了我想说而说不清的心里话，解开了我苦思冥想也搞不明白的人生道理，并感觉有一双有力的大手牵引着我，推心置腹地教育我去更理智、更全面、更乐观地对待生活，踏实做人做事，坦然面对得失宠辱，在平凡的生活中寻找人生的快乐。

读《远行的思想》，犹如面对浪漫热情的诗人，激情满怀。我感到《远行的思想》虽然是哲理性的散文，但字里行间洋溢着浪漫主义的情怀，凝结着男性的阳刚之美，让人心胸激荡。浪漫是一种纯真的表现，是人在痛苦无奈现实中的海市蜃楼。心存浪漫的人生，就是不老的人生，就是快乐的人生。作者没有刻意地去表现浪漫，但我认为，一个浪漫的人，就是一个至情至性之人，就是一个讴歌真善美的人，因而作者对以生命铸剑的莫邪无尽赞叹，对善于学习又高瞻远瞩的彼得大帝由衷推崇，对"坚信子规夜半犹啼血，不信东风唤不回"的理想者敬仰有加，对意境悠远、缠绵悱恻的爱情无限神往，就连德宏怒放与静谧的繁花，也让作者感受到无限的良善。这些描绘、叙述、抒情、评议，无不让读者感受到作者对人间真善美的挚爱，感受到他"路漫漫其修远兮，吾将上下而求索"的无悔，感受到纵然历尽艰辛也要建辉煌业绩的宏伟抱负，感受到千树万树梨花开的喜悦。一个浪漫的人，还是一个对丑恶现象进行猛烈抨击的人，因而作者激愤地说"宁可与猪共处三个小时，也不与心胸极度狭隘的人呆三分钟"，对那些不阴不阳不男不女的男性，作者更是深恶痛绝，以至于看到"长发歌手扭动腰肢并不时用手撩开掩面的长发的情景，总不由得心里一阵发腻"。作者毫不掩饰自己的感情，就是这种坦荡的胸怀、真挚的感情，感染着读者，使之获得精神的愉悦。

读《远行的思想》，犹如面对历经沧桑的智者，深受启迪。桃李不言，下自成蹊。作者具有丰富的哲学知识和扎实的文学功底，斯宾诺莎、帕斯卡尔、柏拉图、尼采、罗曼·罗兰的话语，信手拈来；《镜花缘》、希腊寓言、政界要闻，侃侃而谈。科学的道理、历史的典故、生活的轶事、动人的传说、幽默的笑语……让你应接不暇、茅塞顿开。一些最平常不过的事情，经作者三言两语点拨，鞭辟入里，意蕴无穷。"穷人的朴素是寒酸与无奈，富人的朴素便成为美德"，作者告诉我们，如果没有最起码的物质条件作保障，精神追求就如无本之木。穷人本无力选择奢侈的生活，经济的拮据注定他们的朴素只能给人留下"寒酸与无奈"的印象；而富人因其富足，本可锦衣玉食却选择了简朴的生活，因而轻而易举地就能赢得"朴素"的赞誉。"好高骛远人之常情，随遇而安人之常理。既好高骛远又能随遇而安便是浪漫主义和现实主义的统一。"好高骛远与随遇而安本是人生的对立态度，但作者却把好高骛远看作常情，随遇而安当作常理，把理想与现实紧密结合起来。文章充满了强烈的思辨色彩，对一些司空见惯的现象进行全方位、多角度的认识思考，启发读者不要局限于一个思维模式、一个片面的角度，而要多元化地思考生活。在作者的眼中，"缺点是优点不适当的延伸的结果"，"美必须有距离，但审美的距离不能太远"，这样饱含哲理、意在言外的句子俯拾即是。作者对 "治大国若烹小鲜""外圆内方""国人的'灵活'""出头的椽子"等精彩论述，更是独树一帜，令我震撼不已，久久不能忘怀。

读《远行的思想》，犹如面对敢于反省的战士，直面人生。正如有识之士的评价，"作者正是以跳出圈外的冷峻一边品尝生活的酸甜苦辣，一边以'思维'的第三只眼冷静地打量与反省生命中的缺漏，与自己的灵魂深处对话交流，与生命中的本源进行理性的审视，从而形成了高于生命本源的思想"。书中充满批判精神和强烈的思辨色彩，对争论多年的历史问题、司空见惯的生活现象、妇孺皆知的文学大师，作者另辟蹊径，以创新的精神、犀利的语言、冷静的态度，直抒胸臆，从更高的视野、更宽的领域、更广的范畴进行论证。一滴水，哲人认为汇入大海才能永不消失，而作者却认为"这一滴水汇入大海的那一刻就消亡"；对于诗圣杜甫，作者既看到他的崇高超拔，也不否认他的卑微与平凡。伟人认为"一个伟大的民族获得的教训只有从自身中来得快"，作者却认为"不仅能从自身的错误中接受教训，而且更善于从别人身上吸取教训，见微知著、触类旁通的民族才是更加伟大的民族"。一个善于反省的民族才能屹立于世界民族之林，敢于自省的人必将是一个坚不可摧的人，作者身体力行的自我反思，唤醒了读者自觉反思的意识。

喜爱《远行的思想》，缘于艺术上三个方面的特点。

哈尼语是我的母语，由于受哈尼语表达方式的影响与制约，运用汉语准确表达思想，我经历了一个艰难的过程。如何使用最少的词语，表达最深的思想，如何运用最恰当的表达方式，打动读者和听者，一直是我撰写文稿时考虑的重点。读《远行的思想》，我最为折服的是他的形散而神聚的表述方式、独具匠心的语录体和简练形象的语言。

形散而神聚的表述方式。形散而神不散是中国散文最常用的表达方式，不受时间和空间的限制是它最大的特点。《远行的思想》完美地继承运用了这一传统。全书所写的内容，多为作者工作生活中的所见所闻所思所感，基本涵盖了日常生活中的各个层面，作者以思想为主线，一线穿珠，把平常点点滴滴的思考积累汇聚在一起，杂而不乱，松而不散。

独具匠心的语录体形式。全书内容多为作者生活、学习、工作中的总结与思考，具有强烈的跳跃性、自由性，篇幅短小精悍。作者独具匠心，采用与之相适应的分段排列形式，内容形式相辅相成，交相辉映，与鲁迅先生的《朝花夕拾》有异曲同工之妙。

简练形象的语言。《远行的思想》鲜明的语言特点给我留下很深的印象。一是用词精练准确，"善于驾驭激情的是高人，能把激情隐藏得如死水一般的是奇人"。人们常说情不自禁，因而"善于驾驭激情的人"比常人高出一筹，是"高人"，而能"把激情隐藏得如死水一般"的人就连"高人"也望尘莫及，因而是"奇人"。"高""奇"两字传神地表达出这两种人处理激情的境界。有时甚至不著一字，尽得风流，"上帝创造男人和女人绝不会是笔误"，读完《男女事宜》这一章节，"笔误"一词令读者反复揣摩，浮想联翩。二是修辞手法运用恰当，语言摇曳生姿。作者运用了排比、拟人、比喻、对比等修辞手法，增强了文章的生动性、形象性和感染力。

一沙一世界，一花一佛国。《远行的思想》内容丰富、思想深邃、特点鲜明，不同的人有不同的评价，以上是我肤浅的阅读体会，权当作读者与作者的文学交流，不妥之处，敬请海涵。

编者注：朱布红老师曾先后担任骑马坝乡完小副校长兼骑马坝村委会学校校长，半坡中学教导主任、校长，绿春县教育局教育股股长，绿春县戈奎乡党委副书记、书记，中共绿春县委常委、宣传部部长、办公室主任、县委副书记，红河州纪委派出第八纪工委书记，绿春县委副书记、县长等职。

文选3：愿绿春一中的明天更美好更辉煌

王子恒

绿春一中从1958年建校至今已有46个年头了，值此校庆46周年之际，我表示热烈的祝贺！

46年来，绿春一中经历了创建，逐步发展，振兴发展几个阶段的曲折过程。在这个过程中，由于忠诚于党的教育事业的同志们在县党政领导和上级主管部门的指导帮助下，认真贯彻党的教育方针，克服困难，积极努力，教书育人，为上一级学校输送了一批批合格新生。为县内外、州内外各行各业输送了一批批有用人才，为边疆的物质文明和精神文明建设发挥了应有的作用。

"文革"前后，我先后两度在绿春县文教行政部门工作，对绿春一中的情况是了解的，而最直接在绿春一中工作是自1976年3月至1979年5月任党支部书记兼革命委员会主任（后改称校长）的三年多的时间里。

1976年10月，党中央公布王、张、江、姚"四人帮"反革命集团罪行以后，绿春一中学校教育才真的有了新的转机。党支部又起草了《绿春一中教育工作暂行规定（试行讨论稿）》，进一步开展学雷锋，创"三好"，争先创优活动，各教研组办好黑板报，开展教学比赛、歌咏比赛等。1977年11月，组织教职工学习《人民日报》《红旗》杂志刊登的《教育战线的一场大论战——批判"四人帮"炮制的两个估计》一文后，解除了长期套在教师头上的精神枷锁，进一步激发、调动了教师的积极性，轻装前进，把精力用在教学上，使学校的教学和其他各项工作都有了新的起色。特别是党的十一届三中全会以后的拨乱反正，教师被压抑了多年的积极性得以充分发挥，把学校工作重点放在搞好教学上，绿春一中的学校教育逐步走上了振兴发展的新时期。

我在绿春一中风风雨雨三年多，可以说是在一种极不平静的心情中度过的。好在三年多来，有了党的正确领导，有一支忠诚党的教育事业的教师队伍，依靠全体师生员工，在学生家长和社会各方面的大力支持下，学校的各项工作才得以逐步发展。所以，在恢复高考制度后的1977年、1978年，绿春一中的教学工作及大中专升学统考录取工作均取得了比较好的成绩，先后出席了县、州的"双先会"，1978年在红河州文教系统"双先会"上荣获"红河州教育战线先进单位"光荣称号。这些成绩和荣誉的取得，都是全体师生员工克服困难，积极努力的结果。对于这些，我感慨万千。

建设边疆的千秋基业，关键是办好民族教育。我坚信，边疆民族教育必将越办越好，绿春一中的明天一定会更加美好、更加辉煌。

编者注：王子恒老师曾任绿春一中第三任校长，曾两次任绿春县教育局局长。该文为绿春一中校庆46周年所作。

文选4：我对绿春文教工作的几点看法

王子恒

"文革"前后，我曾两度在绿春文教战线工作，经过多年观察、实践，对绿春教育事业的发展，有这样几点看法，这不是经验之谈，仅仅是几点看法。

（1）关于指导思想。也就是办学的指导思想的问题，过去绿春地区，长期以来都是处在刀耕火种、刻木结绳记事、目不识丁、愚昧无知、迷信鬼神的境地。广大劳动人民过着贫穷落后的生活。其中一个很重要的原因，就是文化教育落后，这促使人们必须认识到：边疆要发展，经济要繁荣，就是按照党的教育方针的要求办好教育，归根到底就是一句话：建设边疆，教育为本。

（2）关于办学形式。一定要按照边疆少数民族的实际，要采取集中与分散相结合，本着就近人民子弟入学方便。根据中共中央批转《关于刘少奇同志提出的两种教育制度、两种劳动制度》的文件精神，绿春县1963—1965年的办学形式是根据这个精神来办的，归集起来是散、小、多、低、重五个字。散就是学校布点分散；小就是学校规模小；多就是学校办的多；低就是教师水平低，教学质量低，教学效果不太理想；重就是教师负担重，有相当一部分教师担任着三、四级复式教学工作，还要做很多社会工作，教学负担也是重的，一是要完成学习任务，二是要完成劳动任务。

（3）提高教学质量问题。教学质量的提高是我们办学的目的，应该放在学校和教育主管部门的重要地位。① 加强师生的政治思想工作。② 要解决把学生培养成什么样的人的问题，"学雷锋、创三好"，要把它放在办学的整个过程。③ 教学相长，教师除认真上好课外，课余时间怎样辅导学生，提高学生的思想觉悟，文化水平和教学质量都要很好地研究。

（4）提高教师的政治、文化素质问题。一定要抓好这样几个问题：① 走自学成才的道路，组织他们参加各种不同类型学校（师范、师院、函大、电大等）的函授学习。② 加强教研工作，只有抓好教研活动，加强教学研究才能提高教师的业务水平，提高教师的业务水平才能提高教学质量。③ 离职进修，在条件允许、有名额指标的情况下，多选送一些教师到各级学校进修学习，提高他们的素质。

（5）调查研究，不断总结经验。① 调查研究工作靠教育局、教研室、学区、中小学校的校长还不够，还要调动各方面的力量投入调查研究，各种形式的学校，都要进行调查研究。② 不断总结经验，总结各方面的经验，指导面上工作的开展。

（6）合理使用教育经费，做好后勤工作。要依靠群众办学，单靠国家给的那点经费是远远不够的。教育经费 分也不能挪用，挪用教育经费是要犯法的。使用经费不能撒胡椒面，要保证重点，兼顾一般，逐年解决；做好后勤保障工作，这项工作不能忽视，要抓紧抓好。

我坚信，绿春的教育事业在党的十一届三中全会以来的路线、方针、政策的指引下，特别是全国七届一次会议对教育做出了战略决策之后，在教育战线上的全体同志共同努力下，只要认真结合绿春的实际情况来办学，绿春的教育事业是有希望的。在建设边疆、繁荣经济的宏伟事业中，一定会做出新的、更大的贡献。

编者注：王子恒老师曾任绿春一中第三任校长，曾两度担任绿春县教育局局长。该文是《绿春县教育志》（第一稿）执行主编魏维喜老师根据王子恒老师口述整理而成。

文选5：我在绿春一中工作了二十四年

路宏途

我1962年8月毕业于昆明师院（今云南师范大学），当年9月被统分到绿春中学（现绿春一中）任教，直至1986年8月调往红河州师范学校，整整在绿春一中工作了24年。

服从分配到绿春

20世纪五六十年代，大学毕业生为数不多，全部由国家统包分配，喊出的口号是："服从分配，到祖国最需要的地方去！"我1962年大学毕业就被统分到绿春中学，我与同时被分到元阳中学的一位校友同行，由个旧乘车绕道建水再到元阳。当时由元阳到绿春未通公路（元绿段公路是1965年才修通的），我只好在元阳新街上找到绿春的马帮（当时元阳到绿春唯一的交通运输工具），请马帮驮运行李，随马帮步行三天山路才到绿春。为防掉了队会问路，赶马哥首先教会我问路的哈尼话："绿春嘎马哈格哩？"（去绿春的路怎么走？）

绿春县城治所位于人口较集中的大兴镇，与内地的山区农村所不同的是，有驻军营房，在几个相邻的山包上分布着绿春县几大机关，粮食、邮电、医院、书店等基础设施还算齐全。但县城看不出一点城市和街道的样子（完全不像现在的样子）。绿春中学则位于县城东郊牛洪村子边的一个山包上，仅有一幢砖木结构八个教室（兼学生宿舍）的二层楼房，一幢共八间的瓦平房，一间四面通风做临时厨房用的茅草房和一块师生挖出来的土球场，这就是当时绿春中学的全部硬件设施。学校四通八达，还有未挖平的夹杂坟墓、油果树、竹林的山丘，根本不像校园的样子。幸好我是在内地山区农村长大的，虽然读了十几年书，也不敢忘本，很快适应了这里的环境，并暗下决心——既来之则安之。我相信这所创办不到四年的全县唯一的中学，是会发展壮大起来的。

建校劳动

我刚到绿春中学的那两年，学校只有三个初中班，师生尚不足百人。为了改变学校面貌和改善办学条件，师生共同开展了建校劳动。挖山平地、解（锯）板、背沙、拉瓦，盖起了一幢兼有保管室、宿舍的厨房；为解决住校生宿舍的拥挤情况，师生上山砍木料、割茅草，又盖起了一大间篱笆墙的茅草房。另外，为保证师生生活，降低伙食成本，减轻学生负担，师生还自己动手养猪种菜、上山拉柴、修蓄水池。当时，在厨工冯师傅指导下所栽的京白菜、青菜、白花、茄子等，为当地群众起了示范作用。

1966年下半年开始，由于开展史无前例的"文化大革命"，大部分师生外出"大串连"，学校被迫停课"闹革命"，直到1969年才恢复招收新生。1971年，为解决初中毕业生就近上高中的升学问题，绿春中学开办了高中部。1973年绿春中学正式更名为绿春县第一中学，成为绿春县唯一的一所完中。但在"文革"中后期，教学秩序还不正常。因受"两个基本估计"的影响，学校批判"资产阶级教育路线"，搞"开门办学"，学生边读书边劳动。学校成立了木、泥工组，师生分别在木、泥工各一位师傅的指导下，硬是盖起了一幢砖木结构的二层学生宿舍楼，我也因此学会了砌砖墙的泥工技术。另外，学校还开辟了三十多亩茶、果园，又到大黑山创办分校，师生自己动手盖校舍、开荒地，种出了苞谷、荞子、花生等。1976我也轮流去了一个学期。我除上课外，还兼管生活。上午上课，下午就带领一部分学生种菜，我们种的京白菜、青菜，自给有余。

我一生中的鼎盛时期

自1962年到1986年，在绿春一中工作的24年，正是我年富力强的青壮年时期。艰苦的工作环境，使我经受住了锻炼。在学校未办高中部之前，由于班次少，各学科教师不全，我先后承担过数学、历史、地理、美术等课程的教学。办高中后，我主要是教高中数学。1977年我担任了副校长，1983年到1986年8月（我调离前），我担任校长、党支部书记，1983年前我还兼任过学校办公室工作、学校工会主席、县教育工会副主席、县科协常委等社会工作。尽管在工作中遇到许多困难和挫折，但我始终专心工作，全身心投入教育教学中去。担任学校领导后，对学校的教育管理、制度建设、校园建设和师资引进等方面做了一些努力，取得了一定成绩，为边疆教育事业的发展做出了一定贡献。

几多辛劳，几多收获。我的工作得到了领导和同事的信任，得到了学生和家长的好评。1965年我被评为县"五好"教师，到省城昆明参加了国庆观礼，1978年被评为红河州先进教育工作者，受到州委、州政府的表彰，1981年和1982年连续两年被评为县工会工作积极分子，1983年被评为县先进科技工作者。1981年暑假，我受县教育局委托，带领县教育工会组织的二十五年以上教龄的老教师赴北京参观学习，受到国务院副总理、国家民委主任杨静仁和中央统战部部长李贵等领导同志的亲切接见并合影留念，可以说这段时期是我一生中的鼎盛时期了！

两点建议

虽然我已经调离绿春一中11年，但毕竟在绿春一中工作了24年，我仍关心绿春一中的建设和发展。绿春一中是全县最高学府，扮演着"科教兴县"的重头戏，鉴于绿春一中面临的困惑，我想就现在突出的问题，即教师队伍建设和素质教育问题，谈一点粗浅的看法，仅供参考。

一是现在绿春一中的教师已趋于地方化和年轻化，这是绿春一中的一支生力军。"办学之本抓教师"，搞好教师队伍建设是当务之急。教师应有爱岗敬业、奉献的精神，努力提高自身的思想道德素质和教学业务水平，"育人先育己"，为人师表，树立良好的教师形象，热爱家乡，建设家乡，安身立教。每个教师除精通自己所教学科外，还应教给学生一两门实用性技术，使学生将来有为发展家乡经济，勤劳致富的一技之长。

二是学生基础差，片面追求升学率，去挤独木桥是不现实的，而应当从以考试为手段，以分数为依据，以把少数人从多数人中选拔出来送进高一级学校为目的的"应试教育"模式转变为与之相对立的，以全面提高学生思想品德、科学文化和身体、心理、劳动技能素质，培养能力，发展个性为目的的素质教育，从学生实际出发，因材施教，使学生学有所获，真正成为德、智、体等全面发展的社会主义事业的建设者和接班人。

以上两点都是说起来容易，做起来很难的事。但我又以为这是绿春一中生存发展的必由之路，是全面提高教育质量和办学效益的正确途径。希望绿春一中全体师生员工转变观念，共同努力，在"应试教育"转向素质教育的过程中重塑形象，创造辉煌。

编者注：路宏途老师曾任绿春一中第五任校长，1986年8月调任红河州师范学校校长。该文为绿春一中校庆46周年所作。

文选6：艰苦创业　造福子孙

金智祥

中华人民共和国成立初期，我先后在墨江哈尼族自治县的下雅邑、洛渴、骂尼街和现在的扭直（当时属墨江县，今属大水沟乡）一带哈尼村寨中开办学校。

当时，这一地区正是国民党残匪猖狂之际。以曾德兴为首的"反共救国军"残余势力到处烧杀抢掠，无恶不作，人民处在白色恐怖之中。

1951年1月，墨江县人民政府把我从下雅邑民办小学调往洛渴村开办公立小学，并兼有整顿、健全该村民兵组织的任务。到了那里后，只见群众恐怖不安，生活十分困难，办学用的校舍、桌椅一无所有。大米要到10000米以外的骂尼街去买。当时，我的月薪是50千克大米，折合人民币8.30元。那时，我脑子里只有一个信念——紧跟共产党和毛主席，坚定地为边疆人民的教育事业服务。于是，我一边整顿民兵组织，一边发动群众办学。没有教室，我就与村干部和群众商量，暂时将村边树林里的破庙作教室，没有课桌，就用竹笆搭成，没有凳子，就用一根竹子凿出洞套在木桩上使用。我自己则在群众的屋檐下搭个篱笆小屋，现割茅草盖上，在里边办公、做饭，还领着四个住校学生在此睡觉。因是新鲜茅草盖的屋，外边下着大雨，里面下小雨，我只好和学生顶着蓑衣熬夜。然而，我没有叫过一声苦。初招学生28人，其中有两个青年学生（宋祥云、彭向文）边当民兵边读书。他俩是背着火药枪、挎着牛角号读书的，我是枪不离身，背包不离课堂，保证对敌斗争和教学两不误。1951年6月的一天，曾德兴联合杨德高土司兵武装占领坝溜区政府，该区联珠小学教师黄文清叛变投敌，充当曾德兴的秘书（后来与曾德兴逃往中国台湾）。在白色恐怖下，我临危不惧，旗帜鲜明地宣传党的方针政策，与村干部、民兵同甘苦共患难，组织民兵同残匪进行针锋相对的斗争。同月下旬，洛渴小学被迫停办，我随同区政府和区中队转迁到老李寨驻守，全力保卫老李寨（当时，此处有在押的土匪、特务、地主恶霸、俘虏共50多人）。

1951年8月，我被墨江县政府调往南溜区区政府所在地——骂尼街开办中心小学。不久，又调来杨金祥、刀世昌两同志。当时，我一人坚守教学岗位，他们两人到各村寨巡回宣传党的教育方针及其他方针、政策，发动、登记适龄儿童并动员群众盖学校。经过努力，学生人数由43人增加到75人，到1952年春季，由群众建盖了一幢土木结构的楼房，上层做师生宿舍，下层做两个教室。学校从重视学生的数量转迁到提高教学质量的轨道。

1952年8月，墨江县文教科调我到坝溜区下七乡扭直村开办省立小学分校。

初到扭直，令我惊心。全村60多户人家被曾、杨匪兵洗劫一空。96头耕牛全被抢走，还被抢了家具、炊具等东西，能带走的都被带走，不好带走的被完全打碎。在与匪兵的作战中，有4位民兵英勇奋战壮烈牺牲，分队长金四臀部受伤未愈。面对严重困难，我该怎么办？是迎着困难上还是畏缩不前，我选择了前者。敌人的暴行，激起我满腔愤怒，也激起我战胜困难的决心和信心，有共产党和毛主席的领导，有党和人民的信任，我一定能完成教学任务。于是，我扎根群众，挨家挨户地去访贫问苦，召开干部会、民兵会、烈属会、老年会、青少年会、妇女会，控诉匪兵罪行，提高群众的觉悟，教育他们，只有听毛主席和共产党的话，道路才越走越宽广，接着就进行各方面的工作。如，健全民兵组织，加强民兵武装力量，宣传生产自救，与此同时，诉说没有文化知识的苦楚，讲述有文化的好处，通过一段时间的艰苦细致的工作，学校在牛棚里办起来了，那时，我既高兴又为难，学校办起来了，令人欣慰，学校离城100多千米，交通不便，沿途匪情复杂，学生无课本无文具怎么办？"世上无难事，只怕有心人"。没有文具，带领学生拾箬叶当纸用，没有笔，用小竹子割尖当笔使。为了开展文体活动，我就带领学生挖操场，请向导带我到10000米外的大山沟里去砍藤篾来做球圈、拔河，用粗竹子锯齐后凿洞穿起来做篮板。此外，还自创了单杠、双杠，挖了沙坑，每周下午安排文体活动赛球、跳舞、躲猫猫、唱歌等。学校一片生机，连校外的青年也要求参加学校的文体活动，每逢这时候，连七八十岁的老人也要去观看。为了培养学生团结、紧张、严肃、活泼、遵守纪律，热爱共产党，热爱新中国的思想感情，学校一年级到四年级每天都坚持升国旗，并要求学生在升国旗时严肃、安静。

教书育人是重任，以身作则要先行。要在哈尼村寨办好学校，教师的言行是很重要的。定期或不定期地给他们理发、剪指甲、揩鼻涕、系鞋带、扣纽扣等。事小，但作用很大。良好的师生关系，讲文明、讲礼貌、讲卫生、守纪律的好风气，正是在这一件件小事影响下养成的。那时，只要老师一声令下，就雷厉风行，鸦雀无声，学校纪律是很规范的。

为了减轻学生家长的负担，培养学生热爱劳动的习惯，同时为改善办学条件，学校积极开展了勤工俭学活动，我们根据当时情况，请有经验的老农当参谋，我带领学生种花生、旱稻等，把收入款用来购置篮球、羽毛球、缝制校旗、补助学生文具用品，每学期还搞一至二次野炊活动，勤工俭学使学生高兴、家长满意。

由于党的方针政策深入人心，学校也越办越有影响。1953年秋，由群众建盖了一幢土木结构面积为100平方米的校舍，没有向国家要过分文报酬。

哈尼族儿童有着善良、纯朴、勇敢、刚强的性格，但普遍不懂汉话，这是教学上的大难题，那时，他们能背诵课文，但不知说个什么事，解决这个矛盾最好的办法就是教师学会哈尼语言。我自己原来也不会说哈尼话，为了工作的需要，我拜懂哈尼、汉语言的老年及壮年为师，和他们交朋友，互相学习，互相帮助。先从常用、常见的东西名称学起，如家畜、家禽、家具、工具、农活、植物等名称，学一样就记一样，有的用拼音字母凑成。不到一年，我基本学会了哈尼族常用语，两年后，就能用哈尼语讲课了。这对提高哈尼族学生的文化知识水平起了极大的作用。

由于教师的辛勤劳动，学生的思想觉悟和学习成绩越来越好。学校36名学生中，有34人连年升级。1953年8月，在墨江县小学教育整顿中，扭直小学被评为县级先进学校，我本人被评为县级的模范教师，受到党和政府的奖励。

艰苦创业，造福子孙。作为中华人民共和国成立后第一批到绿春地区任教的我来说，在教育战线上已奔波了37个春秋。为了哈尼族人民，为了民族教育事业，我辛勤耕耘，尽心尽责。

愿我们的教育事业如雨后春笋，蒸蒸日上，望我的同仁奋发努力，为祖国、为人民做出伟大的贡献。

编者注：金智祥老师是绿春县向阳中学（今绿春县第二中学）退休教师，该文是其退休后所作。

文选7：在创办三区农中的日子里

王春舜

1959年，由于学校大砍超龄生（名曰"清理劳动力"），造成更多大龄学生失学。绿春县根据边疆民族地区文化、生产落后的状况，为使这部分"超龄生"能继续学习，为农业战线培养初级技术人才，1960年3月，在全县四个区联社范围内各办一所农业中学，大兴区办在四哈腊依旁（今绿春县变电站处），由汤庆萱负责；牛孔区办在平掌街，由李树辉负责；哈德区办在密东洛马，由李培端负责；三楞区办在罗马底村下面的金岔河畔，把我从三楞小学调到该校负责。当时，各校由区委书记兼任校长，三区农中由李济寿兼任，学生由各乡（现在的行政村）清理出来的超龄生选送了50人（其中女生8人），听说每校拨给办学经费500元，由区上会计处支报，我们农中领到新锄头18把，砍刀5把，斧头3把，大锅也买不到，小锅买到3口，区上供应半年的口粮，就是在这种情况下，我带着50个学生，在气候炎热，当地称"鬼在的烟瘴河谷"之地开办农中。没有房子，就住在老百姓的田棚里，课桌用竹篱笆搭成，黑板现砍攀枝花树板涂上墨汁就用，教师的办公桌用老百姓的空蜂筒当脚，用切菜砧板做桌面。学生宿舍自己割茅草，砍竹子盖起来。吃饭用的碗，洗菜用的盆，均用竹子做成，每天早上坚持上四节课，教材是农业中学课本，其余时间就是建校舍，开荒种地。

那时的金岔河两岸，荒无人烟，麂鹿成群，老熊和蟒蛇出没，令人生畏。生活上，老百姓实行公社化，搬家并村，吃集体食堂的大锅饭。各种物资供应欠缺，连油也难吃上。为了充饥，河两岸的芭蕉心、大果叶都被我们吃光了，山坡上的野山药也挖光了。由于气候炎热，蚊虫叮咬，学生发疟疾，每天病号不下10人。当时罗马底合作社在半山上办的养猪场的猪也病了，后来猪死人亡（场长李牙者患恶性疟疾而亡），彻底垮台。在饥饿、疾病和繁重的建校劳动中，许多学生思想动摇，半数以上的学生流动了，我自己也由于操劳过度晕倒在课堂上，师生面黄肌瘦，炊事员也不辞而别，农中面临绝境。好在区委重视，电话通知各乡领导及学校教师，负责把流动的学生动员追回，农中才得以巩固下来。

经过半年的艰苦努力，校舍建好了，课桌也基本备齐，师生从临时的田棚中搬进了新校舍（现在大黑山附近的下新寨处）。当年秋收，师生栽种的早稻、蔬菜已达到半年内自给的要求。年底，我们学校有学农基地16665平方米，其中6666平方米水田是附近的三个村划给的，种植水稻、棉花、甘蔗、花生、旱稻、玉米等农作物，县农科所的技术员赵继照同志曾到学校指导栽培、试验、讲农业技术课，推广使用化肥等。据统计，当年收粮万余斤，蔬菜自给有余，卖甘蔗等项收入现金500余元，再加上烤芳香油、采野生虫胶等勤工俭学收入，使学生的文具、书籍、办公费用全部达到自给。

1961年8月，第二班开始招生，原计划招高小毕业生50人，但实际到校的只有45人，同年，韦成立老师到农中任教，在校学生共75人，教师2人。学生轮流做饭，养猪5头，耕牛1头，每天上4节课，其余时间就是劳动或搞副业收入。

在金岔河边住了一年多，学校也有了一定的物质基础，但因气候恶劣，环境差，疾病多，学校处在夹皮沟中，脱离群众，办学增加了不少困难。如春米无碓无筛，要到很远的村子里去借。

再者，离区政府太远，好像与世隔绝。后经区委决定，将校址迁到三楞附近的龙浦村。这样，又给师生带来了许多麻烦，辛辛苦苦开垦的土地，建置的校舍等只得放弃，家具、粮食、课桌等又得背到半天路程外，但学生高兴、自愿。

到龙浦后，暂借生产队的仓库做厨房和仓库，新建了两间教室（茅房），一年后，我们又开出山谷地6666平方米，菜地3333平方米，还养着猪、鸡、鸭、耕牛，区属机关吃菜都是农中供应。在作物栽培方面，我既教学生又教群众。此外，连做水豆腐技术也教给群众，使群众改变了只会吃盐豆而不会做豆腐的习惯。不久，韦成立老师调骑马坝小学，邹开华老师调来农中来任教。

1962年8月，上级派工作组清理"一平二调"，要农中赔偿损失，不但要赔耕地，甚至连过去在金岔河划给的3333平方米水田的产量损失都要赔。这样，农中只得停办，三区农中前后办了两年半。

三区农中虽然只办了两年半的时间，我认为还是有成绩的。从办学的过程中，我们可以看到边疆人民迫切学习文化知识的心情，特别是自力更生、艰苦奋斗、勤工俭学、半读半农的做法，在今天也不失其意义。我想，若能办下去，是会有成绩的。当年农中的学生，现在大多数成了国家干部，有的当医生，有的当教师，有的成为区乡干部，有的在农村成为专业户。现在师生相遇，总要提到农中，说农中是他们的启蒙地，周围的老百姓总忘不了，说当年农中种的菜有多好多好。所以，农业中学是有影响的。

编者注：王春舜老师曾在三楞小学、三区农中、戈奎中学、绿春二中等地教书育人。退休前任绿春二中总务处主任。

文选8：边疆教育工作琐记

李秀莲

我是1954年8月参加教育工作的，后因照顾爱人的原因，于1961年3月调到绿春县工作。在漫长的教学生涯中，有27年的时间一直是在偏僻的山村小学任教，坚持在教学第一线，为边疆民族教育工作做出了一定的贡献。在那边远的山村小学里，我经历了许多城市教师无法想象的事。虽然我如今已是白发苍苍的老太婆，那些往事一直深深地印在我的脑海里。

1961年，我带着不满周岁的大女儿翻山越岭，过江过河，徒步三日来到绿春县大黑山区嘎处小学任教，住在满是裂缝土墙的草屋里，这就变成了我们的家。

学校坐落在嘎处村脚下的一个小山包上，周围有许多参天大树像卫士一样的守卫着学校。当时学校没有电灯，连煤油灯也买不到，吃水要到四、五里外才能取到，学校和村里的人都一样，用竹筒挑水，辛辛苦苦地把水扛回来，由于倒水技术还没有掌握，一下子全竹筒的水全部涌出筒口，全部泼在地上，盆里所剩无几。我爱人又在距我四五个小时路程外的过路乡粮点工作，家里的忙也帮不上。我既要完成教学任务，又要忙家庭的许多琐事，特别是在我有三个孩子后，在这艰苦的环境中，带着三个孩子，足足度过了20个春秋。

学习民族语言

我是玉溪地区元江县因远区人，母语是白族语。我只能用汉语和白族语交际，但是嘎处这地方是哈尼族地区，学生听不懂汉语，给教学带来许多实际困难，于是，我开始用小本子记录哈尼语，学说哈尼话，一年后，我能用哈尼语进行教学，教学效果提高很快。

蛇的干扰

前面已提过，嘎处小学的住房条件。我说不清是何原因，这个地方的蛇也多得出奇，不仅在上厕所、去菜地的路上经常会遇到蛇，而且会经常出没在家里。有一天晚上，我正在油灯下面批改作业，用旧报纸糊着的墙上传出一阵阵轻微的窸窸窣窣的响声，我以为是老鼠没当回事，正在聚精会神地批改作业，一条红脖子蛇不知什么时候爬到办公桌上了，我无意中抬头看到它不断地吐出信子，吓得我大叫一声，三步并作两步跳出门外，喊来一位男教师一同把它打死，这一夜，我工作了一天虽然很累，但无法安然入睡。上劳动课时，也常常遇到各种各样的蛇。有一次，我去抱茅草，随着草中夹着一条蛇，有时床上也会出现蛇盘在床上，真是出没无常，防不胜防。在那艰苦的山村小学里，蛇就是每个女教师最害怕的东西。

既当教师又当医生

原来我认为，作为教师只要教好书教好学生，就算尽到自己的责任了。在实践中，我深深体会到，当教师不但要教书育人，而且要关心学生的身心健康，观察他们的一举一动。有一次上课时，有一个学生叫王玉宝，他不停地在揉自己的眼睛，我问他怎么回事，他说："不知道，只是我感到挺痒，不揉就难受……"由于教室光线暗，我就把他带出教室，翻开他的眼皮检查，原来他的眼里有一条干蚂蟥，可是叮得很紧，怎么也挑不出来，我拿来血管钳把那万恶的东西——干蚂蟥夹出来。在偏僻乡村工作的女教师有"两怕"：一怕生孩子，二怕孩子生病。我的大女儿是在医院生的，当第二个孩子怀在身时，我每天发愁，要到县医院，要步行整三天才能到达，真是难啊，我只好让我60多岁的姑妈步行三天来嘎处给我接生，分娩那天，孩子刚坠地，哇的一声哭开了，可是好半天胎盘还未下，我怕有危险，用剪刀缠住脐带拽着，胎盘慢慢下来了，母子俩才算平安地过了这一关。孩子生下后，生病也找不到医生。如果到医院看病，就得请假到四五十里外的区卫生所去看，既影响教学工作，又误了孩子的病。我就用业余时间学点医学知识，如《小儿急诊手册》《玉溪中草药》等。边学边用边实践，我除了给自己的孩子治病外，还经常给学生和老百姓治病，其事例举不胜举。

艰难的生活

1962年8月，爱人"离职"了，一家五口人的生活，全靠我一个人的月薪47元人民币来维持。爱人被落户在嘎处村当农民，每天早出晚归还难以维持本人的生活。一家人的生活到了最困难的时刻，可是，我一直默默地担起全部重任，积极地为边疆的教育事业而努力工作着。

当时，去一次县城特别困难。绿春县教师每年都要集中到县城集训，我和其他教师一起跋山涉水（他们大都是单身汉，行住都比较方便），可是我一个拖儿带女的女人，还是跟随他们前进。有一次，我带着刚满8个月的孩子到县城参加学习，坝沙河的水上涨，水流湍急，当我过河，被猛水冲了个跟跄，母子双双落入急流中，孩子被冲出两米多，被一位男教师救起，但孩子出现了暂时性的休克，慢慢才苏醒过来。尽管这样，还得背着孩子赶路，三天后，虽然到达县城，但我的脚上起了不少血泡。第二天，县上的领导亲自到我的住处进行慰问，并叫会计送来20元钱作为补助。领导的关怀给了我巨大的鼓舞，激起了我对边疆教育事业努力的热情。

以工作为重

1969年，为了把入学率搞上去，领导决定调我到小龙潭小学工作，主要是把入学率抓上去。我不顾家庭的困难，丢下了孩子，服从组织的分配。到了小龙潭小学后，我向民师和生产队长了解村里学生入学及群众对办学的思想情况等，得知这个村入学率低，主要是女娃娃入学的少，于是我就召开女孩子会、干部会、家长会，闲暇时与女孩子交朋友，教她们绣花、唱歌、跳舞等，吸引女孩子们入学。有的三番五次登门做说服动员工作，通过几个星期深入细致的工作，女娃娃大多数都来读书了，入学率也上去了，招生任务基本完成。我回家去看看孩子，一到家里就看到三个孩子都剃了光头（大女儿已9岁）。孩子们一见到我就哭起来了，原来是孩子的父亲每天早出晚归，顾不上给孩子们洗头洗澡，生了虱子，都给他们剃了光头，这怎么不叫人辛酸难过呢。

嘎处村吃水非常困难，我去小龙潭工作后，家务重任全落在三个孩子身上。他们自己做饭、洗衣、上学、做作业，还得去远处抬水，老大和老二合抬，老三用油桶提。

这是我在绿春从事教育工作20多年的往事回忆，也是我的工作、生活的真实写照。

编者注：李秀莲老师曾在嘎处小学、小龙潭小学、绿春一中等地教书育人。退休前是绿春一中教师，该文是其退休后所作。

文选9：具体问题具体分析（1964年10月）

魏维喜

矛盾的普遍原理给我们研究矛盾的时候提供一个总的指导原则。既然矛盾是普遍存在的，则任何事物的发展，自始至终都充满着矛盾。我们对待任何事物的研究，都必须从分析矛盾着手，研究每一事物的特殊性，才能发现事物运动的特殊原因，才能找出解决矛盾的正确方法。而研究矛盾的特殊性时，主要是懂得具体问题具体分析。客观事物的千差万别，造成了事物矛盾上多种多样的解决矛盾的方法，也就不能千篇一律，而应该是不同的矛盾采取不同的方法来解决，否则，是要受客观规律的惩罚的。例如：我们在帮助一个在工作中犯有缺点错误的同志，若不能抓住问题的本质进行具体分析、研究，找不出他最本质的东西，而是抓住一些表面的次要的东西，那么，问题不仅不能解决，反而会使矛盾加深，不但没有调动该同志的积极性，反而会使他更加消极怠工。

我们党在各个时期制定的一切路线、方针和政策，都是根据全国范围内的情况制定出来的。可是内地与边疆、城市与农村的具体情况就不同，执行的时候就不能"一刀切"。如果没有从边疆的实际情况出发，也就是没有具体问题具体分析。我们不能把握住具体问题具体分析这一马克思主义的基本原则，就会给党的工作造成不应该有的损失，同时也会使我们犯主观主义和教条主义的错误。

具体问题具体分析，实事求是的进行工作，这是我们从事一切工作的准则，什么时候遵循了这个原则，我们的工作就办得好一些，什么时候违背了这个原则，我们的工作就要受到规律的惩罚。这是历史证明了的客观真理。

编者注：魏维喜老师曾任瓦那小学校长、大寨民族小学校长、《绿春县教育志》（第一稿）执行主编。

文选10：少数民族学生学习语文的若干障碍及其排除方法

杨善鸿

从学生的年龄特点、个性差异、思想实际等方面进行教育教学，是教育学的一条重要原则。对于少数民族学生，还应包括民族性的特点。教师只有从民族学生的实际出发设计并实施有效的方法，才能收到好的教育教学效果。

本文仅从中学语文学科的角度，就本地少数民族学生学习中因民族特点的影响而碰到的几种主要障碍及其排除的方法做一点初步探讨。

本民族母语的干扰及其排除

对少数民族学生来说，真正纯正的母语是本民族语言，本民族语言与汉语有许许多多的差异，语法方面的差异尤为显著。例如，彝语、哈尼语均属汉藏语系，与汉语同源；但是，这两种语言中的动词和宾语的语序都与汉语相反，表领属关系的定语和中心词之间不用助词，等等。从书面语看，汉语现代白话文接近口语，句子有整有散，散句居多；而彝语的书面形式都是五言成句，偶尔出六、七言句。儿歌、民谣、山歌也莫不如此，哈尼文字创立不久，所见著作少，但从情歌、酒歌等唱词的句式来看，也同口头"自词"相去甚远，与汉语就更不同了。

少数民族学生除了在课堂上学习汉语以外（事实上，有的中学教师在课堂上也使用少数民族语言来讲课），大部分时间都在本民族语的熏陶之下，本民族语的结构规律已在头脑中定型，因此，学习汉语时就常常受到干扰或阻碍。

针对少数民族学生这种实际情况，语文教师要注意研究学生本民族的语音知识、技能对于汉语学习的迁移和干扰，研究少数民族学生掌握汉语语音、语法的特点，再对症下药，提高教学质量。

首先，语文教师要基本了解（能通晓更好）所在学校中占多数的那个少数民族的语言特点，比较该民族语与汉语的异同，找出有规律的东西，以利于有意识、有计划地指导学生排除本民族语的干扰。

其次，组织学生进行汉语会话练习。语文教师要鼓励少数民族学生学汉话，说汉话，用汉话，还要有计划地训练。可以采取"激""逼""巧""严"的方法加强训练。"激"就是激励学生，讲清目的，激发动机和兴趣；"逼"就是带着说，师生间一律用汉话答问、交谈，一遍不通，再说一遍等；"巧"就是巧妙安排各种训练；"严"就是严格要求。这样，使少数民族学生处于汉语言的环境气氛之中，耳濡目染，潜移默化，逐步适时并掌握汉语的特点和规律。

社会环境和早期教育的限制及其排除

一般地说，少数民族聚居的地区，也正是社会经济、文化落后的地区。这些地区的学生见识少，又缺乏较好的早期教育，其智力水平一般较低，往往与其年龄及学龄极不相称。在语文教学中反映就表现为概念不明，思维迷乱；阅读则不明原意或者曲意理解；写作则词汇贫乏，难以尽意，甚至颠三倒四，东扯西拉。有的把"欧阳老师"叫成"欧老师"，有的描写"火车在崎岖的小路上奋勇攀登"。更有甚者，一篇近千个字的高中生的习作中，竟然挑不出一个表意完整、明确、没有语病的句子。这种状况实在令语文老师头痛。

针对上述情况，语文教师要根据大纲要求，完成教学任务，使各年级学生都具有相应的读写能力，就必须努力消除环境和早期教育对少数民族学生的限制，把这些不利因素降到最低限度。方法有三。

（1）根据学生实际选择适当的教学内容和方法。承认这部分学生智力教育上的"先天不足"，认识少数民族地区学校教育各阶段（小学、初中）很难按教学大纲完成教学任务这一普遍现象。不要盲目赶教学进度，不要盲目追求升学率，起始年级一定要补习，复习前一阶段的课程，有必要的还可以适当延长初、高中的学习年限，如，有的大学设民族预科班，重点中学的民族班延长学制一年。我们民族地区的一般中学为什么不能这样做呢？从教材方面讲，一定要从学生的接受能力出发，与其教那些学生无法弄懂的艰深知识，不如教一点学生能够学会的知识，若明知学生考大学无望，就应当教给他们一些就业本领，否则，"欲速则不达"，培养出来的只会是低能儿。

（2）采用学生易于接受的教学方法，这样做见效快。教学方法很多。根据少数民族学生鲜寡闻，需要大量吸收新知识，形成新概念的实际，可以较多地采用讲授法、演示法，加上其他方法的配合。感知觉是认识事物的基础，荀子说："不闻不若闻之，闻之不若见之。"王充说："不目见口问，不能尽知也。"少数民族学生正是直接感知的机会少，影响认识能力的发展，对语文课中出现的几乎包罗万象的术语，概念茫然不知所措。教师就要正确组织学生的感知觉，通过直观教具和生动形象的讲述、讲解，丰富学生的感性知识，为理性认识打下基础。

（3）激发学生求知欲望，培学习兴趣。兴趣是发展智力的一个很重要的条件，它是调动学生学习积极性的重要"能源"之一。少数民族学生中的大多数是真正的"山里人"，环境和教育的不利因素使他们的知识、理解以致想象等能力都有很大的局限性，语文老师要引导他们从狭窄的山谷走向宽广的平原，让他们领略山外之山、天外之天，产生一种豁然开朗、恍然大悟的感觉，并诱发他们产生向更深更广的领域迈出的渴望，语文教师要充分发挥课文的感染力，通过教学技巧，诱发学生读写的强烈兴趣。更要使学生有所得，通过新知识的掌握和新能力的形成，达到更高的一个层次的欲望和兴趣，循序渐进，不断提高。

心理素质方面的障碍及其排除

"民族是人们在历史上形成的一个有共同语言、共同地域、共同经济生活以及表现于共同文化上的共同心理素质的稳定的共同体。"在社会主义建设时期，前三个要素在各民族间的差异正在逐渐缩小，而"共同文化上的共同心理素质"仍明显地存在。少数民族学生身上也必然表现出所属民族的文化、习俗以及由此而产生的心理素质。这种素质的消极方面就成学习语文和其他学科的障碍。主要表现如下。

（1）因循守旧，谨小慎微。在语文学习中很少主动性，只会照抄照搬，缺乏独立思考和创造想象。

（2）容易满足，不求进取。学习语文只图会写个信，开个证明。

（3）腼腆害羞，不善交际。民族学生普遍如此，女生更甚，提问不启齿，勉强开口也是低声细语。朗诵、演唱等语文活动更怕参加，甚至不敢和老师对话。

（4）自卑畏葸，信心不足。"作家、记者是汉族同学的面分（份子），我们生来就不是那块料",对语文从难学到怕学,以至失去信心。

语文老师要针对各种表现,因人而异地加以启发、诱导,使学生明确语文学习的目的意义,语文在学习、生活、工作乃至社会主义现代化建设中的重要作用;树立典型,特别是少数民族中的典型,介绍少数民族中的著名作家,介绍本地区学校语文学习成绩显著的同志和同学;平时多与学生接触,关心爱护,并尽量提供学习语文的条件。如,让汉族同学帮助指导,积极鼓励少数民族学生参加各种语文学科活动等。让少数民族学生树立正确的学习目的和提高学习目标,激发正确的学习动机和学习兴趣,使他们认识到语文需要学,要学好,而且是可以学好的。

编者注:杨善鸿老师是中学语文高级教师、云南省优秀教师、红河州民族团结进步先进个人,曾任绿春县教育局副局长(主持工作)、绿春一中第八任校长。

文选11:边疆民族教育必须改革
——对三猛区巴德乡几所民族小学的调查

范国兴

我省是全国少数民族最多的省份之一,全省民族自治地方共78个县,土地面积占全省的71%,人口占51%。这些少数民族地区自然资源非常丰富,但大多数地区都十分贫困和落后,造成这种状况的原因,最根本的一条就是民族教育不发达,劳动者的素质低,人才缺乏。因此,努力发展民族教育,提高民族地区劳动者的文化素质,乃是当务之急。而探讨民族教育的特点与规律,则是改革和发展民族教育的前提,这也是教育工作者义不容辞的责任。作为民族人口占95%以上的绿春县来说,这些少数民族的子女享受教育的状况如何?教育对当地政治、经济、文化发展起了什么作用?存在着哪些不适应当前农村经济变革的情况?当地民族有些什么特点?民族教育有哪些规律?需要进行哪些改革?了解和掌握这些问题,对办好民族教育是大有好处的。在检查普及教育的同时,我带着以上问题对具有代表性的三猛区巴德乡的6所哈尼族小学进行了实地调查,调查结果如下。

巴德乡哈尼族小学教育工作的现状

巴德乡地处黄连山脚,全是山区,距县域50千米,离区公所哈德20千米,与中越边界线相距约20千米,该地区土地肥沃,雨量充沛,哈尼族村寨分布在河谷、深箐、陡坡相隔的山梁上。全乡11个自然村,12个生产队,315户人家,2040人。1957年该乡开办了第一所公办小学——巴德小学,现有公办小学6所(已停办一所不计),村小均为初级小学,这些学校共有在校生202人,12个教学班(其中二级复式教学班6个,寄宿制高小五年级一个班)。实行五年学制和四年简易学制,教师12人,其中哈尼族教师10人,彝族教师、汉族教师各1人。教师的学历是:高中1人,中师2人,初中8人,高小1人。办学上实行"公办民助""两条腿走路",学生免费入学。经调查,10个哈尼族村共有学龄儿童276人,入学率为57.2%;女适龄儿童121人,入学率为33%。这里的入学率不高,但学生流动率却是惊人的。1983年,全乡一年级学生66人,到1984年只有48人(包括留级生),流动率为27.3%,而整个三猛学区更为惊人。1983年,三猛学区一年级学生共904人,到1984年,这些学生流动了467人,流动率为51.7%,四年级流动率为21%。1979年,全学区招生

1085人，到1984年小学毕业时，才有学生84人，巩固率为7.7%。从整个小学教育周期来看，低年级流动性大，高年级稍微少些。入学率较高（统计数字），但巩固率很低，从低年级到高年级呈宝塔形状，这是边疆民族地区教育的一大特点。此外，学生学习成绩差，留级、复读生较多，这是巴德乡各小学存在的普遍现象，也是边疆民族教育的又一大特点。1983年，巴德乡小学有12个学生参加县统一命题升学考试，语文平均分16.2分，数学平均分30.1分，两科总平均23.1分；两科总分最高为71.5分，最低分17分；语文、数学的及格率均为零。虽然中学在录取时降格录取，但由于基础太差，学生学习感到吃力，教师教学感到非常困难，人才难以培养出来。

停办的龙师小学，办学已有10余年（转为公办已有8、9年），但从办学到停办都是读一年级的学生，好一点的只读到二年级，该村15户人家，只有两户要求办学，教师并不像中华人民共和国成立初期那样受到群众的欢迎与敬重。

总之，多年来巴德乡各校的入学率约85%，巩固率为10%，合格率为零。所谓的毕业，仅仅是"学习期满"。而谈不上"成绩合格"。

从封建社会跨入社会主义社会的哈尼人，至今还保留着原始社会落后的刀耕火种的生产方式，落后的生产方式与自给自足的自然经济思想与20世纪80年代的改革开放政策、祖国四化建设很不协调，它直接制约阻碍当地经济、教育的发展。当地儿童带领弟妹，担水做饭，放养鸡猪鹅鸭，承担着繁重的家务劳动。家长与学校竞争儿童的现象极为普遍，尽管自然资源丰富，但由于没有商品经济观念，致使部分农户不要说解决子女入学的学习用具，就连家里用的火柴、食盐费用也成问题，个别农户甚至还在领取救济款购买国家返销粮。学校的办与不办，办好办坏，好像与自己无关，校舍比农舍还差，这里的群众很少有机会与外界接触，汉语基础极差，儿童智力低且晚熟，教学困难较大。壮年人除了干部外，很少有人会讲汉话，高小毕业也只能说几句简单的汉语，初中毕业讲汉语觉得困难。体制调整以后，农民的温饱问题基本解决，有部分家长认为：孩子在家放野，不如到学校老师管教。因而有人送子女入学，但大部分适龄儿童仍需教师反复登门动员。最终结果是：请进来，留不住，学不好。许多内地教师由于环境艰苦，办学及生活条件差，工作困难大，纷纷外流或要求调离。

以上的情况说明，中华人民共和国以来，党和国家对边疆民族教育付出的代价是巨大的，各级政府和教育部门也采取了很多措施，做了大量工作，但办学成绩不够显著，教育对当地的政治、经济的影响还不大，还不够适应目前边疆经济发展的要求。教育落后，文化科学知识贫乏，人才紧缺且外流现象严重，应当引起各级领导的特别关注。

巴德乡哈尼小学教育工作落后的原因

绿春地区已解放30多年了，办学时间也不短，为什么学校教育出现这种令人痛心的局面？探讨其原因，受"左"倾错误路线的干扰破坏和经济、生产方式落后的制约这两个基本原因外，我认为，教育职能部门本身也存在着不少问题。从教育工作的角度来看，哈尼小学落后的主要原因如下。

（1）办学目的不明确。上级主管部门的办学指导思想与当地实际脱节，下达或追求的办学指标要求与群众思想基础之间差距过大。办学形式没有考虑效果，既不追求升学率，也不考虑社会生产、生活需要，只满足形式上有学校存在，有人来读书就行了，没有认真研究办学应起的作用。

（2）办学没有考虑到边疆山区农村和民族学生的特点。从学制结构、课程设置、教学计划、教学内容以及考试题目，几乎完全照搬照抄内地那一套，不从实际出发，单纯强调正规化、统一化。办学未体现本地区、本民族学生的特点。

（3）管理工作薄弱，村校的特点和要求得不到重视。边疆地区山高坡陡、道路崎岖难行，学校分散，教师的学习、生活、工作难于得到主管部门的指导、帮助、关心，规章制度虽有，但难以完全贯彻执行。一线教师提出的要求、建议得不到重视和采纳。

（4）教育质量差，工作责任心不强。6所小学的12名教师实际水平较低，大部分责任心不强，只有1人有教案，没有一个人拟定教学计划，授课进度参差不齐。

（5）复式教学过多，教师精力分散。全乡6校12个教学班，实行复式教学的就有4校6个班级。此外，教师精力大量花在适龄儿童的统计、造册登记、动员适龄儿童入学以及校舍修缮等方面。

（6）教学质量差所导致的反作用较大。由于教学质量太低，升学困难，考上中学、中专的希望甚微，找个工作更不易；加之学校教育存在一些弊病，回家的初中生相比之下能说会道，讲究吃穿，好吃懒做，劳动不行，父母管不了，还得白养着他们。所以，有些群众说，若有钱送子女入学，还不如打酒喝。初中毕业生连农药都不会按比例（配比）施用，办学对家长、学生无实惠。这些问题，值得深思。

（7）学校教育单调、枯燥，脱离民族儿童特点。

（8）群众对办学缺乏认识，世俗习惯根深蒂固。由于交通不便，很少与外界接触，加之文化落后，这里的群众满足于现状，不求进取，听天由命。

（9）语言阻碍。教材内容过深，不能与学生的接受能力相匹配，导致学生逃学。这是低年级学生流动性大的一个主要原因。

（10）教师调动频繁，造成临时思想严重，既影响教学质量，也影响群众的办学积极性。如，龙师小学8年内先后换了6位老师，本乡有一教师一年内四次调动，可谓奇闻。

（11）学校布点多而不合理，师资、财力、物力严重不足。普及不成，提高无望。

（12）办学条件差，教师生活艰苦、单调，思想政治工作薄弱、混乱。

（13）生产落后，经济收入过低，儿童无法从家务劳动中解脱出来。

改革哈尼小学教学的意见

要办好民族教育，关键问题是什么？根据本人调查研究的结果和认识，并结合目前实际情况，提出以下建议。

（1）端正办学指导思想，根据边疆民族特点办学，只有承认边疆落后，民族特殊，才能从实际出发，考虑民族特点，采取特殊有效措施，办好民族教育。因此，上级领导及职能部门应重新认识，总结民族教育，克服赶潮流、顺潮流以及贪图指标。敢于面对现实，勇于正视问题，制订出切合本地区实际且行之有效的民族教育远景规划和措施，以推动我县民族教育事业的发展，振兴绿春的文化科学与经济。

（2）为了培养人才，适当延长民族小学的学制，特殊制定适龄儿童的年限。即：小学学制为7年（第一年为学前教育，实行双语教学），入学儿童从8～9岁开始划起。这有利于克服和弥补语言障碍，智力晚熟，教师水平低，教学手段简单等造成的损失，有利于实施统编教材并掌握统编教材的知识。

（3）重视和加强重点民族中小学的师资队伍建设和教研活动，认真研究本地区各少数民族的特点，探索当地民族教育的规律，使重点民族中小学的办学模式能体现出民族特点、民族特色，成为民族中小学的骨干并起到引领和示范作用。

（4）提倡学前教育，实行"双语"教学。我县少数民族学生汉语基础差，因此采取这种措施有利于排除语言障碍，有助于初小阶段的教学。

（5）改革教师人事管理制度，保证村小教师的相对稳定，杜绝频繁调动，实行村小学教师工作责任制，从而调动教师的积极性，激发和增强教师的责任感和事业心。

（6）缩小教学布点，集中重点办学。龙师小学停办的事实说明，在落后的边疆民族地区，兴学还是得以质量求生存。没有质量作保证的学校是站不住脚的。而目前，由于过分强调普及和不考虑办学效益而设点不合理现象依然存在，造成师资、财力、物力的严重不足。采取收缩布点，集中重点办学，则有利于加强师资力量的使用，提高教学质量；有利于集中财力、物力，缓和与解决教育经费不足等问题。

（7）改革招生制度与适龄儿童统计制度，实行隔年招生制。目前的情况是，根据上级要求，村小年年统计上报儿童数，上级则每年下达招生人数给村小，而不管学校规模大小与生源多少。为了完成任务，当年有两三个儿童也非得招生，故而造成学生少班级多的状况。由于都是不足，非得复式。这种做法实在得改。若允许区乡采取灵活措施，实行隔年统一招生，就可相对地减少复式班级，减轻教师工作负担，同时也便于管理。这种一举多得的办法，实在值得试一试。

编者注：该文撰写于1984年，范国兴老师时为绿春县民族教师进修学校教师。之后，范国兴老师任大水沟中学校长等职。文中所写的"三猛区巴德乡"是现在的三猛乡巴德村委会，"全乡"即全村委会。

文选12：谈谈群众关系与一师一校的关系

张有泉

绿春县地处边疆少数民族地区，这里山高坡陡，沟壑纵横，村落分数，交通不便，经济落后，使本地的民族教育事业的发展带来了很多困难。在本县范围内，一个教师一个学校的校点占总校数的50%左右，学生人数约占总数的30%。办好这部分学校是完成"七五"期间普及初等教育规划的关键，也是振兴农村经济必不可少的一个基本条件。

办好一师一校的因素很多，这里，本人仅就群众关系与一师一校的关系作点探讨。

一师一校的教师，他们的工作、生活非常艰苦，困难不少，各级教育行政部门应该关心他们，爱护他们，帮助他们，尽量给他们解决生活、工作和学习等方面的困难，但作为教师来讲，我们应该如何做好自己的本职工作呢？我认为，建立良好的群众关系是做好一师一校工作的关键之一。因为群众关系的好坏决定着自己在那里工作的成败。我们直接生活在人民群众之中，与当地群众的关系应是鱼水关系，应该使群众认为："教师是我们中的一个成员。"

怎样才能建立良好的群众关系呢？总的来讲就是要关心人民的疾苦，想群众之所想，急群众之所急。我们教师是当地群众中最有知识、最懂道理、办事公道、作风正派的代表。这些地方的群众统统把教师看作是上级派到他们那里的使者，所以给我们在那些地方工作的教师提出了很高的要求。我认为这是好事，是人民群众看得起我们的表现，我们应该抓住这一有利条件，搞好群众关系，为自己的教学工作奠定良好的基础。我们不能把自己的本职工作看为仅仅是为教书而教书，面对那里的群众生活生产置之不理、视而不见。我们应该深刻理解教育与群众生产生活以及经济基础的密切关系，根据当地的实际，积极为群众发展生产、改善生活，帮助群众想办法，出主意，为他们脱贫致富贡献力量。

要建立良好的群众关系，这就要求我们在这些地区工作的教师。首先就要树立全心全意为当地群众服务的思想，尽心尽力办好学校，努力提高教学质量，其次，要了解群众在想什么？对我们教师和学校有什么希望、要求。只要我们不辜负人民的希望、扎扎实实地工作，把自己的全部精力集中在教育教学工作上，使群众看到，想到你是在为他们的子女辛勤工作，那么，人民是会感激你的，他们会帮助你克服生活、工作上的各种困难，哪怕是在逆境中也会与你风雨同舟、共度甘苦的。这里，让我以自己的亲身经历的事来说吧！

1963年8月，我被分配去开办现在大水沟乡的龙别小学。当时，那里没有学校，全村30多户人家，36个适龄儿童，可以说是白手起家。我就发动群众，依靠群众，与群众同心协力，砍木料、砌墙、割茅草，没花国家一分钱，在短期内就盖起了一个教室、一间教师宿舍、一间厨房。学校办起来了，全校只有我一个教师教一个班的学生，每天上一个正规班的教学，保证不少于5个课时，晚上又教一个青年班。群众看我工作非常辛苦，生活上非常关心我，逢年过节请我吃饭都要给他们排队，轮流着一家一家的去，学生还要送几个粑粑，一小块鸡肉给我。但作为我自己来讲，群众对我的关心超过了我对他们的贡献，我只有更加努力工作，两年后的1965年我调离了龙别。分别的那天，全村群众，小到五六岁，大到七八十岁的老太婆都把我送到村头的山顶上，嘱咐我要抽时间回村子看看他（她）们，俗话说："男儿有泪不轻掉"，但面对此情此景，我还是难强忍而流下了许多泪水。事到如今已20多年了，但我的学生在他们过年过节时还写信来叫我回到老家去过年。这里给我提出了一个很值得思考的问题：我们为党的教育事业辛勤工作，人民群众需要我们的是什么？我认为是感情，一种真诚无瑕的革命友谊，我们给了人民群众的应是无私奉献，宝贵青春，乃至生命。

"深入群众，不尚空谈。"只要我们与群众建立了良好的关系，那么，一师一校工作中的困难总是可以得到克服的。

编者注：该文撰写于20世纪80年代，张有泉老师是绿春县第一个"红烟园丁奖"获得者。张有泉老师曾任中共绿春县教育局总支部委员会副书记（主持）、大兴小学校长。

文选13：边疆民族地区办学的几点体会

汤庆萱

（1）民族地区由于历史文化落后，语言不通，接受知识有些困难，要提高办学水平和教学质量，除教师认真备课、上好课外，还要有一定的辅导时间，缺乏这种精神，要提高教学质量光靠上课时间是不够的，这就要求教师忠诚于党的教育事业，有强烈的事业心和责任感，要舍得花气力，牺牲自己的休息时间，长期坚持课余辅导，要采取多种形式和直观教学。

（2）民族生自尊心较强，教师批评学生不讲究方法学生就会流动。因此，对待少数民族学生适用少批评多表扬，但有问题还是要指出，开展定期评比活动，表彰先进，带动一般，帮助后进。同时也要培养一批学生骨干，充分发挥团组织的作用，做好学生工作。

（3）要关心学生，爱护学生。帮助他们解决一些学习和生活中的实际困难，学生才会信任教师，才会反映他们在思想、生活、学习中的困难。根据每个学生的实际情况进行教育，这样有利于调动学生学习的积极性，促使学生努力完成学习任务。

（4）在办学形式上，应采取集中与分散相结合。这样才能保证人力、物力、财力的合理使用；保证数量与质量的提高，满足为上一级学校输送合格新生的要求。办学形式不能千篇一律，还要注意保证重点中的重点。

（5）勤工俭学，绿春20世纪70年代开展得很好，对改善办学条件，学工、学农收到一定的效果。现在搞的不多了，学校要搞什么活动，都要靠向上伸手要钱，教育战线又长，国家没有那么多的钱来改善办学条件。样样都靠国家是不行的，学校要开展勤工俭学活动，搞一点收入，减少国家的负担。勤工俭学不能丢，根据各校的实际，一定再把它搞起来，经常总结这方面的经验，适当进行一些检查、评比，是会出效果的，过去骑马坝中学、牛孔中学、哈德中学、各个学区的大多数学校都搞得很好。这对改善师生的生活，改善办学条件，提高教育教学质量都起到一定的作用。

编者注： 该文撰写于20世纪80年代。 汤庆萱老师是绿春县人民委员会文教科第一任（1957年3月）教研机构（时称教研组）的负责人，相当于今天的绿春县教育局教科室主任。 曾任中共绿春县教育局总支部委员会副书记（主持）。

文选14：美好的年华 艰苦的生活

卢保和

绿春一中，是我的母校，是我整个中学（初中、高中）阶段学习的场所，亦是我13岁到19岁的花季年华赖以度过的地方。

13岁到19岁，多美好的年华！"娉娉袅袅十三余，豆蔻梢头二月初。"风和日丽，绿草茵茵，窗明几净，安静的课堂，琅琅的书声，慈祥睿智的老师，机灵而健康的少年；师长们还时常提醒你："劝君莫惜金缕衣，劝君惜取少年时。""少壮不努力，老大徒伤悲。"这是多么令人憧憬，让人怀念的年华和环境啊！

然而，留在脑海中的我的母校，却与之有天壤之别。因为在绿春一中的生活，刚好就在"文革"十年中。

白驹过隙，岁月无情，弹指一挥，离开母校，告别这样的环境，已将30个春秋。本人也从一个天真的总角少年，变成了一个"耳畔频闻故人死，眼前但见少年多"的"发白面皱专相待"的老头。其中的多少往事在静静中流为千古，多少悲欢如梦如烟，渺渺茫茫而无迹可寻。但那年月，校园中发生的一切，犹如平湖荡舟，层层涟漪，依然历历在目，有的事至今一旦忆及，就如同将一个早已愈合的伤口被重新无情撕裂一样，疼痛揪心。

在这众多苦涩的回忆中，如一记烙印的，首先是饥饿。饥饿，这种人类最原始的苦难，几乎伴着我在一中的每时每刻。当时学校每月核定供应32斤的口粮，除此外，没有任何食物可以补充。一个十几岁的山野少年，又没有半点油水护衬肠胃，一餐饭囫囵吞下，味道尚未品尝，碗便是空空如也。加上自己所有读书费用的来源都是母亲偷空采摘野果、山菜之类，负重背到街上，换回的几个皱巴巴的零票，要凑够儿子一个月三四元的基本费用，尚是个天文数字，哪里还有钱购买食物填塞饥肠呢？当时学校经常举行"吃忆苦饭"的活动，就是在大米粥里加一些野菜之类的，免费供应给学生，以让学生不忘旧社会的苦。这对我而言是非常难得的机会，因为无论怎样，可以不花一分钱，就可以饱餐一顿，也就解除了一时的饥饿。但这样的机会不可能天天有，所以饥饿的痛苦是记忆光屏上的主要内容，时至今日还是那么镂心镌骨，难以忘怀。

母校的生活是艰难的，但在这里，我的生命经历了一段历程，走过了从少年到青年的岁月，也在这里激发了在恶劣的环境下，向不公的命运抗争的勇气，驱动了我求知的欲望，造就了我坦实做事、真诚待人的品德。这应完全归功于那些永远值得我感谢的老师们。离开母校已将有三十个寒暑，自己也是个绿叶成荫子满枝的人。几十年的人生历程如白云苍狗、物换星移，逝者如斯，犹如雪泥鸿爪，无迹可寻，但我的老师们的音容笑貌、言行举止，还是那么历历在目，记忆犹新。那不摆什么架子，言语风趣，一下就可与你贴近的钟世洲校长；才华横溢，气如长虹的彭志强老师；讲课从容，滴水不漏的路宏途老师；讲着流利的普通话，清风秀骨的张永贞老师；为人厚道，善于排忧解难的李国连老师；书写流利，教学一丝不苟的石惠珍老师；阅历丰富，无所不能的胡家武老师；雍容高雅，有条不紊的徐启芳老师；多才多艺，现身说法的常永昌老师；引经据典，妙语连珠的杨善鸿老师；朴实无华却有责任感的李汉忠老师……或许他们都年已古稀，有的已经作古，有不少人自我离校从未谋过面，更不知他们后来境遇如何，但他们在动乱的政治环境下，从内心深处闪耀出来的人的良知，使我感动；在苦难的生活中，给一个无依无靠的哈尼族少年的情感让我难忘。在我离开学校后长期的生活工作实践中，我注意模仿他们的言行，效仿他们的举动，觉得受益匪浅，从中，我懂得了待人接物的道理，培养了勉强养家糊口的能力。他们虽然都是芸芸众生中的一员，但在我心目中，是我历经磨难的母校赖以传承发展的丰碑，是向野蛮和愚昧抗争的勇士，是文明的传播者，更是正义的化身！

母校走过了风雨沧桑几十年，她几乎与我同龄，那些痛苦和磨难，随着社会前进的步伐，已成为历史。"尔曹身与名俱灭，不废江河万古流"，随着中华民族的伟大复兴，绿春一中，我的母校，已是"沉舟侧畔千帆过，病树前头万木春"，焕发了青春的活力，真正成了自己曾经憧憬过的教书育人的理想场所，呈现出了"日照校园添异彩"的景象。

祝母校百尺竿头更进一步！

编者注：卢保和老师是绿春一中初14班、高3班毕业生，红河学院客座教授。卢保和老师曾在戈奎中学、半坡中学、绿春一中等校任教，之后任绿春县民委主任、县政府办公室主任、县人大副主任等职。该文为绿春一中校庆46周年所作。

文选15：哈尼族的习惯法及其文化内涵

卢保和

哈尼族是具有悠久历史文化的民族，同时也是一个直至中华人民共和国成立前尚无本民族文字的民族。从法律家的角度来观察，哈尼族的历史似乎可以破解法律史中的一个谜团：在没有文字的历史中，法律怎样发生、演进、实施？以往的中国法律史多是研究有文字记载的中原民族的法律，而对无文字记载的法律史仅仅是依据神话和传说中的线索进行猜测，这种状况无疑留下了许多缺憾。本文利用哈尼族的社会历史调查材料和我们的实地考察材料，对哈尼族的习惯法及其文化价值做一粗浅的探索，以期揭示无文字民族的法律发生、演进过程。

哈尼族的禁忌与习惯法

翻开国内有关法理学的教科书，关于法律的起源往往被表述为法律是随着私有制、阶级的出现和国家的产生，由国家制定或认可的行为规范。这样的表述面对浩繁而生动的民族学调查材料不免显得过于简单和决断。法律是人类社会行为规范的一种形式，和其他社会现象一样，人类的行为规范也有一个从低级到高级的发展过程，因此，探寻法律的起源，应当从人类最早的行为规范——禁忌入手。

在哈尼族的社会历史调查中，最引人注目的是这个民族众多的禁忌。据笔者对绿春县大兴镇岔弄办事处白木折家调查，某年十月初一到十一月初一为哈尼人的十月年，白家共有忌日15天。十月初三为鼠日，禁止到田地间干活，以防鼠虫猖獗，危害庄稼；十月初四为牛日，祭献寨神"昂玛"，全村禁止生产活动，禁止不速之客来访和村民集体出村；十月初五为虎日，禁止春碓米，以免家道败落；十月初七到十月十三是年节，禁止一切生产活动；十月十七又为虎日，禁止提亲说媒；十月十八为兔日，男忌理发，女忌梳头，并忌出借东西；十月十九为龙日，禁止生产活动；十月二十为羊日，禁止做农活；十一月初一为龙日，禁止生产活动。哈尼族的禁忌涉及生产、生活各个方面，浩繁多样，一年365天，有100多天属于忌日，这些忌日有的是全民族统一的忌日，有的是一个或几个村寨的忌日，而有的则为一户人家的忌日。

如此繁杂的忌日和禁忌所勾勒的线条，不但说明禁忌在现代哈尼族社会中仍是哈尼人的一种重要的社会规范，而且表明禁忌在现代文化不发达地区仍然作为传统文化起不可低估的作用。就现代哈尼族社会来说，禁忌的作用有以下几个方面：① 规范本族群众的行为。哈尼族禁忌中的许多内容具有一般性规范的意义，所禁止的对象包括某　地区的哈尼族人或全族的民众，任何人都必须遵守这些禁忌，一旦违反禁忌将被认为会给村寨或族人带来灾难。统一规范族人的行为，对于维护村寨团结，举办集体活动，保持本民族的文化传统具有重要的作用。② 保护神的权益。哈尼族的禁忌与神鬼的惩罚有密切的联系，信奉多神崇拜和祖先崇拜的哈尼族认为万物有灵，神灵主宰着人类，因此尊重和保护神的权益便成为禁忌的重要内容。例如，寨神树林的保护有严格的禁忌，任何人不得砍伐界内的树木，不得狩猎树林中动物，不得跨越界桩等，甚至进入寨神树林不得穿戴何种衣物都有规定，这些关于神的禁忌是禁忌中的大忌，族人中一旦有人违反，便被认为是对神的亵渎，神将降灾惩罚村寨。③ 维护伦理道德。哈尼族禁忌中有一部分是关于伦理道德的规定，如晚辈对长辈的尊敬，妇女应遵守的妇道，村民、村寨之间的相邻关系等，这些禁忌中的伦理道德以禁止性规范的形式出现，使哈尼人慑于神灵的威严、舆论的谴责和传统的制裁，自觉地维护本民族的伦理道德。④ 保持习俗。哈尼族的祭祀和节日活动密不可分，遵守禁忌就意味着必须参加祭祀和节日活动，而在参加祭祀和节日活动中也必须遵守禁忌。这种现象不仅表明禁忌在维护习俗中的地位，而且表明有的禁忌已经成为习俗中的重要内容。除了可以从现代社会中观察到的上述作用外，禁忌在历史上对于习惯法的产生具有不可忽略的作用。首先，禁忌孕育着习惯法的原始内核，即以禁止性规范来约束人们的行为，并直接繁衍了习惯法的某些内容。在哈尼族社会中，排除受外族法律文化影响建立的法律制度，哈尼族的习惯法在形式上直接表现为禁止性规范，而且内容也不复杂，一般只涉及财产、婚姻家庭、祭祀等方面，这些内容实际上来源于早已实行的禁忌。其次，禁忌孕育了最早的刑罚。在哈尼族的禁忌中，任何一种禁忌都包含着报应性的惩罚，违反禁忌者轻则受舆论谴责，重则被罚款物或撵出村寨，甚至可遭杀害。可见，在禁忌中包括的惩罚，其性质和程度已经相当于刑罚，而且，禁忌的报应惩罚反复被体验的过程，也使哈尼族人接受了刑罚即为报应的观念。再次，禁忌的贯彻孕育了专门处理纠纷的神职人员和公共权力机关。早期的禁忌依靠神秘的报应力量迫使人们遵守，然而，当鬼神观念的传播导致神职人员的生产和公共权力不断增强时，禁忌的遵守则主要依靠神职人员和公共权力机关了。在哈尼族社会，神职人员是能够与鬼神相通的巫师，也叫咪谷、莫批。这些人在哈尼族人的心目中，与官人列为同等重要的位置。哈尼族的咪谷和巫师主管祭祀活动，同时负责处理民间纠纷，诸种违反禁忌的事项，往往可由咪谷或巫师直接处理，甚至对于违反习惯法的行为也由咪谷直接裁判。除了巫师之外，村寨的公共权力机关的代表人也可以处理违反禁忌和习惯法的行为。这种现象表明，在禁忌的贯彻实施中已经产生了一个专司裁判的阶层。

哈尼族社会在历史上只存在过去某一地区为范围的部族组织，甚至在较为广大的地区，哈尼人处于与其他民族杂居，并受其他民族统治的地位。然而，这种情况并不排斥哈尼族文化中具有本民族特色的习惯法内容，这种现象说明，国家的产生并不是法律产生的先决条件，在国家产生以前，公共权力的增强、禁忌的施行、习俗的传播、深入人心的报应观念、专司裁判的阶层出现，已经为习惯法的产生奠定了基础，所以，没有国家的地方或是一个国家内部的落后地区，在一定条件下，可能产生公众普遍遵循的、由公共权力机关的强制力或神职人员的巫术保证执行的具有刑罚效力的行为规范——法律。

哈尼族习惯法的基本内容

哈尼族在历史上是一个无文字的民族，与有文字的民族相比，了解哈尼族的传统法律文化有很多困难。然而在文献的记载和笔者的调查中却发现了不少有关哈尼族法律文化的文物和至今仍似口碑传播，甚至执行着的习惯法。这些材料使我们能够直接、客观地研究哈尼族习惯法的内容。

哈尼族习惯法的内容，主要有以下几个方面。

（1）有关犯罪与刑罚的法律。在江城县的许多寨子都曾设有用汉字石刻的"牛宗碑"，碑文记载当地哈尼族惩治犯罪的规定。目前发现的牛宗碑，一块竖立于该县江边乡一碗水村西侧，为嘉庆十六年（1881年）立，上面记载有"八禁"："一禁窃牛盗马，一禁蓄贼纵贼，一禁半路御人，一禁棚火闯室，一禁黑夜入家，一禁白昼劫抢，一禁盗人五谷，一禁匿人什物。"这块牛宗碑的所禁行为有四种涉及侵害财产权利的行为（第1、6、7、8条），两种涉及侵害人身权利的行为（第3、5条），两种涉及侵害公共安全的行为（第2、4条）。牛宗碑规定，上述行为者均为村民共同缉捕之对象，至于缉捕后如何处罚罪犯，以立碑目的"每村无势，不能行服，既能捕杀，又恐将受其害"来推断，对上述行为者的处罚可以是死刑。另一块牛宗碑竖立于该县洛酒乡洛酒寨，据说已有150多年的历史，碑上刻五种"禀罚不辜"的犯罪及其法定刑："一治偷牛盗马者丢江，一治挖壁洞者挖眼目，一治非控打铁者送官，一治有药有鬼放火烧，一治偷鸡摸鸭宰指头。"这五种行为有三种涉及财产权利（第1、2、5条。第2条中的"挖壁洞"意为破墙盗窃或损坏他人住宅），一种涉及违反官府规定（第3条。在古老的哈尼族社会中，铁匠具有较高的社会地位，只有为官府所认可或家族世袭的人才能当铁匠，非铁匠者打制铁器视为犯罪），一种涉及公共安全（第4条。"有药有鬼"意为能够投药放鬼伤人者或魔鬼附体者）。牛宗碑对上述行为规定了包括死刑、肉刑的残酷刑罚，以表示行为危害社会的严重性。除了这两块牛宗碑外，江城县还有不少被毁灭的牛宗碑，据调查，牛宗碑中包括的其他内容有强奸妇女者割耳，强占他人财物者罚牛，听到牛角不执械出屋者罚猪等规定。在其他哈尼族聚居区，调查中也发现类似的规定。例如，金平县马鹿塘乡的习惯法规定偷牛马者砍手指，偷瓜菜者游街。刑罚最为残酷的是红河县瓦渣土司，仅酷刑便有吊打、顶水、木棍打、烙铁烫、顶石、跪水、跪石、冷水牢等。

（2）土地所有权。哈尼族社会在中华人民共和国成立前已普遍进入封建社会，封建领主经济和地主经济是哈尼族社会中占主流的经济形式。但是，由于经济发展的不平衡，不少地方还保留着原始公社的土地习俗。与此相适应，习惯法中关于土地所有权的规定较为复杂。与原始公社的公有制相关的习惯法使许多哈尼族村寨保留着家族或村寨共有的山林土地，在这些共有的山林土地范围内，凡属本族、本村的成员，只要不危害本族、本村的共同利益，都享有砍伐、开垦的权利。然而，在私有制侵袭下，这种公有制也发生了变异。笔者在绿春县的调查中发现，当地哈尼族对公共山林土地还遵循一个绝对的先占优先原则，即谁先占有（只要做出简单标志即为占有），谁即享有优先耕种、砍伐的权利，只要先占有不放弃，其他人便不得耕种、砍伐。这种先占优先的原则无疑使氏族公社的公有制趋于瓦解，本族、本村公众实际上只是共有山村土地的名义所有权人，而实际的所有权人已让位于个人。当然，作为关系本族、本村集体利益的山林土地不实行这一原则，如水源林、寨神树林、祭祀等。除绿春县外，西双版纳等地的哈尼族也普遍实行土地村寨公有，凡村寨人员均可自由开垦耕种的习惯法。与领主经济的地主经济相关的习惯法则是在公共权力机关和氏族首领的权力扩大、外族义化的影响下形成的。由于各地经济发展的不平衡性，关于土地的习惯法也不一样，概括起来有两种形式：① 土司所有制，即凡是土司管辖范围内的土地，均由土司享有土地所有权，土司有权向任何在其领地上占有土地的人征收官租。这种情况在领主经济的地区较为普遍。随着地主经济的发展，土司的土地所有权在一些地区有所削弱，征收官租的范围只限于土司直接占有的"官田"。例如，元阳县攀枝花乡硐浦寨在土司制度下的农民虽然名义上没有土地所有权，但农民对土地的占有权和使用权已经固定，土地的买卖、典当、抵押这样一些必须由所有权人行使的土地处分权，在占有土地的农民中已是司空见惯的自主行为。② 地主所有制，即土地集中于大大小小的地主手里，地主享有实际的土地所有权，并以出租土地的形式进行剥削，获得土地收益。这种情况在墨江、新平、元阳等地已十分普遍，其中通行的法律制度和内地已无差别。

（3）婚姻家庭。婚姻家庭的习惯法主要涉及结婚、离婚及家庭关系的问题。调整哈尼族婚姻家庭关系的行为规范以禁忌和习惯法为主。这里我们讨论中所涉及的禁忌是需经本寨头人或集体裁决并伴有惩罚的禁忌，这种性质的禁忌已经超出了一般禁忌的性质，属于依靠公共权力机关的权威和严厉的刑罚得以实施的习惯法范畴。哈尼族的婚姻较为自由，原始的习俗为男女青年提供了较为方便的交往机会，男女双方一旦情投意合，便可在征得父母同意后择吉日结婚。在这种自由婚姻的环境中，习惯法对婚姻前怀孕的行为严加禁止且发现有越轨行为者，对当事人或罚款，或罚劳役（修路等），或当众羞辱，或撵出寨门，或由女方当事人出牺牲进行退灾避祸的祭祀仪式，以洗刷被其亵渎的神灵。中华人民共和国成立前，离婚在哈尼族社会中是一个普遍的现象。按照习惯法的规定，在离婚的男女当事人中，男方总是处于主动的地位，妇女不孕、不敬老人、不能劳作、生怪胎、患无名病痛等，既是男人离婚再娶的理由，也是妇女遭受各种严厉刑罚的罪责，甚至男方可以随意休妻而不受责备。哈尼族离婚的方式很简单，在西双版纳，哪方提出离婚，就由哪方交8元半开给寨子即以认可。在金平县，离婚双方可自行办理离婚手续，双方自己砍木刻为凭，各执一半。一般来说，哈尼族离婚后，孩子由男方抚养，女方不带走财产，但在有的地方如果是男方先提出离婚，女方可以取得部分财物补偿。尽管哈尼族普遍实行一夫一妻制，一夫多妻不为伦理道德认可，但一夫多妻的现象在许多地区仍然存在。在家庭关系上，家长制和父权制表现得十分突出，晚辈不尊重长辈不仅会在家庭中遭到反对，而且在村寨中也会受到以神的名义施行的谴责和惩罚。男子在家庭中居于主导地位，家庭财产由男子支配，一切重大的村寨活动均由男子代表家庭参加。在家庭财产的继承上，一般由男子享有继承权，女儿只有在招赘的情况下才能参加家庭财产的继承。无人继承的财产归其同性家族中的某个人或收归村寨共有或土司、头人所有。

（4）政权组织。由于史料所限，元以前哈尼族社会的政权组织情况不甚清楚。据尤中先生研究，唐时哈尼族的先人"和蛮"分为东西两部，东西部分别有一个大鬼主，大鬼主之下又有若干小鬼主，各自管辖一个农村公社。这些鬼主实际上就是哈尼族氏族部落的大小首领。元以后，随着土司制度的推行，哈尼族社会的政治组织被纳入土司制度之中，一些地区设立了由哈尼族担任土司的长官司，如红河等地；一些地区的哈尼族则属于外族土司辖地内的被统治民族，村寨中由外族土司任命的头人管理事务，如西双版纳等地。清以后推行改土归流，土司政权有所削弱，在中华人民共和国成立前夕，一些地方的土司制度已不存在。由唐代至民国时期，哈尼族的政权组织大致经历了鬼主时代、土司时代、流官时代三个阶段。关于政权组织中的习惯法主要是在土司制度下的法律，其主要内容有：① 土司出巡的礼仪规程。② 土司的财产权利，诸如官田的保护、官租及各种税赋、贡物的收取等。③ 土司衙门的设置及分工。④ 诉讼裁判程序。⑤ 土司继承权的规定等。

（5）裁判制度。哈尼族社会的诉讼裁判权由土司、头人和巫师及村寨中的老人会行使重大案件（尤其是侵犯土司权利的案件）由土司衙门受理。在红河地区，土司审讯案件的程序是先经门上（官名）考查，再经师爷审问，最后经土司批准。一般案件由头人、巫师或村寨中的老人会（由村寨中有威望的老人参加的组织）审理，在证据不充足的疑难案件审理中，巫师的作用极大，一般采用神判的方式来裁决案件。哈尼族的神判方式很多，常见的有三种：① 赌咒。赌咒由巫师主持，双方当事人参加，也允许村寨群众参加。赌咒双方可用对神或祖先发誓的咒语申明他的判断和辩解。对于信奉神灵崇拜的哈尼人，向神灵或祖先发誓是极为严肃和神圣的事，他们相信神灵和祖先的英明，一旦誓言中的判断或辩解与事实不符，咒语中的惩罚即会降临自身和村寨。因此，赌咒方法的运用极为普遍，时至今日，在一些哈尼族地区仍使用此方法解决纠纷。
② 看手相。这种神判是由巫师根据请求者的手掌纹理裁决或满足请求者的要求，盛行于西双版纳的哈尼族地区。笔者在绿春、江城进行调查时，也曾多次听到哈尼人的巫师算命极准的说法。
③ "牛孔"与"昂扎"。据笔者在绿春县调查，当地有一种断案方式叫作"牛孔"（宰牛）"昂扎"（宰猪），多用于处理涉及几个村寨的重大纠纷。举行"牛孔""昂扎"的方式断案，双方当事人需按案件的轻重准备不同数量的牛或猪，这些牲畜宰杀后供参加诉讼的人员食用，而被宰杀的牛和猪的头、脚须掩埋于地下，掩埋时要念咒语，以借助神灵的力量增加裁判的效力。在哈尼族地区，无论案件由谁受理，采取何种方式裁决，诉讼当事人一般都要给裁判者一定的礼钱或财物，有时，财物的多少往往决定着诉讼的输赢。

哈尼族的习惯法的文化价值

哈尼族的习惯法是哈尼族文化中的一个重要组成部分，对它的研究不能停留在描述性的论述上，而应当用马克思主义的观点对它进行文化价值论上的剖析，以期从所把握的材料中得出一些一般性的结论，为现实的理论研究和法制建设服务。哈尼族习惯法的文化价值具有丰富的内涵，限于篇幅，这里只能择其主要来做讨论。

（1）哈尼族习惯法对法律发生学的启示。哈尼族习惯法的一个明显特征是它与禁忌的不可分性，这种不可分性表现为禁忌不但是习惯法的直接渊源，而且很多禁忌与习惯法合为一体，违反禁忌即被认为是违反习惯法。从禁忌与习惯法的发生时间来考察，禁忌是产生于人类蒙昧时期的最早的行为规范，而习惯法则产生于较为进步的人类文化环境中。禁忌和习惯法除了均表现为行为规范外，在发生的背景，强制力程度，效力范围等单方面均有较大的差异。因此，人类的行为规范从禁忌演变为习惯法是一个漫长而复杂的过程。在对哈尼族的调查中，我们发现下列一些有趣的现象。
① 禁忌可分为家庭禁忌，某个村寨、地区的禁忌，整个民族的禁忌，而与习惯法相关联的禁忌只可能是较广泛的地区或人群所遵守的禁忌。② 禁忌的保持和传播与经常性的祭祀活动密不可分。祭祀中的众多禁忌维护着祭祀活动的神圣和庄严，而经常性的祭祀活动也使禁忌成为人们经常体验感受的行为规范，成为普遍遵守的习俗中的内容。③ 禁忌的遵守除了依靠自觉的意识外，更主要的是依靠神的权威和社会组织的权威。一旦氏族或村寨成员违反普遍遵守的禁忌，便会遭到由村寨组织等代表公共权力的机关或神的代言人——巫师的报复性惩罚。这种报复性的惩罚是维护氏族、村寨秩序的必要手段，它的实施也加强了氏族首领、村寨组织及巫师的权威。而且，在哈尼族社会中，犯罪与违反某些禁忌的处罚往往在质和量上都是相同的。这些现象进一步证明了笔者关于法律发生学的以下观点：早期法律是沿着从禁忌到习俗，再由习俗到法律的轨迹发生的，禁忌植根于人们的生活体验中，它最初依靠自然界对人类的恩赐和惩罚产生的神秘力量得以保存，当鬼神观念产生后，禁忌进而与鬼神观念结合，成为具有强大的心理威慑力和社会舆论压力的行为规范。由于禁忌与人们的生活和生产活动密切相关，再加上祭祀鬼神的活动包括诸多的禁忌，这样就使人们能经常体验禁忌后及违反禁忌所遭到的报应，天长日久，禁忌逐渐成为一种固定不变的行为模式为人们所遵

守，从而成为带着鲜明的民族文化特征，并成为一个民族普遍遵守、代代相传的风俗习惯。随着社会公共权力机关的建立和权力的增加，一部分作为风俗习惯的禁忌在维护社会秩序及公共权力机关权威中显示了重大的作用，其强制力凭借公共权力机关的权力而逐渐增强，超出了一般社会规范的强制效力，这就形成了早期氏族社会的法律。在早期法律的形成中，氏族首领、神职人员及其特权的产生，对于习俗向法律转化的进程具有重大的意义，它标志着社会规范的产生不再局限于亲身的体验和迷信，而可以源于首领或贵族阶级的意志，表现为首领或公共权力机关的命令。而这些命令的早期内容是沿用传统文化中有利于维护统治秩序的风俗习惯与禁忌。

（2）外族文化对法律进化的影响。哈尼族在历史上从未出现过统一的政权组织或形成强大的势力范围，外族的压迫、部族的迁徙使这个民族分化为若干社会发展不平衡的部分，一直处于被统治民族的地位和与先进民族不间断的交流环境中。这样的处境使外族文化比较容易渗入和影响哈尼族的传统文化。以法律的进化为例，哈尼族的政权组织在元代以后顺利地过渡为土司制度，而清以后的改土归流进程也较为迅速，没有发生由民族首领领导的大规模的反抗活动。哈尼族的土地制度也受外族经济的影响较深，尽管某些地区还保留着部分氏族公社土地制度的残余，但作为占主流的土地制度，已经和周围先进民族处于同一发展层次上。极有意思的是江城县发现的两块汉文石刻的牛宗碑，无文字的哈尼族借助汉民族的文字保存和传播本民族的习惯法，进而缩短了历代口碑传诵、通过经常性的体验来保存的习惯法与有文字民族的法律在形式上的差距。哈尼族的法律文化在外族文化的影响下出现的这些变化适应了哈尼族社会经济的发展，使哈尼族的法律进化有了明显的进步。然而，哈尼族社会对外族文化的吸收仍然发生着本民族传统文化与外族文化的冲突，至今仍保留着的大量禁忌以及习惯法的残余表明，任何一个有文化传统的民族无论处于多么落后的地位，只要没有被外族同化，外族文化的影响只能表现为对该民族传统文化的蚕食，而不能完全取而代之。尤其是对于心理的和精神的文化来说，即使在物质文化、制度文化发生改变后，心理、精神文化仍将在很长的时期保持着某个民族的传统特征。

（3）法制现代化与传统法律文化。自1978年以来，中国进一步向法制化的方向前进，体现着社会文明的社会主义法制建设成为中国现代化道路上的重要任务。法制现代化要求国家的法律逐渐完善，各种法律在社会中能有效地实施，公民具有良好的法律意识，整个社会达到较为发达的科学文化水平，从而形成有法可依、有法必依、执法必严、违法必究的法制环境。现代化的法制必须有与之相适应的文化环境，因为法制建设本身也是一种文化现象，如果脱离社会的文化环境，它便会成为僵死的无本之木。文化环境包括现代文化与传统文化两大部分，它们都对法制建设产生着影响，只有在发展现代法制的同时，注重文化环境的建设，才能实现真正的法制现代化。中国作为一个多民族国家，法制现代化在民族地区的进程不能不考虑少数民族传统法律文化的影响。以哈尼族为例，时至今日，禁忌仍然十分盛行，习惯法划分的山林土地界限在一些地区仍然是部众确认土地权的依据，依照习惯法自行处理民间纠纷还是一种较为普遍的现象。由此产生的现行法律在实施上与传统法律文化的冲突，无疑引起人们对法律现代化与传统法律文化关系的深思。笔者认为，在少数民族地区进行法制建设，要警惕两种倾向。一是借少数民族的特殊性和少数民族对传统法律文化有根深蒂固的信念而排斥或阻碍法制现代化的进程；二是不顾少数民族传统法律文化的影响，生硬地强调无条件地推行法制现代化。前一种倾向的错误在于忽视了少数民族传统法律文化的可利用性和可改造性。在社会的现代化进程中，各民族政治、经济、文化上的密切联系和频繁交流，使得中国境内的任何一个民族都不可能将自己锁闭在传统文化的深井中，在社会主义商品经济和社会主义法制建设的推动下，传统的法律文化将被社会主义的现代化法律文化所利用和改造，成为民族地区法制现代化的一种具有民族特色的补充。后一种倾向的错误在于忽视了少数民族群众对传统法律文化所具有的根深蒂固的信念。少数民族对传统文化的信念是其赖以保持民族性的法宝，丧失传统文化，其民族性也就消亡了。对于传统文化的改造，不能通过简单地推行先进的法律来实现，而应当充分认识传统法律文化的复杂性和现实性。所以，对待少数民族传统法律文化的正确态度是：在允许保留传统法律文化的前提下，引导和帮助少数民族改造传统法律文化，促进它向现代化的方向进步，从而创造适应法制现代化所需要的文化环境，以促进少数民族地区社会的和谐。

编者注：卢保和老师曾在戈奎中学、半坡中学、绿春一中等校任教，红河学院客座教授。该文写于20世纪90年代初，1992年发表在《思想战线》（云南大学哲学社会科学学报）。之后，被《新华文摘》全文转载。

文选16：也谈向澄清石灰水里通入二氧化碳的实验

白友红

对于"在澄清石灰水中通入二氧化碳"这个实验，许多人认为：将二氧化碳气体通入澄清石灰水中，出现了浑浊就不能再通了，因为生成的碳酸钙可与过量的二氧化碳反应生成可溶的碳酸氢钙，从而使浑浊的溶液一定再度变澄清。一些练习，甚至某些试题也顺着这个思路编制。但根据有关研究，在饱和氢氧化钙溶液和不饱和氢氧化钙溶液中持续通入二氧化碳气体时最终现象不同。下面进行有关讨论。

实验操作及现象

（1）将经过提纯处理的二氧化碳气体通入盛有3 mL不饱和氢氧化钙的试管中，澄清石灰水很快浑浊，继续通入二氧化碳，溶液逐渐变清，50 s后溶液完全澄清。由此可见，将二氧化碳持续通入不饱和的氢氧化钙溶液中，二氧化碳不但可以与氢氧化钙反应生成碳酸钙沉淀，而且可以继续跟生成的碳酸钙反应转变为碳酸氢钙，致使溶液变澄清。化学方程式为：

$Ca(OII)_2|CO_2=CaCO_3↓|II_2O$ $CaCO_3|CO_2|II_2O-Ca(HCO_3)_2$

（2）同样将经过提纯处理的二氧化碳气体通入盛有3 mL饱和氢氧化钙溶液的试管中（试管中的氢氧化钙溶液外观也是澄清的）。通二氧化碳气体3 s，清石灰水变浑浊，继续通入二氧化碳30 s，溶液有所变清，二氧化碳气体一直通20×60 s为止，溶液始终是浑浊的。这说明溶液中虽然也发生了下列反应：

$Ca(OH)_2+CO_2=CaCO_3↓+H_2O$ $CaCO_3+CO_2+H_2O=Ca(HCO_3)_2$

但是，反应体系中始终还有一定量的$CaCO_3$没有转变为$Ca(HCO_3)_2$。

实验现象解释

查293K时$Ca(OH)_2$溶解度为0.165 g。因为饱和石灰水是稀溶液，可设其密度为1.00 g/mL，则Ca（OH）$_2$饱和溶液的浓度（mol/L）为：

0.165×（1000/100）÷74=0.022（mol/L）

1 L饱和Ca（OH）$_2$溶液将与CO_2反应生成0.022 mol $CaCO_3$、0.022 mol Ca（HCO_3）$_2$，则$CaCO_3$与CO_2作用，若要使浑浊溶液最后变澄清，$CaCO_3$再次溶解的量为：0.022 mol×100 g/mL＝2.2 g。查101325 Pa下，CO_2通入有$CaCO_3$的溶液中后，$CaCO_3$可溶解的量如表1所示。

表1

温度/K	182	298	303
$CaCO_3$溶解度/（g/100 g水）	0.130	0.940	0.765

以上这些数据均明显小于0.22 g/100 g。所以在饱和Ca（OH）$_2$溶液中通入CO_2，无论如何都得不到澄清溶液。

讨论

（1）在282 K时，取100 mL不饱和Ca（OH）$_2$溶液（由于溶液很稀其密度也设为1.00 g/mL），假定含Ca（OH）$_2$0.0825 g［相当于Ca（OH）$_2$溶解度值的一半］，浓度为：

0.0825×（1000/100）÷74=0，011（mol/L）

1 L不饱和Ca（OH）$_2$溶液将与CO_2反应生0.011 mol $CaCO_3$、0.011 mol Ca（HCO_3）$_2$，则通CO_2时需溶解的$CaCO_3$为0.1 g/100 g水，小于0.13 g/100 g水（见表1）。显然反应体系中的0.11 g$CaCO_3$，是可完全溶解的，即最终溶液是澄清的。

（2）在101325 Pa、282 K时，将CO_2通入100 g Ca（OH）$_2$溶液中假定得到0.130 g $CaCO_3$，则原来的Ca（OH）$_2$浓度应该为0.130×10÷100=0.013（ml/L）。即Ca（OH）$_2$浓度小于或等于$1.3×10^{-2}$ mol/L时，将过CO_2气体通入，溶液先浑浊，最终又变澄清；而大于$1.3×10^{-2}$ mol/L的Ca（OH）$_2$溶液中，持续通入CO_2气体，最终溶液不能澄清。

编者注：该文于2004年2月发表在《中学化学》（哈尔滨）2004年第2期中。2004年7月，被中国人民大学书报资料中心复印报刊资料的《中学化学教与学》（2004年第7期）全文转载。

文选17：青春献给哈尼寨

——记绿春县小学教师（上海知青）冯惠源

云南省红河州教育局 李长生

早晨，从云南省绿春县摸东小学的教室里，传出了一阵阵琅琅的读书声。一位英俊的青年教师，正在上语文课。他先用娴熟的普通话讲解一遍，然后又用当地少数民族语进行翻译、解释。看他一身朴素无华的服装，听他一口流利的少数民族语言，你会以为他是土生土长的少数民族教师。不过，你猜错了，他是个来自祖国内地的"上海老师"。

他叫冯惠源，来到这边疆山寨教学已整整17个春秋了。

1968年，在知识青年上山下乡的浪潮中，年仅15岁的冯惠源离开上海，来到了云南省红河哈尼族彝族自治州的弥勒县农村插队落户，走上了不平常的生活之路。两年后，自治州所属的绿春县教育部门派人到弥勒县招聘小学教师。思想单纯、还带着几分孩子气的冯惠源，听说边疆山寨少数民族很多，他们的衣着打扮绚丽多彩，民族风俗习惯也十分有趣，心想：到那里去工作，一定会充满诗情画意，自己会生活得像个"快乐的王子"。于是便怀着好奇的心理和美好的遐想，志愿报名到绿春县任教。

到了绿春，他被分配到牛孔公社阿东小学。他在县教育局同志的陪同下，从黎明到黄昏，经过十几个小时的艰难跋涉，好不容易才走到了阿东。他累得筋疲力尽，全身瘫软，一屁股坐下去，就久久站立不起来。这夜，他忘记了整个世界，睡得多么香啊！然而，他哪里知道，在这里迎接他的并不只是满山遍野的鲜花……

阿东，是一个只有40多户人家的哈尼族山寨，坐落在绿春县有名的黄莲山半山坡上。这里，开门见山，出门爬坡，生活环境十分艰苦。饮水，要到老远的地方去挑；烧柴，要到茫茫原始森林里去砍。这里的哈尼族群众没有种植蔬菜的习惯，全靠吃的山茅野菜。文化生活更是贫乏，一年半载也难得看上一场电影。唯一的小学校，也只是一间简陋破旧的牛棚……

更使人烦恼的还是语言不通。冯惠源教学的第一天，讲了一个上午的课，讲得口干舌燥，可是哈尼儿童什么也听不懂，只是转动着一双双小眼睛，茫然地看着他。他讲完课后问学生："同学们！你们听懂了吗？"想不到学生也照样跟着他说："同学们！你们听懂了吗？"弄得他哭笑不得。

在困难面前，冯惠源开始犹豫和惶惑了。白天，看着古老而破旧的茅屋村舍，四周连绵不断的群山和蜿蜒曲折的山路，他想起了上海雄伟的高楼大厦和宽阔的柏油马路；夜晚，看着学校门前忽明忽暗的点点流萤，听着一声声凄厉的蝉鸣狗叫，他想起了上海迷人的万家灯火和欢乐的文化夜市……夜深了，他在床上翻来覆去睡不着。他在心里反复问自己：在这样的地方工作，我能坚持下来吗？性格活泼开朗的他，变得少言寡语了。

村里的干部、群众看出了他的心思，一个个来到学校找他交谈，帮助他解除寂寞和苦闷。冯惠源从干部、群众的交谈中了解到，当地各族人民在中华人民共和国成立前在国民党反动派和反动土司、头人的残酷压迫剥削下，生活极其贫困，文化十分落后，世世代代靠刻木结绳记事。由于文化落后，至今许多群众不会施用化肥，不会算账……以致严重阻碍了生产、经济的发展。这使冯惠源的心受到了强烈的震动。他想，边疆人民是多么迫切需要文化科学知识啊！自己是党和国家培养教育出来的知识青年，应该以边疆人民的需要为己任。自己年纪轻轻，风华正茂，正是为党、为国家、为人民贡献力量的大好时机啊！勤劳勇敢的边疆各族人民，千百年来在这里繁衍生息，难道自己就不能在这里坚持下去吗？

心中的启明星亮了，克服困难的决心和勇气也就有了。不懂哈尼族语言，他就用心向当地干部、群众学习。他专门钉了一个本子，将学来的哈尼族语言用汉语拼音一字一句地记在本子上，并随身携带，一有空就拿出来练习。有一次，他给学生上语文课，在用哈尼语翻译"爷爷"一词时，由于发音不准确，变成了一句粗话，顿时弄得全班同学哄堂大笑，他立刻向同学们请教，纠正了发音。以后，他在学习哈尼话时，就特别注意观察对方发音的口形，掌握发音要领，在"准"字上下功夫。由于他的刻苦，不到两年时间，就熟练地掌握了哈尼话。给刚入学的哈尼族儿童上课时，他一边用汉语讲解一边用哈尼语翻译，同学们不仅听懂了教学内容，而且汉语水平得到了迅速提高，学习效果越来越好。

他在认真搞好教学工作的同时，利用课余时间带领学生开垦荒地，办起了小农场，种植粮食作物和经济作物，还根据山区野生资源丰富的特点，组织学生采挖药材和烤芳香油卖给国家，用所得收入解决学生的学习费用。从1974年开始，就实行了免费义务教育。全村适龄儿童不仅全部上了学，而且中途没有一个流动。

在长期的接触和交往中，冯惠源对当地勤劳朴实、心地善良的哈尼族群众产生了深厚的感情，深深地爱上了这里的一山一水、一草一木，同他们结下了不解之缘。同他一起来到边疆工作的上海知青，一个个先后都调走了，唯独他没有动心。1979年，他回上海探亲，亲友们都为他张罗对象，联系工作，但都被他谢绝了。他说："论条件，上海比边疆好得多。可是论工作，边疆更需要我。那里有我的事业，我不能离开自己的岗位！"在与亲人们欢度新春佳节的日子里，他心里仍然惦记着远方哈尼山寨的孩子们，他们是那样的天真、纯洁、可爱，一天听不到他们的读书声，他心里就感到寂寞。探亲假还未满，他就踏上归途，日夜兼程，回到了阿东。

冯惠源不畏艰难困苦，坚持在边疆山寨办学的行动，赢得了当地群众的尊敬和爱戴。当地一位哈尼族女教师爱上了他，在一个月明风清的夜晚，向他倾吐了爱慕之情。为了共同的理想和追求，为了促进民族团结和开发建设边疆的崇高事业，1980年春节，他与她组成了美满幸福的家庭。"小上海"真正在边疆扎根了！这消息像春风一样，很快传遍了哈尼族聚居的绿春县的许多村寨，成了当地的头条新闻。

冯惠源从实际工作中深切体会到：要当好一名称职的合格的教师，必须掌握教育理论，具备丰富的文化知识。而自己仅仅是个初中生，文化知识水平远远适应不了教学工作的需要啊！为此，他制定了学习计划，利用空余时间进修中等师范学校的课程。多少个深夜，人们都已进入甜蜜的梦乡，他宿舍的灯光还亮着，他还在孜孜不倦地学习。由于他的勤奋努力，不到三年时间，他就基本学完了中师课程，教学水平也进一步提高了。

由于工作需要，1984年，冯惠源又被调到牛孔区（今绿春县牛孔乡——编者注）另一所小学摸东小学工作。这是一个瑶族聚居的村寨，他又再次面临着语言不通的困难。为了教学和工作的需要，他又学起了瑶语。如今，他已能用瑶语辅助教学，同群众交谈了。同志们夸奖他，说他成了"民族通"了。

10多年来，冯惠源和其他老师辛勤教学，培养了一批小学毕业生，他们有的上了中学、大学，有的当了县、区、乡的干部，而更多的人则成为一代有文化的新农民，在边疆的两个文明建设中发挥了重要作用。由于工作成绩显著，他多次被评为先进、模范教师，去年又被提拔为副校长，并光荣地参加了中国共产党。17年过去了，如今，他已人近中年。回顾往事，他感到欣慰。因为他把美好的青春献给了自己的第二故乡，献给了开发建设边疆的伟大事业！

编者注：该文于1987年4月发表在《民族教育》1987年第2期。

文选18：在家乡的土地上辛勤耕耘
——记绿春县哈尼族女教师卢批收

蔡红　车世培

在云南边陲绿春县，有位广受称赞的哈尼族女教师，名叫卢批收。十几年来，她在家乡的土地上辛勤耕耘，为发展边疆民族教育事业，奉献着心血和汗水。

（一）

1958年，卢批收作为绿春县第一批跨入学校大门的哈尼族小姑娘，开始进校读书。但初中未毕业就因家庭缺劳力而辍学。家乡文化教育的落后面貌深深震撼着她的心灵。"读不读书，照样耕田种地"的旧观念，禁锢着不少群众的思想。全村适龄儿童七八十个，来上学的仅二三十人。"哈尼族祖祖辈辈不识字，吃够了没有文化的苦。如今要建设社会主义，没有文化行吗？"卢批收多么希望当一名教师，把所学的知识献给家乡人民。1972年秋天，县文教局到阿迪村招收民办教师，她毅然报名参加考试，但遭到家里人的极力反对。当时，她已结了婚，并且有了孩子。在哈尼族民间就有"干田不是田，女人不是人"这样的说法。妇女是生儿育女的工具这一旧观念，对于目不识丁的母亲和丈夫来讲，不是轻而易举所能改变的。但犹豫和顾虑动摇不了她的决心，她耐心说服了母亲和丈夫，终于实现了自己的愿望——成了哈尼族的第一代女教师。

（二）

阿迪小学地处山区，交通极为不便，生活条件艰苦。当地群众中存在着"蚂蚁不过河，女孩不上学"的重男轻女旧思想，女孩的入学率很低。面对于这种情况，她的心情难以平静。她背着孩子，打着电筒，走村串户动员适龄儿童入学。有的群众不理解，说什么"卢老师，是不是学生不读书，你不得工资"？她心里很难过，仍耐心地说："学生不读书，我的工资不会少一分。我是不忍心让乡亲们世世代代都没有文化"。有天晚上，她到规洞村家访，天下着雨，天黑路滑，连摔了几跤，还咬着牙坚持走到规洞村。群众望着满身泥巴、淋得湿透的卢老师，感动地说："有这样的好老师，我们一定把子女送来读书。"于是，全村的男、女适龄儿童都来上学了。

为巩固在校学生，卢老师从生活、学习各个方面去关心和帮助他们。冬天天气冷了，她给学生生火取暖；学生头发长了，她给理发；学生生了病，她小心照料，学生没书包，她就给他们缝制。学生们都说："卢老师真像阿妈一样亲"。对后进生，她不是简单训斥，而是满腔热情去关心，帮助他们。学生卢木者经常逃学，组织纪律涣散，她就与他促膝谈心，从哈尼族的历史讲到今天青少年肩负的重任，她语重心长的语言就像春风化雨，点点滴滴滋润着他的心，卢木者终于变成一个守纪律、求上进的好学生。今年升学考试，他获全学区第一。

10多年来，她担任班主任工作，为了解学生的思想，利用节假日对学生进行家访。有的学生离学校较远，她也不怕困难，翻山越岭，风雨难阻。有个星期天，她到学生普三优家进行家访，回来时被大雨浇湿了，得了一场病。卢老师慈母般的心赢得了群众和学生的信任和理解，她所教的班级巩固率长期保持在100%。

（三）

哈尼族是一个只有语言而没有文字的民族，要让从小就说哈尼语的学生学习汉文，并不是一件轻易的事。为了让学生尽快掌握汉语，她一直用普通话进行教学，学生们开始听不懂汉语，她就用哈尼语辅助教学。在她的精心教育下，小学二年级的学生，不仅能听懂汉语，而且还能用汉语写简单的作文。

卢老师文化不高，为提高业务水平，她坚持不懈地进行学习、钻研。她把自己比作一只"笨鸟"，在工作、学习上比别人先飞。在学校班级多，教师少的情况下，她长期坚持上复式班，最多三级复式。但无论工作多繁重，她都要挤出时间学习。常常是丈夫、孩子已进入梦乡，而她还在昏暗的煤油灯下伏案攻读。十五年里，她阅读了上百本教学书籍、资料，并撰写了十几年教学的心得、体会。1983年全州教材、教法统考，各科成绩均获90分以上，受到了县里的表彰奖励。

（四）

15年来，她把深沉的爱洒在淳朴的山区少年身上。去年，她担任了乡完小（今村委会小学——编者注）的教导主任，还承担了毕业班的全部课程。过度的劳累影响了身体健康，领导和同志们劝她休息，但一想到那些天真可爱的孩子，她就谢绝了。她利用晚自习和课余时间对学生进行个别辅导，硬是支撑着病弱的身体送走了这届毕业生。

园丁辛勤，桃李芬芳。如今，她的学生中已有不少人跨进了区乡机关、工厂、部队和上一级学校的大门。1981—1984年，她连续被评为县级优秀教师。1981年，她光荣出席了省工会积极分子会议。1983年被选为红河州政协委员和被评为州级优秀教师，1987年被评为县优秀共产党员。当荣誉接踵而来时，她没有陶醉，而是腼腆地说："我仅仅做了一些自己该做的平凡小事，党和人民却给了我这样多的荣誉。我将在今后的教学工作中，不断总结经验，努力提高教育教学质量，为改变家乡文化落后面貌，发展边疆民族教育做出应有的贡献。"

编者注：该文于1987年12月发表在《民族教育》1987年第6期。该文作者之一的车世培老师，时任绿春县大兴学区（今大兴镇中心完小）教导主任。

后 记

　　在绿春县教育体育局的领导和绿春县史志办的指导下，《绿春县教育志》于2015年6月组建第三稿编委，2016年初开始进行采编工作，2019年6月编写出初稿，到2021年春定稿，历时6年有余。其间，在《绿春县教育志》第一稿以及第二稿的基础上，通过查阅档案、信访、走访、征集，再次获得书面与口述资料20余万字。为了力图在前人方志理论和实践基础上，运用辩证唯物主义和历史唯物主义观点，求得科学性、思想性、资料性的统一，吸取旧志"资治"的长处，避免叙事过简的缺点，在摸索中三易其稿，多次调整篇目（章节），增删内容，反复润色文字。2021年春，打印出"征求意见稿"，分别送绿春县人民武装部、保密局、民宗局、外事办，由相关方面的专家或领导反复审阅。

　　在编写过程中，始终得到有关党政领导和各方面的大力支持，现任县人民政府副县长李吉芳作序，给了我们极大的鼓舞。中国海洋大学在《绿春县教育志》出版中，给予大力的帮助和支持。在此，一并致以诚挚的谢意。

　　一部志书的价值取决于时代性、地方性和民族性，本志在编写过程中力求完善，力求突出特点，但因大部分章节内容没有原始资料储备，没有档案可查，资料缺失，又受编者水平所限，疏漏错误之处，实难尽免，敬请广大读者指正。

编　者

2021年6月13日